雷州文化研究

张学松◎主编

万历《雷州府志》点校

WANLILEIZHOUFUZHIDIANJIAO

（明）欧阳保 等◆纂　刘世杰　彭洁莹◆点校

中国社会科学出版社

图书在版编目(CIP)数据

万历《雷州府志》点校/(明)欧阳保等纂;刘世杰,彭洁莹点校.
—北京:中国社会科学出版社,2014.11
(雷州文化研究/张学松主编)
ISBN 978 - 7 - 5161 - 4794 - 8

Ⅰ.①万… Ⅱ.①欧…②刘…③彭… Ⅲ.①雷州半岛—地方志—
明代 Ⅳ.①K296.5

中国版本图书馆 CIP 数据核字(2014)第 211297 号

出 版 人	赵剑英
选题策划	郭晓鸿
责任编辑	陈肖静
责任校对	罗洪楠
责任印制	戴 宽

出　　版	中国社会科学出版社
社　　址	北京鼓楼西大街甲 158 号
邮　　编	100720
网　　址	http://www.csspw.cn
发 行 部	010 - 84083685
门 市 部	010 - 84029450
经　　销	新华书店及其他书店
印　　刷	北京君升印刷有限公司
装　　订	廊坊市广阳区广增装订厂
版　　次	2014 年 11 月第 1 版
印　　次	2014 年 11 月第 1 次印刷
开　　本	710×1000　1/16
印　　张	28
字　　数	430 千字
定　　价	368.00 元(全五册)

目　录

---

① "雷州府志"，原无，据文意加。

① 目录原文作"都鄙",正文原文作"乡都"。

---

① "墩"，原作"候"，据文意改。

论万历《雷州府志》的文献价值(代前言)

刘世杰

万历《雷州府志》（以下简称万《志》，凡引文只注卷数）是目前所知最早的雷州府志。国内失藏，原刻本现藏日本尊经阁。1990 年，书目文献出版社出版了影印本《日本藏中国罕见地方志丛刊》，其中有万《志》。这部万《志》，是明代和明代以前仅存的一部弥足珍贵的府志，是研究雷州历史文化和岭南文化的重要依据，具有非常重要的文献价值。本文拟就万《志》的历史价值、文化价值和文献价值略述管见。

一 历史价值

1. 独特的历史价值和文献价值

万《志》，雷州推官欧阳保纂。这部府志的编纂，开始于万历四十年(1612) 夏天，经过半年的时间，到了冬天成稿。"壬子夏，征故老，集弟子员，以博士徐应乾董其职，徐君广稽博采，模旧铸新，至冬而稿成。"[①] 参加府志编撰的除雷州府学教授徐应乾外，还有府学训导秦家栋、海康县学训导黄焕阳、化州生员董奇猷、府学生员冼元佐、陈栋、冯宗伊、王用誉、莫瑜、孙振英、劳有功、施惟惠，县学生员吴启聪、陈瑾、陈建阳、詹廷瑞、陈槐、宿玉庭，还有支持这一工作的雷州知府洛阳牛从极、同知金溪徐日光、海康知县郭之象、徐闻知县赵一鹤。[②] 万历四十一年夏天，欧阳保又慕名延请了被称为"岭南第一才子"的番禺举人韩上桂和韩上桂

---

① 欧阳保：《雷州府志序》，见嘉庆《雷州府志·古叙》。
② 万历《雷州府志·雷州府志纂修姓氏》。

的朋友——生员邓桢修改整理。"癸丑夏，奉委羊城，闻番禺韩孝廉上桂博雅甚，余币请延至雷，偕其友人邓生桢与俱。二君出胸中武库，探讨证向，删繁汰秽，越数月而稿成。"① 中间欧阳保又参与了渡海之役。到了万历四十二年冬天，开始刊刻。"属有渡海之役，未镌也。甲寅冬，集匠绣梓"。② 欧阳保又精心修改错字、补充漏洞，"或因其旧，或汰其讹；或增其未备，或订其未协。巨细罔忽，铢两必称；须枯笔秃，归于有当"③，到了万历四十三年初冬，刻板完成，"刻板三百三十有六"④，欧阳保于万历四十四年升官离开了雷州。根据这些记载，万《志》的印刷出版，应该在万历四十三四年以后的一两年间。

据文献记载，《雷州府志》在明代一共有三次修订。第一次是在正德十二年，有湛若水《雷州府志序》。⑤ 湛若水是弘治十八年中乙丑科二甲第三名进士，严嵩是二甲第二名。而二甲第四名进士，就是正德间以刑部郎中出任雷州知府的王秉良。⑥ 王秉良，字伯良，西充人，"性沉毅，喜作为，尤厚遇学校。修海堤以御水灾，筑西湖，复戴渠。时守珠内宦赵兰气焰甚炽，公每与之抗，民恃以安。兰因衔公，诬构以私，逮至京下狱。兰势益张。夺富民产，捕无辜民陈应魁扑杀之。众民激变，讼于当路，竟无如何兰。嘉靖改元，御史陈实疏革守池内宦，公诬始白。寻复职，守长沙。竟怏上官去。雷民思之，祀名宦"。欧阳保在王秉良传后，"论曰：王公当内竖煽虐，不惜以身捍民，至于被逮，不悔忠诚，心光日月矣。然要之一时诡鬻，何如千秋烈名哉"！⑦ "正德五年，守珠池太监牛荣激变于雷"，句下夹注说，"荣恃势横暴，计家资取所入，地方苦之，故变"。⑧ "正德十四年，守珠池太监赵兰激变于雷"，句下夹注说，"兰视牛荣尤横，

---

① 欧阳保：《雷州府志序》，见嘉庆《雷州府志·古叙》。
② 同上。
③ 同上。
④ 同上。
⑤ 湛若水：《雷州府志序》，见嘉庆《雷州府志·古叙》。
⑥ 朱保炯、谢沛霖：《明清进士题名碑录索引》，上海古籍出版社 1979 年版。
⑦ 万历《雷州府志》卷十五《名宦志》。
⑧ 万历《雷州府志》卷一《舆图志》。

贼杀良民陈应魁，诬奏知府王秉良诏狱，故变"。① 第二次是在嘉靖二十三年，有雷州嘉靖进士文林郎冯彬《雷州府志序》。② 第三次是在万历四十年，由欧阳保主持。现在看来，前两次修订的《雷州府志》已经失传，而万《志》是现今存世的明代唯一的雷州府志，因此就显得弥足珍贵。书目文献出版社出版的《日本藏中国罕见地方志丛刊》中的万《志》，就是根据日本尊经阁所藏的原刻本影印的，从版本学的意义上说，不敢说是海内外孤本，至少说是现存最早的善本和精本，自有它的历史价值和文献价值。

2. 求实的原则性

二十二卷的万《志》是一部信史。一卷在手，尽览雷州一府和海康、遂溪、徐闻三县的历史风貌，往古至万历数千年来雷州的历史沿革。四百年前雷州府的职官设置，雷州的地方风俗、户口赋役、兵防杂差、地方物产、历史古迹、赋表艺文、名宦节妇，林林总总，言而有征。资料显示，古今研究者研究雷州历史文化，无不从中汲取有力的证据，都是因为该志的数据准确和资料的翔实。董肇胤看到欧阳保草成的稿本后，在《雷州府志序》中说，"兹志条分灿列，巨细指掌。至于明宦人物，一一义精而事核，不虚美，不隐恶。虽草创润饰，自为校雠，不啻成谱视之"。韩上桂《志叙》也说，"雷僻在东粤南陲，视广、肇诸郡地差狭，所辖邑不能以半。然吞吐渤澥，跨琼翼廉，实东南一要邑也。土衍而沃，岚瘴转微，风俗淳朴。二百年来，人文迭兴，科第往往不绝，视他郡称雄长焉。其间守令明贤，揆诸两汉，未可多让。奇踪胜事，灼在耳目。此而不为之纪，将循良寂响，而文物辄湮也。观风之谓何？其何以备采览？且夫考疆正域，大典也；辨土授民，显制也；度产挈赋，厚忠也；昭善怵恶，杰轨也；省视要害，重防也；正礼审祀，秩章也。籍一郡而众善咸集，虽僻不可以缺。故历叙时人所见闻，与先正所传者，汇为《雷志》，列目二十二，俾征文献者可考信焉"。③ 欧阳保也说："顾志非侈耳目之观，备方策之数。

① 万历《雷州府志》卷一《舆图志》。
② 欧阳保：《雷州府志序》，见嘉庆《雷州府志·古叙》。
③ 韩上桂：《雷州府志·志叙》，万历《雷州府志》。

事该而核，义正而严，成一郡信史，斯足述耳。"①

　　万《志》中的《食货志》、《秩官志》和《兵防志》，不管是粮食的石、斗、升、合、勺、抄、撮、圭、粟、粒，也不管是银子的两、钱、分、厘、毫、丝、忽；不管是兵防、千户、百户的设置，也不管是各级官吏和差役的待遇，都一一详细记录在案。这些都真实地反映了当时的雷州经济生活的状况，给后代官吏治理雷州提供了翔实的数据。同时，对其中的一些弊窦进行细致的分析，也提出了一些很好的建议和看法。

　　欧阳保认为，雷州的土地贫瘠，赋役太重。"丽土之民，何辞于役；食土之毛，何辞于赋。役烦赋重，惟今日独也。吴越沃壤，闽广亦复相类。雷处海濡，潮深土瘠。不病涸即病溢。赋役且与中州等。齿毛羽革，靡不算及，登耗之故，按籍可稽矣。"② 元代户口是明代的两三倍，经过元末战争，发展到了洪武二十四年，才是元代户数的一半。天顺六年，比元代户数三分之一强。从天顺六年的 1462 年到万历四十一年的 1613 年，151 年间，雷州的户数一直在元代的四分之一稍强的幅度上下浮动。原因是什么？赋税重，正役实行"均平"，杂役有"均徭"、"民壮"、"驿传"，还有杂税，有"棉花税"、"槟榔税"、"山坡税"、"牛税"、"牛判银"等名目。人民不得不远渡琼海，走上反抗道路；或者背井离乡，"适彼乐土"。欧阳保说，"里数盈缩，今昔亦大悬绝。满目平原，鞠为榛莽，游惰无赖，蚁聚萑苻，狉犴实而闾井虚矣。拙夫坐窘，鬻子而食。流离异境，踵接于道。欲祈户口充盛，何可得也。户啬赋亦随之。雷赋输天府者十一，输郡幂者十九。强半望兵伍之腹，犹不足仰给司饷，以寡若彼，以贫若此。雷之为雷，谈何容易！海康条征，近无逋负，遂、徐不足额。子民者，实心痌瘝，更始洗涤，弗取为予，喘息可纾。倘朘削诛求，焚林竭泽，或阳示卵翼，阴巧蝇营，陋规狃而不更，民隐知而罔恤，将硕鼠兴郊，飞鸿蔽野，仳离悬罄，雷其无瘳矣"。③ 我们看到，欧阳保同情民瘝，敢于秉笔直书，敢于批判贪官污吏。在古代，不管是正史还是方志，都是为统治阶级

---

① 欧阳保：《雷州府志序》，见嘉庆《雷州府志·古叙》。
② 万历《雷州府志》卷九《食货志》。
③ 同上。

服务的。但是良知未泯的知识分子和史志的作者们，总是或多或少地流露出对统治者和贪官酷吏的不满，流露出对人民的极大的同情，这就使得他们的著作流传后世，引起后代人民的敬仰。无论是司马迁还是班固，也无论是万《志》的作者欧阳保们。他们的著作，虽然没有达到也不可能达到批判封建皇权制度的高度，但这样的高度，已经是难能可贵了。

万《志》中，《兵防志一》简要地叙述了万历四十三年之前的雷州兵防沿革，详细地记录了武署、军官、军制、官俸、军粮、达军、屯田、军器、军三料银、营寨、哨堡、墩堠十二方面的情况。欧阳保说军官，"所养非所用，所用非所养，纨绔只为赘旒，戍卒仅同土偶"的现状，发出"举一雷而天下可知，世道隐忧，端在武矣"的感叹。军官世袭，"世禄之子，岂尽顽冥不慧？惟其豢养成愚，优恤成悍，一付聪明，无所表见。故用之逢迎，其术则工；用之驰驱王事，其技则拙。是坏天下人材而不得为有用之器者"，"甚至正系已绝，复觅旁枝，屠贾市佣，皆充世荫。朝为下贱，暮列冠裳，名器滥觞，一至此极"。对军制，军制"每百户所，额设正军百人，总旗二人，小旗一十人。十百户所为一千户，每千户所，额军一千一百二十人。总摄于卫，此大凡也。教阅征调，戍望屯种，俱在数中。嗣后逃亡隐占，日减日缩至于合，则耗甚矣。其数可纪，其弊不可按欤！"左千户所"今逃亡七百六十二名"，右千户所"逃亡八百一十五名"，中千户所"逃亡七百六十三名"，前千户所"逃亡八百一十一名"，石城后千户所"逃亡八百六十名"，锦囊所"逃亡九百四十名"，海康所"逃亡八百五十三名"，乐民所"逃亡七百三十九名"。欧阳保论曰："乃今仅以二三百计，果尽逃亡哉？大都为所官役占腌削，总小旗侵夺包冒，而军不堪命。于是投匿于势豪，隐漏于里甲，而不逃为逃，不亡为亡耳。且偷逸之军，利在离伍；贪饕之弁，利在得粮。真逃不勾，真亡不削，造报文册，半属鬼名。按月支粮，尽皆干没。外如买闲，有月钱之纳；派差墩台，有常例之需。操粮少赢，又以孔方多寡为出入。军血几竭，军肉几罄矣。故粮单尽质于富室，每石止得银八分。军欲不逃不亡，何可得也。余丰委查理所至，点军未有不咨嗟叹息、怒发上指者，何也？军额既日减矣，倘见在者，皆能披坚挽强，犹可少备缓急；乃待次阶下，非穷酸饿殍，即奄息病夫；非白发衰翁，即黄口稚子。间有一二壮丁，诘之，又皆旋顾市佣，应点片晌者。以如此军实，而脱有不虞，能得其半劈之力哉！百姓竭脂膏以奉之，有司勤征课以给之，皆委诸无用之壑，诚为寒心切齿者此也。余不避嫌怨，极力惩刷。然查过之后，各所为政，凤辙仍踵，痼疾难瘳，奈之何哉！嗟乎！国家治体至今日，固为百相伪，百相袭，然未如军伍之甚。倘无变计以处于此，恐尫羸之疾，断无再起之日矣。"军官们克扣军粮军饷，据为己有。军兵逃亡过半，即使还在的也是老弱病残，甚至是临时雇用来以应点名的。这就是万历末年雷州的兵防情况。

欧阳保《雷州府志·兵防二·兵船》"论曰：海防必藉于舟。舟，固水兵命脉也。打造之举，岂细故哉！原额委卫所官一员，领银往省径造。后不肖卫官，领银赌费，弃家逃避。""曩有抽头陋规，承委官以为畏途。迩来本府海防同知张应中申详裁革，武弁称快。""抽头"相当于今天的"回扣"或"红包"。"其实实用之船者，不过十之五六耳。如之何而不板薄钉稀也？滥恶若此，有船之名，无船之实，所追赔几何？而总来工本，俱委之无用之壑矣。"

3. 人物传记的真实性和批判性

万《志》坚持实事求是的原则性和人物传记的真实性。不虚誉，芟套语，讲实绩。某位官员的实绩和某个历史人物的具体言行作为，是入志的原则。欧阳保不止一次地说明他的这些主张。他说，"然使质不至于抵牾，文不落于虚浮。终也不可无余之核。何者？画工不难于鬼魅而难于人，惟其实也。画人者，不难于色像而难于神，惟其肖也。夫志亦犹是焉。肖实则信，信则可传久"。[①] "故谈利弊，不厌呕心；析是非，无嫌矢口。盖以耳目之真，抒公正之论。庶几后者一展玩，而知言非风影，见匪矮人。马之路，蚁之水，犁然可得也。所称信吾心以信人心，信今日而信异日者乎！"[②]

对于旧志中的人物传记，欧阳保也进行抉择和梳理，凡是虚誉浮泛之

---

① 欧阳保：《雷州府志序》，见嘉庆《雷州府志·古叙》。
② 同上。

辞，查无实绩的，一律删掉；凡是有补观瞻的，从其他志书载入。对迷信和因种种关系而入传溢美者，毫不留情地加以批判和鞭挞，表现出作者的正义情怀和浩然正气。如："旧志有谭有直传云，'为政与民休息，遗风流后'，只有此二语，无他宦绩可传，故裁之。"① 再如："旧志有李茆传。今阅传语，虚浮无实，裁之。""旧志有郑公明传，查系套语，裁之。"而对王跃，夹注说，"旧志无胡铨事，今查《肇志》增入"。对元代秃鲁迷失，夹注说，"按：秃鲁公虽无事迹，然行非阘茸者，存之"。对唐代张采，传中说他"政尚宽简，不事苛细。常恬若无为，而惠逮远"。夹注说，"恬若无为，此坐啸者耳！惠恐未必远。事存往昔，未可遽议，姑从其旧"。对明代秦时传中说他"岁旱祷雨辄应，修复陂塘，民沾其利。令各邑乡都建立坛，所以严祈报之祀。卒于官。民追思之，立祠祀焉。后曾孙纮巡抚两广，克光其绪云"。欧阳保论曰："秦公他善绩未可知，独令民建坛祀神，则余心不满。夫雷俗之谄神也，所从来矣。太守不道义之训，以挽末俗，而顾助之波乎？名宦之传，毋乃以曾孙溢美？祷雨辄应之说，贪天功为人力，尤作传者谀辞也。"

而录载往昔人物传记中，自己不明白的词语和记载，或者置疑不论，或者直说"不明"，表现出"知之为知之，不知为不知"的求实精神。如对宋代淳熙雷州太守朱熠，欧阳保按："朱公传虽未指实迹，然廉明执法，必非苟且惰窳者。故循其旧。"对苏洗，传中说他"秩满赴阙，面陈三札：一请徐闻丁米以便民；一请藉海舟以缉奸盗；一请广西军寨不得差人放丁米"，欧阳保夹注说，"旧志无传，今查《肇志》增入。《肇》称张栻为帅，栻未为帅也，当是浚耳。'回易'二字未明"。回易，宋代军队为补贴军饷支出，而让军人从事商业买卖的办法。欧阳保的时代，可能没有了"回易"行为，但是元中统十三年，"立回易库于诸路，凡十有一，掌市易币帛诸物"。② 夹注短短三十一个字，透露出几个信息：一是编纂者们博采他志，二是显示出编纂者们的考证功夫，纠正他志的错误记载；三是编纂者

---

① 万历《雷州府志》卷十五《名宦志》。
② 《元史·世祖本纪》，中华书局1976年版，第175页。

们的求实认真态度。

4. 可补文献之不足

第一，雷州音乐文化。卷十为《学校志》，分"府学"、"三县学"、"祭器"、"乐器"、"书籍"、"学田"、"社学"、"书院"八个部分。其中，"乐器"部分的记载，很有文艺音乐学的价值。有些乐器我们还可以了解其形状和音乐功能，有些就失传了。这部分材料，对雷州音乐文化来说，也是很可贵的。铜编钟、石编磬、琴、瑟、柷、敔、楹鼓、抟拊鼓、麾旛、编钟磬簨簴，欧阳保夹注说，"以上俱训导秦家栋重整"。祝板、木豆、帛匣、凤箫、箫、籈、篷、笙、埙、引节、籥、翟，欧阳保夹注说，"以上俱训导秦家栋新制"。而"乐舞生"是"新设乐生四十名，舞生四十名。该本学训导秦家栋遵照礼乐书载议设"。这些记载，既是雷州音乐文化的重要文献，也可补岭南音乐文化乃至中国音乐文化之不足。

第二，朱士嘉先生说："在体例方面，宋志上承《史》、《汉》余绪，下为后代方志编纂学打下了良好的基础。如果说，汉以来修史者无不奉《史》、《汉》为圭臬，那么，宋以来修志者几乎莫不以宋志为楷式了。"[①] 万《志》就是以范成大《吴郡志》"典赡而不芜杂，为地志之善本。艺文即附各条下，不别立一门，亦足以涤冗滥"为典范，[②] 又参考当时的《广东通志》、《肇庆府志》、《高州府志》、《琼州府志》、《廉州府志》和雷州旧志或各县县志等而成书，显示出编纂者们的旁搜博取的眼光，因此设置得体，详略得当。择善而载，颇见剪裁之功。

万《志》共二十二卷，其中《兵防志》、《地理志》各分二卷，其他则是一卷。每卷之下，多者有十二类，如《兵防志一》有武署、军官等。有的没有附类，如《流寓志》，"惟奸邪一二，始以雷害人，不旋踵还以自害，天报甚速。附记于此，以昭世鉴"，用小字记载了丁谓、章惇、陆升之等人的行径，显示出作者们爱憎分明、疾恶如仇的可贵精神。正如欧阳保自己所说："语云：《春秋》，孔氏刑书也。笔削一加，万世斧钺。迁、

---

① 朱士嘉：《宋元方志传记索引序》，上海古籍出版社 1986 年版。
② 《四库全书简明目录》，上海古籍出版社 1985 年版，第 261 页。

固而下，所不敢望。然郡乘国史，不师其义以行，何以称不隐恶，不虚美，而文献足征哉！余刑官也，嘉肺之听，期于允明。少枉即以干和，故纵适为长恶。轻重出入，毫发靡徇。天日共照，彼我无憾。五载弼刑，道若斯已。雷志之修，夫亦兢兢以刑道用焉。"① 有的附有一类，如《古迹志》丘墓附。把诗词等文艺性较强的文献，另设《艺文志》。有关的奏疏碑记等文献，分别附在相应的条目之后，纲举目张，有条不紊。

第三，有些记载，可补历史之不足，也有失考之处。如卷十五《选举志》有洪武戊辰进士"何炫烨，浙江道监察御史"的记载。卷八《建置志·坊表》在"奕世科第"牌坊，夹注说："登云坊。万历三十年，知府郭士材为洪武甲戌进士、浙江道御史何炫烨；洪武庚午举人、教授何炫煟；景泰（元年）举人何钺、万历庚子举人何起龙立。"这里出现矛盾，何炫烨到底是洪武戊辰还是洪武甲戌进士？《何炫煟传》中说：炫煟是洪武二十三年举人，曾"任太平、松江、建宁三府教授。善启迪，所至以文学著名。兄炫烨同举于乡，登进士，为监察御史"。② 卷十四《选举志·进士》记载：洪武二十年丁卯举人何炫烨，洪武戊辰进士何炫烨。洪武二十三年庚午举人何炫煟。何炫烨不是洪武二十七年甲戌进士，而是在洪武二十年中举之后的第二年，即洪武二十一年中进士。查洪武二十一年戊辰科（1388），却没有何炫烨，这是《明清进士题名碑录索引》失载。③ 到了清代嘉庆陈昌齐修《雷州府志》时，由于避讳，却写成了"何炫华"④。再如中洪武十八年乙丑科丁显榜的进士是"林宗溥"，《明清进士题名碑录索引》写成了"林宗浦"，应该以府志为准。当然也有记载失误或失考的，如中宝祐四年文天祥榜的杨怿、纪应炎、程雷发，万《志》记在宝祐五年，实际是宝祐四年。查文天祥榜《登科录》，杨怿，第四甲第二十六人，字悦甫，小名用怿，年三十八。十二月一日未时生，本贯雷州府海康县；纪应炎，第二甲第十一人，字伯名，小名孟嗣，年三十九。六月二十七日

---

① 欧阳保：《雷州府志序》，见嘉庆《雷州府志·古叙》。
② 万历《雷州府志》卷十七《乡贤志》。
③ 同上。
④ 嘉庆《雷州府志》卷十五《选举》。

寅时生。本贯雷州遂溪县；程雷发，第五甲第十六人，字伯声，小名寅郎，年三十九，正月十二日卯时生。本贯雷州遂溪县。① 万《志》说倪益永乐"十九年辛丑"，"登状元曾鹤龄榜第二甲"，其实应该是永乐十三年乙未科登状元陈循榜，第二甲第十名进士。② 还有莫天赋，万《志》说嘉靖四十四年乙丑莫天赋"登状元申时行榜"，实际莫天赋登嘉靖四十一年第三甲第九十八名进士。③

二 《雷州府志》的思想文化价值

1. 万《志》的思想文化价值，弘扬凛然正气，提倡为官一任，造福一方；歌颂官吏清廉、公正廉明

欧阳保说："夫宦绩所树，大都不越廉明公正、剔蠹厘奸、惠和干辨、兴利除害数者。果通才卓越，或一节挺持，廉爱有征，兴剔有据，是真绩也。前名之，今亦名之。缇衣之好，安敢诬也。反是而览其词则美，究其实则眇，是浮誉也。前名之，今不敢名之。"④ 对于入志者，作者"据雷残本，反复参订，增芳汰蔓，求于至当。大意宁精毋滥，宁实毋虚，鉴以天地，质诸鬼神而已。固不敢袭谬踵讹侈为观也"。⑤

万历《雷州府志·名宦志·赵伯柽传》说，"绍兴二十四年知州事，锄强植弱，栉垢爬痒，民获奠安。先守黄勋砖南北二城，今柽继陶东西二城合之，坚固高广，海滨保障"。⑥ 何庚绍兴二十年知州事，"相地宜，比潴特侣塘水浚之南下，导西湖水东注。开渠疏流。二水灌溉，变赤卤为沃壤，岁事丰登，民名其渠为'何公渠'，以志永思，至今赖焉。祀四德堂"。⑦ 戴之邵乾道五年知州事"多惠政。先守何公凿渠引水，外无堤，咸潮时为禾害。之邵沿海筑圩岸，建桥闸，以泄水，并浚二渠之淤塞。自

---

① 王云五主编：《丛书集成初编》《登科录及其他一种》，商务印书馆 1939 年版。

② 同上。

③ 同上。

④ 万历《雷州府志》卷十五《名宦志》。

⑤ 欧阳保：《雷州府志序》，见嘉庆《雷州府志·古叙》。

⑥ 万历《雷州府志》卷十五《名宦志》。

⑦ 同上。

是，外无咸潮，内有灌注。民亨永利，名为'戴公堤'。又迁郡学于城南府治西，自书《进学记》，劝戒诸生，请张栻为之记。嗣是，人文渐盛。郡人立'思戴亭'，后祀四德堂"。① 欧阳保论曰："余读薛直夫《渠堤记》，而深叹何、戴二公大有造于雷也。洋田万顷，一望茫茫。内无泉脉之阴滋，外有咸潮之暴涌。使无渠以浚源，无堤以捍卤，则万顷砂砾耳。夫洋田丰则合郡饱，歉则合郡饥，所关至重矣。自二公开渠筑堤始，岁岁芃芃，满簏满车，雷民至今有饱无饥。生聚教训，非二公家赐户给之哉！法施于民则祀，有功德于民则祀。二公功德宏远矣。祀之四德，不亦宜乎！第查绍兴年间，有虎簿者，先曾修筑小堤，虽岁久倾圮，然造端创始，谓非戴堤之嚆矢不可也。小吏而能计衣袽劳，足嘉矣。奈何姓名莫纪，附此以志不泯。"② 说"徐应龙，子允叔，建宁人。淳熙二年进士。莅群宽简，特称长者。兴学校，修桥梁，广堤渠，创公署，郡人德之。累迁刑部尚书，谥文肃"。③ 说"薛直夫，字愚叟，永嘉人。嘉熙元年知州事。始辟试闱，增置贡士庄，立二苏祠，修理渠堤，建桥设市，振举废坠。始雷俗不知医药，病则专事巫祷。公创立惠民药局，教以医疗，有仁者之政。去之日，民建生祠祀之。祠废，后祀四德堂。黄必昌有记"。④ 欧阳保论曰："粤人尚鬼，习俗之不可变，犹痼病之，必不可医也。薛公置惠民药局，意念何恳。不逾时废为荆莽。切民生者且若此，其他兴革又可知已。仕宦数年，不肖者，惟孜孜脂膏自润以去，贤者痌瘝民瘼，饥溺若己。凡可以爬搔爱利者，靡不殚竭心力，而民且安于固。然莫肯遵循，奈之何哉！善乎仲尼之言曰：'夫仁者，亦有立人达人之心而已矣！'"⑤ 对廉洁的官员，他总是大加赞扬。如对张准的"清白之操，始终不变"⑥；对陆瓒入觐"故事分派夫马，瓒一切罢去。间拟赆镪，临行，悉取其卷焚之。在郡三年，

---

① 万历《雷州府志》卷十五《名宦志》。
② 同上。
③ 同上。
④ 同上。
⑤ 同上。
⑥ 同上。

不携其家。归日，囊匣萧然，有古载石风"①；等等。

2. 万《志》的文化价值体现在对雷州的各级官员，知州知府、县令丞簿、教谕训导、地方乡贤和受到贬谪的官员乃至一般群众，一视同仁，秉笔直书；同情民瘼，提倡科学，反对虚妄和迷信。对逃跑官员、贪污玷政、杀人越货、迷信鬼神等邪恶行为，予以无情地挞伐

如关于"十贤"，欧阳保有自己独特的看法。关于寇准，欧阳保说，"宁为真人品，无作假道学。如公者，早已置得丧于度外矣。蒸羊一逆，饮博杜门圣贤学术，岂是过也？余于莱公实心慕焉"。② 在《乡贤志》中，欧阳保说，"夫论才于人文繁华之地，其道宜严；论才与人文稀阔之乡，其道宜恕。余不敢严以求雷，然誉词溢语，则不可以不核。故雷之甲科，苟无大过，姑载以示向往。乡科明经，稍致参订；潜德隐行，果有实迹，必加采录。此盖微显阐幽，挽实例之浇，以还古初之意也。如以子孙之夸张，浮言之标榜，而遂进之；以门祚之衰微，怨家之诽谤，而遂退之，则亦囊者俗肠世眼乎？余耻之矣"。③ 万《雷志》卷十五《名宦志》欧阳保也说："余不避拣择，仅得十人。宁精无滥，所以示信也。"

对陈文玉的出生传说，欧阳保夹注说，"雷卵之说，其真可信也哉！"实际上给予大胆地否定。陈时亨"性友爱。兄弟分田，推其腴者与弟"；张能"事寡母至孝"；陈治明"尝拾遗金，候其主来还之"而受到"齿德褒崇"；等等。欧阳保论曰："雷人士方员显晦，盖殊品矣。有握符袭组而以治行见者，有急流返棹而以恬寂胜者，有孝友敦睦而和气满宅者，有轻财好施而义声震于乡里者，有端方正直而忘机衡泌者。凡此皆懿德也。"④ 而对"肉食者心如木椎，气如缩蚓，欲以成功，岂不难哉！""碌碌素餐，生死靡效，漫饰之曰'恩威并重，寇盗屏息'，欲以夸示来祀"的人，坚决予以摒除。景泰间同知王庄和判官赵敬，皆夹注说"以民讼去"。欧阳保的前任推官叶际英，"但署海、徐，征粮太骤，民稍怨言"。陈献策"河

① 万历《雷州府志》卷十七《乡贤志》。
② 万历《雷州府志》卷十六《流寓志》。
③ 万历《雷州府志》卷十七《乡贤志》。
④ 同上。

南舞阳人。万历三十八年顺德府同知升任（知府）。年迈多病，初勉视事，甫一周卒于官。其子陈于尧逼令海康县官建祠立碑而还"。① 正统年间徐闻知县李就，"广西人，三年任。残民激变，民缚而殴之，谓'打虎'"。② 弘治间徐闻知县林昂"福建人，民有'地无皮'之谣"。③ 嘉靖年间徐闻知县徐衍"龙溪人，举人，十七年任。贪酷异常，士民共怨"。④ 指挥使王秉恭"源子。秉恭无嗣，侄子王守臣袭。放逸妄为，万历十九年，缘事降三级，立功"。指挥同知王戡"璲子。弘治末以妄杀革袭"。后所百户李师舜"宗武子，领银往省打造。逃"。⑤

3. 万《志》的文化价值，主要体现在它记载了雷州一府三县的语言组成和风俗习惯，为研究文化、历史、语言学和风俗学提供了可靠的基础

《民俗志》共分"习尚"、"言语"、"居处"、"节序"四小类。"雷地僻，滨于海，俗尚朴野。宋时为明贤迁谪之乡，声名文物多所濡染……里甲严事官府，征科如期，靡敢捍法。惟乡村小民，或轻生敢斗，然也不能坚讼，向久乃释。俗喜宾客，饮食宴会丰美，有上国风。山坡多植麦，岁时遗馈，糗饵粉餈，俱精细可嗜。坑土旷而谷贱，人窳于耕作，不事蓄聚。故雷无万金之产，亦无饥寒人家……陶冶诸工，无甚奇巧。土多布多麻，而葛为上，丝间有之。而粗常服止棉葛，非庆贺不服绸绢……阖郡巫觋，至三百余家。有病则请巫以祷，罕用药饵。有司虽申谕之，不能易也。大家妇女不出闺门，日事纺绩。乡落之妇尤勤。"⑥ "遂溪风俗，视海康尤朴。其田野腴而旷，农窳于耕，商獠猥杂，性多轻悍。"⑦ "徐闻族尚，朴侈不齐。城中官服，大类中州。子弟竞于学，有邹鲁之风。乡村率事简略，器用粗拙，性悍喜斗。西北上瘠俗淳，东南土沃，习于纤漓。而尊

---

① 万历《雷州府志》卷六《秩官志》。
② 同上。
③ 同上。
④ 同上。
⑤ 同上。
⑥ 万历《雷州府志》卷五《民俗志》。
⑦ 同上。

巫,其弊一也。"① 雷州的言语,"有官语,即中州正音也。士大夫及城市居者能言之。有东语,亦名客语,与漳、潮大类,三县九所,乡落通谈此。有黎语,即琼崖临高之音"。② 雷州的节序,迎春,办杂剧,祭芒神,啖春饼。元旦祭祖,酌柏酒,烧爆竹。上元作灯市。十六夜,民间妇女或走百病。二月上戊,乡民祭社祈谷欢饮,是夕击鼓逐疫。清明祭扫。四月八日,浮屠氏浴佛为龙华会。"端午,众往西湖塘观竞渡。好事者悬银钱于竿,龙舟竞夺之,谓之'夺标',各乡溪港中俱同。是日设菖蒲酒,束角黍祀祖,闾里相馈遗,悬艾虎于门,童子斗百卉。"③ 六月六日,祀灶,晒衣服,祛蠹湿。七月十五日,中元,祀祖,为兰盆会。中秋家设酒肴,蒸芋赏月。重阳登高。冬月有司夙兴拜圣节交贺。是日,家各祀祖。腊月二十四祀灶。除夕守岁。雷州人的轻生,欧阳保论曰:"若夫一种椎鲁之人,矼执己性,化导不得,其失也愚。胸眼窄小,微利即沾沾喜,微害即嘈嘈怨。官府小不当,街谈巷说,而无所讳,其失也粗。乡曲细民,一言诟谇,辄至捐生,其失也戾。嫠妇育女,骈肩市衢,鬻饭鬻椰,媒淫启奸,其失也野。凡此皆淳之过而流也。吏此者,倘虚公清肃,示以礼教,厉以廉耻,而复轻锾薄赋,厘弊汰陋,则不必深仁厚泽,而风移俗易之效,可坐而几矣"。④

雷州文化是岭南文化的重要组成部分。雷州文化的载体就是这本最早的万《志》。岭南文化和雷州文化都是在中原文化基础上的支脉和发展,都流淌着传统文化的血液,跳动着中华民族的脉搏。勤劳的古代雷州人民,无疑为当时雷州的经济发展,写下了辉煌的篇章。雷州面向南海,辐射东南亚,南和海南岛隔海相望,毗邻北部湾和广西,是通往云贵和沟通川湘的重要门户和必经通道,素有"南天重地"之称。研读万《志》,无疑会激起雷州人民和我们的历史自豪感,给我们以深沉的历史震撼力和感召力。

---

① 万历《雷州府志》卷五《民俗志》。
② 同上。
③ 同上。
④ 同上。

雷州府志序

董肇胤

古列国各有史官，掌时政得失。如晋《乘》、楚《梼杌》，同出而异名焉。方域混一，总归王会。萧何入秦，先收图籍，其过人远矣。凡载籍之编，多权舆于《禹贡》及《周礼·职方》，而孟坚《地理志》所由作也。其后历代有书，郡邑有志。即稗官黄衣，撢人小史，轺轩所至，耳目所该，莫不网罗标列，彬彬盛矣。余自丰命海北，行部雷阳，见擎雷顷蜒蜿千里，虽比封疆，于幅员不过全燕一夼，大裘一腋，而瀚渤之滨，明珠大贝生焉。铜柱、黎岐、涠洲、硇岛点缀，天池、鲸山、蜃楼、龙舸、鹢缆形胜，故自有余。莱公、子由诸君子畏垒尸祝，索籍于学官，子弟咋舌莫对。文献阙典，一至于斯。余因怪郡国守相，何寥寥二百余年，莫有肩其役者。

岁辛亥，欧阳司李抵任，未几捧直指檄核端州，得叶化父所为《端志》读之，慨然以编摩为己任。且曰："履句履者，识地形，不出户知天下。令亲治其地，而不能举其籍综览之谓何？"然时尚未暇，费尚莫举。继而雷守缺，属摄郡。又继而海康令入觐行，属摄邑。于是于案牍余闲，开局修举。檄三邑长史、博士诸生，采访旧闻，自为旁搜广缀。遡秦取桂林象郡，与汉陆生说解雒结及龙门而下诸史，《一统志》、《粤通志》而互定之。稿几削而始成。捐储赎锾以为剞劂资。余时以观察入计，未睹厥成也。兹秉宪羊城，司李以考成至，质是编于余，将付杀青，因而索序。为之语曰："职之匠心综缉，非敢作者自居。但志者，史也。必事核而有征，义正而不诡，而后人信之、传之。尊家狐笔，孔子目为良史。至于《春秋》，则曰窃取其义。夫义者，宜也。笔削失宜，何以曰义？"

　　余披阅卒业因叹曰："志非文之难也，文非事之难也，惟义正而文雅驯者得之。然取义于他郡故籍，班班可考。人无隐情，事无遗迹。品题参绎其道，因其义显，用力少而成功倍。取义于雷，前无残阙之可补，后无故老之可证。其人与事，若洪濛隔世，若有若无，若可信，若不可信，即什一于千百，犹属影响。综缀纂述，其道创，其义隐，用力繁而成工苦。兹志条分灿列，巨细指掌。至于名宦人物，一一义精而事核，不虚美，不隐恶。虽草创润饰，自为校雠，不啻成谱视之。"余因嘉司李神劳而意远，学赡而识宏也。今而后雷有信史矣，必传矣。司李家文忠公作《资治通鉴》，①今经生家传户颂。司李祖其懿范，而发为治理，褎然成一家之言，可不谓贤耶！昔子产相郑而铸刑书，郑人始疑而终信。司李理雷三年，明允敏达，雷人业信若蓍蔡。其为志精详尔雅，即不求信于民，而民固有信在言前者。往王范《交广春秋》成，葛洪序之。余愧稚川，何能弁一语。然而雷，固予持节击扬之邦也，今岂忘雷哉！司李能创《雷志》以补缺典，俾考文献者有所证。向予之意得司李而成之也，余又安能默默？读雷者知予意，则知司李之有造于雷矣。

　　万历四十二年六月吉日　广东等处提刑按察司按察使前奉敕分巡海北整饬雷廉兵备兼管珠池秫陵董肇胤顿首谨序

南海学生员马元震书（梁文耀刻）

---

　　① 此处原文如此。误。《资治通鉴》为司马光作。欧阳修有《新唐书》、《新五代史》。

雷州府志纂修姓氏

雷州府推官豫章欧阳保　纂

南海孝廉韩上桂　生员邓桢　辑

府学教授徐应乾　编

训导秦家栋

海康县学训导黄焕阳

化州生员董奇猷　次校

府学生员冼元佐　陈栋　冯宗伊　王用誉　莫瑜　孙振英　劳有功
施惟惠

县学生员吴启聪　陈瑾　陈建阳　詹廷瑞　陈槐　宿玉庭　同次

本府知府洛阳牛从极　同知金溪徐日光　同修

海康县知县郭之蒙　徐闻县知县赵一鹤　同订

志　叙

韩上桂

　　自夏后氏别九州任土作贡，后世郡国因之。各有史籍以纪往事。春秋间《国语》并载，左丘明既传《鲁史》，复析列国而存之，盖其详也。我国家幅员万里，南北都并峙，其列为省以拥卫鸿图者十有三，为府者盖倍蓰无算。记载班班可考。

　　雷僻在东粤南陲，视广、肇诸郡地差狭，所辖邑不能以半。然吞吐渤澥，跨琼翼廉，实东南一要郡也。土衍而沃，岚瘴转微，风俗淳朴。二百年来，人文迭兴，科第往往不绝，视他郡称雄长焉。其间守令明贤，揆诸两汉，未可多让。奇踪胜事，灼在耳目。此而不为之纪，将循良寂响，而文物辄湮也。

　　观风之谓何？其何以备采览？且夫考疆正域，大典也；辨土授民，显制也；度产絜赋，厚忠也；昭善怵恶，杰轨也；省视要害，重防也；正礼审祀，秩章也。籍一郡而众善咸集，虽僻不可以缺。故历叙时人所见闻，与先正所传者，汇为《雷志》，列目二十二，俾征文献者可考信焉。

韩上桂叙

例　叙

志有例，非臆制也。孔子作《春秋》，其旨微，诸弟子莫能窥。司马氏不能及远，所作史止载当时行事。然《河渠》、《食货》、《平准》、《封禅》诸书，亦具有意。盖扼腕时艰，故递及之，非苟焉已也。

雷郡，在天下巨鼎中一脔耳。然治有急缓，物有简巨。为之志者，务缕以析之，如房而孚而秀而栗，不可以紊。郡邑初建，保有封域。世运迭更，沿革非一，故先之以舆图。疆圉既别，躔度因焉。燥湿寒暑，各从其候，故次之以星野。天道旋于上，地轴转于下。山川险易，彼此殊形，堤岸陂塘，物利攸藉，故次之以地理。生民嗜欲，不一其性，居处宴会，不一其习，故次之以民俗。俗殊而志棼矣，力健而争，智饶则诈，不有官司，其何以统，故次之以秩官。饬纪振纲，皇华秉钺，惠吾雷也，其何敢忘，故次之以分镇。百官之署，各有位制，城池内卫，驿亭外布，以森体范，故次之以建置。君子竭其谋，小人输其力，米盐丝枲，皆以上供，错赋考壤，咸准厥则，故次之以食货。明人伦，育贤俊，莫大乎庠序，故次之以学校。祭明馨也，不秩则黩，故次之以祀典。龙蛇之生，多在山泽，戈矛甲盾，以备不虞，故次之以兵防。夫蔚然雾变者，代岂乏奇，里辟岩征，达于管库，故次之以选举。举者，兴也。兴而在位，蕲于牧民，召伯憩棠，遗荫依然，畏垒桐乡，尸之俎豆，故次之以名宦。孤客海上，梦阙犹悬，岸芷汀兰，足供佩结，故次之以流寓。十步近矣，芳草攸滋，涸蚌之精，孕为明月，故次之以乡贤。烈士据鞍，翦此朝食，马革可裹，侠骨犹存，故次之以勋烈。投璧于焰，经宿不燃，星夕霜朝，有陨无二，泛栢磨笄，可以风也，故次之以女贞。凤有苞，麟有绂，点缬寒英，绚诸霞采，故次之以艺文。谁无故国之感，有不望沧桑而发慨者乎！残碑灌莽，废井颓基，皆可吊也，故次之以轶迹。宇宙大矣，河伯望洋，若士倦壳，化城建德，孰不逍遥。贰负毕方，瑰诸睹记，故终之以外纪。

故曰：志之道，核而详，赡而不秽，其称物也广，其综治也闳，其审于艺也能。因文质而维之胜，不以意诽，不以俗靡。谨敷所闻，以资参绎，亦史之次也。

雷州府志卷之一　舆图志_{府县图　图经}_{沿革　事纪}

语曰：不出户见天下，非驰思之谓也。古者版籍藏诸王府，故萧何收秦图书，以知天下阨塞。马援聚米为谷，而陇在目中。夫阅险易，按封域，岂不以图哉！雷之为县三，延袤几千里。令竭蹶未易，以底合图之，析又图之，而雷尽是矣。数户口若者繁，产殖若者颐，关梁若者险而键，风俗若者淳，文物若者灿，掌而指之不翅也，作《舆图志》。

府县图

（见第2至9页）

图　经

雷州舆图尽域，支于岭峤，负于高凉，腋于廉，面于海。其郡有擎雷山，擎雷之水出焉。东入于海。博袍水出博袍山，西流入于海。附郭为海康。县北英灵冈，罗湖之水出焉。南流与擎雷水合入于海。东思灵岛峙洋中。西徒会山浮焉。东北百八十里，为遂溪县。有山曰斜离，有岩曰湖光。武乐之水出螺冈下，南流而东入于海。西南百五十里为徐闻县，龙虎之石峙焉。北双髻岭，遇贤之水所出。大水溪出龙床山，滩急声如雷，其下为龙潭，南经海安入海。

沿　革

古者宇内九州，舜即位析之为十二。盖地广则政难周。如呼邪许者，

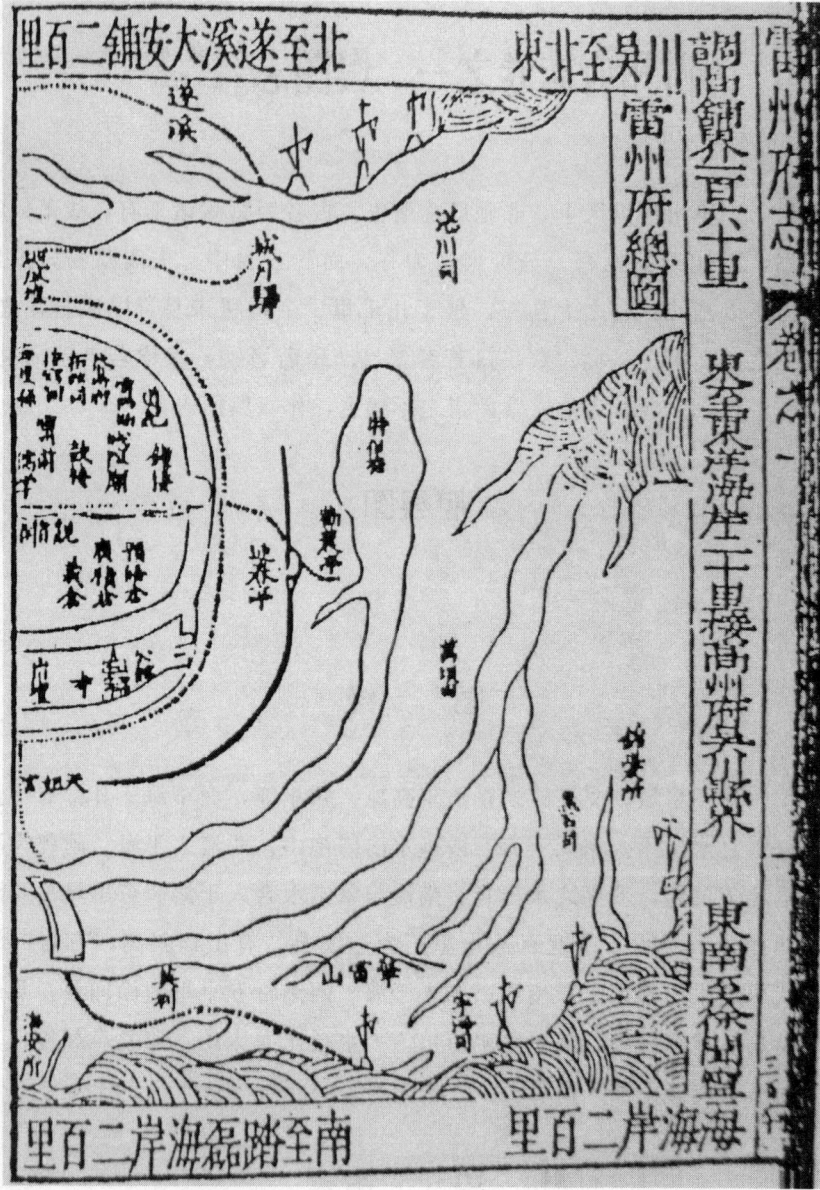

雷州府总图

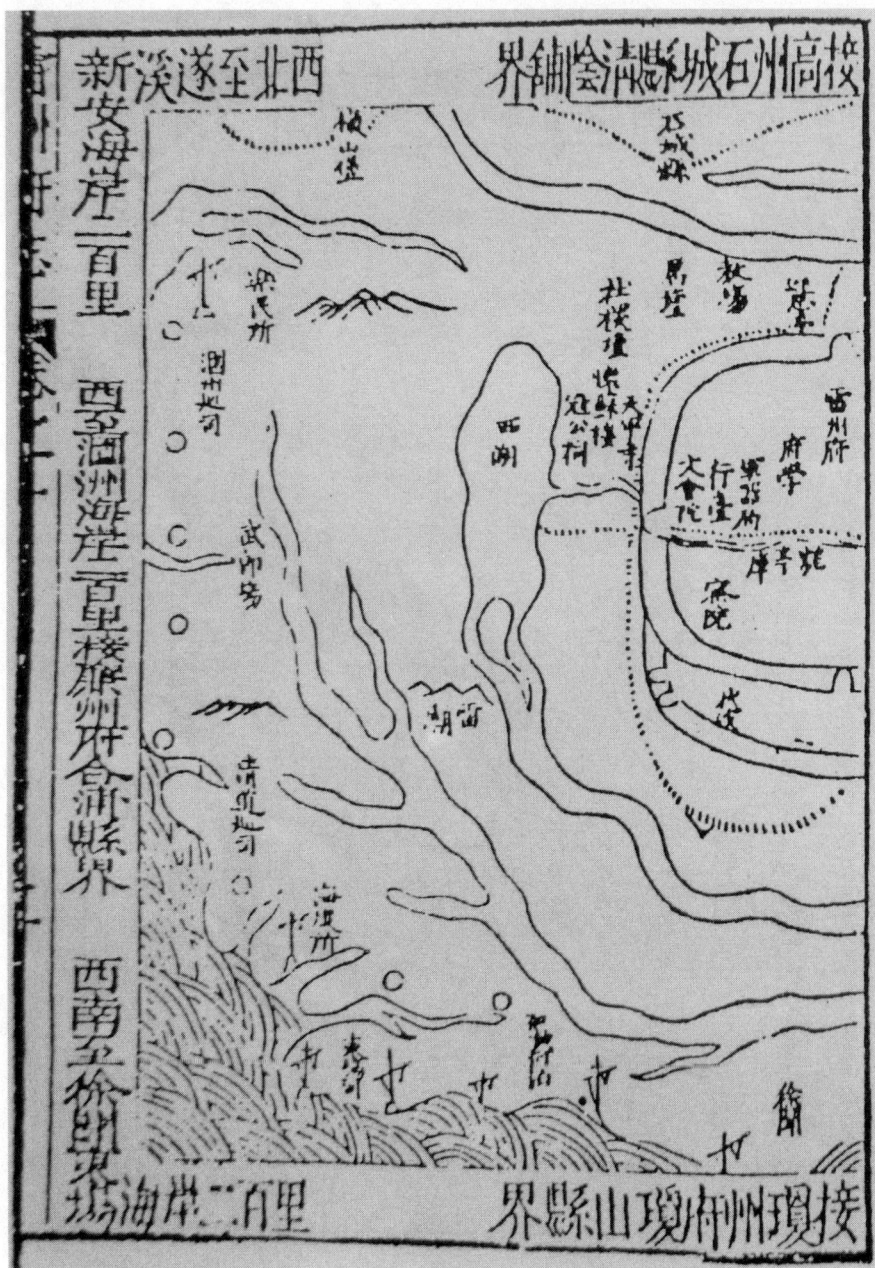

海康县图

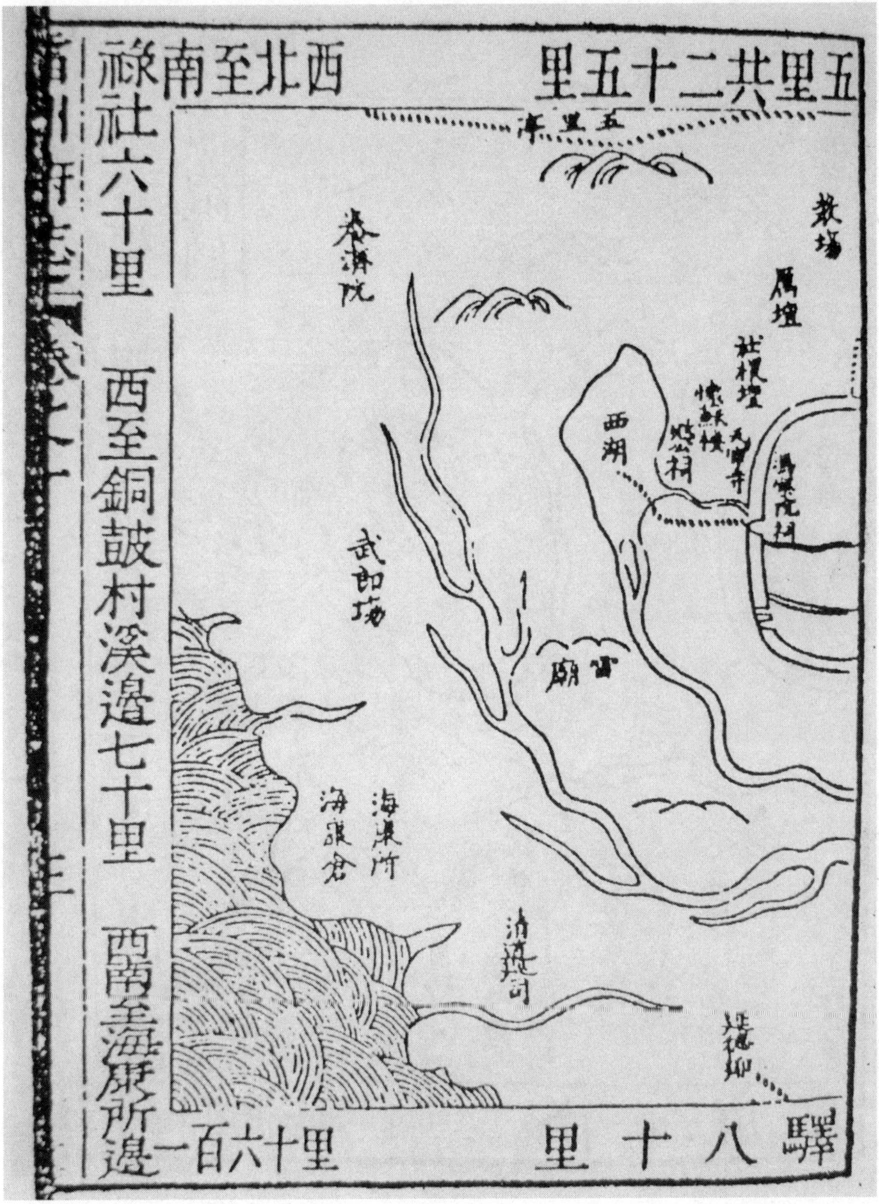
五里共二十五里
西北至南祿社六十里
西至銅鼓村溪邊七十里
西南至海康所邊一百六十里
驛八十里
教場
西湖
武郎場
雷廟
海康所
海康倉

北 至 石 城　　東北至五路

遂溪縣圖

雷州府志　卷之一

墟七重抵賢界

東至吳川石門村三十里

東南至東海一百

晟前

桂欖壙

除諸鑨

陵羅學

湛川巡司

遵明壙

通明津

五埠市

湖光岩

山川壙

尚智輝

樂揚巡司

榮禮鄉

海大抵里十四

南 至 府 城

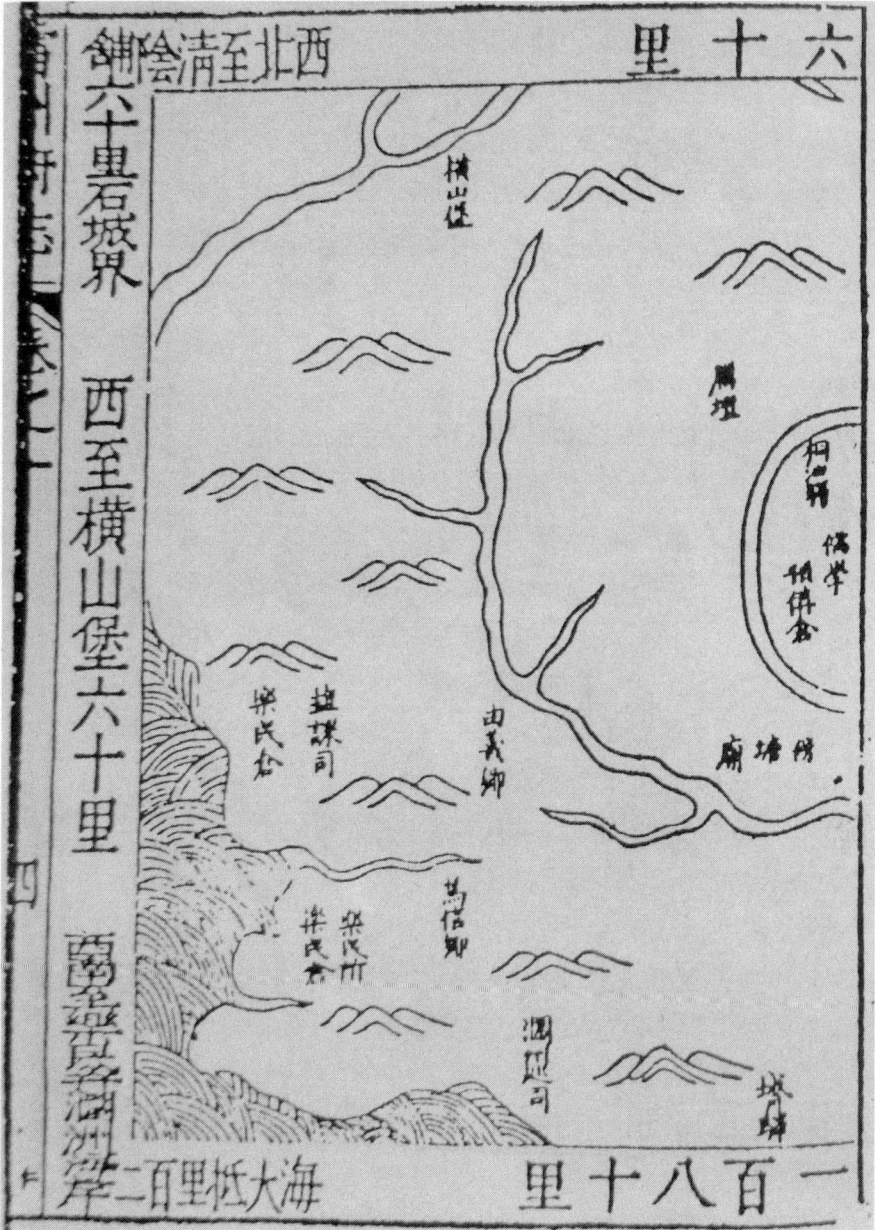

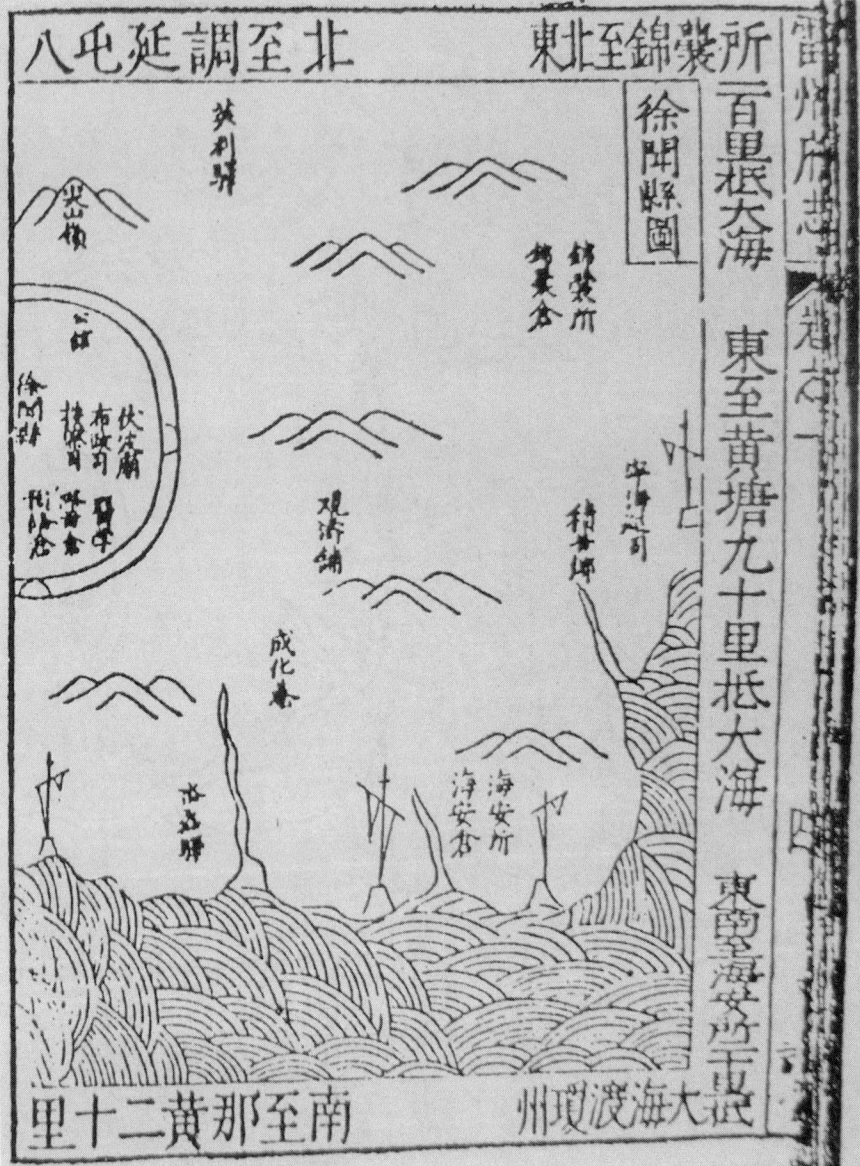

徐聞縣圖

北至調延屯八

東北至錦囊所

百里抵大海

東至黃塘九十里抵大海

東望海安所

英利驛

興山橫

伏波廟
布政司
按察司
鹽海倉
稅課局
公館
徐聞縣
分司

錦囊所
錦囊倉

守海汛司

積奇峰

觀濤鋪

成化春

海安所
海安倉

瓷窯驛

南至那黃二十里

州項渡海大

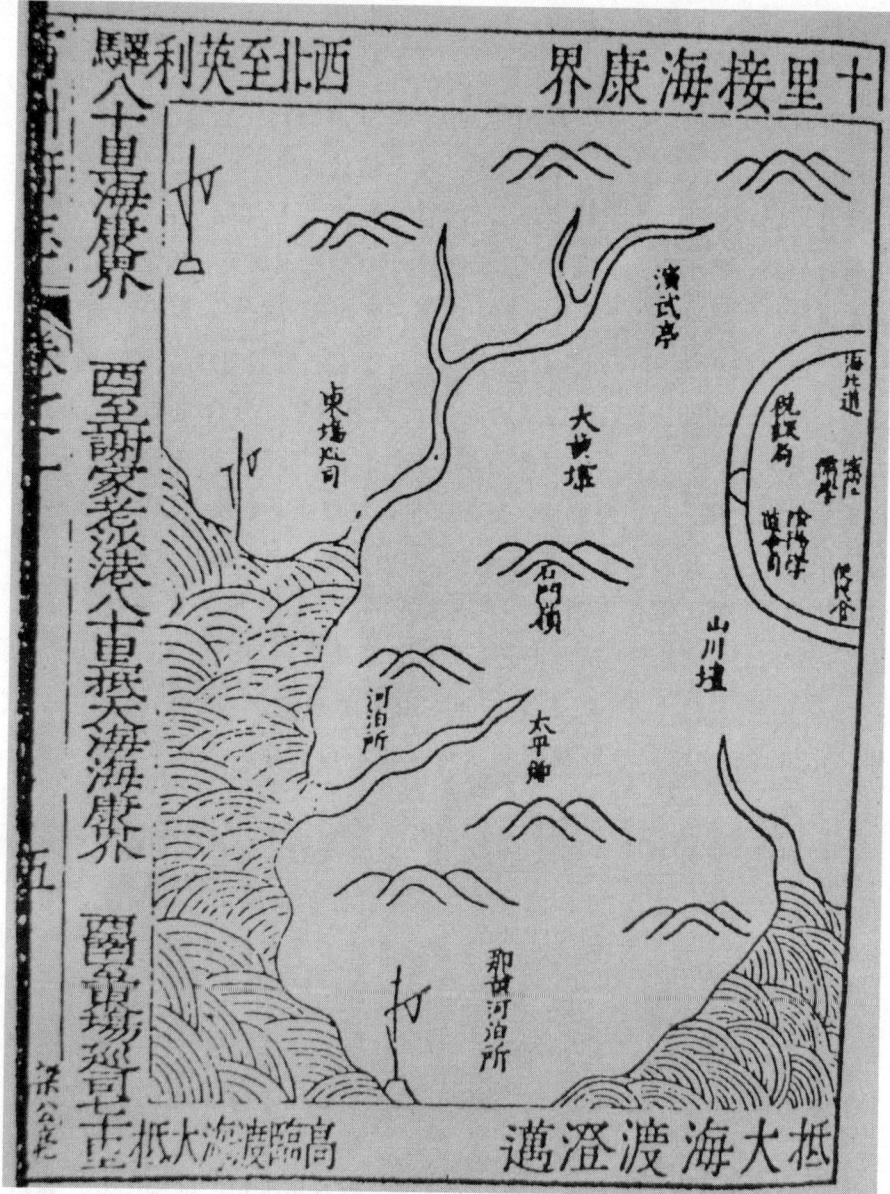

十里接海康界

西北至英利驿

演武亭

大黄堰

东场烟司

石门岭

河泊所

太平墟

山川坛

那陵河泊所

儒学

县治

阴学

海头递

合十里海康界

西至诮家派港八十里接大海海康界

抵大海渡澄迈

高临渡海大抵

众负之，则其趋也便，势使然也。周有天下，建诸侯千八百国。秦并之置郡。粤归汉后，雷统属焉。中间或分或合，纷若棋秤。至我朝始定为三县。征而纪之，亦因革之轨也。

《禹贡》属扬州，为南徼荒服。旧志：古百粤在要荒之服。春秋战国属楚。《史记》熊罴之后，封楚。据有荆服，故雷属焉。秦始皇并百粤属象郡。秦亡，赵陀称王南粤，雷并属焉。秦二世时，南海尉任嚣病笃，命龙川令赵陀行尉事。嚣死，陀并象郡，称南粤王。汉初属陀如故。高祖时，未暇加兵，诏立陀为南粤王。武帝元鼎六年，遣伏波将军路博德平南粤，置徐闻县，属合浦郡。粤相吕嘉杀使，及粤太后谋反，帝遣将讨平之。以其地为南海、合浦等九郡，徐闻县属焉。光武二十六年，平交阯。南粤仍属合浦郡，督于交州。时交阯女子征侧、征武反，九真、日南、合浦诸郡皆应之。帝遣伏波将军马援，发兵讨平之。三国属吴，因之。吴永安七年，以南海为广州，雷属交州。宋属越州。宋分合浦置宋寿郡，交州，又改越州也。齐分置为齐康郡。梁武帝大通中，属南合州。梁以徐闻为合州，续加南字为南合州。陈、隋俱属南合州。陈永定间，改徐闻为齐康，并以南合州领之，隋开皇间，并模薄、罗阿、雷川三县，又置齐康县、铁把县，改齐康为隋康县，渠县为湛川郡，雷州所领县凡七。炀帝大业初，复属合浦郡。大业间，废合州，而模薄七县复属合浦郡。唐高祖武德十四年，分合浦郡，置合州。太宗贞观元年，改东合州，寻改雷州。贞观初，更合州为东合州，复隋康为徐闻。八年改东合州为雷州。以有擎雷水，故名之。玄宗天宝元年，以雷州为海康郡。肃宗至德初，复为雷州，领海康、遂溪、徐闻，属岭南道。咸通三年，属岭西道。五代南汉，亦为雷州。宋太祖开宝四年，平南汉，改为雷州军，属广南西路，并遂溪入海康，以徐闻为递角场，寻复旧。宋时遣潘美平南汉，刘铱素衣白马以降，得州六十、县四百七十，雷隶之。元世祖元年，以雷州为宣慰司。十八年改为雷州路总管府。行中书省平章阿里海牙平海北，改置为总管府。顺帝十五年，山海贼寇雷。是时土人麦伏来、黄应宾、潘龙等聚徒山海，潜号割据。十九年，化州路枢密院同金罗福领兵击之。诸贼败走，州境以宁。以保障功，升本州都元帅。寻据其地。

国朝洪武元年春，罗福以全城归附，改路为府，属广东布政司，属海北道。大将军廖永忠克福州，顺取广州，谕福纳款。以指挥张秉彝戍守，同知余顺孙开设府治，领海康、遂溪、徐闻三县。二年遣副将军参政朱亮祖镇之，师次雷州。九年增廉州、石康、灵山、钦县入雷州。十四年改廉州为府，领石康、灵山、钦县，而海、遂、徐三县仍隶雷州治。

海康，雷附郭县。本汉徐闻地，属合浦郡。梁属合州，隋于此置海康县，唐为雷州治。宋开宝初，以遂溪、徐闻二县并入属雷州。南渡后，复分为三。元仍旧。国朝因之。

遂溪，雷属县。本汉合浦郡徐闻县地。隋分为湛川、铁把二县，属合州。寻改湛川入扇沙。天宝初置遂溪县，属雷州。宋开宝初，并入海康。绍兴中复置。元仍旧。国朝因之。

徐闻，雷属县。本汉旧县，属合浦郡。齐改齐康县。梁大通间，分其地置合州。隋罢郡改县，曰隋康，属合州。唐贞观初复为徐闻县，属雷州。宋开宝初并入海康。绍兴中复置。元仍旧。国朝因之。

雷自贞观始名。说者谓其地多雷，至冬蛰而为鼍，郡人掘而煮之，其说近诞。乃谓祈禳者每持布鼓上雷门山，益无据。又谓刺史陈文玉，固雷种。夫玄鸟降商，犬龙衔颔，何独于文玉而疑之？及按郡图，郡南有擎雷山，其得名以此。孔子不语怪，总之言擎雷者近是。海康者何？邑傍海而祈之康，取安澜义也。遂溪则溪水合流，民利遂之。徐闻迫海，涛声震荡，曰："是安得其徐徐而闻乎？"此三邑所由名也。邑革置不常，向有湛川、铁把、扇沙之目。今扇沙湮没，余二县遗迹尚存。遂溪境，莎鸡婆数，不一其指。吾恶得而齐之。虽然，伯乐之御马也，可原可隰，而骊黄不与焉。夫治雷者，亦善御之而已。

事　纪

尧命羲和宅南交。舜巡狩至衡，则领海之区，当在唐虞时已入职方。乃各郡志，皆始于秦。盖本《史记》秦取百越之地以为桂林、象郡。然取齐取楚，亦取也，何独于越？顾谓权舆。且志周武王十四年，儋耳入贡。十八年，陈诗至于南海，则不待秦始通中国可知矣。而载籍不备，难以考信。孔子病杞宋无征曰："文献不足。"春秋去夏商未远，诗书称载，尚惜无征。矧兹海滨，文献益缺。欲以千百世之下，追征千百世之上，夸父逐日，何可得哉！且微论太古，即宋元至今，曾几何时，而其事亦渺兮漠兮，不可稽矣。君子于其所不知，盖阙如也。纪事于雷，姑从秦始。中有未备，俟博雅者详焉。

秦始皇三十三年，遣任嚣、赵陀击南越，平之。置桂林、南海、象郡。_{雷州时为象郡地。}

汉高帝元年冬十一月，故秦龙川令赵陀，自立为南越武王。_{陀先行南海尉事，寻击并桂林、象郡而自立。}

十一年夏五月，遣陆贾封陀为南越王。

文帝元年，遣大中大夫陆贾谕南越陀称臣奉贡。

武帝元鼎六年冬十月，遣伏波将军路博德、楼船将军杨仆讨平南粤。置七郡。南康、苍梧、郁林、合浦、交阯、九真、日南。

立徐闻县，属合浦郡。

东汉建武二十六年，交阯女子征侧、征贰反。遣伏波将军马援平之，略地至雷。

元初三年，苍梧、合浦蛮反。遣侍御史任逴督州郡兵讨降之。

改徐闻县为齐康县。齐水明中

分齐康县置合州。梁大通中 改南合州、析其地，置椹簿、罗阿、雷川、湛县，并属南合州。

隋开皇十年，改齐康县为隋康县。复析置海康、铁把二县，仍属南合州。大业初，废合州，统属合浦郡。

唐武德五年，高州总管冯盎以地降。拜益子智或东合州刺史。即南合地，盎于三年击新兴贼冼宝，彻禽之，遂有番南、珠崖地，自号总管。

十四年分合浦郡，置合浦州。隶以海康、隋康、铁把、扇沙四县。

贞观元年，改合州为东合州，复隋康为徐闻。

贞观八年，改东合州为雷州。

天宝元年，改雷州为海康郡。

至德二年，复为雷州，领海康、遂溪、徐闻三县。

以清海节度使刘隐为南海王，改国号曰汉。梁开平三年 隐尽有岭南之地，雷属南汉。

宋开宝四年，遣桂州道行营都部署潘美平南汉，改雷州为雷州军。《刘隐传》孙铱游幸无度，委政宦官。作烧煮剥剔、刀山剑树之刑，至是击降之，岭南悉平。以雷属广南西路，并遂溪入海康，以徐闻为递角场，寻复旧。

淳化五年，知雷州军事杨维新始建子城。

乾兴四年，贬故相寇准为雷州司户参军。

绍圣四年，安置门下侍郎苏辙于雷。

绍兴八年，海贼陈旺攻雷子城。澄海将军虞辅国、李宪死之。

绍兴十五年，知雷州军事王趯筑外城。由那庐至西湖暨赤岭东岭蟹英禄山周围五里未就，黄勖、赵伯桂继之，其功乃毕。

二十六年，知雷州军事何庚导塘渠，灌东洋田。雷地病燥涸，庚筑特倜、西湖二塘堤，通渠水以灌东洋田万顷，民利赖之。

乾道六年，知雷州军事戴之邵筑长堤以捍潮。潮昧咸，溢则伤稼，旧堤久坏，至是大筑之。

迁雷州学于府治西。

德祐元年，曾渊子开督府于雷。时宋祚已危，渊子位执政，以避位削籍，寻领是职。

祥兴元年，元将史格克雷州据之。

曾渊子自雷奔赴行在。_{时宋帝舟泊硇洲，渊子为元所袭，奔赴帝所，随至崖州。}

太傅张世杰遣师讨雷不克，安抚使张应科死之。

元至元十五年，行中书省平章阿里海牙平海北，驻师于雷。

十八年，元改安抚司为雷州路总管府。

^{至正}十五年，土贼麦伏来、张子三等，据遂溪、徐闻以叛。

十九年，化州路枢密院同金罗福领兵击麦伏来等，克之。雷州平，升福宜慰司都元帅。

国朝洪武元年，命征南大将军廖永忠平岭南，罗福以全郡来归。

遣指挥张秉彝戍雷。改路为府。领海康、遂溪、徐闻三县。

二年，副将军参政朱亮祖师次雷州。

命府同知余麒孙开复府治。

二十七年，命安陆侯吴杰、都督马鉴视雷要地。立海安、海康、乐民、锦囊四千户所。_{广东指挥使花茂奏，沿海宜立所，备海盗，故有是命。}始命备倭。

永乐七年，飓风大作。_{时飓挟咸潮泛溢至城，海堤溃，民溺死者甚众。知府王敬损俸恤之。}

十四年，诏采珠。

成化元年，广西徭贼胡公威反，流劫至雷。_{是时承平日久，民不知兵，贼至俱奔人城。相持日久，城中疫起，十死六七。田野荒芜，户口顿减。}

总兵官欧信师次于雷，与贼战，败绩。

海康知县王麒御贼于那柳村，死之。

成化十四年，奏并海康县学于府。_{时地方残破，弦诵者少，省黎何瑢奏，故并入府学。}

二十年，雷大有年。

弘治九年，奏复海康县学。_{是科海康张德中式，且两学生员相挤，知县陈嘉礼、知县林彦修命岁贡生员田安奏，复原学。}

十二年，诏采珠。

十四年，徙徐闻县于宾朴。

琼州黎贼符南蛇反。都御史潘蕃、总兵毛锐讨之。蕃税于雷。

正德五年，守珠池太监牛荣激变于雷。_{荣恃势横暴，计家赀取所入，地方苦之，故变。}

是年，筑徐闻县子城。

九年，诏采珠于对乐池，无珠乃止。

十一年，贼劫遂溪县。_{官民俱受虏，至海滨乃放还。}

飓风害稼，民告灾，乃减征。

十四年，守珠池太监赵兰激变于雷。兰视牛荣尤横，戕杀良民，陈应魁诬奏知府王秉良诏狱，故变。

嘉靖元年，罢采珠。诏内监还京师。先是，宣德间，命内使来守珠池。弘治间，诏一采之，旋罢。至是，屡激民变，故御史陈实奏面罢之。

三年，地震。

二十年，琼州崖黎反。都御史蔡经、总兵安远侯柳珣征之，税于雷。

二十一年秋九月，飓风。庐舍禾苗俱坏。

二十二年，雷民告饥，发赈之。

二十三年三月，雨雹。

二十七年，琼州崖黎复反。都御史欧阳必进、总兵平江伯陈珪征之，税于雷。

秋九月，雨色绿。

地震。

三十一年夏，咸潮暴溢。南亭居民，暮夜无知，漂屋溺死者甚众。

三十九年，诏采珠。次年飓风。

四十二年，狼兵突至，劫徐闻县库。

四十三年，广西流贼突至。入府城，杀守门者二人。

隆庆元年，诏罢雷州贡葛。

四年夏六月，飓风。

五年冬十二月晦，倭贼突掠雷西南郊。掳掠男妇，地方几破。

万历二年秋，咸潮涌浸。

六年秋，彗见西南方。尾散如带，其长竟天，五十余日方灭。

十五年，蝗杀稼。

十七年，飓风，水溢害稼。

十九年，飓风。

二十二年春二月，地震。

二十三年，旱大，无禾稼。

二十四年，大旱，赤地千里。是岁斗米二钱五分，民多茹树皮延活，饿死者无计。守道洪敷诏、知府伍士望捐俸赈之。

增筑城东土龙。城东夷旷，风气不聚。知府伍士望因旧土龙加筑高大，上植榕木，数年成林，郁蔚环绕。

二十六年，诏采珠。

冬，地震。

二十九年春三月，倭贼自淡水登岸，据龙郁村，寻讨平之。时官兵进战，多为贼所伤，署参将戚国光朒缩不出，知府叶修募兵防御，东山参将邓钟督兵诛之，雷以宁。

三十一年，诏内监李敬采珠，加条鞭饷。

三十三年夏五月，地大震。墙屋倾坏，人多压死。

三十七年，召内监李敬还京师，罢采珠。

四十一年，崖州黎变，命将征之。师次于雷，是年无功。

四十二年，命将再征崖黎，师次于雷。

鼎建巽方秀塔。

论曰：

邾郳杞桧，微之为封，而其事轶，见于左氏。即岁月不以爽，雷控三县，几于千里，邾杞也云哉！高、廉列其北，琼、莞峙其南，中夹两海，而若断若引，譬之人身，其犹喉也。三郡有警，雷必中之，地方盖多事矣。

自秦迄今，二千余年，其间分合异制，休咎异征，仁暴异施，治乱异迹，若可知，若不可知。彰往证来，宁无残缺之憾。博采旧闻，综次岁月，固当世得失之林也。要之，天时吾不可知，咸潮消长，有备无患。若廉之池，琼之黎，当于雷相终始。夫伏莽小丑，何代蔑有，庭除蔓草，艾而复生。君子因时应之，隐忧之大，固有在也。稽事纪而较然睹矣。

雷州府志卷之二　星候志

雷州府志卷之二　星候志 <small>星野　气候
风候　潮汐附</small>

星　野

天文牛女分野。按《禹贡》：淮海惟扬州。《周礼·保章》：斗牛女当扬州之域。《春秋元命苞》：牵牛流为扬州。《史记·天官书》：斗江湖牵牛婺女扬州。魏晋书，俱自斗十二度至女七度为星纪。吴越分野于辰，在丑，故庐江以南，尽于珠崖，皆扬州分域。然《续隋书》：鹑尾拥彗而吴越饥。鹑尾者，翼轸也。是吴越与楚亦同分。欧必元尝志粤省主此。叶春及志端州，则又揆北极远近，谓尾箕当闽粤之南。杨太史志惠州，亦谓惠宜殷乎尾箕在斗牛下，而以《南粤录》"左带牛头，右据龙尾"为证。总之，三代以前，北长而南缩，北逾朔方，南止衡山。百粤山川，具称荒服。不以列于分野，故兖、冀并豫，所析转繁，而江汉以南，惟荆、扬称焉。

今南方封域极于溟海，斗既以属江湖，而牛女二宿兼吴、浙、闽、粤，殊有未尽。且星荧惑岳衡山，粤于衡为近，则鹑尾同占，固其所乎！若谓箕尾为闽、粤，则吾未敢然。盖幽燕之分，业有定域。但其次为析木之津。津者，河也。负海诸国，皆以属河。故朝鲜之拔星茀于河界。越亡荧惑守斗。斗与牛女，皆河侧闽粤也。而占在河津，理或近之耳。雷为扬州外境，即以星纪析之为占无几，又恶能寸寸而符之乎？斗为天庙，牛为关梁，婺女为少府。其候不一，大小之祥，各以类应。谨修德刑，以敬天戒，则有土之责也。

气　候

岭南炎方，气候与中州别。近山多燥，近海多湿。雷山势夷衍，无岚瘴患。惟近挹洋海，土卑而薄，霜雪之岩，远不能加。乃洪涛震荡，湿气上蒸。晴则甚热，阴则转凉。一岁间，暑热过半，入秋为甚。隆冬值晴，或至摇扇。春夏多淫雨，晨起积雾四塞。三伏时偶值阴翳，便觉凄然。衣服、图籍，易生虫蠹。白醮旧志谓阳气常泄，阴气涌溢，迭胜而相薄。阳气泄，故人腠疏多汗。阴气溢，故人多体倦脚气之病。此湿热交侵所致也。三县气候俱同，而徐闻最逼海，谚传岭外"四时皆似夏，一雨便成秋"，于雷为尤信。

风　候

海郡多风，而雷为甚。其变而大者为飓风。飓者，具也。具四方之风而飙忽莫测也。发在夏秋间。将发时，或涛声倏吼，或海鸟交翔，或天脚晕若半虹，俗呼曰"破篷"。不数日，则轮风震地，万籁惊号，更挟以雷雨，则势弥暴，拔木扬沙，坏垣破屋，牛马缩栗，行人颠仆，是为铁飓。又飓之来，潮辄乘之。雷地卑迫海，无山谷之限，所恃宋元来堤岸。然久则善崩，潮冲辄溃。浮空杳漫，禾稼尽伤。潮味咸，一岁罹害，越三岁乃可种也。飓之止亦有候。起东北转西，或起西北转东，俱回南乃息。否则逾月必再作。寻常作必对厥时。日作，次日止。夜作，次夜止。有一岁再三作者，有三四岁不作者。圣人在上，海不扬波，吾为雷祝之矣。

潮汐附

雷郡潮汐，与广州略同。其壮盛，悉视月之朔望为候。一月之再盈再虚。如前月二十五六潮长，至朔而盛，初三而大盛，后又渐杀。十一二又长，至望而盛，十八而大盛，后又渐杀。新旧相乘，日迟一日。每岁八九月，潮势独大。夏至潮大于昼，冬至潮大于夜，此其大较也。海康西之泉，俱自涧浴而下，至南渡与潮水合。旧潮直通南亭溪。舟楫往来，便于运载。太监张永跨溪为桥，壅绝潮水止于桥下，民苦不便。嘉靖间郡守黄行可甃而为拱，潮乃复通。平时潮水到于田亩。惟飓发则咸潮逆起，大伤禾稼。故东洋田俱筑堤岸以遏之。遂溪之潮，利害无异。海康、徐闻最迫海，但其地稍亢，暴潮不能深入。田园灌溉，大半取资溪涧，罕咸卤患。而调黎东西潮亦互异。调黎东，每日两潮两汐，西一潮一汐。调黎潮，东减而西满，那黄潮西减而东满。凡春则水小，不潮不汐者二三日。冬，不潮不汐者或三四日，无常期。大潮大汐谓之大水。渔者集焉。不潮不汐谓之小水。渔不取鱼。其渡琼者，亦视潮汐为进退。潮吼而暴，舟舵戒止矣。

论曰：

五星聚房而州武兴，荧惑退舍而宋景应。岁星居心，玄符幽赞，子韦观象知德，史墨卜吴必凶。梁沛兴曹，东井识汉。古人镜天象而知祸福，验风气以彻盛衰。星纪所系洵重矣。然孔门传受，不及璇玑玉衡。雷处海之角而天之涯，星度旷远莫考，执此征应，不亦渺乎？窃闻天道远，人道迩。君子事其迩者。雷之星野，姑存而弗论也。至于气候风潮，机随地转。雷较粤东诸郡，大同而小异焉。灾而不害，则良牧者其为计早也。

雷州府志卷之三　地理志一_{形胜　里至　山川}

地至雷极矣。北海北极出地六十五度，至雷出地仅二十度有奇。琼又少一度。自雷至琼，浮海不百里耳，度数已别，则地势之卑，视北海不知倍蓰。昔人谓地形倚，信矣。近海多风潮，陂塘堤岸，每不自固。都鄙墟市，怀襄是栗。雷疆域虽延千里，祈一夕之安未易，数数然也。问土产绤绨菽谷有余于地，鱼盐唇蛤取饶于海。而原隰夷衍，奇峰峭壁，稍杀他郡。若襟海为观，则泱泱乎大矣。作《地理志》。

形　胜

负凉跨海，惟雷州府。峤服尽域，溟海滨圻。浩淼前临，清淑内溢，真岭南名郡，海北奇观也。

海康附郭，北枕英岭，南拱擎雷，时礼峙东，英榜列西。罗湖特侣，吞吐浩瀚。李仲元称其山环海合，鲲鹏变化之乡，信矣。

遂溪踞山，斜离前峙，射马后屏，古塘左抱，清渊右旋。地旷土腴，农桑乐业。湖光灵岩，湛影漾碧，亦一邑之胜也。

徐闻阻海，观涛三墩。前开星镜，尖岭双髻，后拥翠屏，琼岛外迎，龙虎近揖，洵壮观也。锦囊、海安，天造门户。航海利涉，此其要津矣。

论曰：

形胜关地方利害，匪诞。语云：大形则大聚，小形则小聚。形全者其气丰，形亏者其气啬，自然之理也。犹之人焉。富贵福寿，体自端伟。若欹斜单薄之质，未有不贫贱短折者。岭以南不谈形术，至雷益懵懵矣。青囊玉尺，耳角未闻。任意息栖，罔识趋避。乃讶人文财力，不较隆中土固，山川气力，至南微为强弩之末，亦人心蒙昧无所取择致然也。

夫三才一理，趋吉避凶，何雷独不然。今以雷形论之。龙自西北逶迤而东，由东入脉结左单提左臂外，绝无缠护，一望空旷。右则重山叠水，此其病右有余，而左不足可知也。建置者乃不避左趋右，独骑东偏高脊处，辟署置宇。左臂伸前，不及包护。东北寒风扫荡，元气敞泄。右臂虽重无力，安得有澄宏含蓄之度，以孕育佳美乎？尤可异者，郡治前横凿深渠，穿通左臂。以单弱之势，加之以断，几何不为害也？

余尝默察郡脉，东入西卸，至天宁寺一带，突拥高阜，势如覆釜，气聚局正。左臂耸护如勒马，右臂环绕如拱如揖。众水萦会，拥卫完固。干风不扫，诸秀咸收。真旺气攸钟，吉人所止。乃委弃城濠，堑以深壑。譬之养生，刍豢不食，惟啖草秣。欲求壮盛，何可得耶？秀塔之建，正为东隅平旷，以此补巽峰之缺。若能乘旺建置，就美避恶，山川形胜，赫然改观。而人文财力不日加隆茂，吾不信矣。

余理雷数载，久慨于中，缘系旁局，难以虑始。兹志形胜，不忍雷人士之慒慒。骈语于此，以待后之晓者。遂、徐，目力未至，姑不置喙。

里　　至

府东至东洋海岸二十里，接高州府吴川县界。

西至涠洲海岸二百里，接廉州府合浦县界。

南至踏磊海岸二百里，接琼州府琼山县界。

北至遂溪大安铺二百里，接高州府石城县清阴铺界。

东北至吴川县调高铺界一百六十里。

东南至徐闻宁海海岸二百里。

西北至遂溪新安海岸二百里。

西南至徐闻东场海岸二百里。

至广城水陆一千四百里。

至南京五千六百里。

至北京九千里。

海康

东至海岸二十里。

西至海岸铜鼓村溪边七十里。

南至英利驿八十里。

北至瑞芝铺过五里，共二十五里。

东北至特侣塘边十五里。

东南至徐闻锦囊所一百八十里。

西南至海康所边一百六十里。

西北至南禄社六十里。

遂溪

东至吴川石门村三十里。

西至横山堡六十里。

南至府城一百八十里。

北至石城六十里。

东南至东海一百四十里，抵大海。

东北至五路墟七十里，抵吴川界。

西南至乐民并涠洲海岸二百里，抵大海。

西北至清阴铺六十里，石城界。

徐闻

东至黄塘九十里，抵大海。

西至谢家老沙港八十里，抵大海海康界。

南至那黄二十里，抵大海渡澄迈。

北至调延屯八十里，接海康界。

东南至海安所二十里，抵大海渡琼州。

东北至锦囊所一百里，抵大海。

西南至东场巡司七十里，抵大海渡临高。

西北至英利驿八十里，海康界。

至府一百八十里。

山 川

雷郡（海康附）城北五里曰英灵冈。（即府治主山。高二丈余。自螺冈岭逶迤曲折一百余里，至此奔起一冈，如屏如几，立于郡后，此地在陈大建二年，出雷英灵，故名。即鸟卵山也。）东北八十里曰麻囊山。（枕海。）西北四十里曰吉斗山。（山大而平，盘围三十里。形如盘斗，故名。）四十五里曰雷公山。（山势稍平，林木森郁，高十仞，盘旋五十里，相传昔有雷震此山，故名。）其旁曰讨泗山。（高十仞。盘环四十里。故老传，山多竹木，有符氏名讨泗者，独居此山，专其利，故名。）东五里曰灵颜墩。（在东洋万顷洋心，旱岁牧塞于此祈雨有感。）十里曰思灵岛。（在海中。其上多米豆，枝叶如杨柳。）二十五里曰调洲。（崛起海中。周围三十余里，为蛋泊息之所。）七十里曰虎头山。（枕大海。）西八里曰英榜山。（高三丈许，盘围五里，上有雷祠，左右皆民居，号英山。梁开平四年，郡知兵马陈襄驻师白院，出榜示民，故改名英榜山。）八十里曰博袍山。（高十五丈，盘围八里。故老传云：昔番船夜泊，见山石岩中有神光射天，乃舣舟寻访，闻有人声，就面不见。番商告，乡人立祠祀之，名射光岩。方广四丈许。因在博袍村，故名。）一百二十里曰卵洲。（在海中。鸟伏卵于上，或船过取其卵，群鸟千万随飞，故名。）东南八十里曰时礼岭。（高五丈余，盘围五里。有岩穴深邃。远望石形如人着白衣。山顶有井泉。岁旱祈祷，往迎其水，则云雨随至，有英灵冈庙在上。）

郡人罗璋诗：（万仞高冈震海边，远观形势欲参天。雨余黛踏浮晴霭，日出朦胧照翠烟。马去鸟还青嶂里，云舒云卷画屏前。有时一歇峰头水，散作甘霖济旱年。）八十五里曰石茄岭。（高三十丈。有泉涌出，流至连村，灌田数十。）一百八十里曰漉洲。（崛起海中，周围五十余里。上有田地腴沃，盛产荷花。居民二百余家，名建康建宁二村。）西南四十里曰鹧鸪岭。（高十仞，广五里，状如覆盆。）四十五里曰孔头岭。（高十丈，左有木绵岭，右有张陈岭，鼎崎相去各一里。）七十里曰五石峰。（五石团列，高二丈，周围六丈。中有一石如案，下有清泉。）一百一十里曰干垅岭。（高十仞，广八里，状如覆舟。）一百二十里曰邵洲。（崛起海中，周围六十里。居民皆煮盐为生。）一百八十里曰途旁岭。（初，地荒芜。有郡姓者群而居之，故名。）一百三十里曰英高岭。（两峰高峭，三尖相对。上有石穴潘泉，每有灵显，旱祷辄应。）南十里曰擎雷山。（形如列屏，茂植翠黛，环拱郡治，即案山也。俗传陈氏为雷震，与雷敌不死，故名。）一百三十里曰徒会山。（枕于西海中，高三十余丈，周围三里。多奇卉怪石，出泉清冷，甚旱不竭。）西北五十里曰平源水。（合擎雷水入于海。）五十里曰途旁水。（流通南渡，入擎雷水，因其旁有经路，故名。）西一里曰西湖。（以在城西，故名。出英灵诸冈，潴于堤，泄于渠，渠疏为二，东西流入于海。）

西湖总论

西湖之先名罗湖。在城西半里许。其水源发于拱辰诸坡岭，合西山溪涧诸泉而统注之。屈曲南趋入于海。宋以前止灌近西之田耳。然犹未尽其利也。至东洋田，则彼此悬隔之甚。绍兴间，郡守何庚始筑堤潴水，建东西二闸。西闸引水，由西山坡坎灌白沙田。闸上置桥，名曰惠济。东闸引水南流至通济桥，转与特侣塘水合，灌东洋田。二桥以时起闭。乾道五年，郡守戴之邵复以东闸水下流，不能东溉，乃凿渠入城，而导湖水之东。岁久湖湮，邻湖之家，因以为田。

嘉定间，郡守郑公明拨田以肄州学，得种二十石有奇。端平间，提刑张公以冯直没官田四十石入学，仍复西湖，改名放生池。咸淳八年，郡守陈大震环湖建八亭。曰横舟，曰流水孤舟，曰狎鸥，曰州之眉目，曰泳飞，曰总宜，曰活泼泼地，曰放生。于是西湖之盛始著。元至顺间，廉访司经历郭思诚至雷，留意斯湖，督有司鞭石砌闸，以防湖决。置舆梁以便行人。复建水月亭于桥之西，即旧十贤堂之侧，与横舟亭东西并峙。至元间，湖复废为田。积税五顷二亩九分，官粮米一百八十八石。国初，复将湖税派各图输纳。成化间，郡守魏瀚复修旧迹。弘治间，金事王相移檄有司培筑。太监傅伦于湖侧隙地建爱莲亭，种莲积水，夏日扁舟偕泛。正德丙子，郡守王秉良修葺堤闸，建州之眉目亭于湖北，建狎鸥亭于湖西，流水孤舟亭于湖东。公去未久，随圮。嘉靖丙申，郡守洪富令民于湖侧寄插收租，郡民因之请佃。己亥，同知孟雷于湖中垒石砌亭，名曰与众亭。内书"状元生"三大字，刻诗于石，取苏东坡"西湖平，状元生"之谶也。辛丑岁，海北道参政张岳、金事翁溥重修，更名曰信芳。未几，承佃者众，湖渐湮塞。

署府事戴嘉猷议曰：湖以庇城，且资灌溉。今若告输租，则租无所归，只供贪污者之橐。告输粮则畴昔税额，业已分派，岂容重复起科？且既许之承佃，彼将壅遏自私，孰禁止者？利仅数人，害贻万姓，甚不便。揭谕禁之。甲辰，郡守林恕复倍加修饬。值湖涸，因躬视地势，筑新堤，开五闸，以通诸水入湖。其东西二渠，疏浚如故。事竣，于新堤建亭曰架流，旧堤建亭曰旒魁，亦取往谶之意。又于信芳亭后建台八楹，东西二小亭为庇涸之所。置艇于湖，以便往来。南游冠盖，往往属目。诗篇赠答，溢于缃帙。而湖盛视昔有加矣。夫政有一举而众美集者，君子亟图之。湖宜于民，又适于观。其为堤渠，讵可一日废？司是土者，修而勿坠可也。

郡人冯彬诗

出郭少尘鞯，条风拂袖轻。双堤亘长虹，倏忽移天成。孤亭屹中屿，望望湖水平。匪直兆佳谶，余波灌畦町。跷卤变良亩，岁事足稻秔。嘉绩仰侯德，歌颂声瑝玎。我归自帝阙，衔命欲西征。取道过故里，乘春聊尔行。鼓枻向澄碧，悠然惬素情。伟哉钱塘守，苏堤赫奕名。惟侯继遐轨，誉闻流千龄。我缨愧尘浣，未弄波间清。抚景成新赋，日夕苍烟横。

指挥张杰诗

添得西湖一片清，林公堤下水痕平。黄昏月带僧归寺，卓午风随客到亭。

分守道袁茂英诗

（有引）雷城西有湖塘，仰受原泉，俯溉白沙，曲折而汇于海，盖灵秀所聚云。前贤创立湖亭七，名七星，募居氓为长给以田，田分八卦，量入为葺理费，垂谟深远。曾年岁之几何，而亭圮田更。官民因缘为市，寝并其湖而塍之，将来势必无湖矣。余与剑南陈将军流览徘徊，虽叹人事之非，而天然景色，犹如图画，兴至神王。忽白鱼跃入舟中，倘亦有经始之兆乎？爰次俚词为八咏。

《西湖塘》

晓出城西门，西湖抱城郭。一水盈弥弥，四时流不涸。

面面环方塘，天然岂穿凿？挹之涤烦嚣，好挽天河杓。

《西湖亭》

湖水流潏动，亭台巧结作。倒影清天里，分明七星落。

四窗纳靓景，高树罩疏幕。于焉暂游憩，俯仰尽寥廓。

《西湖堤》

金堤修且广，左右接崖崿。人影镜中行，仿佛山阴壑。

儿童多近畔，解衣恣盘礴。日暮山樵归，小车声绎络。

《西湖田》

古人重湖防，卦田各有托。今人爱田利，湖塘日割削。

达人江海襟，卮水安足酌？沧桑有变迁，此田愿如昨。

《西湖船》

造舟漾微波，洄沿随所薄。浅向草间过，阴从树下泊。

忽闻采菱唱，土人前献噱。龙船渡竞喧，激水溅疏箔。

《西湖鱼》

湖平水多藻，游鱼自瀺灂。止恃长官清，不闻吏呼索。

因歌偶出听，见饵亦视愕。俄然跃入舟，毋乃知余乐。

《西湖雨》

大风从来吼，烟云乱漠漠。雨来炎暑清，雨过堤岸扩。

倏然沧浪想，渔翁一笠箬。雷声动山南，水深蛟龙谑。

《西湖月》

圆月浸澄湖，清光两相若。人从玉盘游，鳟向金波瀹。

歌舞久徘徊，嫦娥转绰约。旷望无纤氛，海天同一廓。

督学张邦翼诗

乙卯春日，少参蒋九巘、副戎杨元孺招饮湖亭，赋谢。

○春涛瀺灂撼芳堆，携手登临亦壮哉。到岸人疑瑶岛隔，倚栏天向碧环开。千寻云树凌空出，一郡楼台压席来。地主情深湖上水，清尊白舫听歌回。

分守蒋光彦诗

次文宗张彰南西湖夜集，兼呈杨将军。

○仙郎材藻锦云堆，此日登攀亦快哉。地脉不因穷海断，湖沙今始自君开。花衔翠扇深春好，酒漾青舫古月来。却忆天台倾盖旧，可容马帐共迟回。〔旧有湖沙平状元生之谶，故云。〕

郡守林恕诗

《邀饮信芳亭》

○双堤高筑水粼粼，日泛西湖不厌频。沧海莫言蓬岛隔，罗湖忽睹蕊宫新。景饶台榭堪同乐，利溥生灵荷至仁。况复主人能醉客，算筒劝酒动歌尘。

○湖山何处可乘熏，移棹中流破浪纹。荇带风柔看鲤队，藕花香暖散鸥群。浴沂自信同歌咏，修禊何妨向水云。闻说新声传白雪，海滨遗爱诵无垠。

同知曹行健诗

壬子元宵，同刘云池、欧阳存亦二寅丈饮西湖。

○傍郭烟波一鉴开，天涯聚首共徘徊。今朝剧饮舒奇兴，何日平湖跃俊才。箫鼓烟花留午夜，旌旗俎豆簇春台。行人不解公余事，疑是仙翁驾海来。

○西湖亭上试春衣，湖水清涟可浴沂。桃柳不需装媚景，鸢鱼自是见真机。山从海岛开青嶂，人坐冰壶对紫薇。市远不闻更漏箭，夜航慢桨顿忘归。

知州林凤鸣诗

○西湖佳丽旧行宫，修废今方仰郡公。借得孤山为吏隐，挽将一水济民穷。海滨乐土雷居北，天上文星璧在东。独喜归来林下老，安眠常到晓窗红。

副总兵杨应春诗

春日陪蒋九翁、张彰翁二使君游西湖次韵。

○西湖春树锦为堆，节使从游一快哉。合浦波连鲛室动，擎雷城接蜃云开。元龙楼阁镜中起，博望星槎海上来。尽醉漫劳军柝报，沧浪明月未须回。

午日同叶司理观竞渡。

○新筑金堤湖水平，筵开锦绮看龙争。超腾欲激三千浪，飞渡俄惊十万兵。岂向雷门喧布鼓，直从珠海策长鲸。临酣频把干将视，恐是延津跃剑精。

教谕熊希程诗

绿云两岸映湖清，水上风恬浪自平。相唤楼船堪载酒，胜游应不羡兰亭。

湖潮水利

即宋守何庾开西湖东渠引水，由通济桥合特侣水以溉东洋田者也。因建第一桥，水潴渠内。白沙民以西山渠湮塞，乃盗泄灌田。嘉靖甲午，郡守黄行可见东北城病负者众，考旧志，乃浚南亭溪水，直至西湖桥，以通舟楫。仍谕白沙民浚西山旧渠，引水以灌白沙田。由是潮汐直通西城，民力省半，且于郡邑风水有助。相与立碑记绩。

郡人冯彬《湖潮记》

郡城东南距溟海，绵属而西，会同珠池，地势自北盘旋而至郡。螺冈、新兴诸岭，其负扆也。城西一里，诸坑汇为陂泽，古名西湖。方广数顷。崇阜臂拱，长堤横跨。

宋建环湖八亭，堤设东西广惠二桥。轩楹辉映，波光上下。雷胜概也。南望平畴，有水源发铜鼓，流沿潮汐为南渡。千寻潆回，北入郭之夹右曰溪南桥。舟运萃焉。郡壤涸燥，无川流之泽，商舶之利。

城东北远去溪南，人苦负戴。湖废潮渐，二桥倾圮。世运推移，水利湮变久矣。

大参张公怀欲兴其利，工不及举。幸我郡守黄公始周览图势，循湖旧址，修广堤岸，建东西二桥。桥设二闸。嵌石板，实圆桩，以防衡薄。东桥闸常闭，以蓄湖源。西闸时启，沿坎导渠，疏流数里，灌溉白沙西洋之田。溪南桥址旧二门，改为三中门，加阔以顺流势。桥上石梁用济行陆，浚沟成港，直抵溪南。潮汐溯达，鼓枻辏进于湖下。溪南阡陌，底莫无虞。凡木石谷粟诸货得以化居，田野润泽，士民乐利，计溪延衺，劳畚锸者四百丈，深一丈，横六丈。从决淤者十余里，宽广如故。桥之措给，悉出自土地。说以使民，民忘其劳，此大较也。肇工癸巳冬，迄于甲午春，二利告成。实雷阳无穷嘉绩矣。纪于石，用垂永久，攸好德也。公讳行可，字兆见，号葵山，蒲阳人。

六里曰潭望水。源出遂溪，扫地有潴泉之盛，南流合擎雷水为陂塘，灌田二十余顷。西南一里曰南亭溪。自南渡支分北流，至郡城西，与西洋东闸水合。正统间，太监张永建第一桥，水即止于桥下，指挥魏让复建偃波轩于西岸，舟楫搬运，南市赖之。六十里曰博窗水。源出博袍山之南，五里入于西海，宋初有儒者吴掞，临流鼓一轩，日博窗，故名。一百一十里曰婆陆水。下流合北插溪成港。一百六十里曰博袍水。出袍山之南，岸有一石立于山上，高四尺许，状如人形。南十里曰擎雷水。即南渡也，其源有三，一出铜鼓山，一出鹅鸪坡，一出徐闻十二都界。三水合流，环绕郡治，如带，通于南浦津，与咸潮接，自安揽以上皆淡，南渡以下皆咸。三十里曰曹家溪。自石茆岭发源，流向东，通南浦津，累代阻为塘，灌本处田。六十里曰北插溪。第十都那村封村发源，经石茆岭向北六十里湾港入海。因其向北面流，故名。一百二十里曰潭浪水。自英高山发源，流向西三十余里，合北插溪，东注于海。东南三十里曰后遮水。出曹家陂源，五里面阻为塘，分溉扶柳洋灌田三十余顷，又五里，合前岚水注于海。东十里曰海。昔寇莱公少尝"有梦到海只十里"之作，及南谪抵郡按图，始叹曰："人生得丧岂偶然耶？"盖海南通琼，西通对乐、杨梅珠池，东北通广州，浮于闽。有潭一曰石壁潭。东四十里，石环如壁，泉急，声如雷，人海。有港七曰调陈港。东端旺处。上曰头港。东八里，上曰新庵港。东南一百里，上接旧州坑。曰石港。西南一百二十里，接下步，曰翁家港。以港口石黑，故名。西南一百七十里，昔有翁氏居之。曰离蓬港。西四十里，曰洪排港。通南渡。西一百六十里，薄于海岸，潮于海。

遂溪城东北三十里曰射马岭。高五仞，广十里。状如匹练，一说元章平章三十余里曰乌蛇岭。高五丈许，周围十里，其上多乌药，乡人以药如蛇，故名。西北一百五十里曰调楼山。桂木稀，高十仞，周围三十里，溯东一百里曰蔚律岭。夜晚顶常有五色光现，宛若楼台。高十余仞，在东海村近海处，为东方巨镇，舟东南七十五里曰校椅岭。高七仞，广十五里，状如校椅，故名。自涂还，至沿洲洋中，先见此岭，以为指归。七十二里曰湖光岩。古托宁二村，陷为潭，深不计寻丈。事实备载，陷湖中有二石岩如屋宇，余岩冗，皆可列坐。一境清幽，真洗耳之地。又在湖西绝壁中有岩名曰白云岩，宛若城门，人迹罕至。唐宋之末避世者，多往依之。靖康中有僧琮师居其中，先名净潮。建炎三年，丞相李纲谪日湖光岩，写三大字遗之，傅刻于石，又为一百里曰覆盂山。高十仞，周围四十里，突起一峰如覆盂，故名。其南曰调鸡门洲。周围一百题咏。宋宝祐初，邑人纪应炎请书于此。西南七十里曰螺冈岭。高二十仞，周围二十里，盘旋突起，峰团若螺形，多产余甘子。常兴一港，地势奔趋如鸡张翅，故名调鸡。后因飓风，移螺冈神于俨于山下，祀之愈谨。二百里曰涠洲山。特起西海中，周围七十里，古名大蓬莱。周围皆海，故名。洲上有蛇洋山。特起西海中，高十仞，周围四十里，古名小蓬莱。南十里曰馒头岭。二都。二十五里曰七星岭。

在迈龙村前，高五仞，周围十里。岭上又起七峰，圆奇拱列，形**三十里曰都壕岭**。高十二仞，周围十三里。其地古有巨壕，故名。**五十里曰斜离**

岭。高十五仞，周围二十里，突起二峰，势皆判斜，因名之。又名雷公岭**东七十步曰东溪水**。流向南，里合傍塘水。**东南七十里曰铁耙水**。发源于潭

北岸，流向南，合麻洋港水。地多石，形如耙，故名。隋开皇于东岸建铁耙县。**八十里曰三鸦水**。发源于本都潭大坡，流向东，合傍塘水。水务有三石如鸦，故名。**南一里曰傍塘水**。流向

西南，合东溪水，经二十四都，会三鸦水**一百二十里曰乾零水**。由乾流罂经吴村，一十里合通明港水，转东入海，故名。**西南七十里曰武**

乐水。发源于螺冈山下，流向南转东入于海，昔路伏波将军驻师于溪北之岸三日，而后名曰武乐。**七十里曰城月水**。发源螺冈山下，流向南经庄家渡，九十里与武乐水合，东入于海。**西四十里**

曰横山江。发源广西，出硫山堡，流至本县西极乐民千户所，昔人欲通此水，以至南渡，后竟议罢。**有港九曰平乐港**。在县东四十里。**曰蚕村港**。在县西一百六十里。

曰抱泉港。在县西四十四里。**曰博格港**。在县西南二百二十里。**曰调神港**。在县西南二百里。**曰麻洋港**。在县五十里。**曰通明**

港。在县南一百五十里。**曰麻澳港**。在县南一百七十里。**曰水丹港**。在县南一百里。**有湖曰陷湖，又曰净湖**。东南七十里，即潮

光岩所临者，旧为托宁二村。相传云：隋开皇间，有牛人村，居民杀面食之。惟一老姬不食。翌日，风雨大作，村陷为湖，惟老姬携一伞，竹倒插于地而去。湖水澄堂，深不可测，岩境旭绝，人遂罕至。唐宋末，避世者多往依之。靖康中，有僧琼南居其中。建炎三年，丞相李纲南谪。赠琼师以诗。比召

还，琼师追送之，两赠二绝。宝祐间，邑人纪应炎读书于此。

李纲赠琼师诗

（有引）琼所居岩距城八十里，岩在湖上。水面十余里。结茅数间，岩空可居，松竹环合，景物幽胜，殊恨太远，不能一到也。

○万里谪居来海峤，眼中衲子见绝少。方袍圆领动成群，与俗不同只其表。琼师乃是雷阳人，遍历丛林参学饱。归来卜筑瘴海滨，十里湖光岩洞小。深居不复即城市，宴坐惟知侣猿鸟。惠然顾我意良勤，野鹤孤云自轻矫。风姿已含蔬笋气，语论更将藤菖绕。黄茆深处见筼筜，使我困怀欲倾倒。为君聊复恋幽栖，访旧终须乘济渺。烦师飞鸟过天台，为问了翁何法了。

李[①]纲还至城月驿别琼师诗

衲子来参去不辞，更劳飞鸟远追随。赠师钱布牢收取，便是金襕付嘱时。

（又云）好住湖岩摄此心，有缘终会有知音。梁谿老去孤峰顶，月白清风难更寻。

元宣慰使曾留远诗

天风吹转入闽船，来结游湖未了缘。一径仅容飞鸟过，四山如护老龙眠。禅心秋月寒潭外，客思孤云夕照边。却笑梁谿元不到，清吹空把

---

① "李"原文无，据文意加。

断碑传。

宣慰使凌中奉诗

避暑投阴正午初，临流无奈水凉何。莫言一掬湖光小，曾活苍生雨露多。

徐闻城北五十里曰双髻岭。高二十切，广五里。两峰并峙如髻，故老传云：昔有游士暮其山曰：年年常唤作丫头，何不梳妆出嫁休？笔忽干，下洞取水。山神续云：只为寻媒未曾得，岩前空立万余秋。七十里曰石湾岭。高五丈，周围十里，其山石壁巉岩，形势屈曲，上有源流。其旁曰龙床岭。高二十余丈，周围十里，产良姜，形如龙床，故名。山麓九十里曰尖山岭。高三十丈，周围五里，于群山中巍然特起。其岭尖小，有泉极清，流下灌田数十顷，为县治后山云。东北二十里曰高山岭。高五丈，周围四十里，为县左臂。七十里曰石界岭。有石壁如牌，高一丈余。其旁为佛屠岭。高二十丈，周围十余里，顶圆如摩尼佛，因名之。东三十里曰耳聋山。高十丈，广五十里，树木丛茂，樵采者呼不相闻，故名。八十里曰屯云山。状如屯云云。九十里曰三源山。高十丈，广一十余里，山麓有三源：泉潼、调禄、村田。一百里曰兜鍪岭。高十丈，周围二里，嘉靖四年五月，风来于兹，诸鸟从之，逾旬而去，读丞林应聪记其事。西八里曰石门岭。高十丈，周围十里，二石对峙，俨若门辟，岭际有塘，秋冬水常不竭。东南十里曰观涛岭。蹴磊驿背，山高三丈，周围一里。行人至此，渡海观波涛之涌，故名。

宋苏轼《渡海诗》

参横斗转欲三更，苦雨终风也解晴。云散月明谁点缀，天容海色本澄清。空余鲁叟乘桴意，粗识轩辕奏乐声。九死南荒吾不恨，兹游奇绝冠生平。

南十里曰梁童山，二十里曰二十四墩。蹴磊龙脉，一墩稍大，众墩旋绕。三十里曰冠头岭。高十丈，周围十余里，盛产良姜，绝顶远望如冠，故名。西南三十里曰孤超岭。高三丈，周围二里，上有玄帝台，乡人祷雨辄应。南二十里曰小遂山。突起海中，十五丈。其旁曰三墩。在海中，一墩有独树异种，四时常青，旧称有龙王庙，今圮。北十里曰葫芦溪。源出凤流塘，经葫芦桥，南流会大水，入于海。二十里曰北山溪。西流入于港。西北三十里曰顿吞水。源出龙墓山，流南涝洋田，流经那网桥，合廉溪水。四十里曰廉宾水。源出马鞍山，流至那网桥，合顿吞水，过青铜，至老沙港入海。四十里曰那冷滩，六十里曰遇贤溪。源出双髻岭，过遇贤铺合南包水，流入老沙港。七十里曰南包溪。源出双髻岭。分源出那禄郎马，过南包铺前去栏马，合遇贤水，流出老沙港入海。东八里曰益色溪。即大水上桥，流下至一里许有龙窟出水泉清冷，旋回为潭，深三丈余。遇旱赴此迎水。十里曰大水溪。源出龙床山，流接大水下桥，有石滩，水声响急，高七丈，下旋回为潭。南经海安城东门外人海，号为灵山镇海滩。二十里曰龙潭。源出黄家村，至此旋回为潭，深丈余，流向南入海。四十里曰迈胜溪。源出南黏，流下画岈白轮村入海。因其水势湍达，胜于他溪，故名。七十里曰何家滩。皂尔齐村素人同。百里曰水吼滩。自石震村南奔入海，大特雨则水吼。南十里曰博黎水。在县包水南。西十五里曰古源水。其泉混混，旱潦如常，入于海。有港七。曰青铜港。西三十里，接北山溪。曰干窖港。西四十里，自海入观昌村。曰东场港。西五十里，自那黄港。西岸入东山。曰博涨港。南二十曰博涨港。曰麻仑港。东南二十里。曰青湾港。东南三十里，风涛泊，寇舟不敢人。宋韩魏公琦曾孙岣贬琼时，携三子，留二子于白沙家焉，后葬于青铜。七世孙显甫刊公戒子孙诗于墓侧，今碑存。

韩显甫刊石碑诗

春色清且明，节盛一百五。寒食遵遗俗，泼火济微雨。菲才忝国恩，因病得吾土。何以知殊荣，此日奉宗祖。新安惟皇考，丰安则王母。松楸数万株，冈势临成府。二茔相去间，近止一舍许。前跷揭星牙，镯洁具罍俎。芬馨达孝诚，俨昔侍容语。礼诚无一遗，观睹竞墙堵。追惟予小子，未老膺斧。顾己胡能然，世德大门户。思后为嗣戒，永永着家矩。子侄听吾言，语各志心膂。女曹生绮纨，得仕匪艰苦。学业勤则成，富贵皆自取。仁睦周吾亲，忠义报吾主。间须求便官，坟陇善完补。死则托二茔，慎勿葬他所。得与祖宗游，魂魄遂宁处。毋惑葬师言，背亲求福佑。有一废吾言，汝行则夷虏。宗族正其罪，声伐其鸣鼓。宗族不绝之，鬼得而诛汝。咸淳己巳孟夏既望七世孙显甫谨刊石。

井　泉

海康之井二十有三。曰莱公井。〔郡城外西馆内。延祐间宪使余公重浚。宪幕王佐扁"莱泉井"三字。即寇莱公所饮泉也。〕石神井。〔郡城外天宁寺北。泉甘不竭。宋郡守藏之部品此井第一，次序之。造酒者汲焉。宋敕镌思诚携"石神井"三字于闉，旁有石神，故名。〕宁海井。〔郡城内镇宁坊。唐上元间浚。宋淳熙间重浚。泉甘冽，近宁海门。〕伏波井。〔郡新城内宁国坊。泉甘美，遇旱不竭。传云：马伏波至此，马跑得泉，故名。〕寇祠井。〔郡城外西潮果史之。泉清冽不竭。〕澄海营内井。〔宋澄海指挥浚。〕楼前井。〔郡城内恺悌坊额滨旧祠前。宋沈公尝寓此，有读书楼，人多慕而汲之。今楼废尚存。〕南寺井。〔郡新城内调会坊门外。元许内，泉清冽。〕育英井。〔郡城内县学仃门外。永乐间教谕黄铜浚。〕清冽井。〔府学神橱前。宋教授郑炀浚。泉寒冽。〕泉清东井。〔卫治门外。元郡元之。泉清冽。〕泉清西井。〔卫治门外。〕行卫井。〔司狱司东街口。宋时浚。泉潘浒不竭，人多汲之。〕新井。〔县学前。宋绍兴间知县蒋耘浚。其父蒋炳文有诗刻于石闉云：辔开庭下薜痕斑，丈尺俄惊凛冽寒。浚引圊知通海腹。〕迎恩井。〔府铺前。元初浚。泉寒冽。至顺间经历郭思诚携"迎恩井"三字于闉。〕石圆井。〔郡新城内调会坊亭。泉清冽。〕湖坊井。〔郡城外西潮坊。泉清冽。〕城角井。〔郡城内东南濠畔。泉深清，遇旱不竭。〕义井。〔郡城内东明善坊，贾氏浚。〕甘井。〔郡通宝阁前，今废。〕府内井。〔府治仪门外。泉甘冽不竭。〕城北井。〔郡城内镇宁坊。〕石岩井。〔县南一百里第九都调郎村。山下泉出，周围二十里皆汲之。截其中为堰，灌田三十余顷。〕

池二。曰放生池。〔即西潮。宋端平年开。提刑张琮立，元废。〕瑞星池。〔有二。古池废。今存在郡城外桂华坊。宋乾兴元年，寇莱公请州司户，寓于此。旁有隙，围蓄之为池。天圣元年秋秒中夜，星陨于中。翌日，公使人求之，得一石，众皆宝之，不知为公殁之兆也。因拓其闉，浚池架轩，且以名之。岁久址废。成化间知府魏瀚浚池于寇祠西，亦曰瑞星池。弘治间知县林彦修葺于祠前，竖石字碑，存古意也。〕

泉一。曰陆公泉。〔详见陆公亭。〕

遂溪之井四。曰莱公井。〔县南一百八十里，英灵村即寇海亭前。昔寇莱公经游饮甘洌，因名莱公井。宋郡守薛直夫重浚，石刻"莱公井"三大字，立亭于上，今亭久废。〕甘井。〔北门铺内。洪武间张照开。〕白石青井。〔县南三十里迈龙村。大峰湾抱形如新月，峰麓有白石，出泉清洌，冬温夏凉，雨旱不溢不减。流向北二十里，合旧县水，灌田数百顷。〕玉堂井。〔县南一百三十里笃信乡，泉上有石，周围三丈余。石上有仙家马迹，俗名仙马。其泉涌出，瀑本处田顷余。北合溪濑流于通明港。〕

池二。曰放生池。〔县南。宋郡守陈大震于旁将塘水际湾筑为池，后废。〕莲池。〔县南五十步清致亭下。洪武间典史邓浩中建亭蓄池种莲，今废。〕

徐闻之井十有七。曰石神井。〔县东北十里那良村后。洪武间浚。灌田顷余，旁有神庙石像。〕龙井。〔西北十五里那松村，灌田顷余。〕迈本井。〔东二十里，灌田三顷。〕石马井。〔东三里，详见古迹。〕英含井。〔北门外，洪武间浚。灌田不竭。〕六角井。〔东南二十里和稠村，灌田数亩。〕浒村井。〔东南二十三里，灌田三十余顷。〕笃牛井。〔东五十里，虽旱不竭。灌田二十余顷。〕潘家井。〔东六十里水常溢。〕那埞井。〔东六十里涌出，灌田十余顷。〕塘北井。〔东十七里，流田百余顷。〕赤坎井。〔东七十里，与海潮应。源出，不咸，不竭。讨南井。西二十里。泉涌溢，灌那社田数百余顷。那博井。北七里。源洁。流合葫芦桥，灌田五十余顷。陈家井。县内石马坊。宋时浚。一方汲之。丽泽井。学前。泉清冽。潭脑井。在县东南十里潭脑村。泉清冽，涌出灌田数百余亩。

池一。曰月池。县治南门外。隆庆间知县谢朝爵因邑多火，且乏灌溉，买田凿池，申议未行。万历二年，知县张师益鸠工成之。周围二百余丈，深丈余。泉清不竭，回禄稍息。十二年，知县蔡宗周伐石甃砌，灌溉便之。

陂　塘

海康之渠二，陂七，堰闸四，塘十有八。

何公渠。有三。宋绍兴二十八年，郡守何庾开凿。一自西湖西闸，由西山南流灌白沙田。一自西湖东闸直下南亭，横经通济桥而注之东。一自特侣塘建闸南流，与湖水合，溉万顷洋田，时号何公渠。岁久，湮废迹存。惟西山活流如故。戴公渠。有二。俱宋乾道五年郡守戴之邵凿。一何公特侣渠，近山易湮，乃去何渠之东四百二十步，别开一渠，导流而南会张熟塘水，至东桥与西湖渠水合，计长二千七百六十丈，阔三丈，深一丈。沿渠筑堤潴水，高阔各六尺。堤置八桥以通往来。开八渠以分灌溉。各长一千八百丈，阔一丈，深五尺。东建万顷闸，以拒水。启南亭闸以泄水，增堤建六闸，开二十四渠，以沃东北上游之田。各长一千二百丈，深阔各五尺。凡渠首尾，悉为闸以出纳。经营周密，民刻石号曰“戴公渠”。一何公南亭渠。闸湮废，水不东流。复于西湖东凿渠水入城，由圆通宝阁下过，东与东渠河水合，灌附郭高壤田，委流至东桥，合特侣水，亦灌东洋田。计长四百二十丈，深九尺，阔七尺。俱砌以石。凡通衢则架石桥。民亦刻石于阜民桥下，号曰“戴公渠”。嘉熙间郡守薛直夫，天顺间参政胡拱辰，成化末郡守魏瀚，弘治初郡守邓璩相继浚决。至弘治十二年，佥事王相以淤积水滞，命知县黄琄毁其石，移砌南亭渠闸，引擎雷溪潮水，直抵南亭转东会特侣水，灌东洋田。功未竟而二公俱罢，两渠并废。正德九年，郡守王秉良伐石沿砌，戴渠复焉。万历甲辰，推官高维岳复浚治之。

宋薛直夫《渠堤记》

东洋之田，云连万顷。东南有海潮之害，西北有湖塘之利。海潮，田之螟螣也。湖塘，田之膏雨也。去其螟螣，施以膏雨，何戴二公之遗爱也。至今民歌颂之不能忘。然颂何公者，则专浚渠。颂戴公者，则专筑堤。岂二公于斯二者有偏重耶？

余尝原其故。然后知二公切于爱民，宜无所不用心也。戴公堤岸之筑，实乾道五年。先是，绍兴年间经历司尝委胡簿修筑矣。故公则专意凿渠以通水利。自绍兴至乾道方十二年，何公两渠尚尔通流，而胡簿堤岸卑而且小，岁久浸坏。故戴公、胡簿堤岸之外，别筑一堤。今胡簿堤岸尚存，而戴公堤岸非惟高广数倍，而滨海斥卤之地在胡簿岸之外，增高何啻数百余顷。有何公渠而无戴公堤，则螟螣之害不可得而除。有戴公堤而无何公渠，则膏雨之利不可得而致。前有何公以济其利，后有戴公以除其害。东洋万顷得成良田，厥有由也。

今以丈计之。东南捍海之堤有三。自通明市路沿海而南投西，至擎雷渡北岸，计八千八百丈五尺。自擎雷渡南岸投东向嘉禾度，至杨消港北岸，一万一百一十九丈九尺。自嘉禾渡南岸投东至那涌港，计二千四百二十丈。西北潴水之塘有二：北曰特侣，西曰西湖。自特侣导河西南以至南闸，计二千六十七丈。自西湖导河而东以至东桥，计七百九十五丈五尺。此堤岸河渠之大略也。

堤岸主之统管，河渠主之塘长。堤岸稍有损坏，为统管者能拘食利户以修筑之。河渠稍有湮塞，为塘长者能率用水户以开浚之。兴利除害，虽千载如一日也。设为统管者徇私废公，而堤之损者不筑，为塘长者侥幸更替而渠之塞者不浚，积而至于历年之久，郡县行移，劳民动众，皆统管塘长不能任责之故也。今两渠各已流通，疏导亦易为利。捍海之堤，僻在东南隅。县官未尝亲历，统管视为细故，合无定为规约。自今堤岸已筑，闸窦已通之后，责令诸统管，认地分，各任己责。如将来或咸潮冲入，被害之人指定申州，委官点视，将分地统管重新号令，籍没家产，以谢被害之家。今堤岸统管特侣塘长并合仍旧。

惟西湖一渠，自闸下至东桥湮塞七十余年，旧迹不存。近方开浚，专委进士学正王应容充塘长。三年一替。其下次亦委南门外士友或上户，近便朝夕究心，以为永久之计。今虑将来无所稽考，乃叙其修筑始末，地里丈尺，以便后之仁人君子观云。嘉熙四年记。

吏科给事中许子伟《高司理浚河记》

夫善治雷者，未有不重水利者也。余往来道雷者三十稔，则稔闻何渠、戴堤、三贤祠、四德堂，永有辞于雷。迩来得雷志读之，则所云十陂、十一塘、通济、惠济诸桥，大抵宋元国朝名宦，水利懿绩。盖不啻西门豹史起之邺云。

居平迹已事观之，大率雷人饔餮，取给东洋田强半。东洋数万千顷，所资灌溉，一自特侣之水南下，风雨非时，圮塞百状，其利似脆且迂。兼以大海环偪，涛飞波涨，一溃防，顷亩辄饱咸卤，其害又促且剧。不渠之、疏之、潴之、浚之，未有得利者也。不堤之、捍之、排之、障之，未有免害者也。不时渠之，时堤之，不兼渠之，兼堤之，未有有利无害者也。往者递辟递淤，旋举旋废。雷于是有枵腹啼饥之人。岁大祲，辄瘠沟中，而散之境土之外。忆余丙申曾束洪，参藩曰："水利不兴，彝教不饬，安从福雷哉？"参藩寻离任不果。乃今幸得司理高君，则洞见雷利害而力行之。

甲辰六月，王生之翰、李生能白航海而南，告余高君浚河状。其言曰："高大夫福雷甚厚。司理贤声昭晰粤东，不具述。顷奉两台檄兼署郡邑事，犁然理也。剖案积，清衙蠹，振作文教矣。而以夏日课东洋之农，循堰塘，踏圩岸，力修何戴诸公故迹。开二大河，河各长三千余丈。宜障者障，宜桥者桥，宜闸者闸。计田鸠工，民不见劳，仅三月而告竣事。万顷穰穰，周泽渥矣。两台诸当道，咸啧啧嘉与之。御史林公且给赎锾七十金佐其事。凡所调度，悉出大夫捐己以处，秋毫不费公帑及民间财。已而又议建迎春亭于东郊，以导生气。豁海康溢额千八百口，以恤民穷。严禁四方游商之略卖，以繁生齿。清沿海之野，辑乡保之兵而益之，不动声色，而裖众珠寇之魄俛首以去。诸如兴厘，若日杲而风清也。高大夫福雷甚厚，丐先生直笔纪之，用光往者，风来者。"

余听之击节。然余琼尝辱高君代直指巡矣。宿蠹一洗而尽，琼人颂之，雷其大有造乎？遂爰缀居平所闻见于雷者。而自谂之曰："夫士，文行自诩，一入声利之场，如突入洿池，拖泥带水，任之畴能，褆身澡洁，念切疴瘵，日孳孳务与民同噢咻，而祍席之也者，一宜纪。以暂视署难于永肩，以丛挫视兼署难于纷驰。畴能神思大定，精采绰如，如林公恕之风棱，杨公澄之平恕，合而为一人也者，二宜纪。御寇何如唐公汝迪，苦节何如陆公瓒。自非勇不避难，忠不虑私，又畴能以一岁策千百载也者，三宜纪。有此三宜纪，而渠当不擅何，堤当不颛戴。三贤可四，四德可五。英灵诸山若增而崇，擎雷诸水若浚而深，而安可不贞之石哉！"

余素知高君秉正，不近名士民，斯举必且为阻。然一郡之心，一世人之心也。雷人公之，世宁复以为私？雷人直之，世宁复以为枉？矧高君直道公心，必能自信以信雷人而信之，当世又何阻焉。

那耶陂。在县西南五里第四都麻扶村，以石得名。宋宝祐四年，郡守孟安仁始为塘。洪武八年，通判李希祖易为陂。建闸，灌麻蛇洋田。洪武二十八年，主簿郑伯高重筑。　穷源陂。在县西南五里第四都麻扶村。宋宝祐郡守孟安仁始为塘。洪武八年，通判李希祖易为陂。引水灌本村田。洪武二十八年，主簿郑伯高重筑。

那崔陂。在县西四十里第四都平村。宋治平四年，乡人颜同者始为塘，后废。洪武十八年，知府泰时中易为陂。灌调爽等处田，以岸有颜郑崔家居，故名。　徒林陂。在县西四十里第四都略射村。宋治平间开筑为塘灌田，后废。洪武三年，知县陈本改为陂，灌田如故。　象骨陂。在县西二十里第四都白院村。以田西石类象骨，故名。宋咸淳间为塘，洪武三年，知县陈本易为陂，灌田四顷。　曹家陂。在县东南三十里第一都曹家村。元至正间，乡人白溪北开渠引水，灌疗洲下流田三十余顷，久湮。永乐四年民吴得嗣奏准开渠。通判张椿委官伐石砌桥闸，沿田渠引水，自本村海迈特官路之西，长七丈，阔一丈六尺，深五尺，寻复湮。正德九年，知府王秉良拆其石移砌戴果，今闸废果存。　那多末陂。在县西七十里第四都山仁村。以岸峯僻名。宋元符间，乡民开为塘，灌田。元季废，洪武三年，知县陈本改为陂。洪武二十八年，主簿郑伯高重筑。

芝林南堰。在县南二十里第一都芝林村。天顺间，乡民筑东西开二沟，灌南洋田十余顷。岁久崩坏，正德丙子重筑，寻圮。嘉靖五年复筑，又圮。因在芝林南溪，故名。 芝林北堰。在县南三十里第一都芝林村。天顺间乡民筑东西开二沟，灌北洋田，后兴废不一。嘉靖四年重筑，寻复崩。嘉靖十九年又筑。因在芝林北溪，故名。 赤坭堰。在县西七十里第七都赤坭村。天顺间乡民筑。引水灌赤坭、颜沙等坑田。 那奇桥闸。在县南二十里第六都。嘉靖二十年，乡民告于抚按给银，市石修砌建闸，为桥二间，跨于横溪上，长十丈余，灌田数十顷。

徒兵塘。在县西一十五里第四都徒兵村。元至治二年，乡民筑，周广二亩，灌本处田。 石奇塘。在县西七十里第二都北山村。宋宝祐四年，郡守孟安仁开筑。周广八亩，宋麻扶等处筑。洪武二十八年，通判李希祖重筑。正德乙亥，知府王秉良委那蕴塘重筑。 那蕴塘。在县南四十里第四都那蕴村。宋嘉祐八年，乡人官重浚。 柯四苟塘。在县东三十里第一都扶柳南坡。宋治平四年，乡人柯四苟开筑。洪武十年重筑。积水荫扶柳等处田二十四顷。洪武二十八年，知府秦时中，委老人重筑。岁久，泉流渐淤，众皇为田。万历四十一年，居民争泉致讼，县丞项世昭亲勘，柯四苟塘已难修复。去二里许，有严家滩，广袤十余亩，注下可潴水停灌，乃捐俸买田开濬，以均给八岸，而移其税于缺额，众皆悦服。郡守闻之，深嘉其能。 都悲塘。在县西六十里第四都都悲村。宋宝祐间开筑。周广五亩，积水灌本处田。洪武七年重筑。 那勤万塘。在县西南六十里第四都万村。天寒裸间开筑。周广百亩，积水阴本处田。洪武三年重筑。 那蓬塘。在县西南一百五十里第九都那蓬村。洪武十一年，知县黄弼开筑。周广三顷八亩，积水灌英蓬等处田五顷。 那劳塘。在县西南一百五十里第九都那劳村。元至大三年开筑，周广一顷九十亩，积水灌塘下田五顷余亩。洪武十四年修筑。 漏恔塘。在县西南一百五十里第九都漏恔塘。洪武十一年，知县黄弼开筑。周广一顷五十亩，积水灌本处田。 潭蒙塘。在县西南一百四十里第九都平村。元至大间开筑。周广一顷二亩，积水灌下坡等处田三顷余亩。洪武十二年重筑。 椰子塘。在县西南一百里第十一都良慕村。宋宝祐四年，郡守孟安仁开筑。周广六十余亩，积水灌良慕等处田二顷余。洪武十八年，知府秦时中重筑。 潭榄塘。在县西南第十九都那牵村，为塘，周广二十亩，积水灌那多干田二顷余。 那让酸塘。在县西南二十里第四都中和石头村后，洪武十四年乡民报官开筑。周广一顷七十余亩，积水灌本处田。 南亭塘。在县西第二都西坡上。地势自然，潴水十余亩，惜无灌溉之利。 白水塘。在县西二里第二都西坡上。地势自然，潴水十余亩。

遂溪之渠一，陂二，塘十有四。

特侣渠。亦号何公渠。导特侣塘水直至天妃宫前，与西潮水合流。古设九桥以渡人行。其支流以灌东洋万顷。万历三十年推官高维岳添石砌渠，民咸利焉。

都贺陂。在县西五十八里元县都贺筑成，因名。灌云东溪陂。在县城外东北隅，距县半里。嘉靖十年，知县张惠筑，水灌南脚等处田百余亩，洪武间，县丞薛成玉重修。 东溪陂。门、西门等田百余亩。水初直闷傍塘桥下。万历五年，推官陈王政署县补筑土陵，自东山坡尾筑接水，旋出桥上，环抱邑城。

潭车塘。在县南一百八十里潭车村。元时开筑，广十二亩。灌潭车村下岸等处田四顷余。洪武间，知县张昭重修。 古州塘。在县南一百八十里古州村。宋太守俞冷笼筑，广十五亩，其水灌古州田一十顷。洪武三十年，知县王渊重修。 张赎塘。在县南一百八十里张赎村，原名张熟。宋郡守何庚开筑。广四亩，其流通万洲闸架，俱灌东洋田。洪武间，县丞薛成玉重筑。岁久阒废。嘉靖间，乡民买为田，郡人张一拱寻赎还为塘，因名曰张赎云。今复废为田。 都典塘。在县南一百八十里都典村。元时开筑，广六亩，灌本东洋田二顷余。洪武间，县丞薛成玉重筑。 曾古塘。在县北一十里都排所村。洪武间，县张昭开渠。广三亩，灌东山村田。 调离塘。在县南一百二十里塘边村。洪武间，知县张昭开筑。周广二亩，灌本村田二顷余。 徒磊塘。在县南一百里东岸村。洪武间，县丞薛成玉修筑。周广二十亩，灌东岸田二顷余。 那都流潭塘。在县南七十里大潭村。洪武间开筑。周广二顷，近水渊塘潴，居民承买为田。 那咏塘。在县西北一十五里官井村。元时修筑，广七亩。积水灌本处田百余亩，洪武间重修。 黄家塘。在县南一百八十里居梅村。洪武间修筑。广十余亩，灌居梅村田二顷余。 平余塘。在县北一十五里白沙村。洪武间修筑，广一十余亩，灌本处田顷余。 博格塘。在县南一百八十里，元时筑。广五十余亩，积水灌博格洋田六顷余。洪武三年知县王渊重修，今废为田。 宾菱塘。在县南八十里陈家村。洪武间，知县张昭重筑。广五亩，灌那琐琥坑田顷余。 特侣塘。广四十八顷，在县南一百八十里第小山村。宋郡守何庚开渠筑堤，建阿等堤。灌东洋田四千余顷。郡守戴之邵重修。洪武四年，同知马妃孙沿旧开筑。万历三十七年，同知张应麟将奇插塘没官谷价价买石，坚砌十闸起十岸人夫修葺。委照磨彭商士督工成之。应麟自为记。

特侣塘修筑石闸张应中记[①]

夫雷之有东洋万顷，真沃壤哉。所藉灌溉而不患于旱潦者，特侣一塘，实万顷田之司命也。塘受一方之水，值恒雨则溢，值恒旸则涸。是必时蓄泄，乃有利无害。前人于东南卑下隅建立十一闸，其利綦深，其系綦重，所当谨守勿坏。乃近塘居民，狃一己近利而不顾一方大害，聚土易

① 此文标题应作《特侣塘修筑石闸记》。

挖，暮夜无知。水泛则恣意壅塞为取鱼计，而不虞其张而溃也。水涸则恣意疏通为私插计，而不虞其泽之竭也。高司理始采石砌筑第十一闸，设立闸板，定为上中下三则，以时启闭，而十闸未之及也。

岁戊申大旱，附近居民大逞故智，将塘决尽见底，通插禾苗。一塘秀实，万顷枯槁，利在几家而害遍万户。殊失开塘建闸之意。为是目击心伤。委彭照磨踏勘，查系新插者。丈量之积田六百五十七亩零，计抽谷六百五十七石八斗六升，值价一百六十四两四钱六分五厘。余曰："皆瘠万顷田利以私取肥者也。当还为万顷田计长久者也。采石砌闸如十一闸规模约费可知矣。"

于是申详蒙允，仍委彭照磨逐闸估计石块、运石舟车、工力饭食、板灰铁锁，各费册报，共银九十八两九钱六分。照数支给。以四月初一日兴工。值夏秋多雨水，不便工作，迄今晴工始竣。十闸之中，逼东第一闸，地势最高。内则塘水即泛滥，不及于闸。外则荒莽不能疏通，无田可受闸。居民联名呈豁，此一闸允名存而实亡。疲民力以筑无用。宜为矜恻，取结附卷，实新砌九闸内第七第八二闸，形势最卑，水易冲决。加工倍砌，取石通融，用之第十一闸之倾圮者，并修之附闸。塘塍原俱卑薄，塍不固闸，将安防通？集夫附近取土，增卑培薄，墁以草块，植以竹茨。最卑湿处加石加桩。自第一闸至一十闸，长积一千七百六十四丈，阔二尺，高八尺。总计用人工、米饭五百工，通计用银九十八两九钱六分，存银六十五两五钱零五厘贮库。

此闸修砌完固，以时启闭。如遇旱潦，俱仿上中下三则为蓄泄。先赴府禀明，然后发钥匙启板，放讫缴还。近塘居民敢有恶其妨己暗行毁坏者，首发验实申究，庶几此塘得此闸而水有常蓄，此田藉此塘而泽有均沾矣。其剩存在库银两，原敛之于此塘，相应留待此塘修理之用。遇修支给，仍先请详，以杜其冒。后之守是土者，留心此塘为洋田计，可不烦别取资矣。是役也，丈量经理督修俱照磨彭商士、石匠吕忠权、监督塘长周仰、黄钦、沾利附近居民张守礼、陈登等，应并书之，以备后来稽考。是为记。

予壬子春，随同寅至劝农亭。徘徊特侣，深幸东洋之有是塘。盖天造地设以粒此方民者欤！前此者修筑建闸，颇费心力，但第十一闸设板置锁，郡署一官司之，似觉未善。夫有利其闭者，必有利其开者。倘霖雨陡作，众流奔赴，欲趋郡城取钥，十里之遥岂能遽至？涨满泛溢，害将有不可言者。余谓弗锁弗板之为便。惟用石砌一平水，斯闭与开，两家之患息矣。后署事竟，撤钥不用，欲代石砌未暇，至今民未有告溢与壑者。则法亦不宜太密耳。因记于此。

徐闻之堰闸六，陂一，塘十。

清水堰闸。西南二十里。洪武十八年，致仕御史黄惟一奏尾，引水灌讨网等田二十余顷。潘家塘闸。东六十里，灌潘家前后田一百余顷。大水上下二堰闸。东十里，灌迈椰斗龙田二百余顷。麻栏堰闸。东十里。龙门堰闸。东五十里，灌龙门洋心田百余顷。清水官堰。东南七里。弘治二年，海北道佥事判熊魁督民开筑，申设塘长、塘甲，优免差役巡守，灌田三十余顷。知县熊敏伐石修砌。

麻练陂。县南二十里，洪武三年知县武亮筑，灌麻练等田五十余顷。

保水塘。南十五里，洪武间筑砌，灌保水田。迈果塘。东六十里，积水灌田三百余顷，极旱不病。李家塘。东七十里，官为开渠，灌田四百余顷，原设塘甲修整，后废。正德五年，知县平铜复之，原初。颜家现摄二塘。东七十里，洪武间筑堰，灌田五百余顷，又设田井，至今修整不废。南壅塘。东十里许，西灌那流边贡田百余顷。龙船塘。东四十里笃牛村，灌田百余顷。石门塘。东十里石门岭上，储水灌岭边田，旧圮无水。嘉靖三十八年，邑人教谕钟世盛捐金募工筑堨，储水不竭。那包塘。东七十里，灌那包田五十余顷。畅草塘。南十里许，灌双沟那贡田一百余顷。龙蓦塘。西北十里，传云：昔有龙出其地，遂成陂塘。灌本处田十余顷。

堤　岸

海康、遂溪捍海之堤三，余堤二

雷地滨海，平畴万顷。飓风时作，咸水逆流，田庐尽伤。宋绍兴经界司始委胡簿，沿海筑堤以御之。起自海康白院渡，延袤遂溪进得村。乾道五年，郡守戴之邵察前堤尚隘，复于胡簿堤外增筑，尽包滨海斥卤之地。高广倍前，垦田数百余顷。名曰陈言。盖因陈氏建言而成也。厥后提刑张琮、通判赵希昌、郡守薛直夫、孟安仁、元宣慰使张温相继修筑。洪武四年，同知余麒孙、海康知县陈本、遂溪知县王渊协议修筑。以海康分为南北二岸。北岸以二①十八宿为号，分二十处。起自白院渡，

---

① "二"，原文夺，据文意补。

止于河南村。长九千七百五十四丈，高一丈四尺，阔八尺。南岸以千字文四十字为号，分四十处。自擎雷渡南，止于那涌港。长八千七百二十四丈，高阔如前。遂溪以天干为号，分十处。起自第三都村，止于通明港口进得村。长四千五百二丈，高一丈三尺，基址阔一丈六尺，面六尺。成化八年，飓风作，岸崩。知府黄瑜委推官秦钟、县丞周荣督工修筑，寻复崩。知府魏瀚继筑。正德十年又圮。知府王秉良增筑，功倍昔。嘉靖元年，知府易蓁复于海康北岸角字号接起创筑一岸，长三千二百九十丈，分为八处，以六艺礼乐射御书数为号。南岸霜字号接起创建一岸，长一千六百一十丈，分为六处，以金生丽水玉出为号，各置水闸，以绍前功。嘉靖十年，郡人监生黄元佐奏准给官赀，于要害水闸易石砌，以求永久。通判戴惟端为下所斯徒费无成。至嘉靖壬子六月，飓风大发，咸潮淹至东南城南北二洋，居民飘荡数千家，淹死数千人。知府罗一鹗调三县夫修筑。隆庆庚午，风潮又作，岸崩数十丈。知府唐汝迪修补张字岸，湾曲淤水易坏，移高改直。万历十六年至十八年，飓风连作，岸基崩陷，两洋亿万顷田，悉属荒芜。知府林廷升委海康知县秦懋义亲勘，支库银一千五百两，丁粮起派银一千五百两为募工桩石之用。推官陈泰旦督工，从底修筑，高大倍前。内河渠闸口，俱以石砌，圩岸巩固，风潮不能为灾，已二十余载。

海康北岸堤三十六号，计一万三千一百三十二丈，水闸三十七所

陆字号四百四十丈，水闸一。艺字号三百六十丈，水闸一。礼字号五百五十丈，水闸一。乐字号三百二十丈，水闸一。射字号三百五十丈，水闸一。御字号三百二十丈，水闸一。书字号三百五十丈，水闸二。数字号七百丈，水闸一。角字号二百二十三丈，水闸一。亢字号四百五十丈，水闸一。氐字号二百五十丈。水闸一。房字号一百五十丈，水闸一。心字号二百九十三丈，水闸一。尾子号三百五十丈，水闸一。箕字号二百五十丈，水闸一。斗字号五百五十丈，水闸一。牛字号五百五十丈，水闸一。女字号二百二十二丈，水闸一。虚字号五百五十丈，水闸一。危字号七百五十丈，水闸一。室字号二百五十丈，水闸一。璧字号三百五十丈，水闸一。奎字号二百一十三丈，水闸一。娄字号二百五十丈，水闸一。胄①字号二百八十丈，水闸一。昴字号五百七十丈，水闸一。毕字号二百七十一丈，水闸一。觜字号三百六十八丈，水闸一。参字号三百二十丈，水闸一。井字号三百三十三丈，水闸一。鬼字号三百三十丈，水闸一。柳字号二百七十丈，水闸一。星字号四百九十九丈，水闸一。张字号三百丈，水闸一。翼字号三百丈，水闸一。轸字号一百五十丈，水闸一。

海康南堤四十六号，计一万四百三十六丈，水闸五十五所

天字号二百六十八丈，水闸一。地字号三百四十四丈，水闸一。玄字号二百七十八丈，水闸一。黄字号四百二十七丈，水闸二。宇字号二百八十九丈，水闸一。宙字号三百一十六丈，水闸二。洪字号三百丈，水闸一。荒字号二百五十丈，水闸一。日字号二百三十一丈，水闸一。月字号一百三十丈，水闸一。盈字号二百六十七丈，水闸一。昃字号三百一十五丈，水闸一。辰字号三百八十二丈，水闸一。宿字号二百四十七丈，水闸一。列字号二百三十三丈，水闸二。张字号一百五十丈，水闸一。寒字号一百七十丈，水闸一。来字号三百三十丈，水闸二。暑字号二百丈，水闸一。往字号二百丈，水闸二。秋字号二百八十六丈，水闸二。收字号二百五十丈，水闸二。冬字号三百丈，水闸一。藏字号三百五十一丈，水闸二。闰字号一百七十丈，水闸一。余字号一百二十丈，水闸一。成字号一百二十丈，水闸一。岁字号一百二十丈，水闸一。律字号一百四十丈，水闸二。吕字号一百四十丈，水闸一。调字号一百四十丈，水闸一。阳字号一百四十丈，水闸一。云字号一百三十丈，水闸一。腾字号一百丈，水闸一。致字号一百八十丈，水闸一。雨字号一百二十丈，水闸一。露字号一百二十丈，水闸一。结字号二百丈，水闸一。为字号一百二十丈，水闸一。霜字号二百六十丈，水闸一。金字号一百八十丈，水闸一。生字号一百八十丈，水闸一。丽字号一百八十丈，水闸一。水字号三百二十丈，水闸一。玉字号三百五十丈，水闸一。出字号四百丈，水闸一。

遂溪堤十号，计四千四百二十丈，水闸六所

甲字号三百五十二丈，河北水闸一。乙字号四百五十二丈，北家水闸

---

① "胄"，原文为"胃"，据文意改。

一。丙字号四百五十二丈，蓉水闸一。丁字号四百五十二丈，无闸。戊字号四百五十二丈，无闸。己字号四百五十二丈，李家水闸一。庚字号四百五十二丈，无闸。辛字号四百五十二丈，麻洋水闸一。壬字号四百五十二丈，麻娄水闸一。癸字号四百五十二丈，无闸。壬癸二岸当通明港口，闸陷成潭，县丞赖愈秀申详改新岸四百三十六丈，修葺旧岸二千七百八十丈，岸复完固。

西湖堤

宋郡守何庚因罗湖水筑堤成湖，开建东西二石闸，后湮塞。郡守戴之邵重修，名西湖堤。出西城半里，横跨西坡，为往来路，厥后郡守杨表、黄行可相继修葺，近因水啮，堤崩，西闸亦崩。署郡事戴嘉猷重修堤岸，伐石砌闸，民实赖之。

护城堤

嘉靖二十一年，巡抚都御史蔡经相城东北薄海空阔，议筑堤以卫风气。命分巡道翁溥亲督成堤，长七百余丈，阔二丈，高八尺，积税二十五亩，给官价银七十余两。其税用开垦别税补之。

冯彬《海岸论》

海岸有关于郡政者大矣。盖附郭之田，膏腴万顷，岁熟则粒米狼戾，公私充足。民享乐利之休。否则，阖郡告饥转徙可立待者。何则？洋田土广而深，泥泽而腴，犁番值雨，即可布种。易耨不加而日仰成熟。方之溪涧之田，省力倍数。且计所入又多焉。但洋田有丰歉，视海岸修否。盖田中洼而海势高，所视圩岸障蔽尔。岁飓风作，涛涌激岸，岸坏，咸潮溢入，泛滥无际。村中屋庐人畜，飘丧殆尽。虽洪水患害，殆不过是。况咸潮后，咸卤气发，伤败种苗，必三年乃可耕作。是以人多畏置洋田。故其价值不及溪涧之田多矣。然则修筑圩岸，谓非郡政之至大者乎？但自有此岸以来，旋坏旋修，竟不见屹如山阜，卫护洋田，俾民永享其利者，何哉？无亦用之不得其人，修之不得其法耳。盖余自髫时，每见修筑者，官即冗员卑职，民即耆老，总甲咸以修岸可媒利，夤缘委用，放脱夫役，腋削岸长以求资益，惟补筑坏处以应故事。风潮时作，则岸圮水泛，而害不可支矣。余谓若修岸宜大，更张旧辙，尽核沾利之田。分顷计方，设立岸长。每田一方，约种百石。每田一石出夫一名。百石之田，一长领之。大约通将圩岸量若干丈，计夫若干名，所得岸若干丈，各坐田之处，而不乱。委府佐以管理之。每岁秋成后，督岸长以起夫。岸长率其所辖之夫，以修其所得之岸。每岁用一月增筑其得岸长若干丈，阔若干尺。兴工不已，十年之后可以成丘阜矣。风潮岂足患哉！

冯彬《护城堤记》

郡城东北迤逦而南平畴距海，浩瀚无际。宋始筑岸防海，以开阡陌，即万顷洋也。然海波汹涌，飓作则咸潮触岸，泛溢抵城，田庐稼穑，荡析靡遗。城堞随圮，岁恒患焉。况居城之东北隅者，风气震激处弗宁宇。阛阓中，鲜茂积之家。谓非滨海而风易荡，地夷而气自散，乏庇而居难安欤？议者咸欲去城里许筑堤，种植，以资护荫，诚豁论也。第僻郡乏任事之贤，议竟格。

嘉靖辛丑，兵部尚书巡抚都御史闽蔡公征黎驻雷。公备文武才，明达果毅，详敏端重。居数月，百堕俱新。士民乃上筑堤护城之议。公欣然以为可。乃行分守道大参张公岳、分巡道兵备翁公溥重核实之。公阅视亦以为可。因上成于督府，允示兴举。是岁壬寅春二月也。惟时兵旅方靖，翁公乃息民力，俟冬始按郡鸠度，堤长七百余丈，阔二丈，高八尺。积税二十五亩。酌邑以分地，度地以兴工，计工以任事。给官资以酬其值，坐正收以豁其税。不伤财而利溥，民乐趋令焉。用日三旬有奇，而长堤横跨，丛植森列，远望如龙蛇伏，环绕郡邑，耳目遽改观焉。时高州同知绩溪戴公嘉猷来署郡符，乐观厥成。兴工修补，开石闸六，以泄内流。价易地一区，建亭伐石，以纪其事。

彬曰：刚柔成质，地道乃形。然天成者或不足，必资人力以全之。雷滨海孤城，气脉涣散。是堤之筑，不惟聚气，实以防患，郡政之大者也。然非蔡公抚临周知，则无以主是议于上。非翁公宏才力任，则无以成是举于下。是故长堤之筑，二公之功乎，百世之利也。昔者谢安建堁于新城，民仰而思之。乐天筑堤于钱塘，民安而利焉。今蔡公勋业隆茂，翁公方令闻方起，因迹以纪思，系名以昭远，自当与霄壤俱矣。是役也，肃将以督理者，则有知县杨君澄、班君佩、徐君衍宣力。以责成者，则有照磨陈栋、县丞吴均、主簿何文焕。而劝士以蕃植者，则有指挥张杰焉。是皆协力致勤，于法咸得书。

提学林云同诗

并马出城西，郊原候吏齐。雷阳冬日暖，海北岭云低。

河浚流初远，春深花欲迷。遥闻衢路语，新筑相公堤。

郡人冯彬诗

远树连沙峡，新堤护海城。江山增胜览，文物喜钟灵。

板筑千年迹，丰碑万古情。登临乘暇日，飞盖拥云轻。

论曰：

纪地理于雷而知渠堤之最重也。夫雷，林林万井，别无生业，大半托命于田。高虞涸，汙虞浸，田之凡也，而未若东洋为甚。盖山泉溪涧，蓄止荡泻，群乡之人，得自为政。东洋延袤数十里，恢恢乎，广矣大矣。资灌溉于特侣诸渠，藉捍御于长堤乌岸。修则穰，弛则荒，固往验也。疏瀹筑排，力烦费巨，非仗官师，其能济乎？前诸君子亦数数以此称惠。微人力造化，无全功矣。聚灰止水，昔人以为鉴。夫因地制宜，不有鉴也。雷其馁如谈治雷者，无谓浚之防之之非故也。

雷州府志卷之四　地理志二^{珠海　土产}^{都鄙　墟市}

珠　海

海产珠，方内惟雷廉为然。廉州海池五，雷仅一焉。一之产不与五埒。然闻雷利害匪细，似不可不有两也。尤憾其有一也。记者以与莲池、放生池一类附载，则阔于轻重之较矣。余虽理官，辄稽爱书，睹蚩蚩贪夫以身殉珠，不胜胡贾之慨。因思雷一池一阱也，况于廉之五乎？故特标而出之，以告夫留心地方者。

对乐珠池

在遂溪县西南一百五十里第八都乐民千户所城西海内。汉唐无考。自刘铱置媚川都。宋开宝以还，遂置场司。或采或罢。我朝洪武二十九年，诏采，未有专官。正统初，始命内官二员分镇雷廉珠池，初傍池建厂，专守防盗。成化年迁厂郡城，大为民害。正德中采珠乐池，无珠罢采。末年太监赵兰激变雷民，御史陈实奏革雷州守池太监，总属廉池内相管理。嘉靖八年，复采珠，都御史林富奏止之。九年林富复奏革廉州珠池市舶内相，专敕海北兵巡道带管，两郡安辑。

林富《乞罢采珠疏》

嘉靖八年六月初一日，题为乞罢采珠以苏民困以光圣德事。嘉靖八年五月十八日，据广东布政司呈为急缺金两宝石珍珠事。嘉靖七年十二月二十七日，抄奉本院案验前事，备仰本司查照。

先今奉有钦依事理，即将前项珍珠作急打捞，务要选择真正鲜明圆大颗粒封固，差人星驰解进，转送内库交收，以备急用。不许将碎小不堪珍珠，一概滥进，有误供应。此系紧等成造上用事理，毋得迟误。先将起解过数目缘由呈报查考，仍行镇巡珠池等衙门钦遵查照施行。奉此案候间，又据经历司案呈抄，蒙巡按广东监察御史邵豳案验，亦同前事。依蒙抄呈到司，照依该部题奉钦依内事理，钦遵各行掌印官，会同该道分守、分巡、巡海等官查照。

弘治十二年，采珠旧例，要见合用人夫通计若干，在何府州县取拨，委何人员管领，合用大小船只，通该若干，在于何处借办，雇倩器具什物约用若干，原系派属借备，抑或支给官银买料造办，供事官员人役与防护巡缉守港等项，官军民快各于何处取拨，其各项合用银两，相应于何衙门何项数内支用，与夫一应开查。未尽事宜，务要通行查出，会议停当，逐一备开呈报，以凭会议定夺等因，各备咨关到职。会同广东按察司按察使周宣、广东都司都指挥使宁漳、带管分守海北道右参议汪思、巡海带管分巡副使李傅查议，得弘治十二年采珠事体，合用船只，东莞县与雷廉琼三府人民，往来买卖，熟知海利。东莞县行取大艚船二百只，琼州府白艚船二百只，共四百只。每只雇夫二十名，共夫八千名。每月雇觅夫船并工食银十两，共该银四千两。雷廉二府各小艚船一百只，共二百只。每只雇夫十名，共夫二千名。每月雇觅夫船并工食银五两，共该银一千两。合用器具、爬网、珠刀、木桶、瓦碗、油、铁、木柜等件，令各船人夫自行整备应用，给与价钱。雷廉二府，每府又用厂一座。其一应该用银两，行令广州等府，于赃罚、缺官、皂隶、马夫并均徭、余剩、冠带等项银内查取。广州府二千两。潮州府六千两。惠州府四千两。肇庆府一千两。琼州府四千两。若有不敷，另于税亩、户口、食盐等项银两凑支。解发雷廉二府官库收贮，给散事完，造册缴报。采取夫船应该委官部押具由，呈奉三府察院。

议得前项事宜，虽已停当，但广东地方，累①年旱灾，人民贫窘。所雇夫船，每月连工食大者银十两，小者银五两，似乎数少。恐有亏百姓，各量增一半，大者每月再添银五两，连前十两，共十五两。小者每月再添

---

① "累"，原文为"类"，据文意改。

银二两五钱，连前五两，共七两五钱，以济民食。其余俱准拟施行。

依奉遵照，于弘治十二年十一月初一日开池起，至弘治十三年正月中止，计两个半月，用过银一万七千零四两一钱。采得珍珠二万八千四百一十六两。又用盘缠银一千两起进外，今奉前因，合无遵照弘治十二年行过事体，于前项府县取拨夫船并查取银二万两，照数取足起解到司。累①发雷廉二府官库收贮备行。守巡官知会，如有支用，行委的当官员，眼前给散。若有支剩，解回贮库，作正支销。事完之日，备细造册，通行缴报。其采取夫船应该部领分巡缉与夫一应供事官员、人役、防护、官军、民快，查照先年于附近雷廉等府卫所，临时摘委取拨。及查先年供事等官，合用蔬菜，参政、参议、副使、佥事，每员该银五两。知府、同知、通判、推官、指挥、都事，每员银三两。知县、县丞、主簿、典史、千百户，每员银二两。每船合用黄号旗布一尺五寸。前项银两，俱于本司广丰库贮相应官银内支用。其起进红柜、红索、漆、灰、银、朱、铜钉、锁铰、软套等项物料，俱系采珠毕日，见数多寡，酌量行令番南二县支银给与。各项铺户，造办装盛并解户三十名，亦皆临时于广、惠、潮、韶四府编佥差委的当。官员部押解纳，其所议未尽事宜，听守巡等官从宜斟酌处置，径自呈请备由通行。呈奉抚按衙门俱批依拟施行。依奉通行。前项府县取拨夫船并查解银两共二万两前来，分发雷廉二府库贮支给。夫船工食等用，续准本司。分守海北道左参议王俊民咨称，会同带管分巡副使范嵩、巡视海道副使李傅。择于嘉靖五年十一月十八日开池采取。据各官兵人夫众称，今次各池螺蚌稀少，且又嫩小，以致得珠不似往年。

又访海滨父老，俱称珠池自天顺年间采后，至弘治十一年方采，年月既久，池蚌皆老。彼时得珠二万八千两。正德九年又采。相去已一十五年，止得珠一万四千两零。至嘉靖五年又采，相去方一十二年。因此螺蚌嫩小稀疏，得珠不多。议照夫船在海已经三月有余，劳苦诚为可悯。行据委官同知等官章净等查勘过，病故舍人军壮船夫共三十名，溺死军壮人夫共一十七名。风浪打沉无存船只四只。被风打坏不堪撑驾并损折桅柁船共

---

① "累"，原文为"类"，据文意改。

三十六只。漂流不见下落船共六只，各是实。除将病故、溺死者量给埋葬银钱，坏船者省令修整，不见下落者挨查。今据船夫军壮各告疾苦委难，采取相应顺时停止。即于本年三月初七日封池，给与应得工食。责令各原委官员管押回还讫。

自嘉靖五年十一月十八日开池起，至嘉靖六年三月初七日封池止，计三个月零十八日。采过珍珠共八千八十两五钱，共支用夫船工食等银九千三百一十八两零等因到司，已将前采珍珠差官起进外，今奉前因缘照嘉靖五年采取。除解官盘缠并雇觅民壮及红柜、红索等项银两不计外，共用过夫船工食银两将以万计，珍珠只八千余两。所得不偿所赀。

广东地方，频年兵荒，人民穷困。即今又值潮水泛涨，风涛①不便。且去前采取之期只隔二年。螺蚌必尤稀疏嫩小，诚恐虚费钱粮，不堪进用。及如前被风打坏漂流人船，不见下落，病故、溺死人命数多，上干天和。又访得各处船只不止数千。刷船之时，买免卖放，大开官吏地方总甲人等骗局。富者既已货免，所刷多系下户船只，多旧且坏，所用人夫撑驾，大者不止二十名，多雇无赖光棍，告照修船，买办器具，纷扰为甚。至船发行及封池回还，自称官差，沿海打劫客商并附近乡村，甚至污及妻女，其为患害，不可胜言。而又上下通同侵盗，其禁愈严，其弊愈出。或宁遗弃不肯纳官采珠。之后各该府县及沿海之民，至今疲惫未苏。一闻复有此役，俱欲逃窜。

意外之变，亦未敢言等因，到臣案查，先准户部咨为急缺金两、宝石、珍珠事题，奉圣旨："这金两并宝石、珍珠，委的缺用。着户部使作急区处，收买进用，还行与出产地方，采取解纳。钦此。"钦遵抄出送司卷，查先为前事。本部已经节行云南、广东布政司采取。催解去后，续该广东布政司解到珍珠，数亦不多。其云南宝石未据解到。今该前因案呈到部备咨前来，已经案仰广东布政司查照，采取去后。

今据前因，该臣看得前项采珠事体重大，上用紧急。又经行仰设法议处间，续据岭东守巡等道右参议等官汪思等呈称惠潮等府，碣石、海丰等

---

① "涛"，原文夺，据文意补。

卫县，十分饥馑，乞要运米赈济。又据岭西守巡等道左参议等官胡宗明等呈称，高州等府去年无收。春夏以来，民多穷饿，嗷嗷待哺，乞要议处拯救，各呈到。臣俱经案行作急运发查处。稻谷、银两，从宜散给。随据梧州等府申称，五月以来，西水泛涨，将民居飘泊，早稻淹没，秋成无望。乞要预备赈济等因，又经分投差官检踏，并行各该被水府县及时措处，将逐年无碍库贮银两通查，类佥备赈，俱案候在卷。臣乃惶惧而言曰："官何为以此时而议采珠也？何不以珠之不可采而告之陛下也？盖珠有不可采者三：一曰理，二曰势，三曰时。不可采而不采，陛下之心也；知其不可采而不为陛下言之，臣之罪也。"

臣闻之书曰："不作无益害有益，功乃成；不贵异物贱用物，民乃足。"夫不害有益，无益且不可作也。不贱用物，异物且不可贵也。但无益之作，未有不害有益者。异物之贵，未有不贱用物者，盖持衡之势，此重则彼轻。圣人审轻重之理，终不以此而易彼也。故尧舜抵璧于山，投珠于渊，正为此耳。且自有珠池以来，祖宗时率数十年而一举，天顺年曾一行之，至弘治年始一行之，正德年始又一行之。夫祖宗时，非不用珠也，而以为无则不必用耳。非不采珠也，而以为不可采，则止耳。陛下法尧舜，法祖宗而偶不得推类于此。必有大不当于陛下之心者，此臣所以断之以理，而知其不可采者一也。

且珠之为物也，一采之后，数年而始生。又数年而始长，又数年而始老。故禁私采、数采，所以生养之。自天顺至弘治十二年，珠已成老，故得之颇多。又自弘治至正德九年，珠半老，故得之稍多，自正德至嘉靖五年，珠尚嫩少，故得之甚少。今止隔二年，珠尚未生长，恐少亦不可得也。五年之役，病死者几人，溺死者几人，而得珠几何？或者谓以人命易珠。今兹之役，恐易以人命，而珠亦不可得也。此臣所以度之以势，而知其不可采者二也。

臣又体得广西地方，盗贼纵横，夷獠盘踞，田土荒落，调度频烦。凡宗室禄米官军俸粮，大半仰给于广东。近者思田之役，其取给又不止十之八九。故广东者，广西之府藏也。府藏空，则人命危矣。目今岭东岭西两道地方所在，饥民告急待哺，申诉纷纭。盗贼乘间窃发，馈饷日赡不暇，而广西夷落，万一靡宁，则调发转输，又未有息肩之期。而于此时复以采珠，坐令某府某县派银若干千两，某府某县派夫若干千名，某府某县派船若干百只，诚恐民愈穷而敛愈急，将至无所措其手足。而意外之变，难保必无。此臣所以揆之以时，而知其不可采者三也。

夫圣人之举事，本之以理，而乘之以时。势理者，事之经也。时势者，事之因也。理则可，时势则未可，不可也。理则不可，时势则可，不可也。而况理与时势无一可者，故臣敢断以为不可，而知陛下亦必以为不可也。

昔汉顺帝时，桂阳太守文砻献大珠。诏却之曰："海内颇有灾异，朝廷修政，大官减膳，珍玩不御。文砻不竭忠宣畅本朝，而远献大珠，以求幸媚。封以还之。"元仁宗时，贾人有售美珠者，近侍以为言曰："吾服御雅不喜饰，以珠玑生民膏血，不可轻耗。汝等当广进贤才，以恭俭爱人相规。不可以奢靡蠹财相导。"夫二君，庸主也。而此一事，偶尔得之。则臣不敢以为非也。陛下聪明睿智，仁孝恭俭之主，而此一事偶尔行之，则臣亦不敢以为是也。或谓臣能言其不可，而不知珠之用，为成造王府等妃珠冠等项而取，亲亲恩典，终不可废，恐难遽止。臣以为陛下之于诸王，宠之以恩礼，结之以终信，厚其禄饩而通其情。不违其所欲，且使其知陛下不以仪饰而略恭敬，不以绮丽而伤俭素。亲亲之情，弥久弥笃，又何论一冠之轻重耶？

况该监题称，库内尚有余剩圆小珍珠，是犹可以备饰冠之仪，亦未遽至缺乏。如少俟数年，池蚌渐老，民困少苏，徐取而用之，则陛下亲亲之义、爱民之仁、用物之节，亦并行而不悖矣。臣又思上用偶缺；该监请办，拟而行之，于例固无不可者。而时势不可，则非臣在地方者不能知，陛下固难悬断而不可知也。

故曰：知其不可而不为陛下言者，臣之罪也。此臣所以不揣狂妄，披沥①肝肠，竟持三不可之说，冒昧尘渎，伏愿陛下法古先以恭明命，昭令德以示四方，尚恩礼而笃宗亲，敦朴素以远珍丽，省财力以厚黎元。乞敕户部再加查议，将采珠一事暂赐报罢，则一方之民，不觉鼓舞更生，而海

---

①　"沥"，原文为"历"，据文意改。

滨岭表咸歌尧舜之圣矣。缘系乞罢采珠以苏民困，以光圣德。事理未敢擅便，为此具本，专差承差李檠，赍捧谨题请旨。

林富《乞裁革珠池市舶内臣疏》

嘉靖九年十月二十日，题为应诏陈言，广圣谟，以答天戒事。

臣照得广东滨海与安南占城等番国相接，先年设有内臣一员，盘验进贡方物。廉州府合浦县杨梅、青莺二池，雷州府海康县乐民一池，俱产珍珠。设有内臣二员，分池看守。前项各官，或用太监、少监、监丞，初无定衔。成化、弘治年间，乐民珠池所产日少，至正德年间，官用裁革，惟廉州珠池，一向存留看守。臣窃计各官供应之费，市舶太监额编军民殷实人户各五十名，而珠池役占，不减其数。珠池太监额编门子、弓兵、皂隶等役，而市舶所用亦不为少。及查先年番舶虽通，必三四年方一次入贡。则是番舶未至之年，市舶太监徒守株而待，无所事事者也。迨番舶既至，则多方以攘其利。提举衙门官吏，曾不与知。万一启衅外夷，则该管官员固有莫知其由，而反受其咎者矣。况递年额编殷实及所占匠役，无故纳银，以供坐食，为费不赀。珠池约计十余年一采，而看守太监一年所费，不下千金。十年动以万计。割万金之费，守二池之珠，于十年之后其所得珍珠几何？正谓所利不能药其所伤，所获不能补其所亡也。

臣故以为市舶珠池太监俱不必专设，以贻日浚月削之害。市舶乞敕巡视海道副使带管。待有番舶至澳，即同备倭提举等官督率各该官军，严加巡逻。其有朝贡表文，见奉钦依勘合。许令停泊者，照例盘验。若自来不曾通贡生番，如佛朗机者，则驱逐之。少有疏虞，听臣纠察。庶几事体归一，而外患不生。若欲查照浙江福建事例，归并总镇太监带管，似亦相应。但两广事情，与他省不同。总镇太监住扎梧州，若番舶到时，前诣广东省城，或致久妨机务。所过地方，且多烦扰，引惹番商。因而辄至军门，不无有失大体。故臣愚以为不如命海道副使带管之便也。其珠池乞敕海北道兵备官带管。既系所管信地，又免编役供需。禁命易及，民困可苏。若谓珠池乃宝源重地，宜委内臣看守，诚恐倚势为奸，专权生事，宪职不得禁诘，诸司不敢干预。非惟费供亿之烦，抑且滋攘窃之弊。故臣愚以为不如命海北道兵备官带管之便也。如蒙伏望皇上轸念边方军民穷困，特敕该部从长查处，将市舶珠池内臣取回别用。其额编军民殷实人户及所占匠役并门子、皂隶等役，尽数裁革，仍乞降敕巡视海道及海北道兵备官，各行严督官兵，巡查以待抽盘，看守以待采取。则省二内臣之费，不啻齐民数十家之产。而地方受惠，边徼获安矣。缘系应诏陈言，广圣谟以答天戒事理，未敢擅便，为此具本，专差舍人邵昂赍捧谨题请旨。

论曰：

吾观对乐池，窃慨投珠抵璧之风，泽梁无禁之政遐哉，不可追已。夫珠者，饥不可食，寒不可衣，而众贵之，以上用也。虽精光陆离，要不过为簪珮饰，何与人身轻重之数。而人主直封为一己利，令胠攘成风，怨厉四起，则珍琛之奇，毋乃为人祟哉！子罕谢宋人曰："女以玉为宝，我以不贪为宝。若以与我，是丧宝也，不若人有其宝。"夫一小国大夫，犹知自爱其宝，况抚有四海者乎！

余读开采疏，每次费金钱若干缗，所得珠不偿所失，而蹈命供输之下，委骨海鱼之腹者，莫可纪极焉。有恻心者，奈何以数万生命，供宫闱一簪珮之饰也。夫珠与玉并珍，未闻玉田受封者，独珠池禁防甚设，何哉？内使贻害，往事不具论。即今涠洲设一游击，又设左右中三部分防之。横山、息安有堡，乐民有所，凌禄巡检有司。军兵楼橹，甲盾戈矛，纷纷纶纶，无非为禁池用，费不赀矣。利之所在，皆为贾诸远方。豪有力者，高樯大舰，走海如鹜。坚器铦刃，与官兵决死生于波涛。即扞网触法所不顾。沿边细民，或接济，或舶筏，招集亡命，假捕鱼而探龙渊者，其丽不亿。偶一缉治，非游魂犴狴，即假息城旦。至于防守诸弁，多阳禁阴纵，与之为市，人思染鼋鼎而尝焉。即文臣中，倘不自爱，一中其饵，未有不败名辱节者。其自爱者，鞭长腹远，竟亦莫如之何。

嗟乎！天苞地孕，岂欲祸此一方哉！卒以珠贾祸，若此则封殖使然也。故为国计，以利民为宝，珠玑不与焉。为雷民计，以无珠为福，多寡弗与焉。孟尝去珠复还，千古诩为盛事。余谓珠，物也。安知去还；即去还，何关于太守？民盖谓其廉，而不得特假珠以神奇之耳。对乐池往采无珠，乃今数年来生入港内。倘以去还论，则孟尝不得专美矣。讵知珠之盛，害之胎也。

余于此有三虑焉：天地精华之气，钟于人为英杰，结于物为珍奇。此有所盛，则彼有所衰。可虑者一。

惯盗魁渠，乘风飙起，千百连艑，势难究诘，劫海劫村，机将酝酿。可虑者二。

貂珰豺虎，无日不耽耽海内利孔而借之。一旦簧鼓煽乱，开采命下，曩时搏割之害，又见今日。可虑者三。

有此三虑，则珠惟患，去之不远矣。况敢望其还哉！当此时，倘有能为民请命，尽弛池禁，与民共之，则诸害除，诸费省，其利于国也大矣。即宫闱簪珮之饰，难云尽屏，何至患于无珠也。投抵之风，无禁之政。上追圣轨，而雷地受福，盖无量已。

土 产

谷多稻多，黍有稷，有麦，多菽，多麻。

稻之种十有七

曰早稻。二月种，六月熟。曰早粘。熟种与早稻同，而米最白。种自灵山县来。曰六十日。种六十日而熟。曰香禾元。粒小性柔而味香。曰粳稻。曰古禾元。性软，次秫。曰珍珠稻。米稍圆而色洁。曰粘稻。小粘者米最佳，赤白二种。曰光芒稻。熟。一曰长芒稻。一年一。曰红芒稻。曰乌芒稻。曰秫稻。性软，有数种，雷公秫、虎秫、狗神秫、牛头秫、番秫。曰百穄稻。坡田熟。曰黄禾晶稻。米极润白。曰芮稻。二月种，十月熟，迟于诸稻。曰界稻。十一月种，至次年四月熟，界在两年，故名，出徐闻。曰山旱。砍山种。

黍之种四

曰糯黍。曰黄黍。一名金黍。曰饭黍。曰牛黍。

稷之种三 即粟。

曰鸭脚粟。酿酒用。曰狗尾粟。一年二熟。曰大粟。一年一。

麦之种一

曰小麦。九月种，二月熟，徐闻最多，海康、遂溪少种，嘉靖间，别驾朱象贤亲种之，岭南麦罕佳者，惟雷最名。

菽之种八 即豆。

曰绿豆。豆粉用。曰红豆。入米糕用。曰白豆。浸蜜用。曰四季豆。一年四熟。曰刀鞘豆。浸蜜用。曰柳豆。枝叶似柳。曰扁豆。爛肉用。曰乌豆。一名酱豆，作豆豉用。

麻之种一

曰芝麻。四月种，九月收，香油即用此作，遂溪多，外有苎麻、青麻、黄麻，皆作布用，不入谷品。

竹之产为种十有三

曰麻竹。笋甜可食。曰紫竹。曰人面竹。近地数节，密如人面。曰凤尾。曰青皮。曰青丝。曰刺竹。笋可食。曰觔竹。曰包竹。曰粉竹。可作器用。曰鉴竹。曰箸竹。曰黄竹。

木之产为种二十有一

曰香树。头结黑者可为清香。曰枫。脂香可爇。曰槐。花可染布，药材亦用。曰青楠。产八都西山。曰榕。叶繁多葯，材类樗栎。曰水松。曰桄榔。树如槟榔，子串珠。曰苦楝①。有纹理。曰刺桐。花红。曰樟。木香，纹理。曰木棉。花红实白似棉花，可为褥。曰猫尾木。可制器。曰栢。曰桑楮。曰山萝。子可作油。曰天南竹叶。曰鸡骨香。乡村多爇之。曰观音柳。叶细，取浸水服消。曰山桂。皮味似柱，客家每龙人药卖。曰水楠。生于水边，其气自楠。曰鹤木。其性直，可为轿杠用。

花之产为种四十有五

曰素馨。一名那悉茗花。曰茉莉。有单瓣、双瓣二种，夜馨清香袭人。曰青茉莉。架生，色缘。曰兰。楚辞注，兰叶长而花一，蕙叶短而干多花。此中所莳者，皆蕙也。青色者佳。曰山矾。曰月桂。花类蔷薇，丹紫色，桂。曰木樨。花似鱼旦，气清香而无色，夏秋月月尝赏。曰蔷薇。红白二种，蔓木。曰山茶。其花易谢。有二种。曰海棠。色红无香。曰杨妃兰。叶似月桂，一名密友。曰罗汉兰。曰九里香。尾，一名凤。曰雁来红。曰含笑。一名紫笑，色紫清香。曰山丹。有白、红、桃红三种。曰棉花。多出徐闻。曰七里花。曰荼蘼。曰郁李。曰犁头。曰滴滴金。花黄似菊，朝开夜落，一名夜落金。曰凤仙。花丹，其叶女流用石灰调之，染指甲，又名指甲花。曰紫薇。曰葵花。曰珍珠花。曰石榴。一种千瓣，一种单瓣，结子可哎。曰佛桑。似木槿而小。曰铁树。即百日红。曰鹰爪。大含笑而小香。曰鸡冠。红白二色，似鸡尾，和酒炒，销痔。曰长春。一名月月红。曰木槿。有红紫二种。曰阇提。曰水仙。曰剪春罗。花似石竹，瓣如剪，甚易生。曰铺锦。曰玉簪。曰萱。一名忘忧草，即宜男。曰菊。品类多。曰满天星。花细白，开时树灿如星。曰海杨梅。曰金钱。花深红色，圆如钱，又名子午花。曰百日红。不花，其叶红。曰淑英。色白似茉莉，而尖小。

草之产为种二十有一②

曰九里明。煎水可疗疮毒。曰马鬃。煎水疗毒。曰黄茅。曰凤尾。捣汁愈知风。曰知风。曰车前。可利小水，愈白浊。曰长生。曰菖蒲。五月取浸酒，饮以去毒。曰菖蒲酒。曰鹦哥。曰马鞭。形如马鞭，故名。曰莎。曰葳。曰蒳䓤。一名苦草，煎水洗毒，毒，用蜜丸，九蒸九晒，服之解毒，降火、固精、延寿。曰苍耳。曰荜拨。曰蔓陀罗。花白，溃酒饮之，令人发狂。曰鸭脚。可制药。曰石莲蓬。治痢。曰猪耳。治癣。即车前。曰蒌。扶藤，合槟榔食之。曰断肠。极毒，人尝之立毙。

瓜之产为种十

曰西瓜。味甘，种传自西域，故名。曰黄瓜。一名金瓜。曰土瓜。野肴，类何首乌。曰香甜瓜。即班瓜。曰南瓜。类金瓜而大。

---

① "楝"，原文为"炼"，据文意改。

② 此处应为"二十"，因为下文"猪耳"是"车前"的别名之一。下文"猪耳"，应删。

曰冬瓜。（《本草》云：经霜后皮生白粉，故名。）曰水瓜。（一名丝瓜，闽中天萝。）曰苦瓜。（味苦而性冷。）曰葫芦。（即瓠子。）曰金瓜。（形圆而短，熟时黄如金。）

蔬之种三十有四

曰白芥。曰紫芥。曰莙荙。（即甜菜。《本草》云：茎灰淋汁浣衣，白如玉色。）曰白菜。曰瓮菜。（蔓生，花白，茎虚，种出东夷，始以瓮盛至，故瓮。）曰波菜。（出波稜国，解诸毒。）曰芫荽。曰萝卜①。（一名胡菱。）曰辣芥。曰苦荬。（《诗》言菜苣是也。）曰茼蒿。（《本草》云：风动气熏，人不可多食。）曰茭笋。曰苋。（有紫白二种，一名老来红。《尔雅》注：苋和鳖食，则腹中产鳖，能死人。）曰紫背。（产于海。）曰猪鬃。曰鹿角。曰羊角。曰葱。曰蒜。曰春不老。（冬种，至正二月不花。）曰韭。曰薤。（《本草》云：似韭，用之皆去青留白。）曰姜。曰芹。（生池泽中，一名水英，《尔雅》谓之楚葵。）曰鳖脚。曰浮藤。曰菰。（山气遇雨辄生，最大者不可食。）曰海粉。曰石粉。曰青苔。（三物俱海生。）曰土荳。（和米粉蜜煮，解暑。）曰薯。（徐闻多。）曰蕷。（有四种，旱蕷生于高田，东蕷面蕷，生于泽，姜蕷生于旱坡。）曰双箭。

果之产为种三十有四

曰桃。曰梅。曰李。（有脂红二种。）曰槟榔。（多产琼州，徐闻间之。）曰柑。（有扁柑、珍珠柑、馒头柑。）曰菱。曰柿。曰橘。曰蔗。（有数种，腊蔗、牛腿蔗、乌脚蔗、荓蔗，可煎为糖。）曰荔枝。（产徐闻者大而美，俗取蒸酡。）曰龙眼。（产遂溪、北海者最甜。）曰金橘。（可浸蜜，番制者叶青而不变。）曰石榴。曰菩提。（色白，味甜，五月实。）曰莲房。（即莲实。）曰香圆。曰柚。曰橘②。曰橄榄。曰黄皮。曰胭脂子。（皮淡绿，穰红，味酸甜，似胭脂，故名。）曰杨梅。（山中生，三月结实。）曰余甘子。（圆如龙眼，味似橄榄，产遂溪。）曰杨桃。（五棱，味酸。）曰芭蕉。（有数种，无子者曰绩蕉。）曰玛瑙。（味甘，造酒用。）曰椰子。（少产，琼州来者多。）曰倒粘子。（一名海漆子，可酿酒。）曰胡桃。（可作油。）曰波罗蜜。（树高丈余，子圆，有刺附枝干生，者大，味甜，气香，性最热。）曰毛韶子。（状似荔枝，壳干毛，味酸。）曰槌子。（产第七、第八都山，岁饥可茹，亦可造酒。）曰山竹子。（似菩提，色黄味酸，亦可蒸酒。）曰稔子。（六月熟，蒸酒，味极佳。）

药之产五十

曰益智子。曰何首乌。（《本草》云：苗叶相对如山芋，而不光泽，茎蔓，紫花黄白，子有棱。徐闻有大数斤者，最佳，可乌须黑发。）曰半夏。曰荆芥。曰海桐皮。曰白丁香。（即雀屎。）曰麦门冬。曰车前子。（俗名猪耳菜，性极凉。）曰蓖麻子。（炒熟治瘰疬，妇人产难者，取八颗捣烂，孚脚心，即下。恐肠出，又取捣烂孚顶心。）曰黑牵牛。曰益母草。（苗似艾茎，大叶，可用治难产，故名。）曰郁金香。（《本草》云：叶似姜，黄干起数寸，而后开，根黄赤。）曰螵蛸。（《本草》云：即桑上螳螂手。）曰白扁豆。曰香附子。（即莎根。）曰百部。曰橘红。曰莲须。曰斑猫。（豆叶上者良。）曰白芨。（花紫，根形似菱，节间有毛。）曰百两金。曰蛤蚧。曰皂荚。曰木鳖。曰薄荷。（《本草》云：病瘕食之不宜。）曰茴香。曰良姜。（山中野产。）曰百合。曰乌药。曰山栀。（小而多菱者可用，大长者只作染黄色。）曰芭豆。（子可用药鱼。）曰山药。（即《本草》薯蓣，性温暖。）曰苍耳。（一名羊负来。）曰忍冬。曰蜂房。曰蛇蜕。（石上完全者佳。）曰虎骨。曰海马。（治产难。）曰菖蒲。曰草芨。曰天南星。曰艾。（有草艾，青蒿艾。）曰薏苡仁。（又名老鸦珠。）曰天门冬。（叶似茴香，蔓生，有刺。）曰三蕨。（味香。）曰山总管。（解漆毒。）曰柳豆。曰茱萸。曰仙茅。

---

① "卜"，原文为"葡"，据文意改。
② "曰橘"，与上文重复，应删。

曰蝉蜕。^{采得当蒸熟，无令蠹。}

货多布，多皮，有丝，有用物，有食物。

布之品六

曰棉布。曰葛布。^{葛产高州府、磁州，雷人制为布，甚精，旧入贡，今罢。}曰踏匾布。曰苎麻布。曰青麻布。曰黄麻布。

皮之品十有一

曰虎皮。曰豹皮。曰山马皮。曰鹿皮。曰麖皮。曰獭皮。曰狸皮。曰牛皮。曰鲨鱼皮。曰蟒蛇皮。曰狗皮。

丝之品四

曰丝。曰丝绸。曰水绸。曰丝经。

用之品八

曰蜜。曰黄蜡。曰吉贝。曰钱。曰翠毛。曰花红。^{染布用。}曰青石。曰灰。

食之品八

曰茶。曰油。曰酒。^{有桂酒、稌酒。}曰糖。曰酱。曰醋。曰盐。曰粿。

禽之产为类三十有一

曰鹰。曰乌。^{其颈白，能反哺者为鸦。}曰鸳鸯。曰喜鹊。曰鹘。^{其性悍，能捕鱼。}曰鹍。曰鸢。曰燕。^{即紫燕也，立春即来，巢于人家。}曰鹭。曰鸠。曰杜鹃。曰雀。曰孔雀。曰翡翠。^{毛可充贡。}曰鹧鸪。^{取雄者养为囮，春照对啼，设网取之。有雌来占山头者，取}曰鹤。曰黄莺。曰鸪鸰。曰鹚老。曰画眉。^{眉白长似黛。}曰百舌。曰伯劳。^{即博劳。}曰叫天儿。^{似雀，愈鸣而飞愈高。}曰鹌鹑。^{《列子》云：蛙变为鹑。}曰白头公。曰鹁鸽。^{即鹁鸠也，千里放而自还。}曰山鸡。曰水鸭。^{即凫，鹜。}曰山呼。^{本地多产黑腮，其白腮善斗者，间亦有之。}曰鹩哥。^{养久能人言。}曰啄木。^{嘴尖似铁，能啄木为巢。}

兽之产为类十有八

曰虎。曰豹。曰麖。曰麋。曰鹿。曰猴。曰山马。曰山羊。曰野猪。曰箭猪。^{遍身俱箭，怒则射人。}曰香狸。曰穿山甲。曰狐狸。曰獭。^{似狐面小，青黑色，水居食鱼，一岁一泉，制斛方，獭祭圆。}曰豻。^{赤兽也。}曰山犬。^{尾大身黄色，入地穴。}曰喙夜食。^{尾大，树上疾走，取食。}曰山猫。

鱼之产为类四十有二

曰海龙翁。^{大如屋宇。}曰海狸。曰鲫。^{形似鲤，而体促腹大而脊隆。}曰金鲫。曰塘虱。^{首有角，成群含水过峡。}曰蟳。曰蟳白。曰赤鱼。^{似鲇鱼肥。}曰红鱼。曰红花。^{头中有二大砂。}曰白带。曰丝刀。曰尖嘴。曰黄鱼。曰黄齐。曰金钱花。曰朝天。^{即羊肝鱼，尾有两星。}曰卖子。^{气味香美，俗谓嗜覆此鱼者，必至卖儿，故名。}曰鳟。曰鲤。曰鲇。曰燕。曰鲳。曰鳗。曰鳅。曰鲈。曰乌贼。曰虎鲨。^{四尺首，}

脊有骨刺. 曰海猪。曰鮠。曰锯鲨。两牙如锯，长二尺. 曰鹿沙。如犁头，背斑纹如鹿. 曰鳝。曰比目。曰绵鱼。曰鱼宛。曰扁鳞。曰青鳞。曰马胶。曰松鱼。曰锦鳞。

介之产为类十有九

曰龟。偻行者灵. 曰鳖。伏于渊，曰鲎。卵于陵. 形如惠文冠，眼生背，壳上尾尖而坐. 曰蚬。曰蚝。即牡蛎，附石而生，壳可烧灰用. 曰车螺。曰香螺。曰仙人掌螺。曰指甲螺。曰血螺。曰白螺。曰马蹄螺。曰红绣鞋。曰珍珠螺。曰玳瑁。徐闻海间有之. 曰大虾。曰龙虾。曰蟹。有二种，田产者小，海产者大. 曰蛤蜊。

虫之产为类二十有六

曰蚕。茧有黄白二种. 曰蟒蛇。最大，皮可贩卖. 曰蝎虎。曰蜘蛛。曰虾蟆。曰蜥蜴。曰青蛇。与孔雀交. 曰熏鼠。曰水蛇。在水中. 曰蜈蚣。曰看家蛇。曰螳螂。曰蜜蜂。曰佛蛇。即草花蛇. 曰蜻蜓。曰促织。曰蚱蜢。曰火蛇。红色. 曰蝙蝠。曰蟋蟀。曰蝶。曰蝉。曰蛙。曰两头蛇。色红紫，长六尺，人见之必灾. 曰土锦蛇。将生子当大道，俟人击之，腹破，子始出；若无子，食母而出，故人称土锦蛇为不孝. 曰簸箕甲。黑白成节.

论曰：

予观舆地图，称雷有牺牛、孔雀、翡翠等物。今按之，蔑如也。

牺牛，雷不识其名。孔雀产于钦。翡翠则琼地生焉。书可尽信哉！雷有葛，旧以充贡，纤匀修阔，甲于他处。每一缣，领帑金三两。有奇价颇裕。往者出纳有扣无艺，有取机人始困。今三岁一解，余年以银解司。虽交葛，尚有费，亦不称厉。至本郡有司鬻买，近刻有章程，低昂有定。且上多素丝之节，即散秩，亦惴惴不敢越取。葛其不为雷害矣。

然要之，地产异物，不若产异人。孔雀、翡翠有无，何关雷轻重。所愿贡天府，饰朝廷，雷不独区区一葛，斯善耳。

乡都 杜村附。社全载，村不能尽，载其大者. ①

海康之隅二。乡二。都十。其属于乡者为社二十。为村十有三。邑旧图共一百五十。天顺六年，猺獠残破，户口耗减，存图一百二十。成化八年，止存图五十。今五十一。内坊厢三，盐二。蛋一.

东北隅。在县城东北，图一.

西南隅。县城西南，图二.

延德乡。县西南六十里，领都五. 一都。县东南二十里，旧图二，一十三，今图六. 二都。县南一十里，旧图八，今图五. 四都。县西南一十里，旧图十九，今图八. 五都.

在县南二十里，旧图八，今图四. 六都。在县西南三十里，旧图一十九，今图六。一二五七八九，存，其一、九俱盐图.

---

① 原文无误。惟卷之四细目中作"都鄙"两存之，以见文献原貌。

延和乡。在县东南一百二十里，旧领郡五。七都。在县西北二十里，旧图二十一，今图五。九都。西南一百二十里，图三十二，今图七。二三四五六及二十二，存。其二十二，蛋图。十都。

县西南一百五十里，旧图一十三，今图三。十一都。县西南一百四十里，旧图一十三，今图三。十九都。县西南一百二十里，旧图一十三，今图四。

白沙社。在城西南三里。渡南社。在郡南十里。塘尾社。南禄社。安苗社。安揽社。略斜社。大浦社。

调袄社。调排社。调贤社。武郎社。那山社。那和社。那里社。黎郭社。官山社。英风社。淡水社。扶柳社。以上各社，分派修理各衙门，人夫及出产竹木等物，俱另刻有社规章程，照派各应。

白院村。在县西五里，古合州迁此，尚书陈襄曾此莅师。麻含村。陈氏世居之。调排村。在县南二十里，居民五百余家，自昔缙绅，学校连联映不绝。永平村。

在县南二十里攀雷山南，陈氏石墓数十座，又名陈村。荇洲村。在县南一十五里，以洲多荇菜，故名。吴、林二族世居。平源村。在县西二十里，居民二百余家。安揽村。在县西三十里，咸淳间黄安、唐橄修筑村东溪渡，故名。官塘村。县南二十里，宋时有王御史植莲于塘。仙安村。在县西南三十里，杨氏世居之。曹家村。在县南三十余里，以上九村，俱延德乡。平乐村。在县西南一百三十里，民居二百余家，北有高二峰对峙。义江村。即淡水村，在县东百里，地势平衍，溪水交缠，闾族繁盛，陈氏世居之。建康建宁村。县东一百八十里，居民二百余家，东南日建宁，西北日建康，以上二村俱属延和乡。

遂溪之乡五。都十。其属于乡者为社二十三。为村十有二。旧图五十五，后废二十五，见图三十，内盐图四，蛋图一。

居仁乡。附县城四里，领郡二。二十四都。在县东北五十里，旧图二。二十五都。在县北三十里，旧图三，今图一。由义乡。领郡二。二十六都。县西四十里，图一。二十七都。县西十里，旧图四，今图一。崇礼乡。县南四十里，旧领郡二。二十二都。县西南四十五里，旧图十，今图七。二十三都。县西南四十五里，旧图二，今图二。尚智乡。领郡二。二十都。县南一百里，旧图六，今图六。二十一都。县东南一百里，旧图九，今图三。笃信乡。县西南一百八十三都。县南一百八十里，旧图十二，今图六。八都。县西南二百里，旧图六。

新安社。进德社。通明社。西坡社。小山社。武黎社。冯村社。黎村社。博格社。

卢山社。城月社。东海上社。东海中社。东海下社。此十四社，附近府城，朔望俱赴府通谒。英豪社。调宝社。

五里社。临济社。旧县社。平乐社。仁德上社。仁德中社。仁德下社。此九社近县，专在县间答应，派拨修理，俱有社规。

温良村。县东北二十里，二十四都，居民百余家，俗敦厚，不争讼，故名。桐油村。县西北三十五里，村多桐油树。湛川村。县西北五十里，二十六都，有溪名湛川，环绕，曾于此置湛川县。

黎家村。县西七十里，二十七都，昔有黎族居此。上三村俱属由义乡。旧县村。县东南七十里，二都，隋时以其地置铁杷县，唐时始还今县，居民百余家，彭族世居之。阮家村。县南四十五里，二十三都，阮氏世居之。上二村俱崇礼乡。禄遐村。县南二十里，二十都，地居人多寿，故名。三合村。县东一百里，二十一都，其地三水合抱，故名。东海村。县东南自吴川限门至沙头洋百余里，为瀕邑障蔽，居民数百家。

田无几，以煮盐为业。英灵村。县南一百八十里，三都，陈时有客驱牛过此，悉化为石，因立石牛庙，又陈氏猎此，获雷卿，即今雷庙是也。麻烈村。又名小山社，县南一百七十里，三都，村分南山北山，居民各百余家，村中市，视他博礼村。县南一百四十里，八都，居人尚朴，苏东坡自琼徙廉，历游于斯，后人慕其遗泽，因名博礼。上三村俱笃信乡。

徐闻之乡三。都八。其属于乡者为社十六。为村十有一。旧图九十二，天顺间废六十三。嘉靖十一年，增海南流民于二十八都，名日新兴。今共图三十。

在城。图三一。與三。

仁政乡。（领郡二。在城图二）十二都。（县西北一百二十里。旧图四，今图一。）十三都。（县西五十里，旧图十二，今图四。）

太平乡。（县附郭三里。领郡三。）十四都。（县西南二十里，旧图十九，今图四。其一、二、三、五存。）十五都。（县北十里，旧图七，今图一，选军虏粮遗累，民多逋负，万历十年，知县蔡宗周清丈，攒造推户籍税，本都安业。）十六都。（县东南四十里，旧图二十五，今图七。）

积善乡。（领郡三。县东五十里。）十七都。（县东五十里，旧图二十，今图六。其一、四十及十二图存。）十八都。（县北五十里，旧图三，今图一。）

二十八都。（县东北八十里，旧图七，今图三，新图一。）

西松社。白沙社。博赊社。龙门社。调黎社。黄塘社。仑头社。（此七社属东乡。）黄那社。（属东南乡。）赤坎社。（属东北乡。）南宋社。对楼社。东场社。那■①社。（此四社属西南乡。属西南乡。）龙摹社。青桐社。谢家社。（此三社属城西北乡，各社人夫各有分派。）龙摹村。（县北二十五里，十五都，居民二百余家，有塘如龙盘状，故名。②）麻鞋村。（县西二十里，十四都。元时解元梁特御未第，居此。一日，手提麻鞋过市，人笑其惶。口占云：留藏青云不踏泥。乡人因名。）石门村。（县西四十里。山有二石，竣列如门，故名。）那松村。（县西三十里。民居百余家，俗淳习礼。）迈稔村。（县南二十里，居民甚众，土沃，岁多稔，故名。）博涨村。（县南十五里，濒海，民以渔猎为生。以上六村，属太平乡。）博礼村。（县东五十里。子弟多礼让。）尖山村。（县北一百余里，村有尖山。）林家村。（县北五十里，田肥，林氏世居之。）赤坎村。（县东八十里，土色赤，多坎。）石震村。（县东九十里，相传村田有二大石相对，忽一日，人击之，遂震吼，时共为怪，因名，以上五村，属积善乡。）

墟市

（或兴或废，倏此倏彼。今据见在者，开列于左。）

海康墟二十六。市六

拱辰墟。（在县北十里，本府委官于此，抽收牛税。）冯富墟。陈家墟。（县西五十里。）山门墟。泉水墟。杨家墟。山坡墟。（县北六十里。）鹁哥墟。（县西南四十里。）调风墟。（县东二里。）马生墟。（县东四十里。）北河墟。

潭斗墟。（县西南九十里。）沈塘墟。（县北十里。）调洋墟。（县西南八十里。）纪家墟。歇官墟。河头墟。架秋墟。乌黎墟。谭黎墟。乌秋墟。那霜墟。（县南一百里。）蒙山墟。禁山墟。那里墟。特浪墟。猪羊市。（东关外庙前。）鸡鹅市。（观音阁东边。）鱼盐市。（城东关外。）米谷市。（城镇宁坊下。）槟榔市。（南关外文富坊。）布帛市。（观音阁前街。）

遂溪墟六

海头墟。叙满墟。（县东南五十里，二十都，宋时立。嘉靖年间复。）麻丰墟。麻漳墟。石桥墟。（在石桥中火。）城月墟。（县西南城月驿边。）

徐闻墟九

东关墟。（县东关外。）大黄墟。（县西二十里，人居稠密，墟集甚众。）迈稔墟。（东三十里。）石桥墟。石牌墟。（县北五十里。）英利

---

① ■，原文漫灭。当作"黄"。

② "故"，原文夺，据文意补。

墟。^{在英利驿城.}龙蓦墟。^{县西北十里.}东莞墟。^{县西五十里.}何家墟。

论曰：

古者日中为市。市司评物，治其争耳，未闻以税也。粤东各村，招集为墟。墟有长。凝脂促罟，物无遗税，而长操之。长肥而墟瘠矣。雷地益无重货，肩背贩鬻。惟椰鱼咸虾等物，利最微，税可捐。长可不设也。宵人荧惑圣听，割肉啖腹，所在怨詷，而粤税独重，粤民独苦。督按两台，每为民请命，疏罢一切诸税。而中竖莫挽粤民，奈之何哉！抑墟者，虚也。朝集暮散，四方无赖惯盗，往往于墟纠合嫠妇奸民，以酒肉趁墟，甘心为主。虽有败露，谴责不及，墟诚盗薮矣。愚谓止盗之法，不若罢墟立市。店有定所，犹得以稽察，而督责乎万一。墟不可罢，设墟长不以持税，而专以察盗。亦庶几不至害良而薮盗也。

雷州府志卷之五 民俗志 ^{习尚 言语} ^{居处 节序}

人其国，观其俗，而治可知也。则俗之所系重矣。然浇淳良楛，生而习焉。长而不欲变，虽贤者有所不能免。圣王经世忠质文互为损益，要不过因其势而利导之。雷虽遐荒，俗不可不稽也。作《民俗志》。

习　尚

雷地僻，滨于海。俗尚朴野。宋时为名贤迁谪之乡，声名文物，多所濡染。国初风教远讫雷。是时人物最盛，蝉联缨组，轶于他郡。天顺间重罹兵燹，俗乃凋敝。弘治以来，生聚训养，雷稍稍复旧。科第亦振起不绝庠序。知向学，秉礼义。见长者，则逊而下之。里甲严事官府，征科如期，靡敢捍法。惟乡村小民，或轻生敢斗，然亦不能坚讼，向久则释。俗喜宾客，饮食宴会丰美，有上国风。山坡多植麦。岁时遗馈，糇饵粉餈，俱精细可嗜。坑土旷而谷贱，人窳于耕作，不事蓄聚。故雷无万金之产，亦无饥寒之家。其大较也。枣栗李梅，间亦树之，而不能多。贩易惟槟榔鱼菜。寻常相过，先荐槟榔。主宾以此成礼。嗜池鱼，顾不喜海鱼，多故也。木石技作，俱自广州。陶冶诸工，无甚奇巧。土多布多麻，而葛为上，丝间有之。而粗常服止棉葛，非庆贺不服绸绢。士大夫家多行朱子家礼。冠三加婚，纳采，纳币，奠雁，一如仪。丧重殡殓，卒哭大小祥，咸有陈奠。葬亦择坟茔。民间或不知冠礼，娶重装奁。虽贫亦强效之。丧用鼓吹。武弁家或列军仪，明器刍灵，竞为巧饰，至殡葬则略。贫者或用火葬，归则祓于巫。阖郡巫觋，至三百余家。有病则请巫以祷，罕用药饵。有司虽申谕之，不能易也。大家妇女不出闺门，日事纺绩。乡落之妇尤勤。其街市贸易，皆使婢贱获，至有恶疠杂处不清而逐之。其为雷孽不浅矣。

遂溪风俗，视海康尤朴。其田野腴而旷。农窳于耕，商獠猥杂，性多轻悍。自文明书院建于宋，士始知学。巨族多建祠堂合祭，新妇谒祠，子姓毕集。有尊祖聚族之义。

徐闻族尚，朴侈不齐。城中冠服，大类中州。子弟竞于学，有邹鲁风。乡村率事简略。器用粗拙。性悍喜斗。西北土①瘠俗淳。东南土沃，习于纤漓。而尊巫其蔽一也。

言　语

雷之语三。有官语，即中州正音也。士大夫及城市居者能言之。有东语，亦名客语，与漳潮大类，三县九所，乡落通谈此。有黎语，即琼崖临高之音。惟徐闻西乡言之，他乡莫晓。大抵音兼角徵，盖角属东，而徵则南也。雷地尽东南，音盖本诸此耳。东语已谬，黎语益侏僂，非正韵，其孰齐之。

居　处

雷俗朴。屋宇多简陋。盖滨海多风，地气复湿。风则飘摇，湿易蠹朽。城中②惟官署始用砖石，或铁力木，差可耐久。里巷则土垣素壁，仅避风雨而已。不数年俱圮坏。豪族宅颇完美，然亦稀觏。乡落间瓦盖已少，农家竹篱茅舍，有太古风。但终岁拮据，未可以为安也。

节　序

雷俗节序与广州大同。立春先一日，所属有司，晨至东门外迎春。公

---

① "土"，原文为"上"，据文意改。
② "中"，原文为"申"，据文意改。

署关内小民，各办杂剧。俟祭芒神毕，诸色人前导，迎春以入。老稚咸集通衢看土牛。或洒以菽稻，名曰"消疹"。是日啖春饼、生菜。元旦凤兴祀祖，礼毕乃拜所亲，出贺闾里亲友。是日酌栢酒、烧爆竹。上元先数日作灯市，剪彩为花，献神庙寺观，遍悬公署。每夜设火树、秋千、放爆竹、烟火、妆鬼判杂剧、丝竹，锣鼓迭奏。游人达曙。十六夜，民间妇女或走百病。二月上戊，乡民祭社祈谷欢饮。是夕击鼓逐疫。清明先数日，家各载酒肴，登垅墓祭扫。男女俱簪柳枝，谓之"明目"。四月八日，浮屠氏浴佛为龙华会。端午，众往西湖塘观竞渡。好事者悬银钱于竿，龙舟竞夺之，谓之"夺标"。各乡溪港中俱同。是日，设菖蒲酒，束角黍祀祖，闾里相馈遗，悬艾虎于门，童子斗百卉。六月六日，祀灶，各晒衣服，祛蠹湿。七月十五日中元，荐肴浆楮衣祀祖，为兰盆会。中秋家设酒肴，蒸芋赏月。重阳携榼，于楼台会饮，谓之"登高"。冬至有司凤兴拜圣节交贺。是日家各祀祖。腊月二十四夕祀灶。用灶经，曰"送灶神升天"。除夕设酒肴祀祖，闾里相馈遗。是夕烧爆竹，堂宇俱燃灯，谓之"守岁"。

论曰：

观俗于雷，而知治理之易也。夫地之瘠者不育苗，民之浇者难与御。雷居处、饮食、节序、燕飨，视他郡或隆或杀，要各适其适耳。惟是淳质之意犹存，则他郡所不及者。何则？讼不甚诞，亦不甚嚣。请托夤缘，俱所不事。听者一中其隐，即扪舌而退。赋不甚逋，及时催纳，未有不踊跃以赴。苟不肖之官，恣意朘削，亦勉强以应。甚至市棍狱囚衙蠹，平地风波，挟制吓索，竟甘心质田宅、鬻子女，以餍其欲，而竟不一鸣之公庭。青衿子弟，城居者尚雍容。曲折里巷之儒，则率意任真，径情直遂而已。虽其中不无狡狯，而越轶者固少，如此而谓俗淳耶，浇耶？

若夫一种椎鲁之人，硁执己性，化导不得，其失也愚；胸眼窄小，微利即沾沾喜，微害即嘈嘈怨。官府小不当，街谈巷说，而无所讳，其失也粗；乡曲细民，一言诟谇，辄至捐生，其失也戾；嫠妇育女，骈肩市衢，鬻饭鬻榔，媒淫启奸，其失也野。凡此皆淳之过而流也。吏此者，倘虚公清肃，示以礼教，厉以廉耻，而复轻锾薄赋，厘奸汰陋，则不必深仁厚泽，而风移俗易之效，可坐而几矣。

　　抑愚妄有所思，五德之运，相为循环。东西南北，地气亦自旋转。文明之治，开于西北，嗣于东南。粤地山海磅礴，元气郁浮，安知千百年后，无有辟草莱、斩荆棘而开文治于南天者乎！雕淳散朴，此其时矣。浑沌之窍，倏忽凿之，吾恐雷之不能不凿也。

雷州府志卷之六　秩官志

（府　县　府首领杂职　县属官　府县教职）

夫设郡建治，必有官师。雷自汉武元鼎，领于合浦，官师具矣。命名锡秩，代各有置，治定其衡。贤有传，不肖有传。虽所传芳秽不同，要必得其人，论其世，而后品差可定。碌碌者无传。夫亦尝临长此邦，抚柔此民，岂其姓名湮没，同腐草木也。雷俗淳质，无大嚣竞。凤鸾犹是，鹰鹯亦犹是。细民小怨，动飞谤帖，然皆匹夫单词，飙起飙灭。士大夫无阳秋也。以故庸阘者拙可藏，贤智者芳躅亦未易以见。堂堂一郡，开辟千载，其间卓荦奇伟，岂遂乏人？惟何戴二公，附何渠不朽。余虽华衮斧钺，实迹杳眇。可璧可石，可千钧，亦可铢两，则人心闷闷不传之过也。夫郡邑吏无大小，皆得造地方疾苦。倘漫漫无传，为善者懈，为恶者肆矣。记载之典，可一日缺哉！作《秩官志》。

秩官

府

南梁	本州刺史			
	陈文玉			
唐	州刺史	长史	司马	司户参军
	张采。曲江人，见名宦。	冯昺。南康人。	李康	魏佑
大中	柳仲郢。华原人，见名宦。			元琇
	韦保衡			崔彦融
咸通	陈听思。桐州人，有传。			

宋	知雷州军事		通判签判	推官
开宝	檀道懿。<small>由大理评事任.</small>		缺载多	缺载多
兴国	景汉真。<small>由大理评.</small>	欧阳守文。<small>由大理评.</small>		
	卫廷皓。<small>由大理评.</small>			
雍熙	郑势。<small>由大理评.</small>			
淳化	杨保佑。<small>由卫副寺丞.</small>			
至道	杨维新。<small>由太子洗马,见宦绩.</small>			
咸平	李庆。<small>由光禄寺丞.</small>	王应图。<small>由太子中舍.</small>		
景德	钱总。<small>由大理寺丞.</small>			
祥符	吴千仞。<small>由殿中.</small>	徐清。<small>由太子右赞善.</small>		
	贾守约。<small>由卫副丞.</small>	杜维则。<small>由太子寺丞.</small>		
天禧	黄倩。<small>由太常奉礼郎.</small>	崔道隆。<small>由太子博士.</small>		
天圣	宋景阳。<small>由大理评.</small>	谭友直。<small>旧见名宦,今查传语,止云固俗为政,民甚安之,此常语也,何必传,截之.</small>		
明道	戚舜元。<small>由殿中丞.</small>			
景祐	陈惟德。<small>由太子中舍.</small>			
皇祐	盛德甫。<small>由太子赞善.</small>			
至和	张纮。<small>广汉人,见宦绩.</small>			
嘉祐	张从简。<small>由殿中丞.</small>	林章美。<small>由殿中丞.</small>		
	林昆。<small>揭阳人.</small>			
治平	王汾。<small>由太常博士.</small>	周应期。<small>由虞部员外郎.</small>		
熙宁	毛篯。<small>由屯田郎.</small>	孔粹。<small>番禺人,旧逸其名,今查《雷》、《广志》增人,知封川,以善政闻,改知雷州,子元勋登朝,梓即致仕,居鳖溪老焉.</small>		
元丰	陈注。<small>由通直郎.</small>			
元祐	黎献臣。<small>由承议郎.</small>	沈达。<small>由右朝奉大夫.</small>		
	朱衮。<small>由朝散郎.</small>			
绍圣	毛直友			
大观	刘洪安。<small>由集城使.</small>			
政和	李国才。<small>由承奉郎.</small>			
宣和	谭锐。<small>由通直郎.</small>			
靖康	周介。<small>由朝奉郎.</small>			
建炎	董缙。<small>由朝散郎.</small>	李域。<small>见宦绩.</small>		

续表

绍兴	陶尧夫。九江人,由承议郎。	朱公彦。由承议郎。		
	戴尧仁。由右朝散郎。	李处经。由承议郎。		
	高居弁。由武郎。	俞冷。由朝散。		
	陈豪弼。由朝议郎。	王趣。见宣横。		
	苏洸。泉州人,有传,查《肇志》新增。	黄勋。南海人,见宣横。		
		赵伯桎。由朝奉郎,见宣横。		
	胡宗道			
	何庚。春陵人,有传。			赵谊。照兴戊寅年任。
乾道	鲍同。由承议郎。	戴之邵。庐陵人,有传。		
淳熙	黄克仁。由朝奉郎。	李鼎之。由承议郎。		
	李茆。长沙人,旧有传,今查传语止云,勤苴廉政,尚风化,暇与士子讲论彝伦,析善利,据此,无滥官实迹传,可有也,戴之。	曹朴。由朝散。		
			吴竑。淳熙七年任,以忧去。	
	张翮。由朝奉大夫。	朱熠。温州平乐人,有传。	王进之。通判。	
		王进之。由通判。		
			董世龙。通判。	
庆元	吴师尹。由朝议大夫。	李㮚。由朝奉郎。		
	赵师传。由朝散郎。	马晞骥。新会人,查《肇志》初判肇不受赘金,名节益著,擢知雷州,至朝议大夫。		
嘉泰	林训	李皎。有传。		
	李实			
嘉定	郑公明。旧有传,查传语故秉大体,兴利祛害,此卷语,无实,不必传,戴之。	王绐。由修武郎,名写拾,今改正,四年任。		
	徐应龙。建宁人,有传。	郑温		
	谭幼学	赵善玭。由修武郎。		
	王当时。由朝议郎。	陈擆。由朝奉。		
宝庆	陈万春。由修武郎。	陈斌		
	陈大玘。由闽门会人。		曾宏文。通判。	
绍定				林仪凤。南恩州人,乡贡,二年任。《肇志》。
端平			赵希迈。通判。	
嘉熙	薛直夫。永嘉人,有传。		赵希吕。以治中判雷,有传。	
淳祐	储擢。温陵人,有传。			

续表

宝祐	孟安仁。有传.	秦侃。由统领任.		
咸淳	陈大震。南海人,有传.	虞应龙。有传.		
	方子玉。由统领任.			
元	雷州路达鲁花赤总管	同知	判官	推官
至顺	秃鲁迷失。有传.	缺载		缺载
年号无考	谢延玉		曹韬玉。海康人.	
			唐子锡。海康人.	
国朝	知府	同知	通判	推官
洪武	秦时中。单县人,有传.	余麒孙。有传.	李希祖。河南人,有传.	
	贾奕	邓章	邢用	何廉
	吕智	张忠玉	孙佐	
		李彦诚。暨学官.		
永乐	黄敬。天台人,有传.	陈申。闽南人.		
	常仕昌。嘉兴人.	张金陵		
		陈逊		阴吉
宣德			林和	
正统	王曼	史键	周麟	
	戴浩。蕲县人,由东昌府通判升,有传.①	宋琏。致仕.	石林	
景泰	庄敏。晋江人,进士,以吏科给事中出守,威仪严重,人不见其有为,而事自治.	王庄。以民论去.	赵敬。以民论去.	吴魁
天顺	潘铺。应天人,进士.	刘昇。太和人,旧传无实迹,戴之,举人.		徐清
成化	黄瑜。南城人,有传.	周良	戴光。南海人,举人.	秦钟。旧作余钟,今查《雷志》,成化二年,推官秦钟与太守黄榆重建学宫栗主楼,疑即是秦误写作余耳.
	魏瀚。余姚人,进士,有传.	王聪	刘镇	
		吴宸。安仁人,举人.	陆璘。举人,升同知去.	
		屈以伸。南宁人,举人.	黎瑾。梧州人,监.	
弘治	邓璩②。宜山人,进士,有传.	刘彬③。吉永丰人,进士,有传.	熊魁。丰城人,举人.	刘祐。蕲州人,有美政,以子始休.
	陈嘉礼。富顺人,举人,有传.	刘锜。马平人,举人,由肇庆通判升,有传.	李轼。扬州人,降贡.	方俊。西安人,监生.

---

① "蕲",原文为"靳",据文意改。
② 查《明清进士题名碑录》,无"邓璩"。邓璩是不是进士,待考。
③ 查《明清进士题名碑录》作"刘彬",成化十四年三甲一百八十四名,江西永丰人。

时期				
	赵浑。漳州人，进士，有传。		贾昌。祥符人。	万琮。归州人，监生，原以为镇，今改正。
	李敷。宁远人，进士。	马经。贵州人，由肇通判升。	罗象。上高人，监生，九年任。	李文献。莆田人。
正德	赵文奎。江陵人，进士，有传。	张景元。天台人，升同知。	方山。莆田人，举人。	游重瑀。蕲州人，监生。
	程诰。平乐人，进士。	方山。本府通判升。	杨云。太和人，监生。	赵宬。吴江人，举人。
			詹坤。福宁人，吏员弟，俱见经历。	
		杨宽。涿州人，举人。		
	王秉良。西充人，进士，有传。		李杯。太平人，监生。	
			吕珊。新昌人，举人。	
嘉靖	易蓁。上元人，进士。		袁岳。宛陵人，监生。	刘世祥。马平人，监生，嘉靖癸巳年行取，后升同知，清海邊，清刑狱，惠政康济。
	杨表。龙溪人，进士，有抚守雷民安之，升两浙盐运使。		戴惟端。汀州人，监生。	
			杨伯谦。亳州人，监生。	
		毛鹓。广西人，举人。	朱象贤。无锡人，由举人，有传。	徐遂。金溪人，举人。
		朱子宣。莆田人，举人，有嘉政，举于官。		何干符
			王莹之。长泰人，举人。	
	黄行可。莆田人，进士，有传。	陈邦传。全州人，举人。	李能香。漳州人，例贡。	方继明。钱塘人，监生，以贪黜去。
	洪富。晋江人，进士，旧无传，今查守雷州有风教，特传之。	赵伸。桂林人，举人。	袁理	
		孟雷。泽州人，进士，有传。	张袤	何森。怀远人，监生。
	叶尚文。贵县人。	张概。锦官人。	吴惠	
	林恕。长乐人，进士，升副使。	沈贲。浙江人，举人。	蔡弘宇。马平人，举人。	袁株。直隶兴化人，举人，升知州。
	罗一犾。闽县人，进士，有传。	张准。九江人，举人，有传。	戴希颐。马平人，举人。	孙焰。会稽人，举人。
	魏文焕。侯官人，进士，升副使。	王勋。杭州人，举人。		陈绍。高安人，举人，升知州，有传。
	陆瓒。龙游人，进士，有传。	萧文清。庐陵人，举人，旧以萧为万，今改正，筑城升楼橹。	徐枢。郿武人，举人。	张鸣凤。临桂人，举人，迁无考，说者谓其以干诗贼，王元龙、李于麟定之，著有《浮萍集》，二子，俱登科。
	王子卿。仁化人，举人。		康日章。莆田人，举人。	
隆庆	林应雷。闽县人，进士。	林秋。闽县人，举人。	黄宗庆。晋江人，举人，升提举。	罗文清。江西人，举人。
	唐汝迪。宣城人，进士，有传。	山禹。昆山人，举人。		郑国宾。附广平卫人，举人，有传。

续表

	杨承闵①。蕲县人，进士。			
万历	陈九仞。潍平人，进士，有传。	潘承祥。浙江人，贡士。	陈宗虞。莆田人，举人。	陈王政。余姚人，举蓬溪县，补筑东溪陂。
	朱廷衮。进贤人，举人。	殷濡。常熟人，进士，升郎中。	戴茂暎	
	陈赞。南昌人，进士。	赵佑卿	林楚。漳浦人，举人。	江文伯。新城人，举人。
	周良宾	徐学周	濮阳棐。广德州人，举人。	陈琛。长兴人，举人。
	林民止。莆田人，进士，有传。	严淮。太和人，举人。	傅宴。鄱阳人，举人。	滕甘霖。建宁人，举人。
	林廷升。莆田人，进士，有传。	蒋一清。南宁人，举人。	朱云龙。江宁人，选贡。	何以尚。兴业人，举南部主事，累官鸿胪寺正卿，有传。
	伍士望。南昌人，进士，有传。	万煜。南城人，举人，有传。	吴贡珍。鄱林人，选贡，有传。	郑子亨。罗源人，选贡。
	叶修。南昌人，进士，有传。	龙时跃。恭城人，举人。	刘华祚。安福人，举人。	陈泰旦。上虞人，选贡。
	管象章。安福人，举人。	张儒象。云南人，举人。	袁弘相。丰城人，选贡。	黄达卿。侯官人，选贡。
	符荣。新建人，举人，在任半载，以疾致仕。		吕应元。施秉人，举人。	张应麟。江城人，选贡。
				高维岳。宜城人，举人，有传。
	郭士材。庐陵人，举人，南雄府同知升任，年壮志洁，居任不久，即图勇退，请告南归，时论惜之。	张应中。万安人，举人，有传。	张燔。高安人，选贡，卒于官。	叶际英。贵溪人，举人。筑堤亭，免额洲饷，累立二陂，听其自纳，省赀数百，撰立祠建碑报之，但著海徭征粮太骤，民颇怨言。
	陈献策。河南舞阳人，举人，万历三十八年，顺德府同知升任。年迈多病，初勉视事，半年后疾作，甫一周卒于官。其子陈于兆道令海康县官，建祠立碑而述。			
		曹行健。当涂人，岁贡，万历三十九年升任。性简易，喜吟咏以代，颇行，升郡府左长史。	刘怀民。六安州人，选贡，万历三十九年升任。丁内艰去。	欧阳保。江西新建人，举万历三十九年升任。
		徐日光。金溪人，举人，万历四十一年，由本省东安知县升任。		
	牛从极。河南洛阳人，举人，万历四十年以刑部郎中升任。			

---

① "蕲"，原文为"靳"，据文意改。

县，宋以前无考。

宋	令	丞 缺载	簿 缺载	尉 缺载
绍兴	李守柔。临桂人，有传。		李思常。嘉元丰间修伏波庙。	
元	达鲁花赤尹	簿缺载	尉缺载	典缺载
海康	杨顺。遂溪人。			
	王允恭。儋州人，后迁雷州忠节，新增。			
至正	郑闻。丁未年闻，修学与城隍。			
遂溪	唐子钟			
	王威			
徐闻	冯子传			
	廖文刚			
国朝	知县	县丞	主簿	典史
海康县	本县佐领，年代无考，难以分别，姑据见在姓名，依次载之。			
洪武	陈本。会稽人，儒士，有传。	王文通	郑伯高	
	黄寅。会稽人。			
	黄弼。会稽人。		许通。永乐年任。	周汉辉。永乐年任。
宣德	李素。广西人。			
	王祐			
正统	胡文亮。龙泉人。	王铨。南昌人，升中书。		
天顺	王麒。大和人，见祀忠文祠，有传。			
成化	丘瑄。福建人。	周荣		
	胡鉴。长沙人，监生。	张政。延平人，监生。十九年任，有传。		
	彭磐			
弘治	林彦修。连江人，举人。	李浩		刘升
	王埙。晋江人，举人。	李澄		钱缙
	徐刚。宜山人，举人。	谢恕。巴陵人，监生。		
正德	何器。长沙人，举人。	吴寿。建宁人，吏员。	周淮。泉州人，监生。	欧凤。柳州人。
	甘崇节。䣕州人，举人。①			
	王浩。莆田人，举人，以民绐去。	尹纯。恭城人，监生。		
嘉靖	李琳。广西人，监生。		沈伟。顺天人，监生。	鄢爵
	白谟。武进人，举人。	邵纲。扬州人，监生。		

① "寻"，康熙《海康县志》作"浔"。

续表

蔡春。西安人，举人，卒于官。	唐凯。长沙人，监生。	周凤。庆远人，监生。	
陈佐。泉州人，举人。		赵通。山西人，监生。	王廷玉。福建人。
郭伟。赣州人，监生，降教授。	吕敬夫。广信人，监生，升审理。	周富。沅陵人，监生。	
		刘茁① 。定海人，监生。	胡治。临江人。
王珏。鄱口人，举人。	吴均。永州人，监生。	李文魁	
唐侃。全州人，举人。		沈应龙	
杨澄。宜山人，举人。	江浃。直隶人，吏员，升经历。	石巍。广西人，监生。	胡秀。莆田人。
吴弘仁。浙江人，例监。			
易文亨。临桂人，举人。	毛沈华。福清人，吏员。	沈子惠	
王继芳。闽县人，举人，升通判。	王守爵。休宁人，例监。		郑桂。莆田人。
章栋。临桂人，举人。	欧阳贤。恭城人，监生。		
隆庆　龙灿。郁林人，举人。		金廷良。直隶人，吏员。	陈大辉。莆田人。
蒋蕴善。全州人，举人，三年任，有传。	魏尚贤。湖广人，监生。		熊景鱼。江西人。
		林琨。仙游人，吏员。	朱鉴。蕲县人② 。
李邦奇。宜山人，举人。			
万历　黄守规。费县人，举人。	张岾。南城人，吏员。	陈洙。濠山人，吏员。	朱琦。遂宁人。
郭钺。安义人，举，有传。			
沈汝梁。滩浦人，进士，九年任，太田颇多物议。	周隆。江西人，吏员。		陈科。莆田人。
			颜宗仁。苍梧人，承差。
陈锦。滩浦人，进士，有传。	程源滋。建宁人，吏员。		黄汝治。邵武人。
秦懋义。仁和人，进士，行取去，有传。	蓝阶。南京人，选贡。	寿秉彝	喻国忠
凌奋志。宜化人，贡监。			周良佐
何复亨。桂林人，举人。	傅兆蕃。福建人，监生。	李宜春	
林日所。海澄人，进士，升部去。	汪元士。吏员。		甘汝铨
鲍际明。无锡人，进士。	顾明良。康例监生。	刘夏。吏员。	王克用
孙弘绪③ 。会稽人，进士，两庐陵。			丁天智。费地人，升王官。
张和。山阳人，举人，三十七年四月任，四十一年秋，升顺天府管粮通判，在任四年，陈精政事，库创石碧，以防侵欺，严整图赖，不给塘藕，又补修乌石三千丈，以防水灾，及修城参各衙字之颓废者，不倪不猛，事举民安，地方赖之。	唐时谏。会稽人，吏员，原有监，升南京卫经历。	孙鸿源。归安人，康例监生，无监，升协官。	

① 原文漫灭，据康熙《海康县志》补。

② "蕲"，原文作"靳"，据文意改。

③ 孙弘绪，康熙《海康县志》作长兴人。

续表

遂溪	知县	县丞	主簿	典史
				曾宗兴。福清人，壬子年任，升廉州府仓①大使。
	郭之蒙。潮江人，举人，四十二年任。	项世聪。北泉人，吏员。	鲁大科。山阴人，吏员，以优归。	
洪武	王渊。潮广人，有传。	佐领俱年号无考。	撒都	
	元大初。七年任。	诸弘道		
	张昭。曾江人，监生。			
	孙辅	邓义	李胜	
	马谊	薛成玉		
正统	苏观。慕安人，举人，十一年任。			
			刘安兴。浙江人。	
	陈义。叙州人，举人，十四年任，廉平自持，久任不替，有传。			
		杨英	李胜。横州人。	
	李鹭			
天顺	马良	杨忠。江西人。		
	崔道		樊睿。潮广人。	
成化	孟元。潮广人。			
	杨彻。福清人，监生，八年任，廉洁宽和，事修政举，四境安之。	陶明。浙江人。	夏升。古田人。	陆福
		甘荣		
			何汉。江西人。	
	龚舜。吴江人，举人，知遂溪，以才干著，调灵山。			
		冯达。三山人。		
			严经。麻城人。	
	杨琛。江西人。	陈俊。潮广人。		
	黄琼。江西人。		魏璧。新津人。	
	韩经。北直隶人。	田富。南直隶人。		
弘治	柳昌。江西人。			
	刘玉。潮口人，监生，有传。	陈澄。龙岩人。	王廷瓒。平乐人。	
	陈良璧。华容人。			

① "福清人"，原文漫灭，据康熙《海康县志》补。

续表

正德	陈良策	朱孔辅。南康人。	王沂。吴江人，监生。	
	雷世明。清流人。			高栋
	蔡春。西安人，举人，调海康。	罗俛。衢州人。		
嘉靖	黄裳。桂林人，举人。		银瑶。桂林人，监生。	
	欧銮。苍梧人，举人。	郑潮。福州人，吏员。		
	张惠。福州人，举人，嘉靖十年任。		王琥宗。四川人。	
	邓恕。清江人，监生。			殷锐
	班佩。和州人，监生，十九年任，治称贤能，有传。	张朝。安庆人。		
			王鼐。山东人，监生。	郑遂。上虞人，十三年任，祀名宦，有传。
	杜果。赣州人，监生。			
	熊希程。马平人，举人。	李教。丰城人，吏员。	刘登。绍兴人。	黄久记
	张天叙。晋江人，举人，有传。			
	冈文光。公安人，举人。		曾璜	
	龚彻。华亭人，举人。	王日亨		姚士显
隆庆	吴天傅。桂林人，监生。		赵继祖	
	杜伸。黄冈人，进士。	熊天玄		
万历	陈学益。宜山人，举人。		王定贵	黄源
	林春茂。闽县人，举人。	黄添春		
	谭一召。大庾人，举人。		高世芳	
	卢应瑜。顺昌人，举人。	刘尚贤	严廷举	施贤伟
	陈廷诗。晋江人，进士，二十年任，宽裕爱民，建月城，修公署，民安之。	李蒙亨	周继德	
	袁时选。鄞县人，进士，升①刑部主事，卒。			寿大顺。诸暨人。
		黄元辅	陈嘉荣	
	邓寿光。宣化人，举人。		刘士元	顾一盛。会稽人。
	罗继宗。南城人，举人，调香山，有传。	黄世元		
			赵应祯	
	陈九级。新昌人，举人。			宗治正。新建人，升瑞州仓。
	胡汝谅。上海人，举人，三十八年任，操守无玷，惟多任性卤莽，辄妄条陈，上司薄之，经论改教。	赖愈秀。崇义人，选贡，四十二年，升浙江奉化知县。	沈卿。金华人，监生，四十二年升王官。	

① “鄞”，原文作“靳”，据《明清进士题名碑录》改。

	知县	县丞	主簿	典史
				罗天锡。陶昌人，四十年任.
	欧阳豪。歙县人，罗贵，由亳州训导升，四十一年四月任.	范汝乾。兰溪人，例监，四十三年任.	徐梦熊。含山县人，例监，四十二年任.	
徐闻	知县	县丞 万历九年裁革.	主簿	典史
洪武	武亮。浙江人，举人，有传.	杨秀全。靖州人，三年任.		
	蒋伯雄	杨添佑。五年任.		
永乐	石彦诚。分宁人，进士，有传.	马高。浙江人.		
正统	李就。广西人，三年任。残民激变，民簿面吸之，谓"打虎".	江淮。直隶人，监生.		
		余宠。南海人，吏员.		
	朱瑄。江西人，监生.			
天顺		莫雄。广西人，吏员.		
成化	刘瓘。江西人，监生.			
	钟富。江西人，监生.			
	朱銮。宜春人，举人，慈恕公勤，卒于官.		彭用干	
		陈济。福建人，吏员.	蓝俊。广西人.	
	郑普。莆田		孔进。封川人.	
弘治	林昂。福建人，民有"地无皮"之谣.			
	陈养正。监生.		李洞。广西人.	刘孟谦
	赵敦。广西人，举人.			刘鉴
	平钢。贵州宣慰司籍，长洲人。①十四年任，见名宦.		万福。朔广人，承差.	
				陈泽。福建人.
	卢玉。高安人，举人.		刘师贤。福建人.	
正德	林克润。闽县人.	郭敦。朔广人	程子厚。三山人.	
	汪泽。竹溪人，监生，四年任，见名宦.			秦昂
			权旺。襄阳人.	戴鼎。宜山人.
	杨魁。随州人.	刘淮。宝庆人，有传.		罗荣。怀集人.
	王朴。嘉和人，监生，有传.		曾宗仁。直隶人.	王兴。怀安人.
嘉靖	章昺。余干人，举人，与知府易基订运而率.			宋瑞卿
	黎兑。苍梧人，举人.	刘芳。柳州人，监生.		
		林应骢。莆田人，进士，四年谪任.		

① "洲"，原文为"州"，据文意改。

	朱梦昌。高安人，举人，十年任。		王英。南昌人。	
		萧翰。内江人，十二年任，升知县。		
	谢崇恩。岑溪人，监生。		杨缙。进贤人。	
	吕璋。桂林人，监生，十七年任，有传。	彭澜。通州人，十八年任。	袁缙。朗广人。	
		徐时。永康人，监生。		汲洙。福清。
	徐衍。龙溪人，举人，十九年，贾酷异常，士民共怨。		何文焕。扬州人。	
		王复宗。永嘉人，监生。		
	方逢尧。乐平人，监生，二十四年任，有传。		杨友松。马平人。	黄镗。莆田人。
		项给。瑞安人，吏员，二十六年任，有传。		
			周文奎。永嘉人，监生，县志有传，今查无实迹，裁。	
		曾学礼。新途人，吏员。		黄华。县城人。
	李钥。临桂人，举人，三十二年任。	张大显。永定人。	余翀。上饶人，知印。	
			李俊。江西人，知印。	郑一庸。莆田人。
	袁伯嵩。丰城人，举人，守城失机，庶赋勤，民心生惧。	刘传。万安人，例监。	陈让。丰城人，吏员。	
		喻祯。滕县人，监生，四十三年任。		经仁朝。全州人。
	康云程。莆田人，举人，四十四年任，民苦其去，至有绕纸钱遮道之者。		叶雄。慈溪人，吏员。	熊炯。南昌人。
隆庆	谢朝爵。建宁人，举人，有传。	廖文魁。兖州人，监生。		蔡思锺。晋江人。
			汤敬训。宜兴人，例监，四年任，性执不阿，著声廉爱。	
		赵鉴。绍兴人，例监。		
万历	张师益。宜山人，举人，元年任，有传。			李仁翰。临桂人，吏员，元年任，壮年敏锐，不避艰险，防御，昼夜戒严，身不卸甲，在任二年，卒于官。
		夏应兆。费溪。	揭阳。归化人，例监。	
				彭松。南昌人。
	田舜耕。临桂人，举人，五年任。	张用章。宁海人，例监。	尚仁博。南昌人，例监。	
		周宗夏。芜期人，吏员，八年任，九年裁此，赴郡。		郭弥嵩。当涂人。
	蔡宗周。龙溪人，庚辰进士，按徐邑志，称其精明练达，独舞厘奸，惟丈量倾税一节，则自暴暴露，余谈至此，性愁恶之。所谓微者者，当其通期略为轻重乎？若是，则不月失，及查志意云，不以强御执政，欢近编氓，稍在吏书，轻城在蒙石，因知今施执放，是贤今也，微摄之说，安知非蒙右经家所能掣乎？特传之。		蒋元修。北流人，监生，九年任，长厚慈祥，人爱蒸之。	

续表

				叶有纪。南平人，袁酷害民。
			林正文。陇安人。	
	陆策。丰城人，举人，十六年任。		唐仁文。全州人，吏员。	陈良韬。晋江人。
	熊敏。新昌人，己丑进士，十八年任，浑郡有命，升南刑部主事。			汤显祖。临川人，癸未进士，十九年谪任，见传。
			金铸。慈溪人，例监。	
	陈瑞锡。侯官人，监生，二十三年任，一月卒。		赵子美。黄池人，吏员。	陈志元。永安人。
	张大猷。黄冈人，乙未进士，二十四年任，宽使客供，具不扰里甲，二十七年，调繁香山。			苏朝举。莆田人。
			曹科。太平人，监生。	袁一案。宜春人。
	莫敢齐。广西郁林籍，江西安福人，二十七年任。		陆应陟。昆山人，监生。	施鸣和。青阳人。
	张日曜。福清人，举人，三十年任，见传。			凌宪。定南人。
			郭澄。山阴人，吏员，署县事酷，民至今怨之。	邵国祯。庐陵人。
	卢楠。宁都人，选贡。			
	孙世芳。会稽人，举人，三十七年任，四十年，升广州府清军同知，在县实心爱民，海南明官安拿徐良民、周国潘父子兄弟为海赋，不避嫌怨，力诸白于院道，后遂得雪，民甚德之。		程文光。歙县人，监生。	施万斛。永丰人，卒于官。
				白凤翔。会稽人，四十一年任。
				石承宠。浙太平人，四十二年六月任。
	赵一鹤。吴县人，举人，四十一年十二月任。		张应理。宁国府太平县人，吏员，四十三年四月任。	

府首领杂职

官无崇卑，凡出于朝命者则载。若旧志载僧纲、道纪、阴阳、医术，虽各有条记，然其人皆未经朝命。不过由府县择一人令之护印。即道官、阴阳之冠带亦滥也。若载之志中，与命官并列，几于无别而亵矣。

查各郡志俱无载，故载之。

元	经历			
	郭思诚。里籍缺，元统元年，修城文楼以御寇贼。			
	樊益竣。里籍缺，至正七年，拟广学基二名，旧志俱无，今于序记中查出，新增于此，以前俱莫考矣。			
国朝	经历 各官宦次无考，姑序载之。	照磨	司狱	广积仓大使
	詹仰。福宁人，有惠政，升万州判官，因家陶濂，孙世登乡科。	王景。清河人，监生。		
		周鉴。朔广人，监生。		

续表

	景时。胡广人，监生。		
张凤。直隶人。	阎淮。太原人，监生。		
徐礼。鄱阳人，监生。	陈栋。青田人，监生。		
诸让。池州人，监生。	雷奋。广西人。		
陆侃。会稽人，监生。	李珠。湖广人。		
熊宗望。贵州人。	周邦俊。广西人。		
宋炅。四川人，吏员。	茅琦。漳州人，监生。		
廖铨。上杭人，监生。	林有孕。		胡彦祥。
徐介。博白人，监生。	郑大任。兰溪人。	蔡逊。同安人。	仰正。祁门人。
张宧。赣州人，监生。	毛承恩。贺县人。		余镔。西安人。
邓湛。江西人，吏员。	杨恩。上海人，例监。	翁本道。晋江人。	陈毅。福建人。
赵仁。当涂人，吏员。	万桥。进贤人，例监。		杨俊。黄岩人。
江昉。进贤人，监生。	何恺。	李大经。金华人。	吴时廉。桐庐人。
林汝。延平人。	潘浪。		黄大会。青田人，三十九年任。
尉铨。	马思智。	吴信。杭州人。	李朱。
韩尊孟。	程鸣皋。		唐天昌。全州人。
朱一凤。	李文焕。	陆霖龙。鄞县人，吏员，升典史。	
杜弘伸。安远人，监生。	俞希召。桐庐人，监生。		陈兆和。松溪人。
王仁卿。	彭商士。费县人，吏员，贪赃害民。		
余有年。龙眠人，监生。		胡其化。湖广人，吏员，以忧自。	王居守。南安人。
黄守经。旌德人，例监。	郑可立。滕越州人，例监，万历三十八年任。自告致仕归。		钟鸣珂。浙江新城人，万历四十一年到任，委管文塔，廉勤有成。
郭民卫。安邑民，例监，万历三十九年任，贪赃害民，两院斥之。			
	孙慎礼。武进人，监生，四十三年任。		
			何应麒。西蜀人，四十三年到仓。
东海场大使	武郎场大使		
李承惠。	丁镗。山阴人，吏员，万历三十九年任，升典史。		
徐永梓。营山人。			
陈桥柱。福建连江人，万历四十三年任。	孙维屏。山东人，吏员，万历四十年五月到任，未旬日，夫妻子连丧，上下怜之。		
	杨德宁。浙仁人，吏员，万历四十一年任。		

县属官 查各志有不载者。然其秩虽卑，亦命官也。况县中巨细毕载，何独于属官而遗之，故并志于此。

海康	清道巡检	黑石巡检	广积仓大使	雷阳驿丞
世次无考	冷用一	朱添贵	华度 邻县人	莫廷弼 平乐
	杨元发 宁化	郑昭 莆田	曾弁 融县人	王京 大平
	王锺 歙县	毛宗治 内丘	萧鹗 麻城	黄兆凤 苏州
	庄鹤 无锡人，吏员，万历三十九年任，考满去，居官有惠	陈弘猷 贺县人，升王官	何天耀 埔	闻辅 霍邱①
		唐大伸 全州人，朴实无名	龙元会 南海人	郑重 英德
		王汝进 编译人，万历四十二年任	林行相 乳源人	
		赵子荣 仁和		
遂溪	湛川巡检	乐民仓大使	桐油驿丞	城月驿丞
	田允恭	朱杞 莆田	萧普化	何显
	丘辛癸 长汀人	秦谦 灵川	朱贯 桂阳	林英潜 莆田人
	严威 柳州人	何文源 顺德	黄大会 莆田人	梁振 苍梧人
	刘庆 南昌人		邰德寿 金坛人，万历三十九年任，四十年春系假官，自先知风，托病通走	蒋中 福清人
	毛志华 丰城			李科 当涂
	汪炳 顺广人			金指南 上元人，升
			周启祥 抚州人	谭孔仁 南海人，万历三十九年任，四十二年升广西仓大使，四十二年征等，粮具自廪至现，一路残破，村落俱遭，各等官吏俱遗，独本官子房留住持中，民多曲答应，不徵不赋，象日亦亮而宽之，此其特立，有足嘉者
徐闻	宁海巡检	东场巡检	海安所仓大使	锦囊所仓大使
	周文政	梁晋转	张翼 新会人	胡剑
	潘与 怀安人	杨棠 大邑人	莫浚 灵山人	王国美
	余芳 莆田	欧万海	梁伯条 四会	陈理 莆田人
	江福 休宁	吴徽 祁门人	陈表 莆田人	陈居易 莆田人
	汪浚 休宁	韩鸾	欧阳馀 苍梧人	陈一清 灵川人
	周清 鄱阳人	刘国用 瓦冈	谭应 苍梧人	葛用仲 宜化人
	陈洪寿 沙县	陈栋 安庆	黄大顺 莆田人	朱大用 南昌人
	林凤标 南安人	来诰 万安	童津 慈溪	许立元 莆田人

① "霍邱"，原文漫灭，据康熙《海康县志》补。

续表

范彪。_{齐东人}	李栋。_{江西人}	魏长乐。_{莆田人}	刘瑀。_{莆田人}
刘廷器。_{新渝人}	王希贤。_{浙江人}	李凤来。_{孝感人}	蒋嘉宗。_{全州人}
胡莹。_{丰城人}	刘汝楫。_{姑化人}	潘翰。_{怀安人}	杨季信。_{福清人}
盛浦。_{于潜人}	陈鹏。_{定海人}	秦元范。_{全州人}	唐文显。_{全州人}
薛廷相。_{福清人}	汪镗。_{旌德人}	石岳。_{石柱人}	林大资。_{渖浦人}
石廷用。_{上虞人}	萧良。_{莆田人}	舒济。_{歙州人}	林蕃。_{新建人}
郭镛。_{上杭人}	张节用。_{德兴人}	鲁荣。_{龙溪人}	郑龙。_{莆田人}
唐才积。_{义宁人}	陈珂。_{弋阳人}	文均言。_{全州人}	唐文琏。_{全州人}
伍永开。_{全州人}	王文绪。_{阳朔人}	蒋朝诰。_{全州人}	关梦。_{南海人}
郑云翰。_{山阴人}	张津。_{龙溪人}	陈天成。_{海阳人}	翁瀚。_{莆田人}
刘承启。_{平乐人}	许应鸥。_{临川人}	蒋朝试。_{全州人}	张宗澄。_{莆田人}
欧秋荣。_{惠安人}	杨应魁。_{宁国人}	欧阳贞。_{福宁人}	
杨承祚。_{当涂人}	顾俊。_{晋江人}	莫如恩。_{庐陵人}	
黄茂章。_{福清人}	魏大弦。_{建安人}	陈国政。_{嘉兴人,四十年任}	
朱光贤。_{团安人}		唐廷柄。_{全州人,四十二年任}	
黄廷彰。_{黄陂人,承差}			
踏磊驿丞	英利驿丞	河泊所	
萧惟清	万仲义	方廷文	
容文广。_{新会人}	沈锪。_{慈溪人}	袁吉。_{慈溪人}	
戴一谦	樊昂。_{南昌人}	周照。_{乐安人}	
洪畿	李可久。_{麻城人}	龚子重。_{南安人}	
吴思远。_{莆田人}	韩鸾	钟韶。_{赣州人}	
胡奎。_{会稽人}	朱应。_{莆田人}	黎晖。_{阳朔人}	
罗绅。_{平乐人}	刘槐。_{建安人}	赵金。_{昌黎人}	
林子达。_{慈溪人}	朱朴。_{余姚人}	曾珊。_{清流人}	
王宗文。_{庐陵人}	刘宗道。_{朝阳人}	黄章。_{莆田人}	
黄希贤。_{高要人}	唐时赋。_{全州人}		
张英举。_{新会人}	陈维棨。_{南海人}		
桂梁。_{贵溪人}	陈文忠。_{婺源人}		
叶忠。_{天台人}	黎崇钦。_{莆田人}		
程登云。_{宜城人,本官才思敏便,敏慎无过。与管所波指押不协,明揭到府,本府陈知府轻信尘蔑,同革,后遂落难归,客死雷州，人甚矜之。}	赵汝珠。_{泾县人}		

续表

		汤钦。宁国人.		
		皮栻。丰城人.		
		危士臣。万年县人.		
		刘光祖。德州建德县人.		
	丁克诚。新建人，本籍渡海要冲，钱粮百余金，供应甚苦，本官青年勤志，自辟务外，不履地方一事，近升王官，贫不能归，士论惜之.			

府县儒学教职世次无考.

宋	州教授		训导	
宣和	苏炳文		郑伯高	
绍兴	曾元弼			
淳熙	游一龙			
嘉泰	李士志	卢甫		
嘉定	郑炀			
宝庆	李仲光。元年任.			
嘉熙	余炳			
淳祐	叶梦材。六年任.			
	郭梦龙。八年任.			
宝祐	王应午			
德祐	吴元			
元	路　　教授学录	海康县学教谕	遂溪县学教谕	徐闻县学教谕
延祐	张图南			
	刘震。龙南人，由录事列官为儒学教授，长于文词，号屏麓先生.			
	王廷安	凌光谦。迁学于趣恩坊，自有记.		
	莫以道。曾静复丽泽堂.			
	黎景文。遂溪人.			
至治	曾世立。又姓曹.			
	林子阳			
	陈祖谦。学录三人，俱静府学.			
	张复新。学录.			

续表

	府儒学教授	训导	海康县儒学教谕	训导
至正	皮埜翁。三年任。	严㯖。丁未年任，自作《勉学记》，旧本无，今查增。		
	莫先觉。学录，作《祭文记》，自奠以逍 至莫先觉，旧本俱无，今查增。			
国朝	府儒学教授	训导	海康县儒学教谕	训导
	各学难稽世次。今挨序载之。		林仲馀	黄自守
			黄丽	赵孔进
	洪贵		成俭	李安中
	何益	查得旧本，记载混杂，除清出曾世立等自元代外，典有学金，刘霆，吴君普等，不知其为元为明，为教授为训导，且又有冯其君，下注知事，义有祥子厚者，十三名，系榜阅易县，典史等宫，添混载于训导之列，殊为说谬，今不载实纪，李金等三名，姑识于此，以俟异日，程子厚等列期之。	脱英。龙溪人。	杨惟政。海康人。
	甘挚。永乐五年，育于御史，率郡守莘捐俸，改建庙堂。		麦润。广州人。	郭文泽
			许端弘。天台人。	聂深
	黎鹏。新会人，举人，正统年任。		马驹。顺德人，举人。	颜源。广西人，贡。
			郑宽。浮梁人，举人。	方荣
	王玹。石首人。			胡玭
	蔡嵩。漳州人。		张侠	陈金。柳州人。
	罗玑。高安人，成化年任，有传。	黄希寅。洪武二十三年任，加修文庙。	吕宗信。新昌人，见宜绩。	徐昱。龙溪人。
			吴道贤。临海人。	林岱。连城人。
	朱阙名①。莆田人，举人。	王仕廉	熊希程。马平人，举人。	王铎。永嘉人。
	吴朝阳。琼山人，举人。	陈季良。南安人，永乐四年任。	查联芳。鄱阳人，贡。	余廷相。新会人，贡。
	俞玘。武进人。		沈琦。诸安人，贡。	吴深。同安人，贡，升教谕。
	李桢。横州人，举人，教谕升。	王溥	黄杰。同安人，贡，见宜绩。	
		曾颖茂		马惟亨。诸流人，贡，升教谕。
	谢阙名②。龙溪人。	李焕	杜元亨。福宁人，贡，升教授。	
	彭善。东宛县，举人，升知县。	杨政		童万钟。福宁人，贡，升教谕。
		柯添	蔡挺元。澧迈人。	
	严进智。弘治九年奉委造祭器	颜文彦。江西人，举人。	罗镇。怀集人，贡。	李廷儒。罗山人，贡，升教谕。
		高淳。郡广人，举人。	张以礼。儒州人，贡。	
	钟庆。宜山人。	杨德。浙江人，举人。	林诏。连江人，贡。	刘邦奇。吴川人。
	王继承。金华人，监生，知县降。	唐璲。南昌人，举人。	王宏。高明人，贡。	陈暨。高凉人。
		林王员。	刘琼。邵武人，贡。	路希尧。罗山人，贡。

① "阙名"，原文如此。
② 同上。

续表

杨璘。颜口人，监生，知县降。	钟鼎	谢嵩。雷昌人，举人，升知县。	尹思恕。东莞人，贡。
	丁英		王正典。朝阳人，贡。
罗恒。广西人，贡。	钟翰。赣州人，升教授。	郭复。举人，升知县。	杨天植。南海人，贡。
陈乔鹫。闽县人，举人，升通判。	王正。莆田人。	徐肯播。江西人，贡，有传。	丘民象。屯白人，贡。
	袁芳。桂林人，举人。	徐察。邵武人，贡。	黄焕阳。阿地人，贡，万历四二年冬，升广西灌阳县教谕。
雷逵。建宁人，贡，升知县。	陈洛。琼山人。	邹瑗。南昌人，贡，升教授。	
王克钦。江夏人，举人，有传，筑徐闻县事，筑美利城。	钟绘。泰和人。		
	林纲。凤阳人。	王之道。朝阳人，贡。	钟鸣韶。归善人，贡。
乐文解。抄县人，贡。	欧阳辨。泰和人。	李仪。邵林人，贡。	
熊濂。瑞宁人，贡。	吴大本	郑颢。琼山人，贡。	
何蔼然。顺德人，举人。	陈瑜。安海人，升卫学教授。	刘芳。保昌人，贡。	
陈谏。清远人，贡。			
李思舜。增城人，贡。	林谦。龙岩人，升教谕。		
刘学曾。汀州人，贡。	何琏。吉田人，升教谕。		
黄梦鲤。崇德人，贡。	吴体乾。琼山人，贡。		
叶中英。东莞人，贡。	王兴。琼山人，升教谕。		
沈相。崇德人，贡。	杨楷。上虞人。		
刘绍仁。英德人，贡，见宦绩。	江金阳。李化人，贡。		
	郑元。广西人，贡，升教授。		
孙述。琼山人，贡。	李日良。福建人，贡。		
莫鲁。怀集人，贡。	王廷养。福建人，贡。		
牛鹍。庐陵人，贡。	赵思义。高安人，贡。		
邓学成。曲江人，贡。	李澜。阳朝人，贡。		
陈俊。南海人，贡。	陈天人。乐会人，贡。		
佘元岳。顺德人，贡。	李仁杰。琼山人，贡。		
吴行健。合浦人，贡。	庞学鸣。合浦人，贡，升教谕。		
何其美。南安人，贡。	周楠。瑞宁人，贡。		
徐应乾。遂昌人，恩贡，有传。	郭仲诚。英德人，贡。		
韦可观。宜山人，贡。	薛喧仁。会同人，贡。		
丘建业。乳源人，贡。	程一林。定安人，贡。		
	张世勋。茂名人，贡。		

	邢掌修。文昌人，贡，		
	何继宇。合浦人，贡，		
	侯位。曲江人，贡，		
	陈朝助。澄海人，贡，		
	黄兆龙。合浦人，贡，		
	吴日任。临高人，贡，		
	蔡文明。琼山人，贡，		
	唐与之。宾州人，贡，		
	韩价。博罗人，贡，有传，		
	宋锡。宾州人，贡，		
	黄一成。歌多人，贡，		
	沈应聘。马平人，贡，		
	罗以袭。大埔人，贡，		
	秦家栋。临桂人，恩贡，新依礼乐书，申请道府，制文庙乐舞生七十人，以光俎豆，又卖铺屋二间，以助诸生课烛纸费。万历四十二年冬，升富川教谕。		
	吴启宗。澄迈人，贡，		
	邓养遇。曲江人，贡，		
遂溪县儒学教谕	训导	徐闻县儒学教谕	训导
谢从敬	唐思敏	杨崇盛	宋璧
陶文实。洪武二十年任，有传。	周仕安	纪辅。陶昌人，有传。	荣伯祥
王鸿。晋江人。	陈诚	周冕。顺广人。	吕鼎叔
萧濂。江西人。	罗菊。兴国人。	李骥。龙溪人，举人，旧有传，今查无实绩，裁之。	程铭德
李潘。南宁卫学人。	李贯		林秀。晋人。
朴窗。定安人，举人。	敖翔。新会。	周昌。南昌。	侔荣。宜山
李桢。横州人。	贾琮。博野。	李天民。莆田人，举人。	王福。化州人。
伍隆。晋江人，举人。	席正。孝感人。	王镽。莆田人，举人。	汤鉴。南直隶人，举人。
李时蕃。苍梧人。	陈辂。安溪。	谭章。广人。	郭文。漳州人。
白若金。苍梧人，贡。	虞楚。鄱阳。	杨穑。宜山人。	夏祥。江西人。
朱球	唐经纶。琼州人。	叶秀。桂林人，举人。	李著。南安。
邓体静。顺德人，举人。	李时雍。桂林人。		宋珣。梧州人，陈濂，长泰人。
吴沛	黄显鲁。琼州人。	绪东周。马平人，高邮人，举人。	陈子荣。漳浦人。

续表

吴思道	张子武		陈济。番禺人，升廉州学正。
赵之藩	叶明楷	陈份。琼山人。	
李昌期。福建人。	雷三杰。广西人，举人。	文桂。郁林人。	温仁。惠安人。
陈大楫。阳县人。	梁丝。高要人。	马仲芳。全州人，举人。	黄文郁。横州人。
叶观光。博罗人。	黄可章。博白人。	李允经。融县人。	李一栋。化州人，升郁林学正。
黄汝模。福建人。	丁明阳		
何惟翰。顺德人。	黄梦阳	王良佐。南靖人。	王俊。海阳人。
徐梦熊。福建人，举人。	廖述。归善人。	黄延年。临桂人，举人。有传。	黄世美。程乡人。
裴学尧。雷州人。	许巩昌。云南卫人。		梁景先。高要人。
张士猷。琼山人。	朱国祥。万州人。四十二年任。	秦伯修。全州人，举人。温和爱士，众心悦之。	卓方。长乐人。
黄璟。顺德人，贡。劳转去。			钟龠。上杭人，举动不苟，文行兼优。未及考满，告归。
		许登伯。高安人。	
		胡崇舜。马平人，慷慨重义。	黎思聪。东莞人。
			张希九。曲江人，博学多材，不受贫生贽。
		招舜年。南海人。	
		叶炜。阳县人。	王一造。琼州人。
		曾唯。临高人。	梁岳。文昌人，前四十一年任。
		陈邦烨。连江人。	
		廖希尧。番禺人，举人。有传。	
		龚应雷。临桂人，升姚安府教授。	
		林建中。濠浦人。	
		汪巨瀚。会来籍，河南光州人，举人。	
		章时学。德化人。	
		游学程。顺德人，举人，万历四十二年，升富川知县。	
		张一元。乐昌人，贡。四十三年任。	

论曰：

稽官师于雷，新故递承，崇卑要散，森森具矣。其间奇伟卓荦者有几，败德偾辕者有几，大都中人多焉。中人在位不自为地损，实不能为地益，何则？彼其循途守辙，闷闷淳淳，一己之守有余。若除桑痈，驱害马，塞蚁穴，负千钧，非识闳则力绵，果何所赖藉于地方也。盖时不古而今矣，民俗日偷，吏弊日滋。

太史公曰："奉职循理，足以为治。"倘执此之道，御今之时，恐政宽则民慢，法疏而吏玩。固不若廉干强察者，犹足以镇嚣为静，而塞邪归正也。愚无知识，窃谓宦辙所至，兴一利不若除一害。一己之害犹小，而众人之害甚大。其权愈要，则其提防讥察尤宜谨也。不然，帷墙之外，有不闻也。几席之外，有不见也。彼猴而冠者，狐而假者，孰非磨牙吮髓，借势行私？闾阎愁苦叹息，而莫可控愬，而谓一己谨守无过，便侈然塞责己乎？是故堂上之欲与堂下异，卑僚之志与大僚异。彼利在宽，而此利在严。彼以得民财为快，而此以失民财为快也。左右肥而闾阎瘠，一家笑而万姓啼。然则闒茸混尘，猫鼠共席，固龌龊不足道。即姑息示恩，宽慈博誉，将所损于地方亦不小已。丈夫立身居官，有人作之，无人亦作。不以地方之犷悍也而生怖心，不以地方之淳庞也而生狃心。如是，外不愧人，内不愧心，在位泰然乐也。即归休林泉，寻思宦迹，亦畅畅乎有余适矣。窃禄尸位之诮，不庶几可免哉！

雷州府志卷之七　分镇志^{守道　巡道}_{廉访司附}

分镇者何？天子念郡国专城，封疆辽远，守令职在拊循。而寇贼蛮夷，或时蕴崇①。特简藩臬宪臣，分道坐镇而弹压之。此其位綦尊权綦重，非郡国所得而有也。故各郡志俱不载。然揆文振武，一郡中兵马钱谷，兴除损益，以至大刑大狱，靡不纲而纪之，而守若令禀成焉。其要尤在于时时殿最群吏，此其功德诇如守若令，仅仅拊循己者。某也，持廉秉公，则一道澄清，而千里禔福。某也，恣己徇私，则一国尽狂，而万姓蒙祸。且莅节此都，辄经数载。甘棠湛露，百世犹思。可以爵秩尊崇，漫无记载已耶？由是例以义起，而郡志增之为重可矣。然不先守令而上之志为郡设也，作《分镇志》。

海南北守道^{驻扎雷州府城。弘治间始设，辖雷、廉、琼三郡。中间品职升迁，尚挂漏无考。}

任谷，^{横州人，进士。弘治六年任。}

王纶，^{慈溪人，进士。弘治十四年任。}

张简，^{清河人，参议。}

贺泰，^{六合人。}

张寰，^{余姚人。}

王俊民，^{参议。嘉靖八年任。}

张岳，^{惠安人。正德丁丑进士。嘉靖十九年以布政司参政分守海北，寻升巡抚江西佥都御史，转两广副都御使。晋兵部侍郎，谥襄惠。有传。}

曹天祐，^{浮梁人，进士。嘉靖四十一年任。有传。}

---

① "崇"，原文为"崇"，据文意改。

史嗣元，余姚人，进士，
隆庆四年任。

周鸣埙，蕲水人，进士，
隆庆五年任。

诸察，余姚人，进士，万
历元年任。有传。

郑恭，镇海人，进士，
万历四年任。

王来贤，临安人，进士，
万历七年任。

陆万钟，华亭人，进士，万
历九年任。有传。

薛梦雷，福清人，进士，万历
十二年任。有传。

王民顺，金溪人，进士，万历
十四年任。有传。

应存卓，仙居人，进士，万
历十五年任。

徐应奎，鄞县人，进士，万
历十六年任。

龚锡爵，嘉定人，进士，万
历十九年任。

陈勘，宁德人，进士，万
历二十一年任。

洪敷诰，临桂人，进士，万
历二十三年任。

林如楚，侯官人，进士，万
历二十六年任。

方万策，莆田人，进士，万
历二十八年任。

袁茂英，慈溪人，进士，万历二十九
年任。建军器局以储武备。

林梓，龙溪人，进士，万历
三十四年任。有传。

蒋光彦，晋江人，壬辰进士，万历四十
年任。见镇地方事未敢详。

海北巡道
驻廉州。辖雷、廉二郡。天顺五年有按察司佥事分守雷、
廉、高三郡。今巡道独辖雷、廉。建制始末不可考。

王希旦，京山人，进士，佥事，
弘治十一年任。

方良永，莆田人，佥事，弘治十四年
任。廉明风采，上下称之。

李瑾，丽水人，举人，佥
事，正德二年任。

李志刚，成都人，进士，佥
事，正德六年任。

陈伯瓛[1]，莆田人，
副使。

汪克章，余姚人，进士，佥事。
正德十三年任。

---

① "陈伯瓛"，《明清进士题名碑录》作"陈伯献"。

李阶，_{永嘉人，佥事。}

刘道，_{吉水人，佥事。}

范嵩，_{嘉靖八年任。}

陆澄，_{嘉善人，佥事。}

王崇，_{永康人，进士，佥事。嘉靖十二年任。}

孙世祐，_{丰城人，佥事。嘉靖十六年任。}

林希元，_{同安人，佥事。嘉靖十九年任。}

翁溥，_{诸暨人，进士。由给事中迁佥事，嘉靖二十年任。有传。}

经彦寀，_{全州人。}

林爱民，_{福宁州人，进士。}

郑球，_{福建人。}

毕竟立，_{贵溪人，举人。}

许孚远，_{德清人，进士。隆庆□年任。①有传。}

张纯，_{吉安人，进士。}

马千乘，_{平湖人，进士。万历五年任。}

熊惟学，_{南昌人，进士。}

薛梦雷，_{福清人，进士。万历八年任，升分守海北参政。}

徐国瓒，_{晋江人，进士。万历十四年任。}

赵可怀，_{巴县人，进士。万历□□年任。②有传。}

方万策，_{莆田人，进士。万历二十八年任。}

伍袁萃，_{吴县人，进士。}

董肇胤，_{江宁人，进士。参政兼佥事。万历三十六年任。升本省按察使。有传。}

孙学易，_{楚雄人，进士，副使，万历四十一年任。次年以外艰归。}

李文奎，_{侯官人，进士。参政兼佥事，万历四十二年任。见镇地方事未敢详。}

按旧志庞杂，载元时廉访使、副使、佥事等官，叙于宋郡守之后，此不知何据。余思元制，雷州有路总管，即郡守矣。廉访之职计即今守巡

---

① □，原文如此。
② □□，原文如此。

也。附名郡后可乎？然未核其始末，亦不敢妄列于守巡之首。姑纪其卓有宦绩者数人于此，其他姓名皆属夷裔，即不备可也。

廉访司使

乌古孙泽，^{有宦绩，至大年任.}　　张忽里罕，^{有宦绩，大德年任.}

贾焕，^{见宦绩，至和年任.}

副使

拜都，^{见宦绩，延祐年任.}　　　李恪，^{见宦绩，至和年间任.}

吕琉，^{见宦绩，至和年任.}

马合谟，^{见宦绩，至元年任.}

佥事

赵珍，^{见宦绩，延祐年任.}

旧志廉访司有经历、照磨、知事等官。今查经历惟皇庆年间元璧、至顺年间郭思诚，俱有宦绩。照磨延祐年间范椁，有文学名及修学功。余俱碌碌，里籍莫考，裁之以省烦芜。外附载宣慰司官十余人，于廉访司之末曰都元帅、副元帅等衔。此武职也，何以混列，且其人亦无行绩，并为芟削。

论曰：

朝廷设官，无分中外。而地有边腹剔险易判焉。姑无论郡邑有司，即藩皋大夫秉宪分镇，乐腹里而厌边方，人情乎然。西北之边抱雄略者，犹喜居之。何则？树勋策庸，视腹里较捷也。若东南边远，无腹里之安，而淹抑过之，无西北之捷而劳瘁同之，毋怪乎相顾以为畏局，而不肯前耳。全粤皆边，雷、廉、琼尤边之尽。琼则内抱黎孟，外构海寇。廉则交夷错壤，锋镝时鸣。雷则兼二郡之害，东支西应，而占城、日本飞艎叵测。此其控制之难，岂减于西北也者？且东南财力强半委于西北。将众兵多，禄肥食足，一遇折冲，长袖易舞。粤南夷氛告急，既苦于兵，又苦于饷。台使者焦劳劈画，须眉尽白。沿边道臣，以至郡邑有司，皆呕心血而殚伎俩，始得就绪。此其拮据之难，又岂啻如西北已者。乃至铨叙道臣，且不得比于腹里，况有司乎？觭重觭轻，令人不得其解。

近岁直指邓公渼按部滇南，主张公道，特具疏为东南边远道臣有司，宜另册优叙，以示激劝。朝廷韪之，著为令。一时志士延颈吐气，乃今复同故纸。东南半壁，果谁与撑耶？夫寰宇一家也。藩篱固而后堂奥安，一隅失守，全室岌岌矣。吾未知东南之果可轻也。然则优叙东南边臣，令得比于中土，匪为边臣计，为社稷计耳。不然如雷、廉、琼三郡，以地则炎蒸，以俗则苦瘄，以饮食则粗粝，以居室则卑漏朽蛀，宦游者，何情何景而乐此不惮哉！将必尽弃为狐狸魍魉不止矣。

雷州府志卷之八　建置志<small>城池　公署　亭馆　坊表
驿铺　桥渡　文塔</small>

贾生有言，帘远地则堂高。古者社、里、亭、驿悉设之长，邑有令，郡有守，上及连帅，总挈要领，天子加焉。故尊也。大小之职，各有位置，以旌厥事。雷为列郡，自有城池来，府县之治尚矣。台使者税节海隅，岳牧分厘，亦时至止馆署，盖可缺乎哉？传间①邮递，济间②桥梁。式瞻间③坊表，皆雷所不废也。作《建置志》。

城　　池<small>海康
附府</small>

雷州府城，筑自南汉乾亨间。堑城甚隘。宋至道丙申，郡守杨维新，始筑子城。<small>周围一百四十步，高一丈七尺，
下阔一丈三尺，上阔九尺。</small>

绍兴乙丑，郡守王趯复筑外城。作女墙，辟四门，工未就，去。<small>绍兴八年，
海寇陈旺</small>
<small>犯城，人莫能御。十五年，趯郡守始创外城。由那庐至西潮暨赤岭冈。筑城北三城。又包东岭堑、英禄山为东城。
周围五里二百八十步，高二丈五尺，上阔一丈，下阔三丈。濠广五丈五尺，深一丈四尺。城外环筑女墙，辟四门。</small>

绍兴壬申，黄勋继之，改用砖甓，亦未就，去。<small>二十二年，勋代守，视城土，筑不坚，乃甓
以砖甓。明年，南北城毕，合四百二十二</small>
<small>丈，东西未成，
勋又代去。</small>

绍兴甲戌，朝奉郎赵伯桱，乃毕前功。<small>越明年，伯桱继至，视城东西壁，工倍于南北。乃命匠益陶砖甓
甓，自西壁凡三百四十丈，东壁半之，又于东北壁堑山削城。凡</small>
<small>一百八十丈，
逾年功成。</small>

胡铨有记

绍兴八年春二月，海寇陈旺长驱东犯城南鄙。纵火大掠，居民惊溃。兵马虞辅国，仓皇率众出迎贼，战殁。效用李宪等遇害。人争保子

---

① "间"，原文为"问"，据文意改。
② 同上。
③ 同上。

城。由是邦人始以无外城为病。十五年，右朝散郎王趯来为邦伯，视事之初，规创外城。期年，计画始定。乃因民力之余于岁稔，阅士保丁，按籍赋役。起自那庐至西湖及赤岭冈筑城。大辟四门，功未就而王公去官。更两载不克缮。二十二年，右承议郎黄勋代为州守，乃谋甓治，始陶砖甓。调方丁助埏埴。岁十月僝功，越明年南北壁甓合四百二十二丈，而黄以代去。

于是右朝奉郎赵公伯柽来不逾时，政通人和，百废俱张。一日阅城东西壁，叹曰："是于南北隅厥倍焉，吾不敢不勉。"乃命益陶砖瓦，自西壁，凡三百四十丈，东壁半之。而东北壁，堑山削城，又一百八十丈。逾年咸毕甓，猗与美哉。时二十有五年冬十月。城高二丈有五尺，厚二丈，围五里有奇。睥睨各二十七墙，二千六百五十有二隍。阔二丈有五尺，加阔之一。阅十有一年，功乃克成。尝登高以望，雉堞隐然。虽所谓蠹若长云，屹若断岸，殆不能远过。真一郡之壮观，千古之宏规也，顾不伟哉。

公生富贵，能痛自刮磨豪习，委己于学，重知人情急世之要，累为大都，苏枯弱强，落其角距，栉垢爬痒，民获奠枕，优游怡愉。而人自得于山海千里之外，使得行其志，泽被天下。虽汉间治平可企及也。刻石以记。

嘉定壬申，郡守王给茸二城。_{嘉定四年，飓风大作，水源泂月，内外二城圮坏者半，故给兴功崖茸焉。}

淳祐庚戌，郡守储擢复修二城，造四楼。_{十年，储至，视内外二城颓圮及四门楼坏，乃兴工修葺二城，创四楼。工未就而去。统领方子玉暨刘叔志等终之。}

元至元戊寅，罢岭南城池修筑。天历至顺中，海北道廉访司佥事吕琮复修筑。_{天历二年，广西锡赋侵掠，琮乃筑城波隍，高深如故。又于东西北三门外置木桥，夜则撤之，以备不虞。}

元统癸酉，廉访司佥事张添睡、经历郭思诚重修。_{元统元年，广西锡赋复陷遂溪。路总管同知罗奉致、裨将李百户遇害。添睡、思诚乃谋设立栅门，筑羊马墙，四门渠窜，各覆以铁窗棂。备御严整，故寇至不为害。}

国朝洪武甲寅，指挥张秉彝、朱永、周渊偕通判李希祖，大筑雷城。_{洪武七年，秉彝等谋展其旧基，加之高大，是年孟冬兴工，由东南沿西北垒石砌砖，至八年季夏就绪。周围五里三百步，高二丈，腰墙雉堞高五尺，通高二丈五尺，下阔三丈，上阔二丈七尺。又于四门上各建重楼。东曰"镇洋"，西曰"中和"，南曰"广运"，北曰"朝天"。四角对起角楼。城上列窝铺四十四间，城内环浚濠堑储水，周围六里一十步，阔六丈五尺，深一丈四尺。东西北三门各置石桥，南门旧无濠，故仍无桥。四方水门，俱置铁窗棂，防寇盈堤。}

正统庚申，指挥魏让砌城上驰道。_{正统五年，让掌卫事，乃陶砖绕砌城上为路。}

成、弘间，知府黄瑜、邓璩相继修茸。弘治甲子，海北道佥事方良永改建四门重楼。_{拱门上铺以板。}

正德丁丑，知府王秉良茸。_{以城板朽坏，西南二门俱用砖石拱甓。}

嘉靖己丑，指挥张杰复葺。东北二门俱易以砖甃。

嘉靖壬辰，知府黄行可开浚濠堑。濠外环筑土墙，以防滙溢。

己亥，通判朱象贤葺。象贤掌府事，于城外环筑女墙，上盖以瓦。

甲寅，西门楼坏。知府罗一鷟复建。

癸亥，同知萧文清重筑城外楼橹。时山海贼每突至城下，文清始于四城门百步，各建楼捍守。扁东日"安东"，西日"靖西"，北日"巩北"，南日"镇南"。

甲子夏淫雨，城南门以西及北城俱崩陷。知府陆瓒重修。

有副使莫天赋记

雷郡滨海，为岛夷出没之区。然高城深濠，襟山带海，亘古及今，无有覆陧者。嘉靖甲子夏，淫雨连旬，澎湃横溢，坏民居畜产不可胜计。而郡城之南，楼橹之西，崩陷汩没，大较深二丈余尺，宽数十丈有奇。西北亦如之。盖雷阳所未有之变也。是时绿林巨奸，虽甫宁息，而潢池弄兵小鬼恣其无忌，乘间斗捷。都邑汹汹，神驰色夺。

郡守陆公率属登城循览周视，愕然曰："几不可为守矣。"于是力主修葺，以防意外之变。归而谋之幕府李元溪，使之专董其役。李君受命惟谨，乃命工人陶砖采石，树基填址。日则督工匠补役，夜则戒军兵巡警。是役也，征民力不过十日，费公帑仅数十金。旬月之间，百雉巍峨屹然完局。即有奸细妄意揣摩，以行其所不测，而巍巍天府，孰得凭陵而睨视也。他如镇海有楼，朝宗有阁。陆公一时修补轮奂增置，民庶赖以无恐者，将在兹也。以公之才之智而与天行之渗适相薄。公固无如天何，而极力维挽，树干城于千百世，天又无如公何也。陆公名瓒，龙游人，进士起家，今升藩臬。

乙丑生员莫经纬等呈筑南门外城，署印高州府推官杨逢元始其事，知府王子卿毕工。有布政卢梦阳记

雷城三面距海，海寇为患，虽盛世不免。国朝垂二百年，幸无事。然洲岛中多奸宄伏匿，脱有不备，则乘风潮飘大舶，突然而至，莫之能御，潮、惠覆辙可鉴已。郡城南故有土城，环以万金溪，岁久颓圮。彼中地虽孤绝，然多沃壤。城东良田，弥数千顷。居人在村落者，稍苦盗贼，俱徙丽郡郭而处。以故城南人不啻万家稠①密，联络烟火如云。斯亦一方之雄也。

---

① "稠"，原文为"绸"，据文意改。

郡人有长虑者如莫经纬等，举广州往事，建议复土城。适侍御陈公按郡，下其议于分守海北道曹公，集士民相度会计经费所自出，士民争欲协力，如赴父兄之难。曹公复其事于陈公并以闻督府，皆称善。百姓欣然负畚锸赴役，不待督责，此可以观人心矣。绕城浚为濠，浚西湖水，由通济桥东会特侣塘，分派设于南闸，其灌可万顷。城势巩固，水源环合，堪舆家以为最胜云。

经始其事者，先署郡高凉节推杨君逢元，成其事者，今雷守王君子卿也。由遂溪至郡一百八十里，其中为城月驿。由郡至徐闻二百里，其中为英利驿。城月枕海，故多海寇。英利负山，故多山寇。此两地皆畏途。过之者，父子兄弟兵刃相戒也。侍御史陈公亲阅历其地，谓此地岂可无城，驿路乃朝廷血脉。万一阻塞，则血脉不通，所关系不细。因以语曹公。曹公承其意，极力区画。于是三城之工并举，而分巡佥事毕公新至，又督成之。其城月工费，则王郡守终始其事。英利则署徐闻事教授王克钦、新徐闻知县康云程，相继董其役。事之兴也，固亦有大数哉。

己巳，新城圮，分守道张士纯委知县蒋蕴善修筑

丙午，新城复坏。生员陈瑾等呈修，同知张应中、知县鲍际明申葺有记

嘉靖四十四年，山海寇突至南城外。生员莫经纬等具呈于巡抚吴桂芳、巡按陈联芳、分巡道曹天祐，议建新城为捍蔽。委署府事高州府推官杨逢元勘丈。自旧城东南隅起，至旧城西南隅止，周围四百八十四丈。适知府王子卿抵任，董成其事。申文支库银并民间沾利银，买砖石灰料兴工修筑。基址阔五尺，高一丈二尺。四门俱建城楼。东扁"迎阳"，西扁"拱照"，南扁"郡南重屏"，西南隅扁"周行"。厥功告成，未几随坏。隆庆己巳，分守道张士纯委知县蒋蕴善开基。阔一丈二尺，增高一丈八尺。浚城壕，四围完固。日久，飓风淫雨，城之东南西北崩塌数十余丈。生员陈瑾等呈称槟榔蒌叶税原为造新城而设，因城成，将税报入章程。今城崩坏，乞转详，动支税银修理。海康知县鲍际明申文两院批准，支银八十两，为修缮之费。同知张应中、知县孙弘绪复查，原修城银尚剩一十五两，委巡检赵子荣，给买石灰料。凡坏处，逐一修葺。士民安堵。

遂溪县城，旧在二十二都旧县村。宋绍兴二十年迁今治，俱未有城。洪武甲寅，知县元太初始筑土墙。正统己未，知县苏观改筑石城。观以土墙易崩，乃命工伐石筑石城。<small>周围四百七十丈，高一丈五尺，醮墩四十，窝铺十六，开三门曰东门、南门、北门，城楼三座，浚以濠堑。</small>

嘉靖辛卯，知县张惠修。<small>成化初，锡贼编乱，民病防守，乃塞东门，止存南北二门，张惠兴工，筑浚城池，乃开东门，设楼于外，招商建铺，为卫御之计。</small>

嘉靖庚子，知县班佩复修。<small>飓风大作，石墙倾圮，佩命修饰，坚完如故。</small>

隆庆壬申，推官郑国宾增修。<small>国宾署县，视城垣卑矮，乃伐石陶砖，周围甃。高三尺，阔五尺。</small>

万历壬辰，知县陈庭诗创三门、月城门楼。<small>县城旧无重门之固。庭诗用砖石创建东南北三门、月城，周围共六十丈有奇。又于门上各建重楼，东曰</small>
<small>"崇阳"，南曰"仁济"，</small>
<small>北曰"朝天"。</small>

徐闻县城，汉元鼎置县海滨讨网村

元至正丁未迁宾朴。<small>即令治。</small>野处无城。

正统三年，知县李就始筑土城。

天顺六年，迁入海安所。<small>时西冠剽掠，夷其城面墟之，故迁。</small>

弘治十三年，知县平钢，申复宾朴创石城。<small>民苦军繁骛，恩故土，故钢复城之周围六百余丈。</small>

正德庚午知县汪泽增筑。<small>浚濠增城高一丈四尺，广八尺有奇，用堪舆议，填塞北门。扁其城门，东曰"安海"，西曰"迎恩"，南曰"太平"。</small>

嘉靖四十五年，添设月城。<small>三门俱添建月城，周围各十三丈。</small>

万历三年，知县张师益增筑。<small>周城增高三尺，复建敌台十二，高四丈，阙如之，覆以瓦。旧南门在县治西，至是改县前扁曰"民安物阜"。</small>

万历五年，知县田舜耕加修。<small>耕见土性易墨，实以粗石，重加筑建。</small>

万历二十五年，知县张大猷重修。<small>于月城各镌石额，东曰"朝阳"，南曰"若时"，西曰"有成"。</small>

论曰：

王公设险以守其国，城池顾不重哉。雷三面阻海，倭奴东伺，交夷西窥。而盗珠之雄，高樯巨舶，连舟宗衔尾，公然出没于鲛宫蚌室之内。少有不戒，肆行剽劫。北接吴川、石城、横山、息安诸境。萑苻绿林，时时见告。以一府奸而械首画趾之囚，动至数百。起之众，地之多虞可知已。往者新城未筑，倭奴突至。南亭居民尽为蹂躏。利害不较然耶？重金袭汤，以固吾圉。窒隙蹈瑕，绸缪桑土。待其有事，而后图之晚矣。钦州覆辙，可不寒心。乃巡城守埠，惟军是赖。迩者，官旗沿习剥噬，军不堪命，逃亡转徙，门卒仅奄奄气息数人而已。以此扞御，城可恃乎？空柯无刃，公输不能以斫，吾为雷州城隐虑之矣。

公　署

雷州府治，旧在今卫治地南。汉乾宁时，为古合州。宋因之。

元至元十八年，改州为路，始迁今治地。

二十八年，以路为海北海南道肃政廉访司，今治即司故址。

洪武戊申，罢廉访司，立雷州府。_{府治东南俱至街西府学，北至路，接海康县治。}

己酉，同知余麒孙创立诸廨宇。_{时府初立，麒孙创正堂五间，左为阃库，右永宁库堂，东翼以照磨所，西翼以经历司，后为燕堂，为郡守宅，左为同知宅，右为推官宅，正堂前东为捕盗通}

判宅，西为管粮通判宅，东西夹以六房吏舍，正中为路台，为甬道，为戒石亭，为仪门。门外左经历宅，右照磨宅，右上为土地祠。前大门，门外衔东为申明亭，西为旌善亭。

乙丑，同知邓章、通判孙佐、推官何廉修葺。

永乐戊申，同知张金陵重建。

成化丙申，知府黄瑜重修。

成化壬寅，知府魏瀚建岁寒①亭于府治后。_{岁寒亭原系元廉访使乌古孙泽创，后圮。是年重建。}

成化甲辰，知府魏瀚、同知吴宸建府大门为层楼。_{府门原室三间，卑狭敝坏。瀚等筑为重楼。又建三坊于府门外，左善政，右善教，前为宣化。}

弘治戊午，知府陈嘉礼广拓治基，改建正堂。其后堂仪门，以次改

建。_{囊府治稍修，衙尚卑隘。且山木易蠹，既成辄坏。嘉礼市铁力木兴构诸廨。自是完美，规模峻邃。}

正德丙子，王秉凉改建经历司、照磨所、仪从库、军器库、吏宅诸

廨。_{旧制左照磨，右经历，东西失序，且时已颓坏。秉良乃改经历司堂东，照磨所堂西。次建仪从库、军器库于经历司后东。次建吏廨二十八间，以居众吏。}

嘉靖乙未，同知赵伸迁廨舍于府堂之西。_{原同知廨舍在正堂东，伸以为匪利，乃西割学旁地建置。岁久圮坏，万历七年，同知严准重建。}

丙申，通判廨宇倾圮，杨伯谦陶以砖瓦改筑新之，重建屋二座。_{二十年，通判刘}

叶①作改仪门门为者三，中②门扁曰"裕国安民"。

岁壬寅九月，飓风大作，府中官衙吏宅俱坏。署府事高州同知戴嘉猷修整复旧。理刑厅衙在正堂西，旧制厅事浅隘。三十九年辛亥，推官欧阳保拓而建之。_{正堂三间，川堂一间，门二座，屏枋一座，客厅一间，书房二间，堂宇高朗。}

欧阳③保自为记

夫人臣衔命而出，秩无夷峻，皆得有莅事之堂，以宣化字氓，而理刑

---

① "寒"，原文夺，据文意补。

② "叶"，该府志卷六《秩官》作"华"。

③ "欧阳"，原文无，据文意加。

之署尤吃紧焉。则以谳决所关下之民命荣瘁，上之天道惨舒举于此。批其窾，而定其衡。固非若他莅事者犹可苟且因仍为也。

雷郡僻在天南，理署始末不可考。但门由府仪门西北角入，曲巷三折始达于庭，堂不踰丈，阶不盈咫，局促暗隘，固二百余年旧物也。前此者皆因之而不变。予新承乏，一旦陋前规而思改拓，不几于家视官署而劳且拙乎？噫，此正余筮仕素心也。

夫人身家念重，以官署为传舍，则以地方为秦越。高者漫无休戚，卑者蝇营胘削。几幸旦夕迁去，地方亦过客之耳。余惟以官舍为家，则以地方利害为家人疴痒，其不敢膜外之而虐朘之也，明矣。况余方灿新，倘无他谬阙，以见摈于上，例得受事数载，其间愉懊于民最切，于时最久，非止一宿再宿如传舍已者，顾可以过客视乎？

尝读《易·系辞》曰："安土敦乎仁，故能爱。"夫刑者肃杀之事，其德义，其情严而非爱。然刑而谓之理，则以虚明公正之意，精察于低昂出入之间。讵误开其面网，沉冤照其覆盆。往往肉人于白骨，而续脉于一线。是肃杀中有无限生意也。即武断之雄，弱肉强食椎埋之党，肢箧探丸，凶悍鸷击于晷刻，忮险枭谋于奥窔，廉摘其隐，三尺不假。夫亦去莠卫苗，畜鸡逐狸以成。此爱是刑，固义之至实，仁之尽也。子产铸刑书，仲尼曰古之遗爱，岂非刑期无刑，杀以且杀，斯民凛然有死之可畏而后晓？然知生之可乐，非天下至仁大爱，孰与于此？然使土之未安已，且有未畅然者，又胡以敦仁广爱焉？

余生平无他伎俩，独一片光明正大心肠，随处不易。今出入于侧门曲径之中，临莅于卑隘晦吻之宇，此中殊觉未妥。夫人苟非心之所安，即传舍即次之顷，尤愀然不乐，况不为传舍即次者乎？此予毅然以改作为己任，政安土敦仁之念耳。劳与拙曷计焉。然是改作也，以地则府堂东偏空阔，迁照磨所于彼，以补其空，本所免余厅之逼迫，余得其地以辟门建宇。是地之不烦恢廓者也以费，则本厅外馆一所，久为闲廨。三县各出金三十，鬶作公馆。余得此，支尔石灰铁等，费不足，以薪俸佐之。不借公帑，不倚民间，是财之不伤者也。以匠作，则三县额有修理匠。夫役则遂溪岁派三社供修本厅。是程是营，不必别扰他县他里，而众役自举，是民之不劳者也。经始于辛亥八月，告成于壬子三月。左方竖石门一，额曰"理刑馆"。正南起仪门三，扁曰"于门"，两翼各设小厅待文武二属。前建木屏一座，题曰"天南执法"，进则阶墀矣。厂豁可坐加胕，进则正厅三间矣。榜曰"水镜堂"，取宋儒明镜止水以照物之意。堂左客厅三间，堂右卷房二间，堂后川堂一层，而以石门限内外署焉。此予相地量工，烦简中适，不敢以传舍视者耳。

今由斯门洞达正直，登斯堂高明爽垲。二百余年屈曲暗隘之状，顿然开朗。茌事折狱，当无有不白之冤，未照之隐矣。敦仁广爱于斯，不有助耶？昔于公为廷尉，天下无冤。民乃高大其门曰："令后世可容驷马车"。予岂敢操于公之券哉，但高大其门以祈斯民之不冤也，实向往之矣。然予之改作，盖有天意焉。内衙旧寝三间，予朝夕晏处者。自构外署，以旧堂改为新寝。六月移居，七月一夕骤雨，旧寝梁瓦尽折。倘非改建遗徙，则室人虀粉矣。由斯以谈，二百余年旧室当吾世而改，当吾迁而毁，非天若启之翼之，免此危祸乎？予自愧菲薄，何以徼天之幸，或者生平惟此光明正大心肠，无隐邪暗匿以震怒于天耳。予敢不益凛屋漏严衾影，以答天心耶？然则予之家视官署固箴仕素心，尤天道默使，劳与拙曷计也。后之君子，坐斯署念予劳，相与为敦仁广爱之规，毋作传舍过客之视，斯为奉行天道而无负改建者乎？

批行则海北道董台，议详则旧太守陈公献策，赞成则海康县张令和、遂溪县胡令汝谅、徐闻县孙令世芳、督修则海康县丞今升京卫经历唐时谏、下此老人祁敬舒、遂溪老人霍彦荣，朝夕课工，勤劳亦足记云。

三十九年，推官欧阳保又移照磨所于仪门迎宾馆之东

申明亭。府治街东。　　旌善亭。府治街西。

理刑外馆。府治南，原推官郑国宾建，万历四十年，推官欧阳保改龙亭库。

察院。城西南隅即珠池公馆，嘉靖改元，革守池内监，乃易其馆为今院。巡抚蔡公征藜，尝按雷知府叶尚文增建厅舍室厨库等。

分守道。原衙宇狭隘，万历初年，守道诸察开基创后衙。万历八年，王宋贤建静虚亭。

分巡道。海北道西

海南道。系雷阳驿旧址。因原司改设参将府，将本道改建于北门内朝天街。

习仪署。在府屏左街，万历壬寅，分守道袁茂英建房屋二层，大门一座。

龙亭库。 <small>在府治正南，龙亭旧无库，藏于府堂北角小屋。万历四十年，署府推官欧阳保将理刑外馆改建，厅五间，旁楼三间，门三座。新添牌坊二，左额"龙亭库"，右匾"凤仗局"。</small>

欧阳①保自为记

语曰：天威不违颜咫尺，昭敬也。敬主乎中，见乎外，虔乎始，厚乎终。外无俨若之文中者可知，终缺肃将之度始，事亦虚。此卑职有慨于雷郡龙亭库而思改建之也。

盖天下郡国分符锡采，远之千里，又远之万里。岁时圣寿，艺不能同丹陛之臣亲睹龙颜，必假龙亭以对。越是龙亭即龙颜也，千万里亦咫尺也。内外始终，仪象位置，可一任苟且粗略耶？

雷自开郡来，有龙亭之设，独安贮于府堂东北角小屋内。前有幕厅栏蔽，出入迎导必经吏舍促隘之所，而后达此。其屋与地两极猥亵。且方其奉设郡堂，笙镛奏而爝火明，诸冠绅趋锵舞蹈，肃肃雍雍，何隆重也。及礼峻而出之仪门，笙镛息响，爝火寂寥。冠裳杂沓，二三役人，由东脚门舁入，盘旋吏舍，厝于小屋，转盼间，肃息异状，始终殊仪。不视龙亭若儿戏乎？则不敬莫大乎是。职筮仕雷，理随班拜祝，心窃怒然而非其任也。

壬子夏，得摄郡符。慨然图改建之。而以屋与地，必得高明广大之为贵。于是，本厅旧有外馆一所，地当府地正南。堂奥轩广，本厅近构新衙，付三县鬻为公廨，乃三县不有也。此馆为剩宅。遂一意用改龙亭库所。爰命海康县主簿董其事，计木石砖瓦等费。则以职摄郡纸赎任之，毫不借资公帑。搬作夫役，海康张令以各社岁派给工之夫，命之赴工趋事。不二月遂底成绩。堂仍旧架，而绘彩更新。中建宝座，以贮龙亭。前设槅门，以蔽风日。左室一间，隔作芒神祠，以芒神旧无栖宇，委掷散漫，殊失重农之礼。今附藏于此有余者，补雷阳之缺。右室一间隔贮仪仗等物，不致弃毁。东西各除道一条，以备出入。东巷口建坊一，额曰"龙亭库"，西巷口建坊一，额曰"凤仗局"。坊后各建二门，以司启闭。两偏各设圈门，以相拥卫。前有池塘一口，右有水楼三间。阶墀轩爽，气象宏舒。奉龙亭于此中，静洁邃旭，巍然焕然。

————————

① "欧阳"，原文无，据文意加。

自是时逢令节，则鼓吹冠裳，迎导而出，及回銮至止，护从而入。位置肩镳无少懈弛。乡者仪门寂寞之态，小屋曲径之猥，回视天壤矣。合雷大小官僚，内外尊崇，始终寅恪。雷虽僻在万里外，依然不违颜咫尺也。宁不与辇毂丹陛之臣，同一敬恭哉。然不独祝厘而也，坐府堂而南瞻之，时时圣明之在对焉。吏此者，触目增勿欺之念，合闤阓而辐辏之，井井众星之拱向焉。产此者，顾名起好义之忱，作大忠而启大顺，又在爟火趋锵外矣。夫岂仅仅气象之改观乎？职始也愫然不安，乃今而后，而畅然大快已。时共事则海防曹讳行健，直隶当涂县人，督捕刘讳怀民，直隶六安州人，海康令张讳和，直隶山阳县人，新太守牛，事竣而至，则通观厥成者也，太守讳从极，河南洛阳县人。

军器局。^{在习仪署东相连。万历三十年壬寅，建屋三层，门一座。}

分守道袁茂英记

国家宁泰既久，器甲朽钝。武人至弱，不任弓矢。其毋乃彬彬文胜乎！而雷窃不然。雷之文，无天下之胜，而其武有天下之弱。有其弱盖极弊宜挽之时，无其胜则甫开而将振之一会也。余自入粤，谬衡士文，比守海北于雷之吏士军屯，尤得佐旬宣屏翰之一映。甫受事，与文武士约，将分途简阅之。会制府戴公、直指李公，先后檄下，首讨军实，且趋令建局，效京师武库兵。余环观四垣湫隘，蓬茅数椽不蔽。独是地爽垲，择日鸠工。更定其制而稍稍恢拓之。中为万寿宫若干楹。东军器局若干楹。西文会院若干楹。计公帑费若干缗。不数月落成，郡大夫请为之记，示后观也。

袁茂英曰：天下有道，则礼乐征伐自天子出。是举也，天子万寿，用昭一统之尊，而揆文奋武，则调和之谊著焉。所谓振极敝，开熙明，不自兹始哉。昔召虎经营江汉而继之曰：天子万寿，矢其文德，洽此四国，夹谷之会，不烦兵而却莱夷于樽俎间。然则文事之所，备弘矣。雷嗣之人文彬郁出，而匡赞礼乐，佐天子万年有道之隆，兵器虽备，不用可也。是为记。

司狱司。^{府直衙东，洪武二年同知余麒孙建廊厅监房门屋，岁久损坏，著府戴嘉猷重修葺之。}额设官，司狱一员，大使一员，编禁子二十役。

广积仓。<small>元初在郡治东安仁坊，洪武五年，迁于贵德坊，岁久坏，署府事戴嘉猷重修。每岁布政司派拨三县秋粮并卫所屯粮，咸储于此。凡府县卫所官吏旗军俸粮俱此支给。</small>额设官，大使一员，吏一名，岁编斗级十名。

武郎场盐课司。<small>城西一百三十里六都武郎村。元至元三十一年创设，属广海盐课提举司。洪武二十五年，以本场为盐课司，隶海北盐课提举司。</small>额设盐场大使一员。

东海场盐课司。<small>在遂溪县东南九十里二十都马旗村。元至元三十一年设，属广海都提举司。洪武二十五年，改隶海北盐课提举司，今圮。</small>额设大使一员。

阴阳学。<small>府治西明善坊，洪武十八年开，今废。</small>额设正术一员。

医学。<small>府治东北安仁坊，大德二年创。洪武十八年重建，今废。</small>额设正科一员。

僧纲司。<small>府治西城外天宁寺中，洪武十五年创。</small>额设都纲一人。

海康县治在府治后

隋始置。梁乾宁间设今卫治，续迁今府治。元太定元年，迁郡城西南隅。洪武己酉，知县陈本迁今治。官全设建厅署二座，东西耳房、库、幕、厅、吏宅，监房门屋俱备。洪武丙寅，县丞王文通、正统间县丞王铨、天顺间知县王麒相继修葺。成化癸卯，县丞张政鼎建。弘治戊申，知县林彦修重建。嘉靖丁酉，知县唐侃建大门、仪门、土地祠。嘉靖壬寅，知县杨澄因风雨大作，本县官厅各衙俱坏，兴工修葺。万历三年，知县郭钺重建。七年，知县沈汝梁复建后堂并衙宇。

申明亭。<small>在县门左。</small>旌善亭。<small>在县门右。</small>

沈汝梁《重新县治并复维新堂记》

按县治建自隋大业，隶于合州。今卫治其故址也。唐天宝，更海康郡，领遂、徐二邑。至德二年，乃以雷州领焉。南汉乾亨间，州迁县治，县治迁澄清坊，续迁今治。宋因之。开宝初并遂、徐入海康，寻复旧。至元十八年，又以县治设雷州路。泰定元年，移于城南恺悌坊。洪武己酉，迁府治后。嘉靖壬寅，迁县治东以旧址，为宗文书院，县盖迁移靡定云。

今县治仍嘉靖壬寅旧而陋规犹存，卑窄特甚。当事者复以衙基浅狭，仍截后堂为燕舍，而延宾雅会只于正堂后辟地，仅三四尺为之。兼以岁久圮坏，风雨弗蔽，非所以肃政纪而壮表仪也。己卯冬，余自长乐移牧兹土。庚辰适诏下郡邑，毁书院。乃捐俸请于监司，买院为衙宇，扁曰"维新堂"，取"旧邦维新"之义焉。堂以后旧系丞衙，卑且圮。乃迁丞衙于县治西。旧丞址易为正县私宇后建楼，高三丈余。数月，工告成。辛巳夏，重新县治，正堂扁曰"亲民"，高旧址七尺，砌石为之。

旧衙更为后堂，扁曰"敬事"，高正堂尺许。堂后建亭，扁曰"后乐"。仪门西创礼贤馆，增诸未备，视前焕然矣。诸役甫毕，执觞会诸僚属于亭楼落成之。陟高仰眺，万象在目。西望瑞池，寇文忠十贤之烈犹有存者。南瞻铜柱，思伏波之勋。东视大洋，足称沃土。而溟渤波涛，风文异状，豁然夺眸。

余私衷窃慰，诸君亦沾沾色喜，咸谓县治自大业数百年来，规制未有如今日者，可无一言以纪盛美。余谓君子一日居其位，当一日业其官，矧兴治鼎故，有司事也，奚足云绩。姑记兴废之由，以昭永久云。县治始工于辛巳六月八日，毕役于八月十五日。维新堂始工于庚辰四月二日，毕役于六月二十三日。工役诸费，俱捐俸为之，无动公帑及费里民一钱者。赞襄共事，则县丞程君源滋，典史黄子汝滔与有劳焉。董其役者，仓官郑基、颜宗仁也。

预备仓。在县治西。

广积仓。元初郡治安仁坊。洪武五年，改贵德坊。每岁司派本县秋粮并屯粮储此，支给卫所官吏旗军俸粮。额设大使一员，吏一名，斗级六名。

新设四门义仓。万历二十四年，旱饥疫起，御史刘会按郡，见民穷饥病死者几半，移檄府县，设立义仓，东西南北关内，各置其一。预备仓谷储赈，每仓谷六百石，着关内乡老守御收支。德意良厚。迩来出陈易新之际，吏胥缘而为奸，槩时比民间谷价一斗量减钱一二文，然买谷多富商大贾，贫民鲜受其惠。至籴谷上仓时，发银与二十四社保长，科派乡民纳谷，吏胥辄复需索民值，是役多苦赔累，失建仓之初意矣。

雷阳驿。旧址在海南道，万历八年，改建于城隍庙西隙地，前后二座六间。额设官驿丞一员，吏一名，募夫十四役。

清道巡检司。县西南一百二十里九都。洪武二年立。二十七年，安陆侯吴杰迁司于本都乌石港，巡检冷用一创建。额设巡检一员，吏一名，弓兵八役。

黑石巡检司。县东南九十里第一都新宁村。洪武二年立。二十七年，安陆侯吴杰改迁于本都北海边，巡检朱添贵创建。额设官巡检一员，吏一名，弓兵八役。

养济院。旧在西城外圹坡上，孤老并麻疯，甚污秽。今徙孤老于白沙坡，徙麻疯于蔡黎村居住。士民快之。

遂溪县治，唐贞观间在二十二都旧县村。绍兴二十五年，迁登云坊。乾道四年，始迁惠民坊，即今治。元因之。洪武己酉，知县王渊开创厅堂、幕厅、架阁库、官吏宅舍、仪门、鼓楼、监房俱备。辛亥，知县孙辅重修，增设际留仓于仪门东。正统四年，县丞杨英重建。正德癸酉，知县雷世鸣建县门楼。嘉靖己丑，知县张惠建堂廨，修际留仓。己亥，知县班佩重建仓廨。辛丑，重修两廊吏宅。壬寅，复建鼓楼。万历元年，知县陈学益修葺。九年，知县谭一召建凉厅于春台后。二十一年，知县陈庭诗修仪门，创迎宾馆于门右。二十五年，知县袁时选修库宇、两廊、吏宅。

申明亭。县前街东。旌善亭。县前街西。

察院。县治西。洪武二年，知县王渊建。万历三十六年，罗继宗重建。

布政司。县治西。洪武二年，王渊建。成化十二年，杨铜重修。万历二十一年，知县陈庭诗修。

按察司。县西登俊坊。洪武二年，王渊建。成化十二年，杨铜修。嘉靖二十年，班佩重修。

行台。县西北。嘉靖癸丑，知县张天叙建为崇文书院。万历间奉禁改行台司。知县袁时选修。戊申，知县罗继宗重修。

太监厂。县西一百五十里乐民所北城外。万历二十七年，因采珠，故建。今圮。

府馆。即东岳行祠旧址。

阴阳学。县南惠民坊。洪武十八年，设正术一员，永乐四年建。今废。额设正术一员。

医学。县南惠民坊。元于此设医工提领所，洪武十七年，仍建。今废。额设正科一员。

际留仓。县治内。岁派秋粮米人纳，本县官吏俸粮，并守堡官军行粮，俱此支给。

预备仓。县西北儒学后。嘉靖十年，知县张惠建，积谷备荒。今废。

义仓。凡二处。一在二十一都城月村。一在二十二都土札村。嘉靖十一年，知县张惠建，积谷以备义需。今废。

湛川巡检司。元至元三十一年设，县西二十六都湛川村。洪武三年，迁于县东南七十里二十二都旧县村，后废。万历四十年，仍建本村。额设官巡检一员，吏一名，弓兵八名。

乐民仓。县西一百五十里乐民所内。洪武二十七年，千户邓又建，候粮储道岁拨本县秋粮并屯粮米石，咸储于此。本所官吏旗军，俱此支给。额设仓大使一员，吏一名，斗役□①名。

涠洲巡检司。县西八都奕村。洪武三年，创。二十七年，迁于本都博里村。今圮。

桐油驿。原建在县西北二十五都桐油村。元天历三年，廉访使贾焕迁于县西北郭内排窠坊。洪武五年建。成化三年重修。额设驿丞一员，募夫十二役。

城月驿。二十一都城月村，距县南九十里。洪武九年，建筑石城。额设官驿丞一员，吏一名，募夫十二役。

水利厅。距县南一百五十里二十一都大村头，万历十七年，县丞黄添春因督修圩岸创建。

外河泊所，税课司，俱裁革。

徐闻县治，元至元二十八年迁今地，廨宇尤纪。洪武初，知县武亮鼎建。天顺六年，毁于寇。弘治辛酉，知县平钢复建，规模草创。正德四年，知县汪泽重建，衙宇稍备。嘉靖丁未，知县方逢尧扩而新之。中为正堂，堂东为库，西为幕厅，后为川堂、燕堂。堂左为丞厅，右为簿厅，两廊为六房，折而西南为典史衙。簿厅南为架阁库，今废。万历八年，裁革

———————————

① □，原文缺。

无丞簿，因居丞厅，典史居簿厅。典史衙为攒造局。今废为戒石亭，为仪门，左神祠，祠前为宾馆，知县蔡宗周改建，右为禁狱，前谯楼。^{今移出六丈许，筑台。}

申明亭。^{县楼左。}旌善亭。^{县楼右。}

总铺。^{在旌善亭南。万历三十六年，知县张大猷建，以址轻系。}

分司。^{在县治儒学东。万历二十六年，知县张大猷捐银二十两，置办家私答应。}

公馆。^{分司东。}

海安所、英利驿各一座。^{俱在本处分司东。}

阴阳医学。^{县西登云坊。洪武十七年建。久坏，移崇贞观原址。}

道会司。^{县西。}

义仓。^{凡二处。万历二十四年，奉按院刘会建，俱分司东。}

预备仓、际留仓。^{俱正统五年建。在贵生书院东。}

海安仓、锦囊仓。^{各在所城仓。废，官存。}各额设大使一员，吏一名。

宁海巡检司。^{县东十七都一百里。洪武三年建。}额设官巡检一员，吏一名，弓兵八名。

东场巡检司。^{县西十三都七十里。洪武三年建。}额设官巡检一员，吏一名，弓兵八名。

英利驿。^{在县北遇贤营，洪武二年建，成化十九年，知府魏瀚并将军驿，迁今地，去县八十里。嘉靖丙寅建城。}额设驿丞一员，吏一名，募夫□^①役。

踏磊驿。^{县东南二十里渡海处，旧署在海安所城内。后以官司渡海迎送不便，驿丞程登云移居城外天妃宫傍，茅房安身，万历四十年被毁。驿丞丁克诚捐俸建木柱茅屋一重，居之支应，不满百金，最苦。}额设官驿丞一员，吏一名。募夫□^②役。

论曰：

国家设仓场巡驿之官，秩至琐矣。然岂虚具哉。各有以庸之也。奈何甘苦霄壤，则地使然耳。谚有"时运通，选广东"之说，故无论铜墨长官，即抱关委吏，一捧粤檄，靡不欣喜过望，长安戚友举手相庆。本官亦遂不察，概谓可以属餍于是，多贷金钱，恣行靡侈，携家揭子奔赴如饴。及抵地方，或入无居，或出无从，或袖手无一职掌。萧条凄楚，贷金莫偿。始讶闻见之舛，而怅然自失晚矣。故有半菽不饱者，有典鬻殆尽者，有抑郁溘丧者，有流落不能归者，有暴骨不能衬者，如武郎大使孙维屏，

---

① □，原文缺。
② 同上。

英利驿丞危士臣，廉州候缺大使卢良茂，皆余捐金助焱。夫何以至此极哉！则广东二字误之耳。

夫广东地广矣。余足迹所遍，十郡已历其九。广、潮、惠、肇诸郡，固洋洋大国，其擅名或在兹。雷僻据海滨，土旷民瘠。即道府崇署尚多简略，矧琐秩乎？所属二场官，辖有灶丁，聊以糊口。巡检有官无地，傥寓郡城，朔望拜谒外，欠伸度日而已。府仓尚有一二腐赎，县则颗粒无司，殊为赘疣。若驿困而且劳，殆有甚焉。雷阳、桐油、城月额支银数百，英利、踏磊仅百金外，终岁妻孥奔忙于风帆马足，纵干没，曾几何也。往辛亥踏磊一丞程登云，为海安署弁所中，值先郡长政尚粉饰，竟不察而赃褫之。此丞因是丐于士民以完赃，充兵哨于杨副总以给食。卒之客死珠崖，妻子沦散。予所目击而心伤者。嗟乎！运通果乃尔乎！

予尝谓郡邑长吏，位尊而权重。即捕署亦要局也。倘其人不肖，譬蛇虎也，所伤实多。若辈琐秩，蚊蚋耳。虽螫毒，其谁畏之？世论官者，每宽于彼而严于此。予心独不然。若辈苟无大过，宁宽无刻，非纵之也。诚念取足于雷者无几，而间关异域，殊可悯也。敬因位署论著于此。公明君子，当自得之矣。

亭　　馆 楼署。

迎恩亭。 郡北关外。凡接恩诏，候于此。嘉靖戊申知府林懋建。

去思亭。 郡北关外。万历间署郡同知万煜、知县陈锦并德及于民，合郡竖碑以识去思，内附罢采珠碑。

海北首邑亭。 嘉靖癸卯，海康知县杨澄建于县治东。

陆公泉亭。 郡城北十五里。嘉靖间，郡守陆璨觐行①，土民送之截道。道有流泉涌出，众谓清与公同，因建亭竖碑，勒"陆公泉"三字，至今过亭饮水者，犹思慕之。

一览亭。 在天宁寺后，亭高豁，登望，翠环绕。

东河碑亭。 城南龙厅官前。万历丙申，守道王民顺捐俸，置田、蓄渠、建桥，士民立碑颂德，详见文昌桥。

土龙碑亭。 郡治左虚旷。嘉靖中都御史蔡经，因士民之请，捐金培筑，高一丈，阔二丈，长一千三百丈。岁久湮颓。万历丙申太守伍士望捐岁俸增筑。上栽竹木，阴翳苍翠，蜿如游龙。

万金溪碑亭。 龙应宫前。万历间知府周，因万金溪湮塞，捐岁俸开浚。民德之，请宗伯王弘海记，改名万全溪，记载《艺文》。

───────────────

① "行"，原文无，据文意改。

徙狱兴学碑亭。 在县学前南街，先是镇抚司狱，适当学前，污秽灑浊，久议改未果。万 历戊申，推官叶际英署县捐费，贺中所地迁之，樊玉衡记，载文事卷。

湖心亭。 在西湖中，嘉靖十八年，同知孟雷建，先名"与众"，后分守大参张岳改"信芳"，分 巡宪金翁溥大书"信芳亭"于其上。张岳为之记，林云同、翁溥、徐九皋，俱有诗。

张岳《湖心亭记》

雷州西湖之胜，闻于海北。然缙绅南游过雷州，若不知有是湖者。盖凡湖山以胜名，必带林麓，穷严壑，有宫室亭榭之观。而前世高人逸士，复留故事以传。如杭之西湖，越之鉴湖，其名始盛。而游者踵至。兹湖皆不能挟而有之，独其浑涵澹淡，吞吐万象，与海上云日相澄辉，于遐荒杳蔼之表，则非意趣悠远，不以奇丽弘富。求山川者，罕能屡至，而自得也。

嘉靖己亥，石盟孟子雷谪至雷州始，即湖心小岛垒土增高，作亭临湖。亭成，未及名而孟子迁去。又三年壬寅春，金宪梦山翁子溥巡历至雷，游斯亭而爱之。榱桷瓴甓，已有坏者，为缮茸开拓加焕饰焉。而余与参戎凤山刘子经，适以事至雷。翁子以其暇日，觞余二人于亭上。酒酣凭栏四望，慨然叹曰："贺知章、林和靖死，天下湖山无真主人久矣。彼不幸处在都会，日溷扰于笙歌罗绮，又不幸为势家所据夺。欲如兹湖之沦于遐远而存其真，胡可得哉！"自亭而望，东阻城闉，西蘸寇祠，其南则走珠崖之路也。昔之君子，盖有抱忠怀洁，走珠崖万里，至于儌①屋躬耕，九死不悔。当其时，岂有待于后世之名哉！卒其所以名者，诸君子盖不与也。士患不学无以自信耳。既学矣，有以自信，虽不尽知于人，必有独知于天者。周公之圣而不悦于召公，七十子于夫子亦不能知也。

故曰："知我者其天乎！以圣贤之徒，同堂合席犹若是，况远方之身，逡巡末俗，而欲俛仰脂韦，以求声光于上下，不亦重愧斯湖而可悲哉！"余与刘子戄然竦听，复命酒酣饮。因取《离骚》所谓"余情信芳"以名斯亭。既名而去，犹觉湖光之入梦寐也。

林云同《信芳亭诗》

钱塘兼颍上，今日复西湖。流水下滩浅，晴沙控鹭孤。

云天寒自动，歌管暖如无。兴极松林暝，犹酣月下壶。

---

① 原文"蹾"，据文意改。

亭小湖光远，日斜树影稀。渐看城睨晚，遥送寺中微。

衣露明寒绿，筵灯散夜辉。尘襟消欲尽，况咏沧浪归。

翁溥诗

日暮临寒水，天涯见此亭。波光涵碧落，海气接苍溟。

浴鹭飞仍下，惊鸥去复停。镜湖迷旧隐，孤负少微星。

徐九皋诗

千顷玻璃上，悠然见海云。聊乘薄岭暇，来狎鹭鸥群。

睥睨晴连树，林峦带夕曛。天涯临眺处，疑是六桥分。

仰止亭。 官路五里，嘉靖壬寅春建，都御史蔡经提兵过雷，暂师琼崖，居数月，严律省费，运筹暇，民事兼举，德惠在雷，人仰思之，作亭以志。

冯彬记

亭曰仰止，以纪德也。厥德曷征，重保民也。岁嘉靖辛丑，琼黎煽乱杀官军。事既闻，命下征之。维时提督两广军务兵部尚书半洲蔡公实专是任。乃协于总兵少保安远侯松崖柳公调众十万，渡海讨罪。雷与琼连壤也。粤自弘治辛酉，琼有黎变，雷婴其害不可胜纪。盖兴兵则羽檄飞驰，征取郡邑为委积计者百出，追呼累系如犯重囚。兵既压境，云屯蚁聚。焚掠远近，靡有孑遗。北三府至拥卫携持奔走后先者，动数千百人。供张应给，咸出于民。而脧削诛求，又有甚焉。是故惩羹之民，一闻帅至，莫不震骇，惴惴然欲引窜山谷间。

追我蔡公，深鉴往弊而更之弦。是举计兵以食，计马以刍，计时以储积，权度区画殆尽。职吏守程无废无扰。狼兵来，戮弗辑者二人以狥。众惧相戒，所过无犯，无敢纵玩。公崇素俭，屏声乐，捐供奉。虽一饭之微，尤恐累民。给有司金以资不获，己之费常廉，违令者数人置之法。是故台院肃清，百司震慑，民安相乐，又若不知有戎事者。

夫雷小郡也，公以庙廊重臣抚临，坐筹战略，廓清岛夷。而政关雷土，兼举不废。浚西湖水而注之东，筑长堤以捍府城。厚士饩，建卫署，修莱祠，新聚奎堂以崇化，因民之利而利之。数月间，义昭仁育，绰著风猷。《易》曰："师贞，丈人吉。无咎。"公之谓与。

昔南仲伐淮夷，惠南国，诗人颂之。裴晋公克淮蔡，翊唐中兴，韩愈记其实。

今公秉钺南征，开天地未辟之功，而过化之地，被泽犹深。是故民感而仰，仰而思，思而为之亭。迹之所止，颂慕不能忘也。是役也，知府叶尚文因民之议董成，以昭美征，彬为之记。彬素受爱于公，因历公南来事，以志诸石云。

纪功碑亭。 <small>郡治北参府右，万历己酉，副总兵杨应春善抚军士，征交夷克捷，众立石纪功，尚书王弘海记。</small>

叶司理亭。 <small>郡城北关外，万历庚戌推官叶际英署海康，因涠洲海地税饷重，且征纳不时。因请于上减饷，定为二季，听涠民自纳。涠民德之，勒碑建亭，杨应春定。</small>

郡司理定税碑亭。 <small>郡新城门外，先是商税加收无艺，万历乙巳，廉州府推官邵兼署府事。清查申请定例，建亭刻碑，永为遵守。碑款载《杂税》。</small>

新革榔税牙行碑亭。 <small>在新城门外，先是市棍把持榔税，逐年每名纳公堂银三四两于府，听其包揽勒索，商船到埠苦之，万历壬子，推官欧阳保革前，廉得其状，罢去公堂，尽革牙行，新立约款，建亭刻碑，永令遵守。碑约载《杂税》。</small>

谯楼。 <small>卫治前。宋守虞应龙建。卫治原府治地，有宋文天祥记。元元兴改置慰司，迁郡于西。洪武二十七年，改卫治地。指挥张秉彝重修此楼。指挥蔡鼎置铜滴漏于上。正统间重建，知府黄瑜记。弘治戊午，太监傅伦见楼圮，谋诸金事方良永、知府李敖、指挥冯钦重</small>

建。砌石拱门，上起层楼十一间，高二丈四尺。教授吴朝阳记。岁久损坏，指挥张杰修之。今又圮，石基存焉。

宋文天祥记

凡并海而为州者，皆有飓风，而雷为甚。中州多山，地气固密。城郭公府，苟无水火兵革之难，虽数十百年存焉可也。

南方岁有飓风，拔茧大屋以为常。矧雷三面际海，当风之冲，岂独城楼难哉。太史氏虞应龙来守是州，咸淳十年七月二十日夜半飓风发，厥明视之，谯压而隍方风之来也，其晕如虹，有酾如楼台，及其欻烈驳轹，訇哮声气，不可名状。侯曰："斯楼以信昼夜者，非大且壮，微以支永久。"乃伐石材，鸠工并兴，设为巍峨，下临鲸波。予闻而怃然曰："天下犹海也，世变犹飓风也。昔人有言大厦非一木可支。又曰震风陵雨，而后知厦屋之帡幪也。侯所建立，有安天下之道焉。"侯之为雷也，宽而有制，严不为暴。始至，搜军明威，戮泽中为龙蛇者。核丁籍，实民赋。老壮以时，贫富有经。又为之表贤哲，兴学校。开其伦常，示人有耻，归于清淳，讼是用希。凡此皆侯所为反风徙鳄之本也。

今天子圣神，文武克有天命，祝融受职海若顺令，侯为政知所本矣。介人维藩，式是南邦，城楼云乎哉。咸淳十年记。

钟楼。 <small>卫治东，指挥张秉彝建，正统七年，指挥蔡鼎重建。指挥杨经等助铜铸钟一千二百斤，围一丈，音洪远，佥议王恺记。后楼倾钟存。弘治戊午，太监傅伦协府卫同建，又倾。嘉靖八年，金事刘道复建。</small>

视远楼。 <small>郡治北郊外教场。嘉靖甲子，同知萧文清嫌府治虚旷，用堪舆说，伐石建造，以壮其势。</small>

迎春公署。 <small>原天妃宫，万历三十二年，署府推官高维岳以春从东来，今迎诸南郊，非是。乃改建于东城土龙边，坐东向南，门楼三间，扁曰："迎春公署。"正厅三间，东厅三间，西厅三间，正厅后重建楼，扁曰："东海奇观。"东西耳房共十六间，鱼</small>

塘一，瓜菜园六，共载税十二亩。南海王学曾为之记。

御史王学曾记

往者雷迎春于南郊。顷司理高公乃改创于东。按春令先立春三日，太史谒天子曰："盛德在木。"天子乃帅诸侯公卿大夫士迎于东郊。

盖春为万物始，非春无以布德和令行庆施惠恤老赐贫礼贤也。我高皇帝龙飞初，诏天下郡县迎春于东，以端岁事，而雷独南迎，何耶？癸卯冬，郡守以入觐去。当途廉公材属以篆视郡之积弊，与百废之当举者，毅然更新之。

一日召父老而进之曰："春万物始，生民之本也。古之善为政者，明五行，修五事，斡旋气化以安百姓。雷独迎春于南。南离，火也。以火泄木不顺，无惑乎？岁时之灾祲，民俗之凋弊，士运之蹇塞，奸暴之横发耳。吾将改之东，以迓天庥，奚若？"诸父老欣欣唯唯，咸知所从。公乃议创建之。复按形家者言，以郡居龙背，东南地圻平衍万顷，而望洋无涯。飓风一发，屋飞木折，稼乃不获。

于是先浚二河，以会其脉。复培土龙，建亭台以收其气。乃于青门半里为迎春署。议既具，上其事于监司，俱报可。值雷公私俱匮，公不忍索一缣，悉捐已应有之羡而充，以浚河剩金计二百有奇。拓地开基，鸠工聚材，择卫经历陈德本督焉。其规制则正堂三楹，后称之左右馆各三楹，门楼相若，建阁于署之左，高数仞。移文昌宫以启文运。始于甲辰三月，落成于乙巳十月。巍峨轩豁，上干寥廓，诚东南一壮观哉。

雷民熙熙，歌公之德曰："时维昌哉，民日康哉，我公之庥，迎厥祥哉！"犹惧久而易湮也，弟子员偕父老绘诸图而谒余以记。不佞侧披公之光润有日矣，安敢辞。余闻公之治雷也，德威并驰，如春生秋肃，不爽其候。谳理则片言得情，毫发无所阿避，贞操则公仪休也。拊循则龚黄也。善者旌，嚚者屏，斁法者按。他如振文教而多士蹶起，豁虚丁而泽及千八百户。禁游商略卖，岁所留男女不下数十百人。清沿海之野，而珠贼遁去。严出海之巢，而诸岛贼以失接济解散。善治状，未易缕举，畴非登雷民于春台哉！语曰，"能知古始，是谓道纪"，高公有焉。

遂溪劝农亭。 <small>在特侣塘岸西侧。每岁二月望日，郡守即其地把先农，躬耕以劝民东作，正德丙子，知府王秉良为之亭，时修葺之，重民事也。</small>

接官亭。 <small>三处，一在东门壖，一在傍塘头。一在北门外二里。</small>

祭海亭。县南三都港口。每岁二月六月，皆以十二日祭东海之神。成化丙午，知县黄琼重建，今废。

去思亭。县西，嘉靖间，民德班佩惠政而作，岁久圮坏，为黠民所占，万历丁酉，县丞俞汝功逐之，故址存。

横山公馆。县西六十里。

西馆。详见寇公祠。

宋寇准诗

海外炎蒸当盛暑，雨馀西馆觉微凉。最怜夏水清阴合，时有莺声似故乡。

论曰：

亭轩楼观，皆奇人韵士即景寄兴之所为作也。劳劳欣欣，归鸿宝日，未若一杯喜雨，万卷稻荪，各有意义。雷山水质朴，寻芳撷幽，天然之趣，与人工之巧，寥寥罕睹。仅西湖一亭，景象虽具，人力逊焉。他如遗直轩、苏公楚阔等楼，土耗木蠹，时茸时圮，转盼鞠为尘迹。凭槛寄远，长啸舒怀，徒托之遐心耳。噫！风亭月榭，成毁无关。若剔蠹厘奸，去思、遗爱，道在兴革，义存劝惩。甘棠之叶，弗剪弗伐，后有作者，羽翼表章，共维此地之胜可也。

坊　表

府城坊表十有七。海康附。

纪纲三郡，屏翰一方。布政司前，万历十四年，分守道王民顺立。

海北名邦。府治前，正德间知府王秉良建于通衢。万历七年，知府陈九仞移进五十步，重建屏门。万历二十年，知府林廷升仍移旧址，复立照墙。

帅正　敷宽。府治前，万历辛亥，知府陈献荣、推官欧阳保修改。

古合花封。安仁坊新路口。雷阳首县坊故处。万历三十三年，知县鲍际明改建。北扁曰"古合花封"，南扁曰"天南首牧"。

海晏　民康。县治前，万历三十六年，知县孙弘绪立。

文明。府学前，嘉靖二十二年，署府高州同知戴嘉猷立。

仰圣　景贤。府学前，万历二十年，知府林廷升修建。

育才　华国。县学前，嘉靖十九年，知府洪宜考立。

清朝侍御。迎恩坊。万历十一年，分守陆万钟、知府陈赞为嘉靖己丑进士云南道御史冯彬立。

贤书高荐。镇宁坊。嘉靖二十二年，掌府事高州同知戴嘉猷为嘉靖己酉举人陈时雍立。

进士。镇宁坊。万历二年，知府唐汝迪为嘉靖壬戌进士莫天赋立。

冠英。桂华坊。知府庄敏为天顺己卯举人冯鉴立。屋坏石柱存。嘉靖十八年知府洪富重修。

北亚魁南邦伯。乐安坊。知府赵文奎为庚午亚魁罗真诚知州罗绅立。

一鹗。登云坊。知府王秉良为正德癸卯举人莫钦立。

奕世科第。登云坊。万历三十年，知府郭士材为洪武甲戌进士浙江道御史何炫烨、洪武庚午举人教授何炫熠、景泰举人何钺、万历庚子举人何起龙立。

登龙门。南亭坊。知府陈嘉礼为弘治戊午举人林经立。

旬宣。布政司前。成化十五年，知府黄瑜立。弘治十四年，同知刘琦重修，今废。

善政　善教。府治前。成化二十年，知府魏瀚立。今圮。万历二十年，知府林廷升改钟鼓楼，扁曰“播政宣猷”。

龙亭　凤仗。在府治前。万历壬子夏，推官欧阳保改建龙亭库，新创。

朝天。朝天门内迎恩坊。指挥凌晟等重建。今废。

凤翔。迎恩坊。知府陈嘉礼为弘治戊午举人张安立。今废。

登云。迎恩坊。知府邓璩为弘治乙酉举人王冀立。今废。

北世科南光振。乐安坊。知府赵文奎为成化戊子举人罗章、正德丁卯举人罗奎立。今废。

绍芳。乐安坊。知府陈嘉礼为弘治戊午举人张德立。今废。

钟秀。贵德坊。知府黄瑜为成化辛卯举人莫卿立。今废。

桂芳。贵德坊。知府李敷为弘治甲子举人林凤鸣立。今废。

高第。登云坊。为景泰庚午举人何钺立。今废。

奎光。桂华坊。知府黄瑜为成化甲午举人梁从义立。今废。

三凤。桂华坊。嘉靖间，知县易文亨为举人陈时亨、冯世华、詹世龙立。万历五年，知府陈九仞因改县路，又开府学路，建屏于拱瑞桥西，改其扁，北曰“天衢”，南扁仍“三凤”，今废。

绣衣。乐安坊。景泰间知府庄敏为御史李浚立。今圮。

旌表节妇。镇宁坊。洪武间，为林显妻陈氏立。弘治间，同知刘锜重立。嘉靖二十年，知府叶尚文修。今坊废，扁悬其门。

旌表节妇。乐安坊。成化间知府魏瀚为罗端妻朱氏立。今废。

旌表节义。宜稼坊。成化间知府杨表为贞烈庄氏建于城中。岁久倾坏，知县沈汝梁移建于东城外。

府城衢坊二十有一海康附郡通衢，自南至北，计二里，自东至西一里。成化二十年，知府魏瀚伐石铺砌。

迎恩坊。北关内。

镇宁坊。迎恩坊南。

安仁坊　桂华坊。府治前。

中正坊。卫治前。

乐安坊。中正坊上。

贵德坊。南关大街。

明义坊。府学西。

恺悌坊。司狱司南直上，呼曰大西街。

守廉坊。恺悌坊西，呼小西街。

澄济坊。县学前。

官贤坊。坊内东截渠上。

拱宸坊。北城外。

西湖坊。西湖东。

文富坊。南关外，古有书舍，故名。

调会坊。南关外六祖祠下。

登云坊。南关外真武堂下。

南亭坊。南关外解元坊下。

解元坊。南城外登云坊下，永乐癸未为解元林文亨立。

宁国坊。南城外解元坊西，有宁国夫人庙。

文昌坊。解元坊东，有文昌祠。

遂溪坊表八

宜春。

惠民。

登俊。

拱宸。

豸史。为陈贞预立。

保黎。县治东，知县林春茂立。

育英。县治西，知县林春茂立。

贞节。嘉靖己酉，知府林恕为程明德妻林氏立。

徐闻坊表十有二

承流　宣化。县治前。

双桂联芳。为举人陈素蕴、陈文彬立。

双凤齐鸣。为同科举人邓邦基、邓邦鼍立。

挺秀。为举人刘直卿立。

登科。在海安所，为天顺举人陈玄立。

来凤。<small>嘉靖谪丞林应聪</small><small>为五色鸟立。</small>

都阃　提刑。<small>十七都黄塘村。正德间为断事</small><small>黄彦政立。以上今皆圮废。</small>

节爱。<small>县东</small><small>西。</small>

腾蛟　起凤。<small>学</small><small>东。</small>

论曰：

表名见于书，坊制昉于汉，非直观美也。魏科显秩，崇庸骏烈，与夫懿德孤贞，其人往矣，坊表在焉。过者为之歔欷，志士感而兴起。诏世觉人，用斯为显。语云"留芳百世"，是之取欤。近世惜财，一例罢建。微论潜德不耀，即甲乙贤能，名与草木俱腐矣。至于雷则文物有待，建竖本稀，一二旧棹，风摇石落，委掷散漫，又何怪也。

铺　　递^①

府属铺共四十五。

海康县铺十有三。募兵三十九名。哨官一员。

县前铺。<small>在县治前东街，</small><small>募兵五名。</small>

拱辰铺。<small>在县北十里。万历六年移设墩台一，铺亭三间。内书圣谕，前书"问俗亭"，耳房六</small><small>间，门扁书"拱辰铺"，前招虚市，今移牛墟于铺后，房舍倾圮过半，募兵三名。</small>

瑞芝铺。<small>在三都，距县北二十里，铺房三间，耳房门全。</small><small>募兵三名，此处设兵营，额系所军防守。</small>

南渡铺。<small>在县南十里。旧无铺，系居民包充，万历壬子，署府事推官欧阳保价买公馆西边民地一块，建铺房三间，</small><small>门厨全，募兵居住。额设四名，今裁其一。工食并给哨官，止募兵三名传递，东至锦囊所一百里。</small>

迈特铺。<small>在县南二十里。募兵三名。</small><small>西南至牛僚铺三十里。</small>

南平铺。<small>在县南三十里。</small><small>募兵三名。</small>

南界铺。<small>在县南四十里。与中火</small><small>公馆相连。募兵三名。</small>

南靖铺。<small>在县南五十八里，旧为南屋铺，旧改名将军营。旧兵三</small><small>十名防守。四十年改今名。募兵三名，与兵共营居住。</small>

平乐铺。<small>在县南七十里。</small><small>募兵三名。</small>

淳化铺。<small>在县南八十里，</small><small>募兵三名。</small>

安民铺。<small>在县南九十里，</small><small>募兵三名。</small>

安定铺。<small>在县南一百里英利驿城。募兵三名。原有陆兵二十名，派在淳化、</small><small>安民二铺中间五里墩台防守。今移札英利城闲坐，宜分派巡路。</small>

---

① 铺递，原《目录》作"驿铺"。

牛僚铺。 在县西南五十里，专递海康所公文。额设铺兵二名，以其简僻，每名工食月四钱。四十一年，新议并铺归营，裁革一名。其募兵一名，工食照各铺每名月六钱，尚余二钱，凑给哨官工食。

遂溪县铺二十有一。募兵六十名。哨官一员。

县前铺。 在县治西，旧无铺。四十三年，知县欧阳豪新盖总铺一所，募兵四名。

牌后铺。 在县北十五里。与营房共住，募兵三名。

永平铺。 在县北二十里，附营房居住。以路近，募兵二名。

太安铺。 在县北三十里中火处。附营房居住，北接石城县铺界，募兵三名。

白泥铺。 在县南十里，附营房居住。募兵三名。

观兰铺。 在县南二十里，附营房居住，募兵三名。

石井铺。 在县南三十里，附营房居住，募兵三名。

石桥铺。 在县南四十里中火。附营房居住，募兵三名。

新兴铺。 在县南五十里，附营房居住，募兵三名。

司马铺。 在县南六十里，旧名那莽，今改司马，附营房居住，募兵三名。

德安铺。 在县南七十里，附营房居住，募兵三名。

田头铺。 在县南八十里，附营房居住，募兵三名。

城月铺。 在县南九十里。原无铺房，俱城月驿地方包充。今并入营房居住。募兵三名。

边畔铺。 在县南一百里，附营房居住，募兵三名。

遂康铺。 在县南一百一十里，附营房居住，募兵三名。

仙居铺。 在县南一百二十里，附营房居住，募兵三名。

平岗铺。 在县南一百三十里中火处。附营房居住，募兵三名。

山心铺。 在县南一百四十里，离府城三十里，与海康县瑞芝铺相接，附营房居住，募兵三名。

金钗铺。 此往廉州路也。由城月驿西北去离驿二十里。营房居，募兵二名。

桥头铺。 南离金钗铺二十里，原属里八山中火铺，铺兵三名，今革中火不用，裁兵一名。止募二名传递，以营房在桥头，故改名桥头。

赤垺铺。 南离桥头铺二十里。北至横山堡二十里，旧无铺。凡文书，俱里八山竟送横山四十里。兵甚苦之。四十一年，裁永平铺兵一名，裁里八山铺兵一名。共募兵二名，添设此铺于中，以便传递，附近凉伞军营，并人居住。

徐闻县铺十有一。募兵三十二名。哨官一员。

县前铺。 在县东司。募兵四名。

迎恩铺。 在县北十里。募兵三名。

迎宾铺。 在县北二十里。募兵三名。

会同铺。 在县北三十里。募兵三名。

廉滨铺。 在县北四十里。募兵三名。

南田铺。<small>在县北五十里。募兵三名。</small>

遇贤铺。<small>在县北六十里。募兵三名。</small>

南包铺。<small>在县北七十里，募兵三名。以上系往英利驿路。</small>

观涛铺。<small>在县南十里。募兵三名。</small>

踏磊铺。<small>在县南二十里，募兵三名。以上系往海南路。</small>

锦囊铺。<small>在县东路锦囊中火处，设铺一间，募兵一名。先时锦囊、宁海、东场，设有四铺四名，每兵工食四两四钱。四十一年并铺归营，议得此路文书稀少，裁减三名，止留一名，工食照依七两二钱。余工食给哨官七两二钱。又余贮库为条理营铺之费。</small>

○ <small>查徐邑无营房可附，当时议更任事者，犹因仍苟且，以欠粮，里长充为铺兵，愈长偷惰，殊失更制之意。且离府僻远，吏书老人纵横，工食解府，若肇不利，迄今包充需索，弊尚未免。如另设哨兵以稽各兵勤惰并捍勒担，徐以管城哨官兼之。一人两役，足迹不到各铺，任兵躲闲，任差使勒担，绝不照管，何取哨官为也？名为更新，实则仍旧。</small>

夫三县一体，海、遂业遵守振饬，何至于徐独不然，深可叹息。

万历四十年，并铺归营议节略

雷州府理刑推官欧阳保条为并铺归营募兵充铺以革包当以速传递事。照得上下文移往来，全藉铺兵传递为血脉。雷阳距省、肇千余里，计铺限五日程耳。辄迟至半月一月，且捵损破坏，紧要事件，尽被暴露。推求其故，自肇而南，地广人稀，其铺兵每每远村里长、生员、富户及铺长、房吏、铺司兵假名包当。遇辎轩经过，则或以育男或将钱数文顾倩一时答应。至于文移，必寻至其家而后交付，又必候有数十封，方发一人挑递。此迟滞捵损，弊不可诘也。改弦易调，方成切响。

卑职思速传递，须革包充。欲革包充，须更铺制。查得十里一铺，一铺三兵，制非不善。然各县每年十月一更，真伪莫察。十月一月工食官扣不给，勤惰何分。且更换俱铺长房吏为政，一味需索，任意去留，作弊通同，包充假冒。此铺虽设而兵不居，与无铺同。兵虽设而人常虚，与无兵同。

今计雷州一带，十里一营。营兵常川，在营防守，不若并铺归营，新募壮兵三名，充为铺兵，酌量相近营房添入同居，常川伺候。在营兵专守道路，在铺兵专司文书。不许营兵扳累防守，不许公差勒令挑担。工食银两，县征解府，照营兵一体双月给散。召募一定，不必年年更换，以开弊窦。如是则铺皆有兵，兵皆有人。包冒弊绝，一利也。营房近路传递最便，二利也。铺营相倚，倘遇烦剧，彼此帮助，三利也。尺籍互稽，偷闲包占[①]，容隐不得，四利也。工食解府，县吏无从扣减，兵得奔走之利，

---

① "占"，原文为"古"，据文意改。

五利也。铺房不必另建，可省修理之费，六利也。一转移间，粮饷不加，传递可速，计莫便于此者。若株守旧观，不加更制，即三令五申，欲其神速，何可得哉。蒙分守道右参议蒋光彦批。据理刑厅详文移沉阁皆由铺兵，包当之害，及募壮兵承充之利，鉴凿可行。但雷、廉本属地方，可以施行。雷、廉以外，恐有异同。且法期经久，方非筑舍道旁。仰府议确详报本府行三县详议。

海康县署县事推官欧阳保复议，得本县额铺一十三，额兵四十一，县前总铺五名，南渡四名，牛僚二名，余十铺俱三名。工食各兵每月六钱。惟牛僚二名以简僻，每名月四钱。俱月小扣二分，闰月照加。今议并铺归营，县前五兵之数不可减。城无营房，即以旧铺改充营铺，添为五间。责令五兵昼夜常川，不许移居别所躲闪。北二铺兵，各三名。各现有军兵营可并，南九铺惟南渡四名宜裁其一，与八铺一例三名。牛僚止接海康一所公文，不必二兵，且月粮四钱，役同粮异，彼得藉口，不若专设一兵，月给六钱，以足其额。南靖建有兵营，原派兵三十名防守，可以并入。余八铺无营无兵。查得淳化、五里、墩台，旧派兵二十名防守，以无营房，散居英利民舍。不若以此二十名总充南靖营，以南靖居中为一大营，宿兵十名。而四十名分守八铺地面，各造营铺三间，每营兵五名防守。募兵三名传递。营铺相助，最为便当。又照铺兵三十九名，无以统之，则包揽偷闲诸弊日久复生，宜设一哨官，专管募兵巡行稽察。凡有弊窦及事故开报，俱以责之。公差勒兵挑担，俱许哨官严阻密报。庶权有所主而豪强不得阴坏。若哨官假借需索及通同作奸包而当隐匿，即时究革。选用哨官，从公择取勤慎之人充之，不许夤缘营求。工食即以所裁南渡一名全粮，牛僚一名余粮，共银八钱给领，以示优渥。如是则制有所更新，粮不必另议。一转移间，纲举目张矣。新造营房，本县设处，不烦公帑。解银赴府，双月同兵一例给散。既可清里豪之包揽，又可省官吏之扣克。公移两便，是经久无弊之法也。海康定画如此。

○遂溪县署印主簿沈卿复议，得本县额设二十铺，原编兵六十名。每名月支六钱，月小扣库，遇闰加编。周岁共编银四百三十二两，每年又有四十七两八钱四分为之常例预支。十月分各兵工食，充县堂公用，致豪宦趋利，往往包当虚冒。兹议将工食解府，另募壮名入营居住。专司传递，悉照营兵双月给散。以杜包冒，数者甚当，别无异议。惟营房先经前任胡知县每十里创有兵营房五间，各铺可以并住。独里八山附近中火，原无营房。查有桥头营在二里外，可移铺并入，以省创建。县前总铺如海康议，将旧铺添造四间，费俱县自措。哨官工食欲于月小扣银内，月支六钱。

〇徐闻县署印通判刘怀民复议，得本县额铺一十四所，司兵三十五名。县前四名，馀九铺各三名。月粮各六钱外，登台、石门、东岭、包笼四铺各一名，月粮四钱。本县原未设有陆兵，止将守城民壮派拨险要，仅营房二所。附近南包、廉宾。馀八铺俱无营房。守城民壮稀少，亦难派拨。止将旧铺修造，另募兵居住。第照登台、石门、东岭、包笼四铺，专接锦囊、东场、宁海三处公文。相应裁革，以七两二钱添县前一兵，以七两二钱给哨官工食。尚余四两八钱，以后递年免派钱粮，照旧本县支给，不致烦扰。各具由申府复议转详。

蒙本道批

募壮兵以充铺兵，铺附于营。另设哨官一员，以统之，其兴利除害，刑厅议之详矣。但新添哨官住宿何处，遂溪议以里八山并桥头营说近有理。但里八山原系中火铺。今虽本道革去，设有旦暮，住宿官府，何以司扫除之役，移之桥头便乎？月小工食抵新哨，此项必经查盘。若未申详，不免窒碍。且县前有兵四名，他处必有少一名者。又铺有远近，中间岂无可截长补短之处，俱未稽查备详。徐议称仅营房二所，不知旧拨守城民快何处栖身？且所拨守城民快若干，亦未称说，如海康之了然在目者。县前至锦囊所八十里许，可四铺之兵尽革乎？海康系道府驻札，文移自多。徐与遂等耳，何以议添，矧剩余银以后递年免派，似非通论。三县新添哨官，必斟酌于三县之议，多寡一体，方无异同。若解府给发，与营兵同时，自是清楚一大关键。徐闻不得独异矣。仰府覆确详报。蒙府行三县再议。海康县护印县丞项世聪看得，县前总铺不必更张。自南渡至英利八铺，行委吏目徐九苞勘估。本县设处银两修理外，惟哨官，驻宿似难胶柱。如上半月在县前，便于朔望回报稽运掭损。下半月往来南界，一路刷勘赤历，盘诘绿林。然铺兵之苦，不在传递，惟在挑担。今旧役既革，宜严禁差使，不许抑勒。庶几公文不致沉阁地方，藉兵防守也。

○遂溪县知县欧阳豪看得，并铺归营，业经沈主簿条议，令各兵于附近营房并居。独里八山议并桥头营，今查系中火之铺，合照旧行，庶无违误。哨官工食宜照海康月给八钱。但本县饷有定额，遂以扣回，月小银月给六钱。今查本县胡知县清出旧铺九间，新盖召赁，每年地租二两，充县公用。今添征四钱，共二两四钱，凑月小银，月给八钱。庶便责成三县事体画一。遇闰查事故缺役之银补足。哨官住县前答应，常巡各铺稽察，兵役自充，钱粮无冒矣。

○徐闻县署印刘通判看得，哨官统官铺兵，酌南北之中，住宿中火地方为是。守城民快，先年拨二十名防守。濂滨、开包二处，即盖房栖身，各谓之寨，以其地险贼多，不得已分城兵守之。今欲分派各铺，恐二寨未可轻废也。县前总铺，不必添兵。石门四铺裁革，应于锦囊中火盖一铺，设兵一名，月给六钱。又以所裁工食月给哨官六钱，以徐铺少，不与海、遂等。故粮从其减，尚剩裁革银四两八钱，存以修理各铺。各兵工食，悉照海、遂二县统解本府。哨官按季领散。诚为妥当。随该本府知府牛从极复查无异，转详。

蒙本道批

并铺入营，募兵充铺，各项议俱妥确。内严禁差使，不许抑勒挑担行李，尤中今时膏肓。如议行缴，奉此本府依行。三县照议，募兵选哨，解银到府给散外，该推官欧阳保看得，三县铺制议诚详矣。但遂溪里八山竟送横山四十里路太远。合抽永平铺兵一名，抽里八山铺兵一名，于赤凌军营添入二兵传递。庶两头各二十里，役不偏苦。且里八山铺应并入桥头营，庶有稽核。海康营铺俱设，值连岁征黎，营兵尽撤。宜俟征黎凯旋，照议拨兵归营，与募兵常川共居，方有着落。徐闻既无兵营，终恐懈散。闻新募兵即听老人吏书积习以欠粮，里长充数以守城。哨官兼做铺兵，哨官始事苟且，后复何望。本厅思更化善治言非难，行之有成难。牒请到厅，亲自清理，以期成绩。凡三县所募新兵，重加拣择，以绝假替。哨官不勤恪者革去，更选平素敬畏之人，立唤承充，出自独断，一切因缘请托屏绝不听，哨官毫无所费，故可禁其需索各兵。一纸不费，故可责之勤役。刻示五款，一禁包充。一禁偷闲旷役。一禁违慢捵损公文。一禁各衙门公差勒令挑担。一禁哨官克索及通同作弊。每铺张挂，有犯必惩。公差悍不遵者，不避谤怨力禁止之。每铺置赤历一扇，置五日报单，发营兵队长填报，以稽旷役。立扣旷之法，每兵每月许归取饭米二次，往来六日。多则以旷论，日扣二分示惩。其扣旷银存府库。凡买赤历报章修铺等费，俱于此取。仍申详本道登报循环，以查干没，如斯罅隙不漏，庶乎弊窦尽塞。守之弗变，将一段议制度，不徒托之空言也。

论曰：

置邮传命，讵不重云。顾雷阳铺制更新，道府费几许商酌。余不敏，费几番心力，始得粗有头绪。故言之也尽，而载之也详，非文具也。三县兵哨，每岁费饷金近千。倘如往例，更替有扣，包充有冒，吏胥招补有索。则千金之饷，直为二三干没者地。岂祖制设铺之意？至于役使铺兵，律有明禁，各省公差不敢擅役。独粤差习为固，然役稍不顺，鞭笞及之。挑不敷，妻孥继之，铺兵几何而不逃，势豪安得而不包耶？不知自府而下，差必给费。司道而上，凡差必马。凡马必夫，口粮饭食，靡不备具。杖头有几许长物，而必勒铺兵挑也。旧时差固善勒，兵亦善藏。今严禁偷闲，督令常川在铺。乃被悍差勒去，公文废阁，是余费此神力，只为公差无人挑担而设此法，以代催之也。余虽愚不至此。况上司差遣，原非令之勒兵挑担，若辈狐假，上何知焉？为有司者，遇有悍差，理论势禁，正仰体上意。倘怯于忌器，听彼凌横，岂相成之谊？若曰此辈善兴谗谤，颠倒毁誉。然上人天日之度，公正之品，岂肯徇此纽言？丈夫惟正己守官，期自无瑕玷，对天地，质鬼神耳。毁誉固自有真也。雷自更制以来，公差慎恪者多。间有一二至庭面谕，亦帖然无忤，独武役尚横。余固不敢辞怨，数百里邮程，庶几改观矣。然北邻高，西邻廉，包当勒担，犹相望于道，至雷而息，岂其欲耶？余旦夕迁去，安知雷不化为高、廉哉！后之君子，主张砥柱，更邀惠、高、廉一例更变，则岭西千里，令行若流，助宣改教，未必无小补也。噫！有治人无治法，起敝维风，望之贤者。若鸡鸣念杂，身家是图，虽有良法，视若浮云。甚则听信吏胥鼓惑，恶其害己而阴坏之，则今日上下运量之精神，未知果为他日之石画否？

桥渡埠步附

府属桥渡共一百，埠步五十一

海康县桥三十有四，渡二十有四，埠十有八

龙凤桥。在府治中道前。先是，海北名邦坊前，对一屏墙壁立长沟上，了无余地。万历壬子夏，推官欧阳保改建龙亭库于前，因移屏向前一丈五尺。前面气势宽广，因伐石建一拱桥接地气，通往来。周围卫以石栏，以其为龙亭出入之地。且左右有龙亭凤仗二坊互峙，故名曰龙凤桥。

阜民桥。城中正坊卫治前。宋乾道五年，郡守戴之邵开渠引西湖水，由城而东以灌民田。伐石架于渠上，长一丈，阔七尺。桥北旧为州治，故曰阜民。元延祐七年，廉访信使卜达世礼建圆通宝阁于上。岁久湮塞。正德间，郡守王秉良重修。

石渠东西二桥。一在城内桂华坊。一在明善坊。戴之邵开渠引湖水归东灌田，架石桥于渠之东西，路通大小西街。

官贤东西二桥。郡城内官贤坊。戴之邵引湖水归东架石桥，通猾岭丁家巷。

冠英桥。郡城内桂华坊。戴之邵引湖水而东，伐石架桥。因址在冠英坊前，故名。

西门桥。郡城内桂华坊。戴之邵开渠引湖而东，砌石桥于西城门内大街，故名。以上六桥，正德乙亥，郡守王秉良重浚戴渠，伐石修葺。

城濠桥。东、西、北三城门内。元至顺间，廉访司金吕琉因贼侵境，用板架桥，有急则撤之，以备不虞。惟南濠不通，故无桥。洪武七年，指挥张秉彝、朱永、周渊、通判李希祖修筑城池，易板以砖，各长五丈，阔一丈。

寺门桥。城门外西湖坊。宋乾道间，郡守戴之邵引湖灌田，架石桥，长一丈，阔八尺。

水月桥。天宁寺内。正德乙亥，郡守王秉良重浚戴渠，建石桥，扁曰“水月”。

惠济东桥。西湖东闸。宋绍兴间，郡守何庾开渠建闸，伐石叠砌，长三丈，阔一丈五尺。又建亭于桥上，因其有惠济之利，故名。元廉访司经历郭思诚、照磨庞弘文重修。桥上盖亭两间，外列栏楯，以石为之。岁久倾颓。永乐九年，知府王敬重修，亭废桥存。嘉靖癸巳，郡守黄行可开浚重修，又圮。万历己酉，推官叶际英重修。

惠济西桥。西湖西闸上。宋郡守何庾开渠建闸，导西湖水由西山坎，灌白沙田。砌石长二丈，阔一丈。元元统间，经历郭思诚重修，建亭于上。扁曰“乐众”，曰“狎鸥”，曰“泳波’。岁久倾坏。洪武二十七年，知府吕智重修。复圮。嘉靖癸巳，郡守黄行可重修，又圮。万历己酉，推官叶际英重修，以桥易崩，筑塔镇之，湖堤完固。陈光大有记。

陈光大《惠济东西桥记》

按《雷志》：湖塘水利，湖在城西。郡人不知灌溉。宋绍兴间，郡守何公庾筑堤潴水，东西为闸，以时起闭，以沃堤南之田。又引而东，经通济桥，合特侣水以灌东洋田。化斥卤为膏腴。岁久溃堕，湖田为地。近湖之家，据而田之。后郡守郑公明揆其田以隶州学，得种二十石有奇。端平间，提刑张公以为放生池，复西湖水利，易以没官冯直田四十石偿学。湖仍官有也。湖有堤，有桥，有亭，扁曰“众乐”，曰“狎鸥”，曰“泳波”。皇元以来垂六十载，亭与桥闸俱废。湖既失灌溉之利，人复病利涉亲民者莫之问。

至顺三年，郭公思诚甫下车，考图访古，恻然曰：“此有司责也。”召摄海康事庞照磨，谕以利病，若亟修毋缓。复命天宁寺住持议缘舍，一时官僚士庶咸悦此举，捐金钱若干，以助寺帑，司其出纳，公簿考之。于是市材攻石砖瓦钉灰夫匠日食之费，咸取给于是。官无所扰，政暇虽暑雨，必日一至。指示方略，井井有条。甃石修闸以便疏决。建亭桥上以息担负。湖光山色，左右掩映，俨然图画，真雷阳之奇观也。既成，复建堂于桥西旧十贤祠遗址之侧，像圆通大觉其中，为雷民祈福。前创门楼，与横舟亭相对峙，为一郡眉目。金碧璀璨，光彩照人。命曰"水月堂"，以桥成跨水，水通而月湛，福田皆在月光中也。堂后冈顶，平地一区，主者陈氏。东南山地两小段，主者郑氏。皆喜舍入堂为业，以俾常住界。至载之券书，因名其桥曰"惠济"，扁以额之并志诸石云。

第一桥。 城外宁国坊南亭溪上。旧为潮汐往来，行者病涉。太守张永伐石跨溪为桥，因绝其流，舟惟泊于桥下。东南之民，苦于搬负。嘉靖十二年，郡守黄行可从民便，甃石拱之。高阔视昔有加。上树栏墙，疏浚溪流，直抵惠济东桥之下，以通舟楫，民德之。

通利桥。 亦名第二桥。郡城外西湖二里白沙坡边，宋乾道间，郡守戴之邵开渠灌田，砌石桥，长二丈，阔八尺，以利灌溉，故名。

麻含桥。 西十五里路通海康所。旧桥倾圮，行者病涉。永嘉商人陈世高捐财，砌石桥二间，长二丈五尺，阔八尺，往来称便。

浮碧大桥。 西南五里麻扶村，宋乾道间，郡守戴之邵伐石砌桥，长三丈五尺，路通白院。以溪旁有竹木之影，荡漾碧绿，故名。

浮碧小桥。 大桥之东，洪武九年，指挥周渊伐石砌桥，长一丈，阔六尺，路通白院。

云津桥。 西南三十里调排村，宋嘉泰二年，郡人县丞黄昆进建石桥五间，以木为梁。长十二丈，阔八尺。洪武二十七年，安陆侯吴杰经此，设立各所，伐石重修。

安济桥。 西四十里小安榄村。元主簿唐杰伐石砌桥，长六尺，阔四尺。

五里桥。 南五里天妃庙下，宋乾道间，郡守戴之邵筑堤建闸，伐石架堤上。长一丈，阔六尺，路通琼南。

文昌桥。 城外天妃庙前。万历十四年，两学诸生因郡治水不抱抱，文运日隳，白守道王民顺，捐俸需蒙二百余金，塞麻沉直河，导万金溪水，横绕郡城，西会湖潮之玄而出海。太守伍士望筑土龙助之，同知万煜俱捐俸修葺。嗣是，文武登科者众，士民指其桥为云梯云，王民顺有诗。

守道王民顺《文昌桥诗》

画栋朱栏架碧湾，棠阴沙暖鹭鸥闲。天孙剪下云端锦，鳌背移来海上山。乘传客从银汉渡，济川人跨彩虹还。捐金赖有贤豪辈，笑见工成不日间。

芝林西桥。 即西山桥。南三十里芝林村西。正德间，义民张鹏捐赀伐石，建桥三间，长三丈，阔一丈。东通锦囊，北通郡城。

芝林东桥。 即曹家桥，东南三十五里芝林村东。亦张鹏所创。石桥三间，长五丈，阔一丈，路通锦囊所。

将军桥。 南六十里。宋僧妙常砌石桥三间，南通徐、琼，北通郡城。因地有二石将军于墓侧，故名。

那汀桥。 南一百五十里英夔村，宋嘉熙间，乡人王法恭募化伐石建，桥长三丈，阔八尺。南通徐闻，西通海康所。

南界桥。 南六十里将军驿前，宋淳祐六年，郡人林贤等架石桥，长一丈，阔八尺。路通英利、徐闻。

那螺桥。西南三十里仙安村。宋咸熙间，乡人杨扶建石桥，长三丈，阔四尺，路通海康所。

步陆桥。西南九十里潭泥村，元延祐间，乡人陈昆募化建石桥。长三丈，阔四尺。东通将军驿，西通海康所。

山门桥。西二十里山门村。洪武间，乡民伐石砌建。岁久倾圮。嘉靖二十年，知县杨澄重修桥二间，长三丈，阔一丈。

那里桥。南七十里那里村。弘治间，郡人张征建石桥，长一丈，阔七尺，路通英利。

淳化桥。南七十里官路中。成化间，有司伐石叠砌。北通郡城，南达琼海。

安民桥。南八十里官路中。成化间，有司伐石砌筑。北通郡城，南达琼海。

仙居桥。北五十里平冈中火铺官路合流之衢。旧架栈道易坏，万历三十年，指挥梁拱极捐俸，不足，募缘鸠工，砌石桥三间，长五丈，阔一丈，左右石栏，行者便之。

南渡。即擎雷水，在郡南十里，琼崖必从之路。官岁造舟四，编渡夫八名。近年岸辄崩圮。万历三十七年，守道林梓捐锾金，委官伐石铺砌，坦如平途。

麻演渡。西南二十里，官岁造舟一，编渡夫二名。

嘉禾渡。东南二十里，官岁造舟一，编渡夫二名。近朋，哨官沈应蛟捐赀砌筑，往来便之。

白院渡。西十里，官岁造舟一，编夫二名。

下坡渡。东南三十里，官岁造舟一，编夫二名。

西洋渡。西南十里，官岁造舟一，编夫二名。

西厅渡。西二十里，官岁造舟一，编夫二名。近朋，序班莫若敏捐赀修砌。

安榄渡。西三十里，官岁造舟一，编夫二名。

唐官渡。西南二十里，官岁造舟一，编夫二名。

云津渡。西南二十里，官岁造舟一，编夫二名。

安苗渡。西三十里，官岁造舟一，编夫二名。

根竹渡。西二十里，官岁造舟一，编夫二名。

麻蔡渡。西二十里，官岁造舟一，编夫二名。

仙云渡。西三十里，官岁造舟一，编夫三名。

迈风渡。西二十里，官岁造舟一，编夫二名。

大傍渡。西六十里，官岁造舟一，编夫二名。

双溪渡。西四十里，官岁造舟一，编夫二名。

潮阳渡。西南八十里，官岁造舟一，编夫二名。

湾蓬渡。西南一百五十里，官岁造舟一，编夫二名。

建康渡。南一百里，官岁造舟一，编夫二名。

建宁渡。南一百二十里，官岁造舟一，编夫二名。

楼亭渡。西五十里，官岁造舟一，编夫二名。

山家渡。东南一百五十里。官岁
造舟一，编夫二名。

老沙渡。南二百里，官岁造
舟一，编夫二名。

南浦津埠。南二十里，自闽广高琼
至此泊舟，乃通郡城。

大埠。东南一十里，自东海
至此泊舟，入郡城。

麻沉埠。东海至此泊舟，
北入郡城。

黑石埠。东南九十里，锦囊海至
此泊舟，北入郡城。

龙门埠。西南一百七十里。自蚕村
等海泊舟，北通遂溪。

英散埠。南一百里，自蚕村海至
此泊舟，南通徐闻。

海宅埠。南一百里，自新场等海
至此泊舟，南通徐闻。

湾蓬埠。南一百七十里，自吴磊村海
船至此湾泊，北通遂溪。

英岭埠。南二百里，自脊磊等海
至此泊舟，南通徐闻。

英隼埠。南一百九十里，自新场海
至此泊舟，南通徐闻。

禄州那打埠。西南一百八十里。自蚕村等
海至此泊舟，北通遂溪。

英兜埠。南一百五十里。自脊磊等
海至此泊舟，南通徐闻。

翁家埠。西南一百七十里。自新场等
海至此泊舟，北通遂溪。

老沙埠。南二百里，自蚕村等海
至此泊舟，南通徐闻。

新场埠。西南一百八十里。自蚕村等
海至此泊舟，南通徐闻。

英罗埠。南一百三十里，自新场海
至此泊舟，南通徐闻。

武郎埠。西一百里，自石康海至
此泊舟，北通乐民所。

西山埠。南三十里。自南浦津等海至此泊
舟，北通郡城，东通锦囊所。

遂溪县桥十有二，渡十，步十有四

傍塘桥。南一里二十四都。宋嘉定二年，郡守虞应龙伐石砌于傍塘溪上。路通郡城。因在傍塘庙前，故名。嘉靖二十年，知
县班佩兴工伐石砌大通衢直抵南门。万历五年，本府推官陈王政以路直射，筑塞土龙，环绕过城，由东门入。

云梯桥。东南七十里二十二都上步村。宋时民孙福基伐石砌桥，东逼吴川，西边郡城。
时适有士孙绍赴省闱经行，誓曰："必中榜回，方过此桥。"因名云梯。

状元桥。东南七十里二十二都下步村。宋时士人戴弼先伐石砌桥，路东逼郡城。
宝祐四年，邑人纪应炎登进士第，还经此桥，邑人荣之，因名。

那郁桥。东南一百里二十二都那郁村。洪武八年，郡人孙釜
募缘伐石，路通郡城。因其地林木丛郁，故名。

庄家桥。南八十里二十一都。宋咸熙元年，僧人刘宗成募缘伐石砌桥。路通
郡城。昔有庄姓居其地，故曰庄家。咸淳六年，县尉陆永仁重修。

仙车桥。南一百三十里仙车铺前。洪武七年，典史林
子华伐石创建。路南通郡城，北达本县。

城月桥。南九十里城月驿路上。元至元间，万户
谭宁砌石路，南通郡城，北达本县。

那弄桥。南七十里二十三都那弄铺前。洪武
四年，知县王渊创路，南通郡城。

乌泥桥。 <small>北二十里二十五都太安铺前，洪武四年，知县王渊创路，南通郡城，北达石城县。</small>

百丈桥。 <small>南一百八十里第三都特侣塘中。宋绍兴间，道人冯氏募缘鸠工建立，寻废。绍兴二年，郡守俞冷、赵伯桎捐金，命乡人陈师正重建。嘉定十六年，太守陈斌复命僧妙应募缘重修。李仲光记。久久倾圮。行者往由塘岸多病涉。正德丙子，郡守王秉良兴工</small>
<small>重砌。叠石墩十五，通水道十四，梁以石版架之，长阔如故。路南通郡城，北通吴川县。因其基长，故曰"百丈"。</small>

元李仲光《百丈桥记》

雷阳多沃壤。城东良田弥望数千顷。直北半舍为特侣塘，周广四十里，受山溪之水而不溢也。乾道间，郡守戴公之邵从而汇之，以便灌溉。筑为堤岸于其上，创为八桥以济行者。然循是堤往来，不如捷出之径。故民间又建桥于中流，以便负贩，号曰百丈桥。岁久桥坏。

嘉定十六年，太守陈斌复命报恩寺僧妙应即其旧而新之。乃缘化人间，攻苦食淡，昼作夜息。率其徒五十余辈，巧者运谋，壮者竭力。伐石海山，水航陆负，肩赪足茧，人不告劳诸。始于癸未，告成于甲申，周岁乃竣事。成桥五十丈，南北堤道各半之。縻钱一百余万，而畚插之具，饮食之资，与夫募工之费，皆取办焉。官无废钱，民无横饮而工已集矣。

越明年，余分教南来，妙应踟蹰而前曰："桥虽成未有述者，愿藉斯文传之不朽。"诘其巅末，则戚然曰："是桥经始冯氏，又茸于真空妙湛师。后圮坏。郡司马赵公伯献俾乡人陈师正经之，盖昔之爱度者三矣。以地势沮洳，牛羊弗禁，乃坏于成。倘辱惠贶愿，志其艰苦，以诏来者，俾蠹者易之，欹者扶之。苟利及无边，志愿足矣。"予惟斯桥成而败坏而茸，举事者凡四而三成于淄流。意其学以利物为方便，故不惮劳。以坚固为定力，故不作辍。无妻孥之累，故不管己私。持报应之说，故不肆欺弊，其用心也一。故大者倡，小者和，不待劝而勤，且力有不为之而成。成而速。推是心以往，将无所不可为。余病乎世之逐利者，为之难，舍之易。即贤士大夫且有以难易动心者。故不以其学夷学也，而特书之云。

西溪桥。 <small>城外半里，修佩记。嘉靖二十年，知县班佩命工重修。</small>

菩提桥。 <small>南一百五十里调蛮村后，万历三十九年白鸽寨把总续蒙勋捐津伐石创建，复砌筑通舊砌调蛮村，北路通各村，南达通明。以桥在菩提港，故名。</small>

通明渡。 <small>南一百五十里二十一都，造舟以渡，岁编夫二名。其渡头淤行，人多病涉。三十九年，把总续蒙勋伐石砌大路直抵调蛮村，共长四百一十五丈，往来便之。</small>

庄家渡。 <small>南八十里二十二都。官舟，岁编夫一名。</small>

麻参渡。 <small>南七十里二十都。官舟，岁编夫三名。</small>

曾家渡。 <small>南一百二十里二十一都。官舟，岁编夫二名。</small>

丹渡。南一百里二十都，官舟，岁编夫一名。

库竹渡。南九十里二十都，官舟，岁编夫一名。

乐民渡。西南一百五十里第八都，官舟，岁编夫一名。

禄遏渡。东南二百里二十都，官舟，岁编夫三名。

平乐渡。东西十里二十一都，原有官舟编夫。

新安渡。西南一百四十里二十都，原有官舟编夫，今乡民赚利，每年编银五十两贮库充饷。自造舟二只，水手十四名装运，计人贷收银。

平乐步。东五十里二十二都平乐村，自吴川等海至此泊舟，路西通本县。

北里步。西南二百里第八都，自海康翁家港至此泊舟，路东通澙洲，北通县城。

调鸡门步。东南一百一十里二十都，自吴川磱洲海至此舍舟，路南通郡城。

文体步。西一百里二十五都，自廉州海至此泊舟，路北通县城。

旧县步。东南七十里二十二都旧县村，自调鸡海至此泊舟，路北通县城。

廖村步。南一百里二十二都廖村，自调鸡海至此舍舟，路北通本县。

通明步。南一百四十里二十一调窑村，自吴川等海至此泊舟，路东通湛川巡检司，南达郡城。

调神步。西南二百里八都。自海康翁家港至此舍舟，路东通澙洲巡检司，北通本县。

麻廉博潭步。西南一百二十里二十六都，自石城县陵禄海至此泊舟，路东通海康县。

穷涌步。西南一百四十里二十七都，自石城乌兔海至此泊舟，路北通新安驿，南通郡城。

博郎步。西南一百五十里二十七都，自廉州海至此泊舟，路南通郡城。

调楼步。西南一百五十里二十七都，自廉州海行舟至此登岸，路东北通本县。

博灶步。东七十里二十二都，自吴川海行舟至此登岸，路南通郡城，西通本县。

博蒲步。东七十里二十二都，自吴川海行舟自此登岸，路南通郡城，西通本县。

徐闻县桥十有八，渡三，埠十有九

龙涛桥。东南城脚，通水关。

通惠桥。西南城脚，迤水夬。嘉靖间，知县方逢尧因雨水泛滥，乃环城萧渠，疏通水势，自西面东名玉带水，架桥二，形家善之，且填阙，宜渡。

大水上桥。东十里。元大德主簿吴均顺造。长十五丈，阔二丈，路达锦囊。

大水下桥。二十里。元大德造，正德乙亥生员董朝纲捐赀重造。今坏。

调禄桥。六十里，永乐十一年，知县石彦诚造。路通宁海司。

新安桥。九十里。石彦诚造。路通锦囊。

那调桥。一百里。洪武四年，知县武亮造。

孤洲桥。锦囊所西门外，近坏。宜修。

那榜桥。石砌，路通郡城。

迈章桥。东北十里，邑用瓦，窑出此。

那黄桥。南二十里，宋时建。

官田桥。西南三十里，成化间，主簿彭用干造。

英利桥。西北五十里，洪武五年，县丞杨天祐建。

遇贤桥。六十里，遇贤铺那温水上。

南包桥。七十里，南田水上二桥，俱洪武二年，武知县建。

谢家桥。一百二十里，嘉靖间，郡人谢德等砌于谢家溪，万历丙申，生员谢鸿恩捐赀重造。

葫芦桥。北十里。

廉滨桥。四十里，洪武中杨天祐造。

海安港渡。东南二十里，渡夫一名，工食银岁四两八钱。造船银一两五钱。

冠头渡。东三十里，渡海至琼之文昌、白沙。相传伏波平尊军既济，乃焚其舟以示必胜。袁源记云"饮马于儋耳，焚舟于琼山"是也。

老沙港渡。八十里，渡夫一名，工食银岁四两八钱。造船银一两五钱。

白沙埠。亦三十里。

清湾埠。东南三十里。

博柸埠。

聚英埠。

那黄埠。南二十里，渡海至琼之澄迈。

旧县埠。讨网村。

麻鞋埠。渡海达澄迈。

斋仑埠。

招摇埠。东五十里。

赤坎埠。六十里。

调黎埠。

博鸡埠。

七莲旧埠。七十里。

南蕉埠。

东松埠。东北一百一十里。

地郎埠。

麻丰埠。^{东南三}十里

东西场埠。^{五十里}

透海埠。^{西七十里}

论曰：

民不病涉桥渡急焉。然雷地多山涧，磊石成桥，水峭易啮。至于渡夫虽编，而僻远莫稽。只为乡豪包充与县曹吏私扣干没而已。较之铺兵弊，殆甚焉。余知其害，而非其职。故不获清刷，深有望于主计者。

塔　宇

九级文塔一座。^{雷地向无笔峰，且郡城左方空旷，久议建塔以补风水未果。至是万历壬子冬，诸学生员具呈道府鼎建。推官薛瑄、陈栋二生为首，人皆难之。推官欧阳保嘉其志，力任其责。相地得城东南角。谋于知府牛上极，择吉启土，因}

^{得三元吉兆。谋于分守海南北参议蒋公光彦。公曰："善。"遂鸠匠建窑课程，以海康县县丞项世聘掌出纳，仓大使钟鸣阿董工作，诸乡老分任干办，保总其成。道府捐贝佐费，各官士民喜助。至乙卯四月，九级完成。文笔挺然特秀，一郡风水，增胜既云。建置钱银地基，保另纪碑。}

状元编修王士俊记^①。

新开塔路一条。^{在南城外，曲街起至塔止。旧系小巷。推官欧阳保将价银六两，买举人何起龙铺房一间二层，拆开辟为塔路，剩地二尺一条，付隔壁府学店屋以资学费，沿途新辇石街，皆乡老梁栋题。附近助修，一时通衢坦道，人甚便之。}

新建塔坊一座。^{在曲街，从此往塔，乙卯夏，推官欧阳保命工累石修建，题曰：文塔通衢}

塔边公馆一所。^{在塔右北。推官欧阳保用价四两，买住人地一段扩充建造，以为官府往塔驻跸之所，尚在兴工，俟完另记。}

□□□□□□□□□□□□□□□□□□□□□□□□□□□□□^②

---

① 状元编修王士俊《文塔记》，失收。
② 该处刓缺一行。

雷州府志卷之九　食货志^{户口　田赋　贡税附}

丽土之民，何辞于役；食土之毛，何辞于赋。役烦赋重，惟今日独也。吴越沃壤，闽广亦复相类。雷处海濡，潮深土瘠，不病涸即病溢。赋役且与中州等。齿毛羽革，糜不算及，登耗之故，按籍可稽矣。作《食货志》。

户　　口

□□①雷州户口，入合浦郡。

唐宋户口无考。

_{元代}府户九万一千一百三十六，口无考。共坊都二百八十八里。

海康县。

户三万六千四百九十八，坊都一百五十里。

遂溪县。

户二万四千九百四十二，坊都四十八里。

徐闻县。

户二万九千六百九十六，坊都九十里。

国朝洪武二十四年，府共户四万五千三百二十五，口二十二万五千六百一十二。

海康县。

户二万三千五百九十五，口九万七千一百九十九。

---

① 此处原缺二字。

遂溪县。

户一万三千五百三十，口六万三千九百九十五。

徐闻县。

户八千二百，口六万四千四百一十八。

永乐十年，府户四万五千五百三十八，口一十六万九千七百七十九。

海康县。

户二万四千二百四十，口七万一千二百一十八。

遂溪县。

户八千五百九十九，口五万五千六百九十四。

徐闻县。

户一万二千六百九十九，口四万二千八百六十七。

永乐二十年后户口无考。

天顺六年，府户三万四千三百零七，口无考。民户二万一千三百二十三，军户一万一千七十一，灶户一千九十五，校尉力士户五，道户一，医户二，蛋户二百九十一，弓兵铺兵防夫堠夫户一百八十。各色匠户三百三十九，坊都共二百零八里。

海康县。

民户一万三千七百九十。军户三千七百一十一。灶户三百七十。校尉力士户四。道户一。蛋户二百九十一。弓兵铺兵防夫堠夫户一百零九。各色匠户一百零四。坊都一百二十八里。

遂溪县。

民户一千六百七十三。军户四千七百二十一。灶户七百二十五。校尉力士户一。弓兵铺兵防夫堠夫户一十六。各色匠户共一十五。坊都二十里。

徐闻县。

民户五千八百六十。军户二千六百三十九。医户二。弓兵铺兵防夫堠夫户五十五。各色匠户共二百二十。坊都五十里。

成化八年，雷州府被猺残破，人民荡析，十存四五，里数损少。户口无考。

海康县。

坊都止存五十里。

遂溪县。

坊都止存三十里。

徐闻县。

坊都止存二十八里。

成化十八年，府户二万三千四百二十八，口五万一千七百三十三。

海康县。

户一万二百六十六，口二万八百六十。

遂溪县。

户七千二百，口一万七千六百九十六。

徐闻县。

户五千九百六十二，口一万三千一百七十七。

弘治五年，府户二万二千六百七十八，口四万五千四百。

海康县。

户一万四百一十，口二万三千二百二十七。

遂溪县。

户六千四百三十，口九千一百二十。

徐闻县。

户五千八百三十八，口一万三千五十三。内附蛋图一。

弘治十五年，府县户口与前同。

正德七年，府户二万三千五百八十四，口五万八千四百一十五。

海康县。

户一万四百三十三，口二万二千七百二十七。

遂溪县。

户七千四百六十八，口二万六百一十一。

徐闻县。

户五千六百八十三，口一万五千七十七。

嘉靖元年，府户二万三千一百三十一，口五万九千一百四十二。

海康县。

户九千五百三十八，口二万二千四百七十六。内民户五千九百五十四，口一万一千八百七十八。军户二千七百一十一，口九千八十五。弓兵铺兵防夫堠夫户一百，口一百零六。灶户三百七十一，口七百九十八。各色匠户一百零五，口二百一十三。校尉力士户四，口一十。蛋户二百九十三，口三百八十六。

遂溪县。

户七千八百三十，口二万一千六百八十九。内民户二千三百六十七，口六千一百六十七。军户四千七百二十二，口一万三千三百一十三。灶户七百一十八，口二千一百七十五。铺兵户六，口六。各色匠户一十五，口二十。力士户二，口八。

徐闻县。

户五千七百六十三，口一万四千九百七十七。内民户三千七百四十七，口八千三百二十一。军户二千六百三十九，口五千八百三十二。医户二，口四。弓兵铺兵防夫户一百五十五，口四百一十。各色匠户二百二十，口四百一十。

嘉靖十一年，府户二万四千三百九十二，口六万五千九百七十七。

海康县。

户一万五百六十八，口二万四千八百七十九。

遂溪县。

户七千九百二十四，口二万二千五百七十三。

徐闻县。

户五千九百，口一万八千五百二十五。集海南流民一图。

嘉靖二十一年。目元牟至此，军民户通有增损，各色杂役户俱按旧盖无异。府户二万四千三百八十二，口六万五千九百五十七。

海康县。

户一万五百五十七，口二万四千八百七十九。

遂溪县。

户七千九百二十五，口二万二千五百五十三。

徐闻县。

户五千九百，口一万八千五百二十五。

嘉靖三十一年，府户二万四千二百一十七，口六万八千二百三十六。

海康县。

户一万三百一十四，口一万一千一百零八。

遂溪县。

户七千九百四十六，口二万三千五百七十。

徐闻县。

户五千九百五十七，口一万三千五百五十八。

万历元年户口无考。

万历十一年，府户二万四千二百四十八，口六万九千六百九十五。

海康县。

户一万四百零八，口三万一千三百。

遂溪县。

户八千零一十七，口二万三千七百。

徐闻县。

户五千八百二十三，口一万四千六百九十五。

万历二十一年，府户二万六千三百八十四，口七万四千九百五十五。

海康县。

户一万二千五百零八，口三万六千一百五十。

遂溪县。

户八千五十三，口二万四千一百。

徐闻县。

户五千八百二十三，口一万四千七百零五。

万历三十一年，府户二万四千三百零六户。口男妇五万六千七百八十八丁口。

海康县。

户一万一千六十户，口男妇二万三千一百七十三丁口。

遂溪县。

户七千四百二十三户，口一万八千八百五十九丁口。

徐闻县。

户五千八百二十三户，口一万四千七百五十六丁口。

万历四十一年，府户二万四千三百零六户。军户一万一千七十一户，民户一万一千二百五十三户，灶户一千一百八十六户，各色杂役三百五十户，弓兵铺兵防夫堘夫三百三十一户，医户二户，校尉力士八户，蛋业一百八十八户，丁口男妇五万六千七百八十八丁口，男子四万三千五百三丁，成丁三万七千一百四十三丁，未成丁三百二十一丁，不丁六千三十九丁，妇女一万三千二百八十五口。

海康县。

户一万一千六十户。军户三千七百一十户。民户六千四百六十六户。校尉力士七十六户。灶户四百六十八户。蛋业户一百八十八户。弓兵铺兵防夫堘夫一百七户。各色匠役一百一十五户。丁口男妇二万三千一百七十三丁口。男子一万八千六百二十丁。成丁一万四千七百五十丁。不丁三千八百七十丁。妇女四千五百五十三口。

遂溪县。

户七千四百二十三户。军户四千七百二十二户。民户一千九百六十户。灶户七百一十八户。力士二户。铺兵六户。杂役一十五户。丁口男妇一万八千八百五十九丁口。男子一万五千七十九丁。成丁一万五千五十一丁。未成丁二十八丁。妇女三千七百八十口。

徐闻县。

户五千八百二十三户。军户二千六百三十九户。民户二千七百二十七户。又蛋户八十户。共二千八百零七户。医户二户。各色匠役二百二十户。弓兵铺兵防夫一百五十五户。丁口男妇一万四千七百五十六丁口。男子九千八百四丁。成丁七千三百四十二丁。未成丁二百九十三丁。不丁二千一百六十九丁。妇女四千九百五十二口。

田　賦 贡税附

田有夏秋二米，起于宋天禧四年，颁示天下。劝农桑官令所在州邑农出秋粮桑，出夏税，其制遂定。国初，有农桑绢。令天下农民率栽桑、麻、木棉。其不种者致之罚。寻照桑株起科纳绢。久之分派于米。又立河泊所，以榷渔利。岁有常额，其后逃绝过半。亦派其课于民户，按田每亩官税一斗七升起科，加耗一合二勺，民税二升起科，加耗七合一勺二抄。其赋甚轻，大率三十乃税一也。即间或加派，犹约而易供。至弘正间，添征羽革漆药诸科，其赋始重，且派不以时，民甚病之。嘉靖初，御史邵幽奏行均一，总其科价于粮，著为定额。不数十年，复有四司铺垫诸派，则又不翅什一矣。

官民田山塘，夏税秋粮额办，岁办鱼塘课米等项。

唐海康郡贡丝绢四疋，田赋无考。

宋雷州田赋无考。

元代府官民田地塘五千五百八十六顷二十二亩五分八厘三毫。海康县没官草塘二口，课米二斗八升。

国朝洪武二十四年，府官民田山塘一万一千三百四十四顷九十二亩一分九厘，夏税麦四十四石六斗三升九合七抄，秋粮米六万一千五百四十二石二斗四升三合九勺三抄六撮三圭，额办桑丝一斤十一两三钱四分，鱼课米二千二百九十六石一斗一升五勺四抄，岁办鱼油三千一百八十四斤二十八两①四钱六分，岁办鱼鳔六十五斤二十二两②五钱二分，酒醋商税各色课程钞一万三千二百六十二贯九百四十六文，铜钱七千七百三十贯四十三文。

海康县。

五千四百八十二顷，夏税折米二十九石五斗五升三合七抄，秋粮米二万二千四百八石二斗六升二合三勺六抄五撮三圭。桑丝八两六钱四分。鱼课米五百五十一石五斗六升八合八勺。鱼油八百二十七斤五两六钱六分。鱼鳔一十七斤三两七钱九分。钞九千八百七十五贯一百零二文。铜钱四千八百七十贯三百八十三文。

遂溪县。

---

① 二十八两，原文如此。应该为"一斤十二两"。
② 二十二两，原文如此。应该为"一斤六两"。

二千六百九十三顷四十五亩七分，夏税折米一斗五升六合二勺二抄。秋粮米一万三千九百七十一石四斗九升三合三勺。桑丝六两七钱。鱼课米一千八十一石三斗五升，鱼油一千五百一十二斤十两八钱。鱼鳔三十一斤八两七钱三分。钞二千三十七贯八百文，铜钱一千七百四十三贯四十文。

徐闻县。

三千一百六十九顷四十六亩四分九厘，夏税折米一十四石九斗二升九合七勺八抄，秋粮米二万五千一百六十二石四斗八升八合二勺七抄一撮。桑丝一十二两，鱼课米六百六十三石一斗九升一合七勺四抄，鱼油八百四十五斤一十二两，鱼鳔一十七斤十两，钞一千三百五十贯四十四文，铜钱一千一百一十六贯六百二十文。

永乐十年，宣德、正统、景泰至天顺六年，府官田地山塘五百七十三顷四十一亩八分二厘九毫，夏税小麦折收粮米四石三斗四升五合九勺一抄六撮，秋粮租课米一万五千一百四十二石二斗一升七合八勺二撮四圭，民田地塘一万一千七百八十二顷六十八亩五分六厘，夏税小麦折收粮米四十石九斗六升三合八勺七抄四撮，秋粮课米三万七千八百六十二石九斗二升三合四抄六撮五圭。额派周岁商税课钞二万一百九十六贯七百文，闰月加课钞一千九百八十六贯六百三十七文，周岁市舶课钞三百一十八贯六百六十七文，闰月加钞三十贯六百九十三文，周岁酒醋课钞七十二贯九百六十文，闰月加钞一十二贯九百六十文，周岁窑冶课钞六十七贯七百八十二文，闰月加钞五贯六百四十八文，房屋地赁钞周岁六十三贯六十文，闰月加钞五贯二百五十五文，周岁比附课钞四百一十二贯四百六十一文，税课司比附课钞一百二十六贯七十文，河泊比附鱼课米一十一石九斗四升三合八勺，税课司周岁门摊课钞八百一十三贯六百文，闰月加钞六十七贯八百文。

海康县。

官田地塘一百四十二顷八十七亩八分四厘一毫，夏税小麦折收粮米三石九斗，秋粮租课米四千二百一十四石六斗二升九勺六抄五撮四圭。民田地塘五千三百六十一顷五亩九分九厘，夏税小麦折收粮米二十九石六斗一升六合，秋粮课米一万七千二百三十二石二斗二升九合六勺六抄九撮五圭。额派周岁商税课钞一万四千四百三十九贯六百文，闰月加钞一千五百六贯八百六十七文。周岁市舶课钞三百四贯二十七文，闰月加钞二十九贯五百七十三文，并遂溪在内。周岁酒醋课钞四十六贯五百六十文，闰月加钞一十贯七百六十文。周岁窑冶课钞四十一贯三百八十二文，闰月加钞三贯四百四十八文。房屋地赁钞周岁六十贯七百二十文，闰月加钞五贯六十文。周岁比附课钞四十一贯九百三十文。河泊所比附鱼课米五石八斗六升八合八勺。

遂溪县。

官田地六十六顷五十八亩一分八厘，夏税小麦折收粮米七合七勺四撮，秋粮米二十二石二斗二升九合七抄六撮。民田地塘三千六百零四顷九十四亩一分二厘，夏税小麦折收粮米八斗七升三合六勺五抄六撮，秋粮米课米一万一千五百七十五石六斗七升六合二勺二抄，额派周岁商税课钞三千五百七十九贯一百文，闰月加钞二百九十八贯二百七十文。周岁市舶课钞三百四贯二十七文，闰月加钞二十九贯五百七十三文，附海康在内。周岁酒醋课钞二十六贯四百文，闰月加钞二贯二百文。周岁窑冶课钞二十六贯四百文，闰月加钞二贯二百文。房屋地赁钞周岁二贯三百四十文，闰月加钞一百九十五文。周岁比附课钞一百六十四贯八百一十三文，河泊所比附鱼课米六石七升五合。

徐闻县。

官田地山三百六十三顷九十五亩八分八毫，夏税小麦折收粮米四斗三升八合二勺一抄二撮，秋粮租课米一万九百五石三斗六升七合七勺六抄一撮。民田地塘二千八百一十六顷六十八亩四分五厘。夏税小麦折收粮米一十石四斗七升四合二勺一抄八撮。秋粮课米九千五十五石一升七合一勺五抄七撮。额派周岁商税课钞二千一百七十八贯，闰月加钞一百八十一贯五百文。周岁市舶课钞一十四贯六百四十文，闰月加钞一贯一百二十文。周岁比附课钞二百七贯七百一十八文。

成化元年，府田地山塘五百七十三顷四十一亩八分二厘九毫。夏税四石三斗四升五合九勺一抄六撮。秋粮二万三千二百四十二石一斗五升八合四勺七抄二撮四圭。时值猺贼残破，田地荒弃，丁粮大减。都御史韩雍均派有实征定数，有司见纳实征数不足，又派陪粮充之。

海康县。

一百四十二顷八十七亩八分四厘一毫。夏税三石九斗。秋粮四千二百一十四石六斗二升九勺六抄五撮四圭。

遂溪县。

六十六顷五十八亩一分八厘。夏税七合七勺四撮。秋粮二十二石二斗二升九合七勺四抄六撮。

徐闻县。

三百六十三顷九十五亩八分八毫。夏税四斗三升八合二勺一抄二撮。秋粮一万九千五石三斗七合七勺六抄一撮。

弘治十五年，又加药味、翠毛、麖羔、水底、鹿皮、生漆等项。

府夏税麦四十五石三斗一升八勺二抄六撮。秋粮米五万四千九百八十六石一斗四升一合五勺九撮四圭。田亩缺载。岁办鱼油一千七百三十九斤一十四两八钱。岁办鱼鳔三十四斤六两七钱二分五厘。办历本纸七万三千张。岁贡益智子三百斤。岁办药味料八百斤，价银一十六两。岁办翠毛八十六个，生漆一千二百四十九斤，共银一百零八两五钱六分。岁办麖皮、鹿皮、麖羔皮、羊皮、羊羔皮、狸皮各色杂皮，共一千五百八张，共价银四百一十两。年例坐派水底皮十四张，共价银二百零二两一钱五分一厘。白硝鹿皮一百零八张半，共该价银六十五两七钱八分一厘九丝八忽。年例生漆五百斤，价银四十两。酒醋各色课程钞一万二千三百四十八贯八百二十九文，课米二千三百一十石一斗五升四合八勺五抄，税课司课钞一万五千六百八十三贯三百六文。

海康县。

夏税二十九石六斗一升六合。秋粮米二万一千四百四十六石八斗五升六勺二抄五撮四圭。有征米一万八千七百五十石五斗五升一合九勺五抄七撮。鱼油三百二十五斤。鱼鳔四斤七两二厘。办历本纸三万一千张。岁贡益智子一百二十斤。岁办药味料四百斤，银八两。翠毛四十二个、生漆六百四十九斤，价银五十六两一钱六分。岁办麖皮、麖羔皮、羊羔皮、狸皮，各杂皮五百三十八张，价银一百五十九两。年例坐派水底皮六张，银九十三两五钱七分四厘。白硝鹿皮六十张，银三十七两八分五厘一毫。年例生漆二百斤，银一十六两。酒醋各色课程钞五千八百七十三贯八百九十八文，课米五百五十七石四斗三升七合六勺五抄。

遂溪县。

夏税八斗八升一合三勺九抄六撮，秋粮米一万三千五百七十七石九斗五合九勺六抄六撮。有征米一万五百一十二石四斗二合六勺。岁办鱼油五百六十九斤二两八钱。岁办鱼鳔一十二斤十三两七钱二分三厘。办历本纸二万一千张。岁贡益智子八十斤。岁办药味料一百四十斤，银二两八钱。岁办翠毛十四个，生漆二百斤，价银共十七两四钱。岁办麕羔、羊、狸、各杂皮，四百六十张，价银一百五十两。年例坐派水底皮四张，银四十六两八钱五分七厘。白硝鹿皮二十四张，银一十三两五钱四分一厘四毫三丝六忽。年例生漆一百五十斤，银一十二两。酒醋各色课程钞三千九百四十五贯四百五十三文。课米一千八十七石四斗二升五合。

徐闻县。

夏税一十四石八斗一升三合四勺三抄。秋粮米一万九千九百六十一石三斗八升四合九勺一抄八撮。有征米一万二千九百六十九石八斗八升三合五勺四抄八撮。岁办鱼油八百四十五斤十二两。岁办鱼鳔一十七斤二两。办历本纸二万一千张。岁贡益智子一百斤。岁办药味料二百六十斤，银五两二钱。岁办翠毛三十个，生漆四百斤，共价银三十五两。岁办麕羔、羊、狸各色杂皮五百一十张，价银一百零一两。年例坐派水底皮四张，银六十一两七钱二分，白硝鹿皮二十四张半，银一十五两一钱五分四厘五毫六丝二忽。年例生漆一百五十斤，银一十二两。酒醋各色课程钞二千五百二十九贯四百七十八文。课米六百六十五石二斗九升二合二勺。

正德七年赋税加料与前同。

府秋粮递年存留，府县各仓征纳本色不敷，每石折色价银三钱七分，赔贝皮虚粮，其价亦同，间有抽拨折色解京银两。弘治十四年，里老呈诉，残耗后难视广潮二郡，参议管琪核实，准免解京。又尝起运廉州府仓，水陆艰阻。正德十年，知府王秉良议谓非便，申请都御史陈金准免起运，其存留，兼收折色每石减纳粮银三钱五分赔粮。查照无征课米事例，每石减纳银二钱六分五厘，民困自此少苏。

嘉靖元年，府官田地塘二百七十九顷六十五亩八分八厘七毫，没官草塘二口。夏税小麦抵斗折收粮米正耗四石三斗四升五合九勺一抄二撮。秋粮米正耗八千二百四十七石七斗六升二合二勺八抄三撮五圭。租钱折米七十四石二斗一升五合五勺五抄九圭。租课米二斗八升。民田地塘一万二千六十五顷二十三亩七分三里五毫。夏税小麦抵斗折收米正耗四十石四斗八升五合四勺七抄六撮。秋粮正耗米三万八千六百四十八石九斗八升六合三勺八抄四撮五圭。课米一百二十一石三斗一升三合五勺。岁办鱼油、鱼鳔、翎毛三项，共折价银一百二十两零三厘八毫。房屋赁钞、商税课程税、课司、课钞，俱与前同。

海康县。

官田地塘一百四十二顷八十七亩八分四厘二毫，没官草塘二口。秋粮正耗米四千一百四十石四斗八升五合二勺一抄四撮①五圭。租钱折米七十三石八斗五升五合五勺五抄九圭。课米二斗八升。内没官田三十六顷八十四亩七分九厘，每亩科米三斗七升四合五勺，积米一千三百七十九石九斗五升三合八勺五抄五撮。官学田一十六顷六十四亩二分七厘，每亩照没官田科积米六百二十三石五斗三升一合二勺六抄五撮。官职田三顷五十二亩五分，每亩照前科积米一百三十二石一升一合二勺五抄。官塘田五顷二亩九分，每亩照前科积米一百八十八石三斗三升六合五抄。废寺田七亩五分，每亩照前科积米二石八合七勺五抄。陈言田二十顷八十六亩六分，每亩科米二斗五升六合八勺，积米五百三十五石八斗三升八合一勺八抄。官屯田五十八顷三十三亩四分一厘，每亩科米二斗一升四合，积米一千二百四十六石二斗九合七勺四抄。没官田一顷一十七亩九分一毫，每亩科米一斗五升一合六勺四抄五撮，积米三十一石七斗九升五合四勺二抄四撮五圭。官学地三十五亩三分七厘，每亩科米一石四斗五合八勺七抄，租钱折米三十六石九斗九升二合四勺二抄一撮。平湖书院地五亩一分，每亩科米一斗三升一合四勺，租钱折米六斗六升八合三勺四撮。医学地一亩，租钱

---

① "撮"，原文为"出"，据文意改。

折米五斗九升二合九勺。惠民药局地五亩八分，每亩科米一斗五升四合八勺，租钱折米八斗九升七合八勺四抄。民田地塘五千三百六十一顷五亩九分九厘，夏税小麦折收正耗米二十九石六升五合八勺三抄。秋粮正耗米一万七千一百六十二石三斗八升六合一抄七撮。课米六十九石八斗四升三合五勺。民税民米单数三县缺载。鱼油折收黄麻三百二十五斤。本色翎毛二千二百一十八根。鱼鳔折收鱼线胶六斤一十三两，三项共折收价银二十四两八钱六分。

遂溪县。

官田地六十六顷五十八亩一分八厘。夏税小麦抵斗折收米七合七勺四撮。秋粮正耗米二千零二石六升三合九抄。租钱折米三斗五升九合八勺。内没官田二十九顷七亩一分，米八百六十五石三斗一合五勺一抄。学田一十三顷三亩七分，米四百八十八石二斗三升五合六勺五抄。官职田六顷三十亩六分，米二百三十六石一斗五升九合七勺。废寺田一顷三十七亩二分，米五十一石三斗八升一合四勺。屯田一十六顷四十七亩九分，米三百五十二石六斗五升六勺。没官田三十一亩六分八厘。夏税米正耗七合七勺四撮。秋粮米八石三斗三升四合二勺三抄。民田三千六百四顷九十四亩一分二厘。夏税小麦折收米八斗六升五合四勺一抄六撮。秋粮米正耗一万一千五百六十二石八斗五升六合五勺六抄。课米一十二石八斗三升二合五勺。鱼油折收黄麻五百六十八斤八两。鱼鳔折收线胶一十一斤十三两五钱。翎毛三千七百八十六根，三项共其折收价银五十两零五分五厘六毫七丝五忽。

徐闻县。

官田地山七十顷二十三亩八分六厘五毫。夏税小麦抵斗折收米四石三斗三升八合二勺八撮。秋粮正耗米二千一百零五石二斗一升三合九勺七抄九撮。内官职田六顷一十六亩五分四厘，米二百三十石八斗九升四合三勺三抄。没官田一十一顷九十六亩五分八厘，米四百四十八石一斗一升九合二勺一抄。官学田一十三顷五十八亩五分七厘，米五百零八石七斗八升四合四勺六抄五撮。没官职田一十八顷八十七亩五分八厘五毫，米五百六十五石五斗二升四勺七抄六撮，官僧寺地一顷一十九亩四分，米二十五石五斗五升一合六勺。没官地三十亩五分，米六石五斗二升七合。官学地六十四亩三分，米一十三石七斗六升二勺一抄。没官地一十五顷二十五亩五分九厘。夏税米四石三斗三升八合二勺八撮。秋粮米二百六十一石一斗八升一合八撮。没官山一顷三十四亩五分，秋粮米二十八石七斗八升三合。官学山一十八亩八分，秋粮米四石二升三合二勺。抄没官山七十亩五分，秋粮米一十二石六升九合六勺。民田地塘三千九十九顷二十三亩六分二厘五毫，夏税米一十石四斗七升四合二勺三抄。秋粮米九千九百二十三石七斗四升三合八勺九撮五圭。课米三十八石六斗三升七合五勺。本县十七等都民韩佑老等户内民田二百九十三顷七十三亩一厘。洪武十五年，抄没入官每亩增秋粮米二斗九升九合六勺。派各都人户照①纳。嘉靖元年，该徐闻县奏准，行守巡道勘覆，查照洪武十四年，定额改复民田起科，豁增科米八千八百石零二斗五升五合二勺。鱼油折黄麻八百四十五斤一十二两，鱼鳔折收熟铁一十七斤十两。翎毛八千四百五十七根，三项共折收价银四十五两零八分八厘一毫。

嘉靖十一年，府官民田地山塘一万二千三百四十四顷九十三亩六分二厘一毫。没官草塘二口。夏税小麦折米四十五石二斗九升九合六勺二抄八撮。秋粮米四万六千一百六十九石八斗二合九勺四抄一撮五圭。租钱折米七十四石二斗一升五合五勺五抄九圭。课米一百二十一石五斗九升三合五勺。始行均一料价。先时里甲出料，或遇料多年而派寡，或遇粮米寡年而料派多，民以为病。嘉靖元年，始折鳔油翎毛三项，他料未折尚多。至九年，御史邵幽具奏酌定一切料价，递年官米一石科银一分八厘，民米一石科银三分八厘七毫，以十年为率，解布政司通融办买，与民无预。民始便之。房屋赁钞、商税课程税、课司课钞，俱与前同。旧载官米一石起银一钱一分，民米一石起银三钱八分七厘，其数太重，恐属差讹。

海康县。

官民田地塘五千五百三顷九十三亩八分三厘一毫。夏税小麦折收米二十九石六斗五合八勺三抄。秋粮正耗米二万一千三百二石八斗七升一合二勺三抄一撮五圭。租钱折米七十三石八斗五升五合七勺五抄九圭。课米七

---

① "照"，原刻不清，据文意改。

十石一斗二升三合五勺。

遂溪县。

官民田地塘三千六百七十一顷五十三亩三分。夏税小麦折收米八斗八升一合三勺六抄。秋粮米一万三千五百六十四石九斗一升九合六勺五抄。租钱折米三斗五升九合八勺课米一十二石八斗三升二合五勺。

徐闻县。

官民田地塘三千一百六十九顷四十四亩四分九厘。夏税小麦折收米一十四石八斗一升二合四勺三抄八撮。秋粮米一万一千三百二石一升二合六抄。课米三十八石六斗三升七合五勺。

嘉靖二十一年至三十一年，府官民田塘赋税及派额折征，俱与前同。

嘉靖三十七年，续派四司应用料价，预裁额数，以便民情。济工用官米每石加派银九厘二毫，民米每石加派银二分三厘八毫。本府三县派数，详见于万历三十一年。

嘉靖四十一年，府官民田地山塘税粮及派额折征，俱与前同。

万历元年，府官民田地山塘一万二千五百八十九顷六十亩三分五厘七毫。夏税麦四十五石二斗九升九合三勺九抄。秋粮四万六千八百六十九石七斗八升九合一勺。

海康县。

官民田地塘五千六百七十六顷。夏税二十九石六斗五合六勺。秋粮二万二千二十三石二斗六升七合。

遂溪县。

官民田地塘三千六百七十一顷五十二亩三分。夏税八斗八升一合三勺六抄。秋粮一万三千五百六十四石九斗一升九合六勺五抄。

徐闻县。

官民田地塘三千一百五十二顷八亩五厘七毫。夏税一十四石八斗一升二合四勺三抄。秋粮一万一千二百八十一石六斗二合四勺五抄。

万历十年，府官民田地赋税及派额折征，俱与前同。

万历二十年，续派甲丁供用三库，料价及铺垫银本府三县官米每石加派银五厘五毫。

府官民田地赋税及派额折征，俱与前同。

万历三十一年，府秋粮、官民夏税、农桑鱼课、鱼油料各项通共米四万九千一百八十三石一斗五升七合七勺四抄。实编丁一万八千四百四十七丁，民米三万九千二百零三石五斗四合六勺五抄一撮九圭。内除优免米及赡盐米共三千四百五十二石二斗二升零外，实编米三万六千七百八十八石二斗八升二合三勺五抄五撮六圭四粟。派额府京库二千六百二十七两九钱一分一毫正。广积仓米银六千一百七十七两八钱一分八厘七毫二丝一忽。儒学仓米银四百七十八两八钱。海康县民米内派九百五十七石六斗，折征派拨廉州府广储仓米银八百七十五两七钱八分九厘五毫四丝二忽，派拨合浦县米银一千一百一十九两九钱九分九厘九毫。各县存留米银六千二百七十六两三钱一厘二毫。解司军饷米银五百八十七两五钱一分八厘六毫，额派均一。料银一千五百三十五两六钱六分九厘七毫。续派四司料银并续编贡葛价银共一千七十八两八钱六分五毫。铺垫并京估料银二百六十五两二钱九分三厘六毫。增派紫竹、梨木、翠毛等料银五十四两七钱九厘二毫。军器料银一百二十九两一钱六分九厘。总兵廪给并掾史衣资一十七两二钱三分八厘二毫。鱼课并比附米三百七十九两八钱九分七厘七毫。鱼油料并水脚银一百五十三两九钱六分八厘五毫。议增供应税盐共银二十三两九钱二分三厘七毫。

海康县。

官民地塘税二万二千六百六十五石二斗三升五合正。实编丁九千五百四十二丁。民米一万五千四百二十九石一斗六升七合一勺六撮八圭。派额府京库银一千三百九十七两一钱九分一毫正。广积仓米银三千七百二十五两一钱三分一厘二毫四忽。派拨廉州府广储仓米银四百三两五钱二分二厘四毫。派拨合浦县米银六百六十七两二钱六分五厘。存留米银一千四百九十七两零三厘九毫。解司军饷米银二百六十三两五钱一分八厘六毫。额派均一料银七百二两六钱五分六厘八毫。续派四司料银并续编贡葛价银四百二十七两六钱五分八厘正。铺垫并京估料银二百二十四两四钱二分四厘二毫。增派紫竹、梨木、翠毛等料银二十五两六钱七分七厘。军器料银六十一两一钱二分一厘二毫。总兵廪给并掾史衣资银八两一钱五分三厘八毫。

鱼课并比附米银七十八两六钱零八厘三毫。鱼油料并水脚银二十四两八钱六分。议增供应税监银一十四两五钱七分三厘六毫。

遂溪县。

官民地塘税一万四千四百一十九石八斗八升三合一勺六。实编丁三千四百七十四丁七分。民米一万一千八百一十四石二升九合三抄八撮二圭。派额府京库银六百三十一两七钱七分四厘八毫五丝四忽。广积仓米银一千八百三十三两四分四厘二毫。儒学仓米银一百七十四两八钱五分。存留米银二千三百二十八两六钱四分四厘。解司军饷米银二百一十六两。额派均一料银四百一十九两三钱七分一厘四毫。续派四司料银并续编贡葛价银二百九十九两一钱八分六厘五毫。铺垫并京估料银七十七两八钱三厘五毫。军器料银三十二两八分九厘七毫。总兵廪给并掾史衣资银四两六钱八分七厘一毫。鱼课比附米银一百四十两九钱六分四厘。鱼油料并水脚银七十两四钱九分四厘。议增供应税监银五两八分四厘。

徐闻县。

官民田地山塘等税一万一千三百九十一石九斗二升五合六勺。实编丁五千四百三十丁。民米五百九十八两九钱四分八厘七毫八丝一忽正。广积仓米银六百一十九两三钱四分三厘二毫。儒学仓米银一百五十六两。派拨廉州府广储仓米银四百七十二两二钱六分七厘一毫四丝二忽。派拨合浦县米银四百五十二两七钱三分四厘九毫。存留米银二千四百五十两六钱五分三里三毫。又抵补鱼课米银六十二两一钱。解司军饷米银一百零八两。额派均一银四百一十三两六钱四分一厘四毫。续派四司料银并续编贡葛价银三百五十二两零一分六厘。铺垫并京估料银六十三两六分五厘九毫。增派紫竹、梨木、翠毛等料银一十三两二分二厘三毫。军器料银三十五两九钱五分八厘一毫。总兵廪给并掾史衣资银四两三钱九分七厘六毫。鱼课并比附米银一百六十两三钱二分五厘四毫。鱼油料并水脚银五十八两六钱一分四厘五毫。议增供应税监银四两二钱六分九厘七毫。

以上一十七项，共银二万一千七百八十二两八钱七分一厘七毫九丝七忽。

万历四十一年，府官民田山塘并升科税一万三千一十六顷四十五亩五分三厘三丝六忽一微。夏税小麦抵斗折收粮米四十五石五斗九升九合三勺。秋粮正耗官米八千四百四十六石二斗九升五勺三抄四撮二圭七粟四粒。民米三万九千一百九十一石五斗七升一合八勺四抄二撮九圭零。塘课米一百一十八石七斗一合八勺五抄。鱼课米并比附无闰共一千三百五石四斗四升二合六勺八抄。遇有闰年加米九十七石七斗二升五合五勺。今届升科官米五石一升九合七勺六抄二撮六圭。民米四十六石二斗六合八勺三抄二撮六圭七粟。课米九斗一升一合五勺。岁派京库米九千九百三石八斗八升二合一勺七抄五撮三圭七粟二粒。内海康县以官课米派五千二百四十石九斗一升三合二勺九抄五撮八圭。又派民米三百四十七石八斗四升七合一勺三抄四撮六圭九粟六粒。遂溪县以通县官米二千二石二斗二升九合七勺四抄六撮派。又派民米五百二十二石四斗六升九合六勺七抄二撮四圭六粟八粒。徐闻县以官米一千二百六十八石五斗四升九合二勺二抄四撮一圭七粟四粒。以上官民课米每石俱派银二钱五分。徐闻又于民课米内派五百二十一石八斗七升三合一勺二撮二圭三粟四粒。每石派银五钱四分，通共银二千六百二十七两三钱一分三厘七毫四丝三忽零。每两带征水脚银三分，该银七十八两八钱一分九厘四毫八忽零。本府广积仓本折色米一万四千八百七十五石一斗九升二合九勺五抄七撮七圭五粟。以三县民课米内派海徐二县每石派银四钱二分六厘，遂溪县每石派银三钱九分二厘，共银六千一百七十七两八钱一分七厘六毫四丝六忽零。本府儒学并遂徐二县儒学米，共米一千六百四十九石七斗八合六勺九抄六撮五圭一粟。海徐二县每石派银五钱，遂溪县每石派银四钱六分，共该银八百九两六钱五分。派拨廉州府广储仓米一千九百九十五石四斗六升四合三勺三抄一撮四圭八粟二粒。内海康县以民米派每石折银三钱六分，徐闻县以民课米派每石折银五钱四分，共该银八百七十五两七钱八分九厘五毫四丝二忽。派拨合浦县永安仓米二千六百九十一石九斗一升二合七抄一撮八圭四粟五粒。海徐二县俱以民米，派海康县每石折银三钱六分，徐闻县每石折银五钱四分，共该银一千一百一十九两九钱九分九厘九毫零。存留各县仓本折色米一万五千二百三十一石四斗一升九勺三抄三撮三圭八粟一粒。三县每石派银不等，共该银六千二百八十六两六钱三分九厘四毫四忽六微四金七沙。解司军饷米一千三百九石一斗二升五合七勺五抄零。内海康县以民米抽派每石折银四钱，遂溪县以民米抽派每石折银四钱三分九厘六毫四丝九忽，徐闻县以民课米抽派每石折银五钱四分，共银五百八十七两五钱一分八厘六毫一丝七忽六微零。额派均一料银一千五百三十五两六钱六分五厘七毫一丝三忽零。以三县官民课米，派各不等，续派四司料并续增贡布价银九百七十八两八钱六分七毫六丝三忽零。以三县官民课①米，派各不等，铺垫并京估料银二百六十五两二钱九分三厘二毫六丝三忽零。以三县官民课米，各派不等，增派梨木、紫竹、翠毛等料银五十四两七钱八厘九毫零。以三县官民课米，各派不等，军器料银一百二十九两一钱六分九厘一毫九丝六忽零。以县官民课米，各派不等，总兵廪给并掾史衣资银无闰银一十七两二钱三分八厘五毫三丝四忽。以三县官民课米，派各不等，有闰添派。鱼课米无闰银四百一十一两二钱一分四厘四毫四丝三忽。内徐闻县虚米银六十二两一钱零九微。以实征民课米一百四十五石七斗七升四合六勺五抄征补外，尚存银三百四十九两一钱一分四厘四毫四丝二忽一微。以三县实征鱼课米每石俱派银三钱一分五厘，遇闰年照有闰米增派。鱼油料无闰银一百五十六两六厘五毫一丝九忽。内徐闻县以蛋户办纳，海遂二县以鱼课并比附米，派各不等，遇闰年另添派，俱不入通县官民塘课米条银内。议增供应税监银一十六两六钱三分六厘九毫八丝零。以三县民课②米派，每石俱派银四毫二丝四忽四微零。

海康县。

官民田地塘五千六百七十四顷四亩九厘五毫三丝一忽一微。夏税小麦折夏米二十九石九斗五合五勺。秋粮官米五千一百七十六石三升二合六勺九抄五撮八圭。民米一万七千一百六十七石三斗四升八合九勺三抄三撮八圭。塘课米六十四石八斗八升六勺。鱼课并比附米无闰二百二十七石六升八合二勺。遇闰年添派米二十二石四斗八升二合。俱课户征办，不入通县条鞭银内。今届升科官民塘课米二十一石七斗九升六合一抄八撮七圭七粟

二粒。岁派京库银以通县官塘课米五千二百四十石九斗一升三合二勺九抄五撮八圭。又以民米内抽派三百四十七石八斗四升七合一勺三抄四撮六圭九粟六粒，共派每石俱派银二钱五分，共该银一千三百九十七两一钱九分一毫七忽零。每两带征水脚银三分，该银四十一两九钱一分五厘七毫零。本府广积仓本折色米八千七百四十四石四斗三升六合九勺二抄三撮七粟七粒，以通县民米内抽派每石连耗簟①派银四钱二分六厘，该银三千七百二十五两一钱三分一毫二丝九忽零。派拨廉州府广储仓米一千一百二十石八斗九升五合五勺五抄。以民米内抽派每石折银三钱六分，该银四百三两五钱二分二厘三毫九丝八忽。派拨合浦县永安仓米一千八百五十三石五斗一升四合七抄七撮四圭，以民米内抽派每石折银三钱六分，该银六百六十七两二钱六分五厘六丝七忽零。派本府儒学米九百五十七石六斗，以民米内抽派每石折银五钱，该银四百七十八两八钱。存留本县仓本折色民米三千四百八十四石二斗五升八合七勺四撮六圭一粟五粒。夏米二十九石九斗五合五勺，每石俱派银四钱二分六厘，该银一千四百九十七两三分三厘九毫五丝一忽。解司军饷米六百五十八石七斗九升六合五勺四抄四撮零。以民米内派每石折银四钱，该银二百六十三两五钱一分八厘六毫一丝七忽六微。额派均一料银七百一两六钱五分六厘八毫九丝九忽零。以通县官民塘课米，派官米塘课米每石俱派银一分七厘七毫七丝七忽零。民米每石派银三分五厘五毫零二忽七微零。续派四司料并买布价银四百二十七两六钱五分八厘九丝二忽零。以通县官民塘课米派官塘课米每石俱派银九厘八丝六忽一微。民米每石派银二分二厘一毫三丝七忽四微九金零。铺垫并京估料银一百二十四两四钱二分四厘二毫六丝二忽零。以通县官民米派每石派银五厘五毫六丝八忽七微三金零。增派紫竹、梨木、翠毛等料银二十五两六钱七分七厘一丝三忽五微零。以通县官民塘课米每石俱派银一厘一毫四丝五忽八微七金零。军器料银六十一两一钱二分一厘二毫四丝八忽零。以通县民米每石派银三厘五毫六丝三微一金九沙五尘七埃。总兵廪给并掾史衣资无闰银八两一钱五分三厘八毫一丝九忽三微。以通县民米每石派银四毫

七丝四忽九微六金零。遇闰年另添派。鱼课并比附米无闰银七十一两五钱二分六厘四毫八丝三忽。以鱼课无闰米每石派银三钱一分五厘。系课户派办，不入通县条鞭银内。鱼油料无闰并水脚共银三十二两三钱一分八厘。以鱼课无闰米并比附派每石折银一钱二分九厘五毫五忽零。系课户征办，不入通县粮米银内。议增供应税监银七两二钱八分六厘八毫二丝一忽七微。以通县民米每石派银四毫二丝四忽四微五金零。此银四十二年太监故，无派。

遂溪县。

官民田地塘四千一百三十六顷二十四亩四分一厘四毫一丝零。夏税小麦抵斗折收米八斗八升一合三勺六抄。秋粮官米二千二石九升九合一勺六抄六撮三圭零。民米一万一千九百五十五石一斗七升七合五勺四撮。塘课米一十四石八升八合七勺五抄。鱼课米并比附无闰共四百一十三石八升二合。遇闰年加米三十四石四斗二升三合五勺。递年课户征纳，不入通县官民米条银内。今届升科官民塘课米一十七石四斗四升一勺三抄。岁派京库银以通县官米二千二石二斗二升九合七勺四抄六撮。又民米派五百二十二石四斗六升九合六勺七抄二撮四圭六粟八粒。每石俱派银二钱五分，该银六百三十一两一钱七分四厘八毫五丝四忽零。每两带征水脚银三分，该银一十八两九钱三分五厘二毫四丝五忽零。本府广积仓本折色米以民米派四千六百七十六石八斗九升八合六勺。每石派银三钱九分二厘，该银一千八百三十三两三钱四分四厘二毫五丝。本县际留仓折色学米三百八十石一斗八合六勺九抄六撮五圭一粟，以民米内抽派每石折银四钱六分，该银一百七十四两八钱五分。存留本县际留仓本折色米一千二百五十六石一斗七升七合二勺一抄三撮二圭三粟四粒。又派乐民仓本折色米四千六百八十三石二斗八升三合一勺六抄三撮二圭六粟五粒。俱以民米内抽派，每石派银三钱九分二厘，该银二千三百二十八两二钱六分八厘四毫六丝七忽五微八金七沙零。又于夏税米八斗八升一合三勺六抄，每斗派银四分二厘六毫，该银三钱七分五厘四毫五丝九忽三微六金。派解司军饷米四百五十石三斗二升九合二勺零。以民米派每石派银四钱三分九厘六毫四丝九忽零。该银二百一十六两。额派均一料银四百一十九两三钱七分一厘四毫，以通县官民米派官米每石派银一分六厘一毫六丝六忽六微，民米每石派银三分二厘三毫三丝三忽零。续派四司料并续编贡布价银二百九十九两一钱八分六厘五毫，以通县官民米派官米每石派银一分一厘五毫三丝三忽四微零。民米每石派银二分三厘六丝六忽九微零。铺垫并京估料银七十七两八钱三厘五毫五忽五微零。以通县官民米派每石俱派银五厘五毫六丝八忽七微零。增派紫竹、翠毛、梨木等料银一十六两九厘五毫五丝四忽六微零。以通县官民米每石俱派银一厘一毫四丝五忽八微七金零。军器料银三十二两八分九厘七毫五丝七忽七微。以通县官民米派官米每石派银一厘二毫三丝七忽零四金。民米每石派银二厘四毫七丝四忽零。总兵廪给并椽史衣资无闰银四两五钱五分九毫六丝。以通县官民米派官米每石派银一毫七丝五忽九微九金。民米每石派银三毫五丝七微零。遇闰年另添派。鱼课米并比附无闰银一百三十两一钱二分八毫三丝。以鱼课无闰米四百一十三石八升二合，每石派银三钱一分五厘，遇闰年照有闰米添派。鱼油料并水脚无闰银六十五两七分三厘三毫九丝四忽。以鱼课米每石俱派银一钱五分七厘五毫五丝五忽零。遇闰年照闰米添派。俱系课户办纳，不入通县条鞭银内。议增供应税监银五两八分四毫五丝三忽零。以通县民米每石派银四毫二丝四忽四微五金零。

徐闻县。

官民田地山塘税三千二百六顷一十七亩二厘九丝五忽。夏税小麦抵斗折收米一十四石八斗一升二合四勺四抄。秋粮官米一千二百六十八石一斗五升八合六勺七抄二撮二圭七粟四粒。民米一万六十九石四斗五合四勺五撮一圭。塘课米三十九石七斗三升二合五勺。鱼课并比附米无闰六百六十五石二斗九升二合四勺八抄，遇闰年添米四十石八斗二升，俱课户办纳，不入通县粮米条银内。今届刀科官民课米一十二石九斗一合九勺四抄六撮五圭。实编丁五千九百四十七丁半。岁派京库银以通县官米一千二百六十八石五斗四升九合二勺二抄四撮一圭七粟四粒。每石派银二钱五分，又于民课米内派五百二十一石八斗七升三合一勺二撮二圭三粟四粒。每石派银五钱四分，二项共该银五百九十八两九钱四分八厘七毫八丝一忽二微五金。每两带征水脚银三分，该银一十七两九钱六分八厘四毫六丝三忽零。本府广积仓本折色米一千四百五十三石八斗五升七合四勺三抄四撮六圭七粟三粒。以通县民课米每石连耗簋派银四钱二分六厘，该银六百一十九两三钱四分三厘二毫六丝七忽零。本县际留仓折色学米三百一十二石，以民课米每石派银五钱，该银一百五十六两。派拨廉州府广储仓米八百七十四石五斗六升八合七勺八抄一撮四圭八粟二粒。以民课米每石折银五钱四分，该银四百七十二两二钱六分七厘一毫四丝二忽。派拨合浦县永安仓米八百三十八石三斗九升七合九勺九抄四撮四圭四粟五粒。以民米每石派银五钱四分，该银四百五十二两七钱三分四厘九毫一丝七忽零。存留本县际留海锦三仓本折色米俱以民课米派五千七百六十二石九升二合五勺五抄二撮三圭六粟六粒。又夏税米一十四石八斗一升二合四勺四抄，每石连耗簋俱派银四钱二分六厘，共该银二千四百六十两九钱六分一厘五毫二丝六忽七微零。解司军饷米二百石以民课米每石派银五钱四分，该银一百零八两。额派均一料银四百一十三两六钱四分一厘四毫一丝三忽零。以通县民课米派官米每石派银一分八厘，民课米每石派银三分八厘六毫六丝一忽零。续派四司料并续增贡布价共银二百五十二两一分六厘一毫七丝一忽四微零。以通县官民课米均派官米每石派银九厘二毫，民课米每石派银二分三厘七毫七丝六忽四微零。铺垫京估料银六十三两六分五厘四毫九丝五忽零。以通县官民米每石俱派银五厘五毫六丝六忽零。增派紫竹、梨木、翠毛等料银一十三两二分二厘三毫七丝六忽五微零。以通县官民课米每石俱派银一厘一毫四丝四忽六微零。军器料银三十五两九钱五分八厘一毫九丝零。以通县民米每石派银三厘五毫七丝一忽零。总兵廪给无闰银三两五钱一分五厘，以通县官民课米每石派银三毫零八忽九微零。又掾史衣资银八钱八分二厘五毫五丝五忽。以通县民课米每石派银八丝七忽三微。鱼课米并比附无闰六百六十五石二斗九升二合四勺八抄，该额银二百九两五钱六分七厘一毫三丝零。内奉文除豁虚粮一百九十七石一斗四升二合八勺六抄。该银六十二两一钱零。议将实征民课米内抽派抵补外，尚实征米四百六十八石一斗四升九合六勺二抄。每石折银三钱一分五厘，该银一百四十七两四钱六分七厘一毫三丝，遇闰年照有闰米添派，系课户办纳，不入通县粮米银内。鱼油料并水脚无闰银五十八两六钱一分六厘一毫二丝五忽。遇闰年添派。俱系蛋户办纳，不入粮米内派。供应税监银四两二钱六分九厘七毫零。以通县民米每石派银四毫二丝四忽零。

以上三县丁粮均派各项并外派鱼课米鱼油料，共银二万二千一百二十八两三钱四分二厘五毫七丝二忽零。

丁　役^{盐钞附}

本府官民田塘一万三千三十一顷有奇。官视民居四十分之一。官田起科不等，大率每亩科米三斗五升零。民田科米三升零。民米视官仅十之一。至派额及钞役，民视官又居三之二。曩时官府召役必问民米，役一而费十，则民米又不翅重矣。雷天顺前役简，民易以供。成化初大被猺患，田亩既荒，丁口亦耗。猺役仍前编造，丁粮不足充之，始别立四役，凡十年，再周而民滋病。正德五年知府赵文奎始革四役，复为十年一周，民稍苏。正德十年，知府王秉良复编作三等九则。上四则银差多力差少，中一则银差少力差多，下四则俱力差。其法颇详。民初便之。久之银差之纳，索取辄陪，而民复病。嘉靖十七年里老陈诉，参议龚暹乃令银差悉照该役多寡折纳。凡遇役作，官自支给，不复累民。即今循之。通计本府官民夏税农桑鱼课等粮共四万九千一百二十九石零。内民米除免外，该三万五千六百五十五石零。人丁除免外，实编一万八千四百四十七。其丁之多寡，亦视粮为率。无粮者，或十人始承一丁。每岁丁银，附里长科纳。军饷京库各仓米及铺垫军器等十七项折征，俱从官民米派，而民为重。均平、均猺。驿传、弓兵、监钞五项折征，则从丁粮兼派。惟供应盐税监，及偶加兵饷，始于原额派外量派。事后撤之，不以为例。大率官米一石并加派岁输银三钱有奇。民米一石并加派岁输银八钱有奇。丁每一并加派岁输银三钱有奇。而派额四差盐钞俱在内，此一府征纳之总例也。额派十七项前已具列，惟四差及监钞详于左。

均平。

均平为正役。国初，邑每一百一十户为里，择其丁粮多者统之。甲内官吏儒生及老疾为军者，皆复其身，余悉输役，凡十年而周。见役者追征勾摄，余则否。成弘间听甲长随丁田敛钱于里长，以供官府一岁之用，而归其身于农。命曰"均平"。久之有司繁费，皆里甲直供。嘉靖十四年，御史戴璟定为均平录。雷格而未行。参议龚暹申饬之，而雷始便。至嘉靖三十七年，御史潘季驯复增损之，名"永平法"。分三等，曰岁办、曰额办、曰杂办。视其用之缓急为次第，征银在官，毋令里甲视之为役一。

通府均平额银三千六十四两三钱二分一厘四毫九丝三忽。

海康县

均平额银一千三百一十三两三分一毫七丝。

岁办派数。

拜牌习仪并本府进贺表笺纸扎等项银二十六两五钱。二次祭丁银七十五两。祭启圣名宦乡贤银一十四两九钱四分。祭山川银一十五两一钱八分。祭社稷银一十二两。神祇海渎伏波寇公十贤雷祠岁二祭，飓风三祭，劝农忠义岁各一祭，共银二十五两九钱五分。厉坛岁三祭，共银一十六两二钱四分二厘。历日银二两。门神桃符银二两四钱。迎春土牛牲醴祈雨祈晴护日月食香烛共银九两。乡饮酒礼银一十五两正。守巡二道米菜纸扎银二十四两四钱八分。守道烛银八两。上司经临烛炭门皂米菜银六两。委官查盘纸扎油柴米菜银八两零八厘。上司府县朔望行香讲书纸笔银七两。府县季考生员卷饼花红纸扎笔墨银四十三两。府岁贡生员盘缠花红羊酒银二十四两六钱六分七厘。守巡道阅操犒赏银七两五钱。巡历驻扎皂隶迎送银五十两。卫所操练犒赏银五两。夫马银四百三十两。来降夷人稻谷银二十五两。孤老盐柴布帛银二十两。

额办派数。

察院按临纸扎油烛柴炭门皂米菜银六两二钱。察院考试生员卷饼花红纸扎银四十四两四钱正。察院阅操犒赏银二两。察院审录银一两。恤刑按临纸扎油烛柴炭门皂米菜银二两四钱八分。分守道新任祭门升任祭江猪羊香烛银二两三钱五分。分守道驻扎合用家私什物银一十五两正。提学道按临纸扎油烛各项银七两一钱六分九厘。修补分守海北道并本府同知通判推官知县执事桥伞银一十四两。应朝官员酒席造册银八两三钱三分四厘。应朝复任知府知县经历典史什物祭门猪羊酒席银八两八钱。贺新进士旗扁花红银一两六钱五分七厘七毫。迎宴新举人旗扁花红银二两三钱六分三厘。

起送会试举人酒席银三两七钱三毫。县学贡生花红羊酒盘缠银三十七两。岁考生员童生入学卷饼花红二十一两八钱八分三毫。科举生员府学盘缠花红酒席银四十四两二分八厘八毫七丝。新官到任祭祀酒席轿伞小修什物知府通判教授三员银二十一两八钱。本县并学官银二十八两。分守道衙修理银共一十八两正。新增上司往来使客合用椅桌银二十两。

杂办派数_{银一百三十两}。

遂溪县

均平额银共九百八十六两六钱五分一厘四毫四丝三忽。

岁办派数。

拜牌习仪香烛银五钱正。文庙及山川社稷春秋二祭共银七十二两一钱。祭厉坛三次，共银一十五两正。历日银二两。迎春土牛祈雨祈晴护日月食银三两八钱一分二厘五毫。门神桃符银一两四钱。乡饮二次共银八两正。朔望行香讲书纸笔银四两正。季考额银二十二两。操练军兵银四两。上司经临油烛柴炭米菜银四两五分。夫马银三百六十两。孤老布帛盐柴银二十五两八钱正。

额办派数。

修理各衙门工料银一百一十六两。岁考入学花红银一十六两五钱。解府学科举生员银一十二两六钱五分三厘二毫七丝。本县儒学科举生员银一十四两三钱三分三厘三毫六丝。贺举人旗扁花红等银二两八钱六分六厘。起送会试举人酒席连解府共银三两七分七厘。县岁贡盘缠花红等银三十七两。府学岁贡盘缠银二十四两六钱六分七厘，解府支给。上司巡历合用内外班并迎送官员皂隶工食银二十两正。府理刑厅轿夫伞夫银三十六两。查盘委官纸扎油烛柴炭门皂米等银三两六钱八分八厘。察院观风考试生员卷饼花红纸笔银十三两。贺新进士旗扁花红酒席银一两六钱六分七厘。新官到任合用祭门猪羊酒席执事等银四十四两三钱六分二厘六毫一丝。提学道按临合用油烛柴炭门皂米菜银一两三钱八厘。分守道油烛银八两，解海康县凑支。应朝官员酒席造册工墨答应银三两五钱。应朝回任知县典史什物祭门猪羊酒席银三两三钱六分六厘七毫。修补知县轿伞每年银二两。

杂办派数。

杂办均平银八十两正。凡奉遇接诏赦香烛官员祭江猪羊上司经临驻扎送办下程下马饭等用公费一项。来降夷人稻谷银二十两。

徐闻县

均平额银七百六十四两六钱三分九厘八毫八丝。

岁办派数。

拜牌习仪香烛银五钱。二次祭丁银三十六两。祭启圣乡贤银一十四两五钱四分。祭山川银一十四两七钱。祭社稷银一十一两四钱。厉坛三祭共银一十五两。历日银二两。门神桃符银一两四钱。迎春土牛芒神牲醴祈雨祈晴护日月食香烛银四两正。乡饮银八两。本县朔望行香讲书纸笔银四两。季考生员银二十二两。县所操练犒赏军兵银四两。守巡二道阅操犒赏银七两五钱，解海康县凑支。分守道油烛银八两，解海康县凑支。上司巡历驻扎皂隶迎送银八两。上司经过纸扎油烛米菜银二两五分二厘。查盘委官纸扎油烛米菜银三两六钱八分八厘。夫马银二百四十两。来降夷人稻谷银二十五两。孤老柴米布帛银二两四钱四分。府学岁贡生盘缠花红羊酒银二十四两六钱六分七厘。

额办派数。

察院考试生员卷饼花红银十三两。察院阅操犒赏军兵银二两。修补知县轿伞银二两。应朝官员造册酒席银四两。应朝回任典史什物祭祀银二两八钱六分六厘七毫。贺新进士旗扁花红羊酒银一两一钱六分六厘九毫。迎宴新举人旗扁花红酒席连府共银二两九钱四分九厘五毫。起送会试举人酒席银三两九钱二分六毫。县学岁贡生盘缠花红酒席银三十七两。岁考生员童生入学花红银十六两五钱。县科举生员盘缠花红酒席银二十两。府学科举生员盘缠银五两九钱八分六厘五毫七丝。新官到任合用祭祀酒席执事轿伞小修什物本府同知经历训导银十六两三钱六分二厘六毫一丝。本县银二十八两正。

杂办派数。

原额派银四十两，续加四十两。一切迎送诏赦香烛、升任官员执事、祭江猪羊卷箱扛索修补各衙什物、上司使客下程、教官出入夫马、发学写榜纸笔、造册书手工食、检验什物、总参官员、提兵经过、柴烛米菜、察院考试、花红等件俱在此支用。修理各衙门公馆共银七十两正。

均徭为杂役。成弘以前莫考。正德后始定银差力差之例。本府银差一百零七役，力差八十四役，凡一百九十一役。海康县银差六十六役半，力差二百三十九役，凡三百零五役半。遂溪县银差六十三役，力差一百八十三役，凡二百四十六役。徐闻县缺载。久之银差输至数倍，力差或不能亲供，转雇以应。其费亦倍。最后乃照丁粮料派入官，与均平例同为役二。

通府均徭额银七千二百七两四钱八分，遇闰年加派银三百八十二两七钱五分一厘九毫。

海康县

均徭无闰额银三千一百七十二两六钱九分二厘，遇闰加银一百七十八两一钱三分七厘九毫。解户水脚免差充饷银一百二十两。分守道门子工食银七两二钱，遇闰加银六钱。分守道皂隶工食银二十一两六钱，遇闰加银一两八钱。分巡道皂隶工食银四十三两二钱，闰加三两六钱。参将门子工食银七两二钱，闰加

银六钱。梧州府门驿廪给银二十六两。会试举人水手银七十二两。本府正佐柴马银三百二十两，遇闰加银二十六两六钱六分六厘有毫。本府并各厅门皂工食银一百四十四两，遇闰加银十二两。本府监禁子工食刑具银一百三十四两四钱，遇闰加银十一两二钱。府仓见役斗级工食纸扎修仓银六十一两，闰加银

五两八分二厘。本县正佐首领柴马等银二百六十八两，闰加银二十二两三钱三分一厘。本县见役门子工食银七两二钱，闰加银六钱，本县并各厅役皂隶工食银一百四十四两，闰加银十二两。本县禁子工食并刑具等银七十三两六钱，遇闰加银六两一钱三分三厘三毫。府县二学斋膳银二百四十两，遇闰加银

二十两，府县二学库子库夫银三十五两二钱，遇闰加银二两九钱三分四厘。县仓见役斗级工食银二十九两四钱五分二厘，遇闰加银二两四钱。守寨院司门六分六厘。本县铺兵并赤历等银二百九十四两，遇闰加银二十四两二钱。本县各处渡夫工食造船银二百五十两五钱，遇闰加银十六两九分工食银三两

六钱。守中西二司门子工食银五两一钱。守东门门子工食银三两六钱，三项有闰加银一两二分五厘。黑石清道二巡司弓兵工食银九十六两，遇闰加银八两，裁革充饷银七百六十九两三钱。

遂溪县

均徭无闰额银二千一百三十两九钱，遇闰加银一百一十二两一分五厘四毫。布政司及府解户水脚银八十两。守寨院司并布按二司门子三名工食银一十一两八钱，遇闰加银九钱。本府柴马一百一十二两，遇闰加银九两三钱三分三厘四毫。本县各官柴马银二百六十八两，遇闰加银十九两九钱八分二厘。梧州府门驿廪给银一十九两五钱。分守道门子皂工食银

二十一两六钱。本府并各厅皂隶工食银二十二两四钱，遇闰加银一两八钱。门子工食银七两二钱，闰加银六钱。会试举人水手银一十二两。儒学斋膳夫门子银一百五两六钱，遇闰加银八两八钱。本县直堂十一首领皂隶工食银一百五十八两四钱。本府各厅工食刑具银十三两二钱。本县直堂

子一名工食银七两二钱，遇闰加银六钱。遂溪通判等处渡夫工食并船价银一百三十三两八钱，闰加银一两四钱。际留乐民二仓斗级工食纸扎银三十三两二钱，遇闰加银一两八钱。铺工食并锣旗等银四百三十六两，遇闰加银三十六两八钱。禁子工食刑具银四十四两八钱，闰加存留充饷号

兵工食银一百五十一两二钱，
裁革充饷银四百六十六两六钱。

徐闻县

均徭无闰额银一千九百三两八钱八分八厘，遇闰加银九十二两五钱九分八厘六毫正。布政司解户银七十五两。分守海北道皂隶工食银二十一两六钱，遇闰加银一两八钱。梧州府门驿廪给银一十九两五钱。会试举人水手银三十六两。本府佐贰并首领柴薪银七十二两，遇闰加银六两。本府直堂门子工食银七两二钱，遇闰加银六

钱。本府皂隶并各厅一十八名工食银一百二十二两四钱，遇闰加银十两二钱。本县知县主簿典史薪夫七名柴薪八十四两，遇闰加银七两。又马夫三十名，共银一百二十两，遇闰加银九两九钱九分九厘。本县直堂子工食银七两二钱，遇闰加银六钱。本县直堂并各厅皂隶工食银一百一十五两二钱，遇闰加

银九两六钱。禁子工食刑具银共银四十四两八钱，遇闰加银三两七钱三分三厘二毫。儒学斋夫四名工食银四十八两，遇闰加银四两。膳夫二名银四十两，遇闰加银三两三钱三分三厘二毫。圣殿门子一名工食银六两，遇闰加银五钱。库子二名工食一十四两四钱，遇闰加银一两二钱。守海北道门子工食银

五两，遇闰加银四钱。预备海糖三仓斗级工食银三十两六钱，遇闰加银二两五钱五分。际留仓斗级工食纸扎银一十七两九钱九分八厘，遇闰加银八钱。弓兵工食共银一百四十八两，遇闰加银一两四钱。铺兵工食并赤历银二百四十七两二分，各处渡夫工食并修船银一十二两六钱，遇闰加银一钱。兵工食共银一百一十五两二钱，遇闰加银九两六钱。裁扣充饷银六百四十五两五钱。

民壮亦杂役。国初简民间勇力充之，每民壮一名，免粮五石。人二丁器械、鞍马，俱从官给。三县民壮计七百有奇。分领以总，小甲统以哨

官。每岁冬操三歇五，余月皆分派各衙门应用。遇警方遣海上巡视，旧皆亲役。嘉靖间改用银差，输银入官招募。今俱从丁粮派征，与弓兵均徭例同为役三。

通府民壮额银五千八百四十六两八钱，遇闰加银三百四十七两七钱。

海康县

民壮额银二千五百八十三两六钱，遇闰加银一百三十五两九钱。加添充饷银九百五十二两八钱。守城陆兵改复民快，无闰工食银八百九十二两八钱，遇闰加银七十四两四钱。杂差民快工食银七百三十八两，遇闰加银六十一两五钱。

遂溪县

民壮额银一千八百七十六两，遇闰加银一百二两。守城民壮一百二十三名，每名银七两二钱，总哨一名一十四两四钱，共银九百三两二十四两，遇闰加银七十五两。杂差民壮五十四名，每名银六两，共银三百二十四两，遇闰加银二十七两。解府充饷银六百五十二两。

徐闻县

民壮额银一千三百八十七两二钱，遇闰加银一百九两八钱。守城民快一百三十八名，无闰工食银九百九十三两六钱，遇闰加银八十二两四钱。杂差守库民壮五十四名，无闰工食银三百二十四两，遇闰加银二十七两。余扣解充饷银六十九两六钱。

驿传亦杂役。马驿供马，水驿供船。洪武二十六年，定马分上中下。上马每匹该粮一百石。中每匹该粮八十石。下每匹该粮六十石。点附近乡村供应，不足则以次及之。户粮不满百户，许众户轮当鞍辔杂物，各照田粮备买。船设水夫十名，粮五石以上，十石以下，轮合轮当，不拘户数。后又于里役中，岁金二人典之，供亿浩繁。嘉靖间，用御史戴璟议，始照粮派银带征，按季给驿而存其羡以待，每十年一编。近乃逐年派征，凡所属州县有无驿及驿用多寡，通融协济。其法尤便为役四。

通府驿传额银一千六百六十六两三钱八分二毫七丝二忽。

海康县

驿传额并增派银六百七十七两九钱三分六厘。雷阳驿支银四百一十九两九钱六分八厘。协助城月驿支银一百四十一两一钱一分六厘。协助英利驿支银九两七钱六分二厘。余扣解充饷银一百零八两八分九厘。

遂溪县

驿传额银五百一十两八钱四分三厘七毫七丝二忽。桐油驿支银二百二十六两七钱五分二厘。城月驿支银一百三十四两七钱七分五厘五毫。解府充饷银一百四十九两三钱一分六厘二毫七丝二忽。

徐闻县

驿传额银四百七十七两六钱零五毫。踏磊驿支银一百八十八两七钱三分九厘七丝二忽。英利驿支银一百一十九两八钱七分一丝一忽。余扣解解府充饷银一百零二两九钱九分一厘。

四毫四
丝。

盐 钞

国初令府州县男女成丁者，给盐三斤征八升。永乐二年，令天下官民，大口纳钞一十二贯，支盐十二斤，小口半之。正统三年，户口盐钞俱半征。惟官吏并随宦大口全征。四年，幼男女及军俱免征。成化十年钱钞兼收，钞一贯折钱二文。久之盐停给，钞钱征如故。嘉靖二十七年，钞一贯折银四厘。每口征银二分四厘。万历二年，酌定额银，随丁口多寡科派。

通府盐钞额银五百三十一两九钱三分五厘五毫五丝，遇闰加派银四十一两一钱三分九厘五毫。

海康县盐钞额银二百七十二两二钱四分，遇闰加银二十二两六钱九分二厘六毫二丝零。

遂溪县盐钞额银九十五两一钱五分七厘五毫五丝，遇闰加派银四两七钱三分五厘三毫七丝。

徐闻县盐钞额银一百六十四两五钱三分八厘，有闰加银一十三两七钱一分一厘五毫。

以上五项共银一万八千三百一十六两九钱一分七厘三毫一丝五忽，遇闰共加派银七百七十一两五钱九分一厘四毫。

论曰：

雷在国初以前户九万，洪永几五万，天顺后遂损其半。至今二百余年，额犹未复，岂 经残破，元气遂伤，生息之难，不如耗损之易欤？里数盈缩，今昔亦大悬绝。满目平原，鞠为榛莽，游惰无赖，蚁聚萑苻，奸狯实而闾井虚矣。拙夫坐窘，鬻子而食。流离异境，踵接于道。欲祈户口充盛，何可得也。户啬赋亦随之。雷赋输天府者十一，输郡帑存县帑者十九。强半望兵伍之腹，犹不足仰给司饷，以寡若彼，以贫若此。雷之为雷，谈何容易。海康条征，近无逋负，遂徐岁不足额。子民者，实心恫瘝，更始洗涤。弗取为予，喘息可纾。倘朘削诛求，焚林竭泽，或阳示卯翼，阴巧蝇营，陋规狃而不更，民隐知而罔恤，将硕鼠兴郊，飞鸿蔽野，仳离悬罄，雷其未有瘳矣。然余有概于雷者三。一当议兴。二当议革。郡县公费不设，交际何资，非所以教廉也。宜相地冲僻，设费支应，庶正大明白。贪欲者何得借口于羡馔乎？里甲各省禁用，粤犹仍之，则以上司按临，过客驻跸，供帐无措，势诚不得不倚办耳。奸豪乘之，渔猎干没，斯民正供之外，苦野烧矣。曷若明酌经费，从米量派，官自措办，尽革里甲，则弊窦尽塞。一制百裕，百姓其有宁宇乎？至于里甲之外，又有社长，不过朔望向捕官递结，及征取物产，与派拨修理人夫耳。夫结虽递，而盗如故。捕官假此为纸价计，宜禁也。物产所需，平价市鬻，亦自不乏，何必问之于社，以开妄取之窦，滋赔累之怨乎？修理诚不能免，然每社量派夫钱入官顾募，事半功倍，尤最便之术也。不然市棍包充，指一科十，官费无几，私囊属餍矣。贫民之肉可胜剥哉！若夫倚社为奸，卖富差贫，假盗吓索，与捕为市，尤社虎也。除之不可不亟矣。余目击利弊，每怀扼腕。壬子冬谬摄海康，军门额耗二分，余尽革不取。以至库吏归图钱，银匠公堂打号钱，并行革绝。后官相继，未变输纳，颇便捕结一事。余近禁止，各社所省不小。惟里甲社夫业条陈，本道批府县集议。官民积陋，期共洗涤，匪啻便民，实以便官也。

杂　税

棉花税。

其入不常。货自广西、海南，随舶至雷，集于南亭河下，发各商转鬻，赴府照章程报税，税官汇解本府充饷，数不多，亦无大弊。

槟榔税。

雷俗嗜槟榔，合蒌叶食之。宾主昏聘，尚此成礼。商自琼南，舶海至南亭河下发卖。旧无税。因建新城，众议抽税佐之城。成税，遂报入充饷。委官抽收，岁解府银三百二十两。登报院道，羡余不论多寡，悉充府公用。后额外增饷，每年银八十两。三十年，府推官高维岳连经纪概报入饷共银一百六十两。三十三年，署府事廉州府推官邵兼将税饷外溢额银一百二十两申报，作本道吏书廪饩。后遂为例。凡收税银，尽数登报，府无取焉。垄断之徒，复于经纪外，私抽银二分。邵推官详分守道林梓立碑禁革。至三十九年，市棍复把持包揽，假纳公堂银二三两于府，给以下贴，立为牙行。各棍因是任意勒索，商与小贩并苦之。四十年，本府推官署府事稔闻其害，罢斥公堂，尽革牙侩，听商贩自纳自卖。雷琼商贩便之。因请立碑，刻示禁款，永为遵守。

邵推官《税饷定例碑记》

雷州府为清查税饷，以祛积蠹事，奉本道两院批允议详，抽南亭河下商税饷银则例行。府已经出示各商遵纳外，今照日久弊生奸徒符德肇等，强揽埠税各商告府招详带管海北道林批允，德肇加责二十板。与杨志卿、林复阳各纳赎枷号一月。仍立碑示，禁遵守缴。为此示谕，南亭河下客商知悉。今后但遇船车装运货物到埠，即时严开，尽数报府核实转发，税官照依后开议允刊刻定例秤纳，给予印票，方许发卖，毋得停塌隐匿。违者，地方禀究，监税官亦不得加收。倘有市棍兜揽把持者，许各商不时赴告，以凭拿治。

计开

〇一双桅船一只以载青槟榔六十笠为一船，干槟榔以十二笼为一船，各税银六钱，耗银三分。

〇一单桅船青槟榔以四十笠为一船，干槟榔八笼为一船，各税银四钱，耗银二分。外有多余每笠税银一分，耗银五毫。每笼税银五分，耗银二厘五毫。

〇一蒌叶陆路搬运，以四笼为一车。税银一钱二分。八百余束为一担。税银一分。

〇一净棉花每百斤抽税银二钱四分。带子棉花每百斤税银八分。

〇一靛青宾州纸茶篓茶饼每担税银二分。

〇一木板插连竹牌，每连税银六钱。若船载者，照双单桅船抽税。

〇一双单税桅船载椰子咸虾等，俱照前例抽税。

〇一抽收经纪青槟榔以五笠为一车，收经纪银一钱正。干槟榔一笼盛六万个为一车，收银六分正。蒌叶四笼为一车，共七千余束，收银五分。

八百余束为一担，收银一分。

○一苦油以十五大埕为一车，收银五分六分不等，椰子一百收银二分正。

欧阳推官①《革牙禁款碑》

雷州府为革牙行以惠客商事，照得客商或船或车，运载槟榔至南亭埠发卖，旧未有牙也。自去岁牙行设，市豪因缘为奸，每一笠道饷三分牙行外索三分，甚至有四五分者。又青榔到埠，择选青大笠头抬至己店，先卖揽利，遗下黄烂小笠，愚弄小贩承买。其卖小贩钱，则每银一两取钱千文银必细丝大等，称压其还，客商钱则八九百算银一两，银则出过八成，且用小等称兑。把持包揽，诸客不得不俛首入其牢笼，听其鱼肉，而商困矣。商人渡海冒险而来，原为锱铢。今利归各牙，害归各商。商人畏缩不前而饷亏矣。是设十数牙于市，即生十数虎狼于市也。本厅心知其害，何忍纵此虎狼以食人哉。计惟尽革牙行，听商自行发卖，不许地虎勒索包揽，庶乎商无疑阻，南亭之埠为乐郊耳。如虑商有漏报夹带等弊，特立河巡二人以司查报。凡客船到埠，私入店家不即报单，或报数不实者，许禀府查究。此外，不许干预需索，除将害商旧牙罚枷示惩外，特行刻碑，条列新行事款于左。

○一椰萎船车到埠，客商即自进府投单，实报数目。府发单付委官查报，即行纳饷，纳后听其赁店，与小贩对面发卖。如诸棍赚哄至家，勒买勒卖者，许商禀究。

○一立河下地方二人，名曰河巡。每日到船几只，车几辆，挑几担，是何货物。至晚开单报府，以便查对。不许漏报。如假借名目需索，许商禀究。河巡二人，每两月一换。府唤总甲，乡约公举。不许投充。两月内量免杂差，以酬奔走之劳。

○一委官照单验货，数目相对，即听商人依章程纳。青榔每笠兑银三分，干榔每笠银六分，油麻杂货，悉遵旧约，不许徇私多索分厘。

○一置天平一架，较定砝码，惟取对针。不许委官私将大等压称。违

---

① "欧阳推官"即欧阳保。

者商人禀究。

山坡税，递年纳银一百五十二两，解府充饷。海康遂溪各五十一两。徐闻五十两。海康则英风、那里、那和、那山、官山、安苗、安榄、南椂、略斜、调扶、扶柳、浅水、武郎，共一十三社，出产粟稻，递年输纳，遂徐则各社耕坡人户，派征其税。起于嘉靖四十一年，派各社户垦耕输纳，自清丈后耕熟者，尽数升科，此税偏纳，民甚苦之。

牛税递年章程，额银一百二十两解府充饷。税在府北十里拱辰墟，按季委官抽收。各年商贩，牛只多寡不一，遇多溢额，尽报循环。遇少缺额，亦照收数起解，难以补足。凡贩牛自海南徐闻来，俱于此报税，三县无抽。

牛判银。

万历二十七年，税监入粤，奉文征起本府派征额银三十两。又带征遂溪四社银十二两。系属九关屠户军民人等告判。○海康县派征银八十两，各社照排门人户起科三钱四五钱各不等，按月纳县汇解。○遂溪县派征银八十两，续武黎、冯村、博格、进德四社告，就便附府投纳，每社三两，止存六十八两。○徐闻县派征银九十两。二县俱各社总甲于排门人户起科，赴县投纳，府县各径赴布政司挂号，仍解税监。四十二年，奉文于四月初一以后停止。夫牛力耕以养人。人宜以德还报之。老弱听其自毙，灾伤瘗之可也。雷民喜噬杀牛，上严其禁，而顽民私宰如故。或危以法则凶怒随之。即捍网杀人所不顾。如万历二十五年秋八月十八日，飓风大作，潮溢，有水牛一头飘至渡南村。村虎林连津鼓众宰之。时牛禁方严。有十九都民蔡政仆进财，偕五都民邓伴上府城纳较，行至南岸，水涨难渡，投宿于本村谢朝用家。见津等方宰牛，遂夺其牛脚，吓以举首。津等惧罪，许银三两求释，政伴未之允。津忿甚，谋于众曰："首则害吾辈，赂之又无厌。孰若杀之，可以灭口。"众唯唯。乃命游廷显携酒，甜延至昏黑。津与其党林君宁、倪正纲、符邦任、符琼兰等，齐至朝用家，擒三人杀之，乘飓丢尸水中。通村秘之，十五年无知者。冤能为厉。四十年，尝夜号村间曰："缚汝等至雷祠偿命！"一党尽惊，诵经超度，许下雷愿。五月三日，以龙舟竞南渡还愿。朝用子君惠溺焉。惠母陈氏哭之哀，怨众杀人，子独受阴祸，吐其事于婿游孟达，然犹未敢发也。时推官欧阳保摄海康廉知之，呼陈氏及孟达诸人至庭，一讯恶党相顾失色，直输其情。首恶林连津已故。下手倪正纲、林君宁、符邦任三人抵辜。十五年沉冤，于是得泄。乡村顽暴因一私宰之故构此凶孽，卒以自偿其命。则杀牛者杀其躯，天报不爽。牛亦能为祟哉！今牛判税止，岂特能活牛命，亦可活民命矣。附记于此，以为屠牛者之戒。

论曰：

雷阻山海，商贾不凑，独无税焉。夫无税似不为雷利，然实不为雷害。奸民走利如鹜，靡所不至。冠进贤者，倘居心未净，处脂不染亦难矣。故以此利亦以此害。端之黄江，雄之太平，高之限门，潮之广济，韶之含光，上人视为膻境，加意防察。旁观者亦目摄之。自好之士，因是畏如烈焰，避若寇仇。惟雷洒然清虚，绝无渣滓可滤。宦雷者亦厚幸矣。绵税纤瑟不足论，牛税稍裕，榔税倍之。二税合郡属官，取次输管。昔以一季，今两月，本道公溥之意也。为利微，故无大害。即有苛索，可旋按耳。雷城细民，倚榔为活。市豪包揽，小贩束手。痛革牙侩，期惠此方细民耳。公正之长，愿共持之。曩时榔税充饷额外，稍赢，即听郡长出入，未必无小补也。近涓滴皆报，则府窘矣。公费之设，或者于斯可少议乎？牛判害息山坡，虽云叠征，司牧者倘一清刷，便易矣。固不关雷大利大害也。

雷州府志卷之十　学校志　府学　三县学　祭器　乐器
　　　　　　　　　　　　　　　　　书籍　学田附　社学　书院

　　学校之设，所以翊圣教而育人材，地最重也。博士学官，秩散而其体严，味澹而其化远，高贤大良于是焉出，嚚悍强悖于是焉柔。遐陬僻壤，一不被宫墙之教，比于罗刹。雷虽天末，俎豆文物，海滨邹鲁，亦既彬彬矣。顾服方领，盛羽钥遂，学校也乎哉。履之蹈之，则有望于子弟者。埏之植之，则有望于教子弟者。作《学校志》。

府　　学

府儒学，宋庆历四年，建于城外西湖之东。<small>自南汉据有岭南，至是诏天下府州县，俱立学，雷学始此。</small>

嘉祐八年，郡守林昆修。

余靖记

三王四代，质文殊迹。图治之本，惟学为先。闾有塾堂，巷有校室，矧于郡国，其可废耶？我本朝一祖三宗，以圣继圣，夷落之外，威无不詟，海隅之内，惠无不洽。先皇帝频诏郡县谨贡条，精里选，广生员，敞黉舍，讲经义，崇儒术。然而州邑之吏，或迷于簿领，或急于进取，故于承流宣化，有不至者。海康濒海之郡也。地域虽远，风俗颇淳。圣训涵濡，人多向学。颁条者怠于诱导，无乃上格明诏，下塞群望。殿省丞揭阳林昆奕世儒家，披服文翰，既奉休命，出守是邦，乐得英才而教育之，乃援前诏，广学宫而新之，相地考占，必就少阳之位，春秋释菜则先圣贤之像，不可不严也。朝夕传习，则居处不可不庄也。劝勤黜惰，则号令不可不肃也。将俾稽古力行，以孝显其亲，以道致其君，不徒习威仪，猎声施而已。今天子上绍尧舜之明，内修曾闵之行，总揽纲维，旁求俊乂。固将

驰弓旌，空岩穴，牧四方秀茂之杰，益阐先皇化夷狄之道。诸生当体贤太
守之意，以副国家崇学求贤之诏也。书来丐辞，敢以此规。嘉祐八年记。

靖康元年，郡守李域迁于天宁寺西。

绍兴十年，郡守胡宗道复徙于寺西北。

贾洋记

舆地所载，惟蜀与闽，距京师最为僻远。在昔文雅之士，初寥寥无闻
焉。及文翁守蜀，常衮守闽，颇能建立学校，博选弟子员，传经受业，躬
自饬励。未几，儒雅文采之士，将埒齐鲁。后有杨子云、欧阳詹辈出焉。

粤自汉唐以来，文物称盛。在夫乐育之耳。绍兴己未状元沈公以徽猷
阁直学士，帅广右抗章于朝，请郡邑复学校，例置学官，朝廷从之。故一
道翕然，文教大振。惟雷阳介在海濒，荐更寇攘，学校荒弛。太守胡公来
镇是邦，乃相率诣府庭，请各出私钱，自推乡间宿学老儒以董其事，众共
协力，鸠工拣材，即城之西北隅得地爽垲，愿改创焉。择十一月二十九日
己巳立殿，胡公欣然可其请，且戒之曰："毋撤民屋庐，毋侵民畦畛，毋
夺民三农之时。"众受命惟谨，故不废公家一金，不调编户一氓，曾不逾
时而告成。中建宣圣殿，东西列两庑，以绘先贤。前峙高址，以辟三门。
后架隆栋，以庀堂室。峻重阁以贮经史。四隅辟四馆，以延师长。左右六
斋，以为诸生肄业之所。庖廪器用宾客之次备焉。土木丹臒，不侈不陋，
各惟其称。于是英髦云蒸，弦诵洋溢，鼓箧来游者，几二百人。噫嘻盛
哉！岁次辛酉四月二十三日，太守胡公和鸾扬旗，肃雍戾止，与郡属暨教
谕诸生，落成乃升堂，揖逊温颜以诱进之，遂使濒海遐陬变邹鲁之风。虽
文翁常衮之化蜀闽，未若斯之盛也。异时宁无杨子云、欧阳詹辈复出见于
今乎？

乾道六年，郡守戴之邵迁于府治西。

张栻记

庐陵戴公之邵为雷州之明年，以书抵栻曰："雷之为州穷东岭而并南
海，士生其间不得与中州先生长者接，于见闻为寡，而其风声气习，亦未

有能遽变者。之邵为念所以善其俗，莫先于学校。而始至之日，谒先圣祠则颓然在榛莽中。因不敢遑宁，乃度郡治之西有浮屠废居，撤其材，即其地，相之而得山川之胜，殿堂斋庑，轮奂爽垲，凡所以为学官备者，无一不具。用钱一千万，既成则延其师长，集其子弟，而语学之故。愿不鄙为记以诏之。"

予尝观孟子论政。其于学曰："谨庠序之教，申之以孝弟之义，而后知先王所建庠序之意，以孝弟为先也。"申云者，朝夕讲明之云尔。盖孝弟者，天下之顺德，而人兴于孝弟，则万善顺长，人道之所由立也。譬如水有源，木有根，则其生无穷矣。故善观人者，必于人伦之际察之，而孝弟本也。然则士之进学，亦何远求哉？莫不有父母兄弟也，爱敬之心，岂独无之？是必有由之而不知者，盍亦反而思之乎？反而思之，则所以用力者，盖有道矣。

古之人自冬温夏清，昏定晨省，以为孝。自徐行后长以为弟，行着习察，存养扩充，以至于尽性至命。其端初不远，贵乎勿舍而已。今使雷之士，讲明孝弟之义，于是学而兴孝弟之行于其乡，则雷之俗，其有不靡然而变者乎？岂特可以善其乡，充此志也，放诸四海而皆准可也。然则戴君之所以教者，宜莫越于是矣。书以记之。

淳熙四年，郡守李茆建明伦堂四斋。_{东西扁曰"尊闻"，曰"诚身"，曰"博学"，曰"志道"，设长谕分教。}

张栻记

淳熙四年秋，李守以书来告之曰："雷旧有学宫，比岁日以颓坏。今焉葺治一新，愿请记以诏其士。"栻幸得备师事于此，所当以风猷为先务。闻雷学之成，虽微此请，固愿有以教也。而况李侯之言如此哉！

嗟乎，舜跖之分，利与善之间而已。譬之途焉，善则大卜之正道，而利则山径之邪曲也。人顾舍其正，而不由以身自陷于崎岖荆棘之间，独何欤？物欲蔽之，而不知善之所以善故耳。盖二者之分，其端甚微，而其差甚远。

学校之教，将以讲而明之也。故其自幼，则使之从事于洒扫、应对、进退之间，以固其肌肤，而束其筋骸。又使之诵诗、读书、讲习礼乐，以涵泳其性情。而兴发于义理，师以导之，友以成之，故其所趋，日入于善，而自远于利。及其久也，其志益立，其知益新，而明夫善之所以为善，则于毫发疑似之间，皆有以详辨而谨察之。如驾车结驷，徐行正途，所见日广，所进日远。虽欲驱由于径不可得已，故曰：少成若天性，习惯如自然。此学之功也。

自学校之教，不明为士者，亦习于利而已。故其处己临事，徇于便安，而不知其有非所宜得也。夫惟徇于便安，而志于苟得，则亦何所不至哉。间视其所为，虽有涉于善事，而察其所萌，则亦未免出于有所为而然者。至于挟策读书，亦是意耳。终身由之，以为当然，是岂人情也哉！夫后之为治，所以不及古之世，而其人才所以不及古之人者，常在于是。然则学校之教，其所系顾不重哉！

今李侯既不鄙其士，而新其学，然其所以为教者，又不可不明也。故予独以善利之说告之，使不迷其所趋。雷之士诚能因予之言，如古之学者，从师亲友，久而弗舍，则将必有能辩之者。

嘉泰四年，郡守李皎修大成殿，塑圣贤像。郡守徐应龙、郑温继之建云章阁，藏前代御书经史。

嘉定四年，郡守郑公明、教授郑炀修学舍兼建小学科，设生员教俊秀，寻废。

宝庆二年，郡守陈大纪、郡丞曾宏父修殿堂书阁。

李仲光记

雷阳虽濒海，前后牧守最多循良。往往属意庠序之教。如戴侯之邵、鲍侯同，皆以身为率先。及李侯茆、郑侯公明，又从而侈大之，以故栋宇宏壮，颇有中州气象。御书阁始创于庙门外，卑陋不称。郡文学游君一龙，率士友鼎新之，议既定而未即工也。

嘉定十五年，谭君幼学来尸其事，乃峻其址，崇二尺有三寸，且辟庙南之地，使迎神者，得以序立。然事力绵薄，独新作三门，而御书阁犹未暇问。宝庆初元，仲光冒昧承乏，顾瞻讲堂，日就溃圮，凛然此心若将压然。问会计有无。则曰："司出纳者，去其籍帑无见金矣。"意甚不满。阅半岁，得钱仅五万。方将市材于山，而又惧弗继，会曾公宏父以郡丞摄守事，有愿赎者，输钱二十万，乃尽畀学宫。然后悉力经度，伐山会计，涓吉于明年七月，首葺讲堂。去其朽蠹，新其榱桷，凡材之坚且良者，不废其旧。大率易者三之二，存者十之三。而瓦之腐者则尽弃之。又明年，始创书楼以藏奎画。工役繁兴，乃命刘叔杰董之。功未半主会计者以匮告，会陈侯大纪馈钱千万，是乃登济。于是因隙地鸠余材，创三公祠堂，坐忠愍莱公于中，以东坡颖滨二先生配食左右。

始落成，设醴祀之。既奠则进郡学者而诲之，曰："予老且习懒，独焦心劳思，经营为是者，诸子亦察其故乎？学者所以明人伦也。诸君子登斯堂，当思入孝出弟，以顺其父母，则父子之伦明矣。诸君子登斯楼，当思斋庄肃敬，如天威不违咫尺，则君臣之伦明矣。俯伏祠下，当思三君子者，事君以忠，华国以文，则知所以立志而勉于所学矣。此予之所以乐诲而明，明邦君之所以乐成之也。他日有事父不能孝，事君不能忠者，皆不在此位。"士欢曰："诺。"乃镌诸石以铭其心。

淳祐庚戌，郡守储擢，教授郭梦龙，复建小学。

元至元三十一年，学隶廉访司。

延祐六年廉访使卜达世礼、李元仲建殿庑，塑圣贤像，新明伦堂，移尊经阁于堂后。_{即云章阁。宋守郑温建于庙门外，至是年移之.}

张图南记

按《禹贡》"惟绥服三百里揆文教"，要荒则否，厥今地极海表，要荒之域，皆知趋向宪命。雷州虽隶岭南，旧称濒海乐郊，衣冠礼乐，亦既化习，非可与岭南诸州比。先是莅海北者，诿以遐僻，不加意其学。旧规湫隘，无复振发。

延祐元年冬，宪幕照磨范公樟德机始议改图，计不给于用，乃率诸生协其力，集楮宝于学之中，统计为缗一万五千。输材运石，备物致用。宪使余公珽、金事赵公珍、大都承宣皆赞其役。役将兴而省事代，遂缓之。越明年，宪长嘉议公卜达世礼至，甫视事，谒庙学，询役缓故。公曰："宣明勉励，吾责也。学为教址，风化所自出，而可缓乎？新之美之，岂不在我？"乃木阅蠹腐，瓦黜窳薄，美斫坚陶，咸务精壮。饬工致期，程督弗懈。即隆殿址为尺，其广倍三之一。崇构宏规，期侈旧观。未几宪使亚中李公元至曰："学校以教养为本，宜亟其成。"二公志同义合，能幸惠学者。故经始己未，落成庚申，甫期春而就绪。于是宣慰使都元帅中奉公移剌四那都事陈瑛合路府议其绩，会学廪所增羡，助以郡士建东西庑。为间十有二，应门为间九。创讲堂于殿东，减殿址半而壮伟之。自圣象至配享从祀，靡不严饬，峻宏辉焕，俨乎中州气象，前所未有。宪司倡其功，帅府继其绩，雷之士正视易听勉自树立，以答明公之赐。

至治初元三月，宪事张雱适以公事经长沙，奉肃政二公书币，乃俾图南记之。是役也，教授曹公世立、林君子阳、学录陈君祖谦，实与有力焉。

至正七年，廉访使梁充中、经历樊益峻复拓而广之。

国朝改路为府，学属府。洪武三年，同知余麒孙仍旧修葺。

三十三年通判李彦诚、训导黄希寅大加营缮，新庙堂两庑，开泮池，池南起棂星门，重建明伦堂、四斋舍。^{斋曰"博学"，曰"笃志"，曰"切问"，曰"近思"。}建射圃亭于白沙坡。^{南城外三里。}

永乐五年，教授甘挚言于御史周叔达，率郡守而下捐俸廪改建。适礼部侍郎胡濙以使节来观，因拓其地而成之。

彭百炼记

学校，王政之本也。王政必本人伦党庠，遂序三代极盛之制，皆所以明人伦也。原夫人伦之理，在天为五气，在地为五材，而在人则为五伦。是三者相为流通，然其否泰消长之机，恒必由乎人。人伦之道明，则天地位万物育矣。圣朝受命，奄有万方。州郡皆立学宫，以祀先圣先贤。建明伦堂与夫斋舍庖廪于学宫之后，以处师弟子，为问辩讲说周孔之所。于四方万里之外，海隅领表之地，五六十载之间，风移俗易，翕然丕变，同归于仁义道德之域，沨沨乎，何其盛哉。

永乐丁酉，广东之雷州府明伦堂，被风雨隳颓，久莫之葺。迨己亥春三月，教授清浔甘君挚来任学事，会监察御史周公叔达按临至府，谒见先圣礼毕，俛仰顾瞻无以进诸生，乃语官属曰："文武之材，胥由于学校。倾毁芜陋，非所以称朝廷教学之意已。"而雷卫指挥柏荣与知府事常士昌及其僚寀，各出私钱以为资，悉付甘君。经始于辛丑冬十月，竣事于壬寅夏四月。赎良材坚甓，募人趋工乐然不以其费多而役大。卜筑之际，适礼部侍郎胡公濙来临，乃扩其旧址。于是堂筵讲席，庖宇廊庑，藏书之阁，观德之亭，皆严丽整齐，宽宏壮伟，而高爽通邃。既成之，十月，予按临广海，过雷阳，周览学舍，轮奂新美，心窃歆羡之。退坐于堂，诸生揖让进退，升降俯仰，颙颙昂昂。陈设圣贤之德音蔼然，诗书礼乐之化，如在辇毂之下。不知其为海邦邈远之地也。三代王政之本，幸复见于圣明之代，而充溢于雷之邦。御史周公与教授甘君与有力焉。

正统间，提学佥宪彭琉重修殿庑斋廊，殿西建号舍。^{凡四十间。}
成化二年，知府黄瑜、推官秦钟建戟门及棂星门。皆柱以石。
成化二十年，知府魏瀚重建云章阁，改扁曰"聚奎堂"。

教授罗玑记

郡学之明伦后有云章阁，以藏奎画，中经变故，阁颓基废，历年滋久，靡有兴复之者。成化辛丑，皇上惠念海隅，简拔石望擢任郡守，而余姚魏侯瀚承休命来缩郡符。

侯起家进士，擢司风纪，扬历中外，焯着能声。莅任期月，凡农桑水利庶务，靡所不举，学校尤究心焉。朔望进诸生奖勤愍惰，而又日程月试，督其成效，卒致文风丕变，有同中州。一日庋学访前遗址，则茂草生焉，瓦砾聚焉。乃命工芟其芜秽，拓其旧址，遂度材陶甓，肇工甲辰之十月，落成次年之三月。

为堂二十四楹，穿堂六楹，高广深邃，彩绘烨然。诚郡学之伟观也。凡九经百氏之书，藏于是，扁曰"聚奎"。既又命庠士之秀而敏者，藏修讲习于是。先是学之路凡三折绕东而出廨舍，林木蔽障于前。适阴阳家者谓非所宜。侯乃改由东庑后直南而出，砥平其道路，高峻其门墙。由斯路者，举目眺郡城之秀，咸还而归之。又于路之南垣之外创宰牲房，为间有五。庖井库厩，无不毕具。侯之究心乎于是至矣。时能同其志而赞其成者，通判苍梧黎公瑾，推官西安方公俊也，庠之训导钟瀚玉正图不泯侯绩，请玑为之记。

弘治改元，知府邓璩、同知刘彬重修殿庑。邓璩见庙倾坏，市铁力木料，工将兴而去。刘彬始鸠工成其事。

弘治九年，知府陈嘉礼修明伦堂及四斋，增造祭器。

正德十年，知府王秉良增左右坊。嘉礼虽兴建，然杂木易坏，秉良复加修葺。创腾蛟、起凤二坊于学前，左右建号舍二列共四间，上建膳堂三间，载门右建乡贤祠及庖厨、廪库、射圃亭。

嘉靖二年，知府黄行可重建明伦堂、启圣祠、敬一箴亭。迁射圃亭于察院南地。

冯彬记

古今设学以养士。学有兴废，政治宣滞因之。洪惟敦崇振饰，易弊为新，以肇化基，以风士类，以效职修，是在良有司耳。雷郡学肇自宋乾道改建府治西，始庐陵戴公之邵也。世运推移，倾举不一。而因仍厥址惟旧，历我弘治西蜀陈公嘉礼志郡，悉鼎新之，以囿郡士。于时殿庑堂斋廨号之设，翼如也。然滨海材木蠹湿易朽，未数十载，而堂斋日旧圮阻。于讲肄时政漫识者悯之。漳泉杨公表谋给赀购木重建，功未举而转秩去。辛卯莆阳黄公剖符临郡，严缜乐易，克称邦干。治阅月而政用乂，乃首勤是役，即废址重建明伦堂厂七间，共三十六楹，深广尺度虽如旧制，而高爽坚丽倍之。堂左右翼四斋一十二间，共三十二楹，并时鼎造，轮奂翕然。

适我皇上方隆圣业，制释箴文，以阐道术，采廷议，建启圣祠，以崇本始，皆旷典也。公悉遵议经营辟乡贤祠前余地，建敬一亭五间二十四楹，创启圣祠于明伦堂西，计屋三间共八楹，砖石称是，土木虽浩，而落成之速，更十晦朔焉耳。时地方多警，公处分已定，财不费而力有余，公私便之。训导古田何君璜暨诸僚长宜山钟君庆、琼山吴体干及生儒，乐观厥成，属彬记之。彬曰：儒道参三才，叙品汇，修业致用，邦家赖之。三代盛时，养士有道，故绩用大而道益明。后世士失所养，学术裂而道益弊。我国家储才敏俊于学，兼采华实以昭实用。法三代也。其课有司大事，首曰兴学校焉。今士之离本秀叶自小其用者，士之罪也。公初服未遑他举，而邀惠于名教。惟慎惟勤，可谓有司之良而知所重者。士游庠校，盍亦知所自养哉！公讳行可，字兆见，别号葵山。风采振立，为政有长者风。荒隈遗黎，赖以为生。将来福履无涘者。时赞成斯举，则有二守青湘陈公邦传、通判长汀戴公惟端、节推马平刘公世祥、知县湖口黄君珏。秉虔协恭，式昭文绩，咸可纪焉。余诸董是役者，录诸碑阴云。

十六年知府洪富、推官徐逢建两庑、戟门、四斋舍宇。建号舍八座共四十间。曰：孝、弟、忠、信、礼、义、廉、耻。辟学前路。学前旧为民居所蔽。至是将三官堂、惠民药局二地，益以膳银七十两零，易民地以辟前路，阔三丈，南至通街，规制改观。

户部侍郎钟芳记

雷距会城千四百里，濒海地湿多风。儒学直郡治西，建自洪武，葺者屡矣。嘉靖九年，皇上御制正孔子祀典说，于称号、服章、位次、塑像等，皆命礼官议正。又制敬一箴，刊布学宫，用垂昭则。天下皆知圣心，敦典右文，百司仰承休德，莫敢不恪。于是郡守莆阳黄行可创敬一亭、启圣祠皆制，而明堂重建焉。丙申，晋江洪侯来继，周视学宫，尚多朽敝，具白抚巡诸司金，允其请。乃建戟门、棂星、两庑，以严神栖，斋号养士泮池，节观、乡贤、劝来、名宦、彰往，皆并工建筑。宇材垣甃取良，陶甓取坚，材用有节，工匠有给，夫役有程。基虽仍旧而亢爽棘翼，倍于往昔。学前旧有路，久没于民贸迁数四。侯偿民以价，芟而辟之。正道荡荡，聿增众观焉。佐之者节推徐侯逢，总董其成钟庆王继承、训导王兴与视。事竣，二侯以书来，属芳为之记。

祭　　器

铜簠。四十七个。

铜簋。四十三个。

铜灯。九十五个。

铜铏。一十九个。

铜云雷罍。四个。

铜象罍。六个。

铜牺罍。四个。

铜勺。二个。

铜大爵。二十三个。

铜小爵。一百二十七个.

铜盥盘。二个.

铁香炉。二个.

铜香炉。三十八个.

铜毛血盘。二个，以上皆旧制.

乐　　器

铜编钟。二十二个.

石编磬。二十二，皆旧制.

琴。六.

瑟。二.

柷。一.

敔。一.

楹鼓。一.

抟拊鼓。二.

麾旛。一.

编钟磬簴簨。二，以上俱训导秦家栋重整.

祝板。一.

木豆。一百二十.

帛匣。十二.

凤箫。二.

箫。六.

箎。二.

篴。六.

笙。六.

埙。二.

引节。二.

钥。四十八.

翟。四十八。以上俱训导秦家栋新制。

乐舞生。新设乐生四十名，舞生四十八名。该本学训导秦家栋遵照礼乐书载议设。于万历四十年三月内，该本府署印推官欧阳保申文看得各府县文庙祭享乐舞生，因陋就简，或以黄冠羽流充役，或以社学子弟逐队冠裳綦履，漫无定制久矣。本府儒学训导秦家栋，雅意尊崇，教习乐舞生。若而人俾之声同律舞同象。又查得文庙礼乐书所载，冠以文巾，后短二分，拖二带，服以蓝衫，去摆如道袍样，束以丝绦，履以皂靴，庶与生员稍别，而又不至同于羽流。社学杂沓无章，圣制彬彬，足垂法守，即一新固陋，而非创也。况雷俗士民科跣踞侮，藉此亦可昭示文物之盛，合应申请裁夺，永光俎豆。至于杂泛差役，身供庙祭，即以圣泽之余波及之，又何爱焉。批行海康县考试选充，转详奉提学副使陈一教批允行学遵照。

文庙祭品

羊二。共八十斤。

豕六。共六百斤。

鹿。一。

兔。一。羊代。

活鲤鱼。

黍。

稷。

稻。

粱。

枣。

栗。

榛。

菱。

芡。

饼。黑白两品。

形盐。

藁鱼。

韭菹。

菁菹。

芹菹。

笋菹。

醓醢。

鹿脯。

鹿醢。

兔醢。

鱼醢。

脾肵。

豚胉。

帛。^{共九段.}

香。

烛。

酒。

启圣祠祭品

羊二。^{共六十斤.}

豕二。^{共一百四十斤.}

祭期

每祭春秋二仲上丁日。

仪礼

每祭前三日，斋戒沐浴更衣。二日散斋。一日致斋。前二日献官陪祭。官诣学明伦堂观乐，教官率弟子员习礼。前一日迎牲。献官常服诣牲所省牲。是日之夜献官陪祭。官俱诣学幕。次上宿及献府掌印官行三献礼，僚属教官行一献礼。

书　　籍

《四书》^{一部十本.}

《周易》^{一部六本.}

《诗经》^{一部五本.}

《书经》^{一部六本.}

《春秋》^{一部四本.}

《礼记》^{一部七本.}

《性理》^{一部十六本.}

《通鉴》^{一部十四本.}

《三儒类要》一部三本，按蔡司发．

《礼乐书》一部六本，训导秦家栋置．

俸粮

教授一员，月该俸六石。每俸一石，折银五钱正．

训导二员，每员月该俸三石。每俸一石，折银五钱正．

教授训导共三员，各员下斋夫二役，共六役。每员月该银二两正，闰加增，月小不扣．遇廪生四十名，每名月该廪粮一石。每一石折银五钱正．每季该膳夫银五钱正。廪膳银俱遇闰加增，月小不扣．

司吏一名，每月支银三钱正。

库子二名，每名月支银四钱三分三厘三毫三丝。遇闰增，月小扣．

殿夫一名，月支银六钱正，遇闰增，月小扣．

正堂民快一名，月支银四钱六分九厘四毫六丝六忽正。遇闰增，月小扣，以上五条，俱系海康县额编．

东斋民快一名，月支银五钱正。遇闰加增，月小不扣．系遂溪县额编．

西斋民快一名，月支银五钱正。遇闰不增，月小不扣．系徐闻县额编．

学田园

荔枝园一所。在第七都铜鼓村．其学地田园则旧贡院，见侵于天宁寺八十五丈．西湖坊学门池，见占于曹安抚者五十丈．田在海康、徐闻二县．该种二十四石。为豪民谢均辅、沈选、陈添等所占，元至正间复之，后仍为所夺。今学地西一畔，成

化戊戌迁建海康县学．弘治甲子县学复迁而东，其地为今学舍东畔三十六丈．知府陈嘉礼隔为吏宅．嘉靖乙未同知赵伸又割学后东边空地一段，以为廨舍，北至县治横街，连井一军民错居，未复。郡守魏瀚改直儒学门路，于路之南扯之外，创宰牲房四间。庖井库厩毕具，亦为邻家所占，未复．

东南关外洋晚田并竹箩坑旱田，共税六十亩，种子十二石。万历十年，海康县知县沈汝梁捐银

七十两置买，每年纳租粮钱七千三百六十文，内除纳粮钱一千三百一十文，尚存剩钱六千零五十文，以资济贫生用。

尚书王弘诲记

海邑冲岩，沈公节操才识历着剡书。为邑三年，其绩未易以指数。要于作兴学校，尤偲偲焉。屡群郡邑弟子员立课会，供馈则出之己。离经则裁之轨。用是，日就程度，斌斌然称盛矣。既又虑诸士之有志者，率为贫窭所累，或艰于自供，或滞于婚丧而莫之助也，乃捐俸金一百两，置买学田亩，以处邑庠之子弟矣。复捐俸七十金，置买附廓田七顷，归之府学。岁储租利，择其艰且滞者，咸时给之，不使终沦于滔溺焉。是公于学校不惟教之自肄于学，又且养之，自率于教，其惠一何深哉。因推而记之，用彰养士之旷典云。公讳汝梁，世家，闽之漳浦人，登万历甲戌进士。

大干沟石头堠等处田，共税六十二亩五分，种子一十二石。万历三十五年，署府事廉州府推官

邵兼捐锾七十两置买。岁租钱六千文，除纳条鞭钱一千八百一十九文，尚存剩钱四千一百八十文，为诸生逐月会课用。

给事许子伟记

学校之设，所以培养真才，备国家任使，典至巨也。第聚而养之，不广其养之具，则问学功疏，观磨益寡，中才未必能自奋者。是以鼓舞作兴，俾有所感激，不即呰窳，实赖良有司焉。公姓邵讳兼，产新安世家。英资弘抱，早掇巍科。拜珠宫司理，声称籍甚。会雷缺守，为当道所推，檄公摄其事。公以高才刬割，静若烹鲜，动若游刃，不逾月，民醰恺泽，俗返大雅，善政之所被者渥矣。而尤加意于士，以士为四名之首。既搜列之庠序，复训迪以师儒。倘饩廪之外，田谷无资，即司教者，亦乌能以规条束也。乃捐俸七十金，置调袄田一号，以为会课供给之费。于是济济青襟，莫不体公育养振作之心，争自濯磨，群相劝勉。勤课业而预备藏异日者，鸣秣以待，相遇中原，咸负蜚弧先登。于以接武清时，升华陟要，令五岭而南，数多才者，先雷屈指，则公所以立田而造就之者，功岂眇哉！无但一时啧啧颂义，雷士世世且拜公赐也。吾知公之食报岂在一身，必昌大厥世，文章道德，后先奋庸。又无但雷士尸而祝之，此固理之所可必者耶，郡博率子弟辈，丐余言，聊述其置田岁月与夫亩数租粮之由，勒之珉珉，用垂不朽。

扶黎北挟等处田共税一顷一十亩零七分，种子二十一石六斗。万历三十五年，府同知张应中

详允，故地指挥王垱所遗田，岁租谷八十一石六斗，内除纳条鞭并船脚车费共谷三十九石七斗四升，尚存剩谷四十一石八斗六升，分为三分，内将一分该谷一十三石九斗五升三合，给作王垱祭仅，尚二分该谷二十七石九斗零七合，折银二两七钱九分零七毫，为诸生逐月会课用。

东井田税田十六亩，种子十石，安榄西厅二处田，共税六十二亩三分三厘六毫二丝五忽，种子一十四石六斗。万历三十八年，儒官莫天然捐银一百两送府县二学置田。府学银五十两买东井田，岁租谷五十石，除纳条鞭余三十五石，折银三两五钱

正。天然续复舍安榄西厅二处田，值价一百两，岁租谷六十五石九斗，除谷纳条鞭余四十六石三斗，折银四两六钱三分。二项共存银八两一钱三分，解府贮库，给两学科举盘费之用。府学将天然前后所捐买学田，申详因请立碑，分守道重暨署提学道事刘，俱批天然好义可嘉，准如议，贮银计给，仍行府莲之府

学，遵道竖碑，制册备
载四至，租税永熙。

教授佘元岳记

雷郡去羊城千余里。岁大比，青襟子每苦崎岖而弗克赴。县额制有数，不得过请，即有抱不羁者，以间关而却步也。惟是赖良有司，以权宜处。额外作兴，所从来远矣。莫君天然，字子有，进士莫天赋公介弟也。少游郡庠，晚归田里，富而好行其德。遂捐金一百两。置学田，岁收租入官，以资诸生科举费。余初来职，会闻其事，心甚义之。已而府学林

生凤起，县学周生彪，以东井、迈特田二号进，颇膏腴，计值略相当。余暨海康学王先生以券报之府县，金曰可，以给副君盛意。君闻之益以所置安揽、西厅田二号，计值金一百两，入来添前田，此其加意学校者无已也。余谓学在即，田在君。田与学永，而其被君赐识君名者，与世俱永矣。

学铺

南关外曲街铺舍三间。_{训导韩价买二间，岁租银一两六钱。各本府朝觐丝轴用，训导秦家栋新买一间，岁租银八钱，各诸生课榜用。推official欧阳保，又以塔路剩地阔二尺助之。}

本学大门左边铺舍四间。_{万历三十三年训导韩价创建，岁收租银一两六钱，以备开学课榜诸用。又建土地祠一，于明伦堂右。}

本学南西二隅铺舍五间。_{万历四十二年教授书可观，训导秦家栋创建，岁收租银一两五钱，以备本学新官公宴并添助诸生课榜之费。}

海康儒学

海康县儒学宋以前未为之建。学官生徒就遂溪之文明书院为学，儒籍则附诸府。元至顺三年，教谕凌光谦始迁建于迎恩坊。

光谦自为记。

雷郡旧为古合州，分海康、遂溪、徐闻为三县。今二县皆有学，而海邑独无。县之儒借附于郡学，名不副实，甚非所宜。帅阃拟注学官，皆设教谕，因循考满，官不乏人，学非其地。至顺壬申，谦忝供前职。谓夫海康，附郭县也。而学远寄于遂邑。盐海之边，其不可明矣。

仆有志于正名建学，经度甫及岁余，而学祭期适，届请于宪司幕长淇川郭公，询其所以行。郭公明于任事，意亦欲归其学于县邑，乃就雷城内得地于迎恩坊城隍庙之废址，又得民地连屋一所。于是买屋与地，通用钞三十二锭。砖甓木石梓匠之费，皆官师生徒各输其力，以助厥成。乃于榛棘中鸠工规画，创建殿宇、门廊、堂、棂星，东西二斋，凡二十有六间。至顺三年十月二十有八日造创大成殿。是岁腊月既望，奉塑先圣像。郡侯秃鲁迷失复捐俸，列塑四国公彩绘，两庑从祀于位。向非郭公力主其事，曷由恢复臻此乎，仆疏陋，姑叙其创建之颠末云。

至正六年，廉访使吕琬、金事观音奴重修。

国朝洪武三年，知县陈本大加营建。_{修大成殿两庑、棂星门、戟门，设明伦堂于殿西，设两斋曰"进德"，曰"修业"，庖厨廪库咸备。}

洪武三十年，同知张伯玉、训导黄自守、赵孔进。永乐元年，教谕林仲余相继重修，建射圃于南城外文昌坊东。_{扁曰"观德亭"。}

正统九年，知县胡文亮，相学卑隘，拓其地重建之。

成化十四年，宪副陶鲁、提学佥事赵瑶、通判刘镇迁于郡学西。其年伤于猺，学并入府学。弘治九年复归于旧地。先是省祭官何莚因地方划破，奏并入府学，至弘治丙辰郡守陈嘉礼、知县林彦修具疏，遣本学生员田安奏复。

十七年迁学于郡治东。今学即海北道旧址，佥宪方良永以旧学弗称，命推官李文献、教谕郑宽因旧补葺，暂为藏修之地。

正德八年，御史周谟修明伦堂、斋、号舍暨学官廨宇。凡六十余间。

张偾记

海康为雷阳附郭属邑。山川环带，人物浩繁，其人材之生，前辉后映，代不乏人。然学校之制，迁建不一。

正德己巳秋，予来视学，北见东有旧房三间，与训导住居相接，西侧布地草莽迷目，一椽一瓦无有存者。壬申秋，巡按周公谟抵雷，予以学制荒芜申廪。乃亲诣学，徘徊瞻顾，重为太息。命知县甘公崇节查申无碍官银修理。本官忧制弗果。后县丞吴寿会众公同估价，合用物料若干，牒委本职督工修造先圣明伦堂三楹，高明宏壮。次修后堂三楹，二门三楹，前门三楹。东则修斋号六间。西则新建斋号十间，东前号房四间，西前号房四间，前号西南又置土地祠一间，以妥神栖。自堂而号而门，砌以砖石，饰以粉素，缭以墙垣。由是前后左右相向相依，始成学之规制，允称教养而藏修也。教谕训导公廨均为修整，视昔有加。肇工于正德癸酉冬十月，毕工于明年甲戌夏五月。

正德八年，郡守程公诰欲建二坊于大门外，发银二十两，未及建而去。正德乙亥，郡守王公秉良谋诸同知杨公宽，查前银鼎建。东扁"毓秀"，西扁"抡才"，科第蝉联，端兆于此。县令莆田王公诰相与赞而修之，生员陈廷瑞等恐湮没，祈予为之记。

十年，郡守王秉良建二坊于门外。东扁"毓秀"；西扁"抡才"。

十六年，迁于珠池公馆。嘉靖三年复于旧地。四年，佥事李阶视旧址隘，庙宇颓圮，拓而建之。捐金五百余两，买指挥冯钦地。知府杨表、黄行可、推官徐继达相继鸠工建大殿。五间。两庑。十间。仪门。五间。棂星门。三间。敬一亭。三间。饰明伦堂。师宅号舍俱备。复凿泮池，辟学前路建三坊。中曰"大成"，东曰"育才"，西曰"华国"，即"毓秀""抡才"旧址。

教谕吴道贤请行释菜礼。至是，规制始定。

祭酒伦以训记

海康，雷阳首邑也。邑儒学，宋在文明书院，元在郡城之迎恩坊，国初因元旧。洪武三年，邑令陈本修之。成化间迁于郡学之西。则以南方师命孔殷学职停铨郡学官兼摄教事，而学亦随迁也。正德初始迁今地，为海北道旧址。则以南方隅宁谧，复备学僚，而金宪方公良永莅迁焉。

嘉靖壬午，督学金副魏公校再迁于珠池公馆，既而不果。岁乙酉、金宪李公阶至，则曰："美矣而地狭。宜不足以定迁。"搜公积得五百金，以金百余买冯氏之居地，学宫之遂增倍焉。以金四百为建修费，李公他迁，郡僚承委者不终厥事。晋江洪侯富，以名进士秋官郎领郡，加意经画，政通人和，首兴兹废。同府赵侯伸、通府杨侯伯谦咸相之而推府徐侯达董其成。先辟其前，通衢东西轩直，式称壮观。先师庙、箴亭、讲堂，咸饰旧增新，作两庑两斋，前树重门、门间为泮池，后建库厨师居，旁翼诸生号舍。总之，凡百数十楹，规模宏坚，用器俱备。期以月朔询上郡庠，厥望则之邑庠云。丙申夏侯莅任，丁酉秋学宫讫工。

督学金宪吴公鹏增置弟子员以嘉。新学使来请记，愿有以进诸生。余昔闻海滨邹鲁之说，而窃隘之。吾广滨海之郡七，广州居其中。东则惠潮而闽，地益东其民益文。西则肇高雷廉邕桂，地益西其民益质。广之俗，美恶参焉。凡其美者，皆质之存也。凡其不美者，皆文之靡也。如欲兴圣贤之道，教其必先于质胜之地乎？若或鄙野而淳古俱存，如甘斯和白斯采，吾兹有望海康也。邦人士无负贤侯兴学之意，余言尚亦有征，并书以记。

二十四年，郡守林恕、知县杨澄建拱门。扁书内曰"贤关"外曰"儒学"。改学西路于其东。

三十三年，署县事推官袁珠重修。

万历五年，学圮坏，采通学议，支官帑修圣殿、两庑、明伦堂、二斋、建启圣祠。三间。暨门楼。三间，即仪门楼石牌坊。扁书"禹门三汲"四字。增设师宅。教谕衙久倾，至是造正衙三间于明伦堂后，林诏复自建穿堂二间，后屋五间。

万历二十一年，知县秦茂义建文昌阁于仪门楼前。委主簿王景董其事，仍清绝户饷银支办春秋祭事。

尚书王弘诲记

海康令秦君为政之明年，建阁于黉宫之左，而名之曰"文昌阁"。阁之所以建，非徒以移观美炫文具尔也。

在邑诸生所为来请记者曰：吾邑为雷阳冠冕，虽僻远海陬，然亦具有司应令典职，贡赋艺不后他县，而人才之生寥简。吾父母秦侯以是为病，甫下车即遴选多士，月凡三校，亲为品骘，闵闵不啻父师之望子弟也已。复询形家者言，郡东寥旷气散，宜有雄镇屹然当之，然后风气停蓄，人文由此不匮。乃于癸巳春捐俸金一百两有奇，属邑博士谢君尹君分任，庠士冯文爔、欧思明、江南征、吴启聪等聚材鸠工，拓地于黉宫东偏为阁五楹。高一丈九尺，深广称之。经始于正月之望，以三月落成。设文昌帝像于其中崇祀之。自是杰阁巍峨，辉映霄汉。奎光朗耀，士民瞻仰。每一登眺间，而左沧溟右文笔，湖山景物，历历可望。而视庠序振乎如腋生两翼，特起层霄之上。而观者不觉其翘首矣。此侯之大有造，而阖邑缙绅兆庶，愿为勒石纪伐，以垂不朽者也。

余观史称文昌斗魁，戴筐六星。一曰上将，二曰次将，三曰贵相，四曰司命，五曰司中，六曰司禄。《搜神记》则以其降神于蜀，率象神而祠之。今文昌在有祠，似不尽系于文事，而贵相理文绪，司禄赏功，进士则人文所由昌，常必因之。秦侯建阁，以奠风气，而崇祀文昌，义或取诸此乎？秦君名茂义，浙之仁和人。为予己丑典校南宫进士。其令海康，善政不可殚述。此特其关于学校者。谢君名嵩，番禺人。尹君名思恕，东莞人。督工主簿王景，长兴人。法皆得书。

二十四年，斋舍圮，教谕徐肯播修。

三十二年，飓风，圣庙、启圣祠、两庑、明伦堂具坏，同知张儒象、教谕邹瑗重修。建内堂，改文昌阁于大门。

三十六年，众议司监逼冲学前，风水不便，推官叶际英徙于卫中所。

以培风气
振人文。

谪雷原任御史樊玉衡记

海康学再徙而当府治之东，其前为镇抚狱云。堪舆家谓其风气弗宜，人文弗利，徙之便盖四纪于兹矣。而谋之徙，勤叩之莫应，岂非改作之难，而仍旧贯之易乎哉！然非所以辨官方右文治也。顷岁，诸生亟以为请，督学朱公、潘公、直指沈公，咸亟是之。若守巡当道伍公、林公、蔡公、海防张君、先海康令鲍君，复亟赞之。顾犹然议也。岂有待耶？其所待者，又有待而然耶？

司理叶君，甫下车，既视其县事，阅故牍得之，毅然奋曰："是不难，难于徙之资耳。夫我欲徙而使人任资乎？且也任之士则莫为适，任之官则莫为名，独身任之耳。"于是计之为费六锾有半，出橐中金，授之吏。立徙于卫之中所，不日而告成。事无中格，无旁挠，无帑糜，无舆骇。捷若振槁，昭若发蒙。凶秽去而清淑来，吉祥止而科目盛。海康士其自此有兴乎？

先是，君首筑万金堤，引特侣塘水东旋灌东洋田。仍浚山庵源水西城环绕学宫，以复全雷风气之旧，实与兹举相类，而捐金亦复称是。雷父老为请于许给谏甸南碑之。诸生德君甚，复欲予言。予不佞，故君之向者信州理也。其于诸君深，而又以言审雷者十年，其知雷事亦深。窃谓举不难于君之任，而难于君之捐，不难于捐，而难于君之却羡省赎，啬于取而捐。夫其能为啬者，乃其能为捐者乎？君又后先视其守篆，若怀苏之堂，寇李十贤之祠，西湖之亭榭，东洋之沟洫，外则城隍，内则莞钥，近则图圄，远则陂田，靡所不拮据，而亦靡所不布施。使人尽如君，即天下何不可为？而使君遂为真其所建树，讵仅仅如斯而已乎？

海康孙君亟悦君之举茂也，而使视予掌故，予视之良然，即雷多颂石，无以易君矣。君讳际英，字去华，别号念淳信之，贵溪人。举于万历乙酉，回翔宦辙所至，皆有名绩。其曾大父、大父，世为良二千石，至今籍甚，君仕学渊源，盖有本云。余备载碑阴，不具书。

三十七年，斋堂坏，训导丘民建。

三十九年，知县张和、训导黄焕阳建魁星亭于启圣祠前。焕阳又置题名二扁于明伦堂侧。

祭器

乐　器　本学旧释菜礼，止行一献。万历三十年，知县林日所始照府学行三献礼。旧止铜爵十六，锡香炉二，锡烛台二，铜香炉一。铜烛台二，小花瓶二，帛盒三。至是，教谕邹瑗始造木豆二百。生员吴启聪、陈槐置帛盒六，粗具祭事。而古制祭器乐器，全然未设。后之良有司，崇圣祀者，尚加之意焉。

文庙祭品

鹿一。

羊二。^{共八十斤。}

豕二。共二百斤。^{外府学帖来，胙肉五十斤。}

帛。^{九匹。}

黍。

稷。

稻。

粱。

盐鱼。

藁鱼。

枣。

柿。

栗。

荔枝。

龙眼。

饼。

韭。

菁。

芹。

笋。

醢。

香。

烛。

启圣祠祭品 ^{文庙两庑，旧止香纸，无牲醴。乙卯春，知县郭之粟创加猪二只，一百斤，羊二只，六十斤。}

羊一。^{四十斤。}

豕一。^{七十斤。}

祭期

每岁春秋二仲上丁日。

仪礼

每祭前三日，斋戒、沐浴、更衣。二日散斋。一日致祭。前一日迎牲，献官常服，诣牲所省牲。是日之夜，献官陪祭，官俱诣学幕，次上宿及献掌印官行三献礼，僚属教官行一献礼。

书籍

《四书》。

《易经》。

《诗经》。

《书经》。

《春秋》。

《礼记》。

《史记》。_{一部三十本.}

《大学三书》。

《论语外篇》。

俸粮

教谕一员，月该俸三石。_{每俸一石折银五钱正.}

训导一员，月该俸三石。_{每俸一石折银五钱正.}

教谕训导各员下斋夫二役。_{每役月该银一两正。遇闰加增，月小不扣.}

廪生二十名，每名月该廪粮一石。折银五钱。月该膳夫银一钱六分六厘六毫六丝六忽。_{遇闰加增，月小不扣.}

司吏一名，每月支银三钱正。

库子二名，每名月支银四钱三分三厘三毫三丝二忽。_{遇闰增，月小扣.}

殿夫一名，月支银六钱正。遇闰增，月小扣。

民快二名，每名月支银四钱六分九厘四毫六丝六忽正。_{遇闰增，月小扣。系海康县额编.}

学田地铺舍

东洋、禄厚、汶里、打井等处，早晚田共种子二十三石九斗一升二合五勺一抄二出，税一顷零三亩零一厘五毫三丝六忽。_{万历十年，知县沈汝棻捐银一百两置买，每年租钱一万零七百二十七文，内除纳粮钱二千八百八十文，尚存剩钱八千四百四十七文供给会课.}

丘凌霄记

吾父母沈公，思庠士之有志，率反累于贫窭。而学田未建，甚非所以体恤寒士，以副国家育才至意也。自捐银一百两，谋之司教连江林君诏、司训高要陈君概议其事，而召庠士梁栋、冯文燦、詹有象、李能白、陈材、吴启聪等，领金买附郭田一顷三亩一厘零，归之学宫。岁时之租税，惟学之职教者主厥计。而于常廪颁给之外，凡士无以为养，无以为礼者，咸得以便宜周之。岁成月要，总不藉于监司，其赋税一准民田科敛省其征徭例，有兼优者照之，使无繁其征，而日蚀其储焉。是不惟均田赋以恤民穷，抑且兴旷典以恤黉士。圣天子德意，公其善推之矣。

草蓄早晚田，共种子一十一石五斗，载税五十七亩五分。三十五年，署府事廉州府推官邵捐银五十两置买，每年租钱四千八百文，内除纳粮钱一千六百文，尚存剩钱三千二百文，供给会课之费。

尚书王弘诲记

新安邵公，起家经术，拜珠官司理以廉明称。监司直指使，咸礼重之。会雷缺守，当道议摄其事无如公者。至除烦苛，厘宿蠹，清税额，疏河渠，一时利无不兴。而加意青襟，谓滋海百十年来，士气索然，由养之者无资，作之者无术。于是饬其师长，躬礼让，严规条，以时考课。又念箪瓢之婆可闵也，乃积赎锾五十金，买郑宗玉草蓄田一所，受种一十一石五斗，该粮一石八斗有奇。岁入其粒以业贫乏。不惟困穷者获其所资藉益奋于学，即缙绅黎庶莫不踊跃。蒙恩之士，不忍泯泯无传也。受命博士邹君瑗、丘君民象丐[①]余言，以志不忘。夫居摄似非专职，鲜不传舍视之。即惧旷官亦未有抱根本之虑，垂经久之画如公者。所称循良郅理，蔑以加矣。遂为之记其略云。公讳兼，别号素予。由乡进士世家，南直之休宁人。

迈特田一号，种子一十石，税四十六亩正。三十八年，儒官莫天然捐银五十两置买，岁租谷五十石，折银五两。除纳粮一两五钱，存银三两五钱，解府贮库，给两学科举盘费之用。续后舍安檄西厅田人府学，亦为两学科举，通融取给，详见府学，俞元岳记。

文添谭等处田园，共税一十六亩七分四厘。三十九年知县张和查出欺隐绝户田产，详允发学，每年租钱七百文，除纳粮钱三百文，剩存钱四百文，给贫生灯油。

学地每年租钱公二千零八十文，存学公用。

---

① "丐"原作"丏"，据文意改。

学铺三间，每年租钱一千零八十文，存学公用。

遂溪儒学

遂溪县儒学，自宋始建在县西郭，地卑而湿。

乾道四年，迁于县旁，制仍狭隘。

宝庆元年，再迁县西登俊坊，元因之。

皇庆元年，教谕周孔孙重修。

至国朝洪武三年，知县王渊、县丞诸道弘仍其旧而创新之。前戟门、棂星门、后明伦堂，设两斋于堂之左右。扁其左曰"日新"，右曰"时习"。厨廪廨舍悉备。

洪武十七年，县丞邓义、教谕谢敬从，以堂斋逼，殿卑陋弗称，遂迁于县西北。

洪武二十年，教谕陶文实重修，改东西二斋。扁曰"尊德性"，曰"道问学"。设射圃于明伦堂后，规制始备。岁久圮坏。

成化间、知县杨彻修、龚彝重修。

弘治间，知县刘玉又从而拓之，仍建两庑、两斋、棂星门、戟门，笾豆、簠簋、罍爵之属咸备。

正德八年，通判杨云重建仪门。三间。

正德十年，提学副使章拯视学颓废，谋于知府王秉良，重建大成殿暨两庑。共十四间。戟门。七间。棂星门。三座。寻又建明伦堂及两斋房、仪门、诸舍，继而复坏。

嘉靖四年，知府易榛移建明伦堂于殿后。计五间。暨两斋。各五间。耳门。东西各一间。仪门。三间。

嘉靖十六年，知县邓恕重建会膳堂、号舍诸屋，未几复坏。

嘉靖二十年，知县班佩修。

二十四年，知县张天叙重修。

隆庆五年，知县杜伸修，并建戟门，工未就而去。

万历元年，知县陈学益始毕前功。

万历十一年，知县卢应瑜改乡贤、名宦二祠于殿西。

检讨邓宗龄记

古者良吏有德于民，民为建祠，岁时俎豆不绝。乡士夫殁，则祭于社，所以为明质也，以示劝也。遂邑僻在海陬，多阙典，至名宦乡贤祠，旷然不举。

邑令卢君来牧兹土，谒学校低徊者久之，曰："某待罪下邑，而使先大夫勋伐不彰，贤士君子声称不著。恣恣湮没，不得比于畏垒之为庚桑也者，何以报之？而规来祀，某甚惧焉。"乃遍谋于博士弟子，惟是博士弟子因举名宦李纲忠定公等十人，乡贤吴公正卿等四人以请，卢君上其事于当道。当道曰："祀典慎重哉！非以劳定国勿举，非仁义教化勿举，非声宏月旦勿举。"卢君因而咨询长老，稽览郡乘，公议乡评，若出一口，乃敢具状以请。于是以李忠定公纲、王公渊、张公天叙、郑公遂、白公若金五人祀名宦。吴公正卿、陈公贞豫、彭公日更、王公吉祀乡贤。当道可其议。檄邑鸠工庀材，构地创祠。卢君奉令惟谨，射择地于启圣公祠前，地卑隘。卢君捐俸金易地益之。庙宇岿然鼎新，乃择日奉主往。卢君率官属博士弟子行礼祠下，而属不佞龄记其事。

夫忠定公以元勋硕辅，流寓岭表海厄，车樋所至，何不可为俎地？固以公重哉！王公从事于天昧草创，为遂邑计长久，置衙舍，立学宫，安集流移。已而较籍定赋，课农问桑，修筑塘陂，以广灌溉。民甚利焉。张公天叙，以儒术润色吏治，岁时延见庠士。娓娓谭说经艺不休。又辟诸舍舍之，士斌斌向于教化，兴于行谊，张公之教也。郑公遂以典幕至，时海潮冲决，圩堤就圮，千顷几沦龙窟。公力任其事，走风涛激浪中，督捷木竹石以障咸潮，万家桑麻无恙。又辟通衢，浚水道便民。贫者捐俸具牛种佐耕。而巡行阡陌，以教稼穑。吏民甚爱敬，相与咏歌其德。今儿孙相继腾仕，人以为善报云。白公若金者，提身清肃。务以道淑世，士子无敢以馈及门。贫者推衣食佐之，士乐循循善诱而诵义无已。乡贤吴公正卿，受平湖书院山长，历知南宁事。所至见思，俸钱自奉亲外，悉以周族党，家无羡金。元统为合浦临桂令，当事文章尽为风宪。陈公贞豫以乡举为直指，持风裁凛凛，多匡时略。奏建横山营堡，两邑赖之。彭公日更司理南安，宅心宽恕，把衡平反，民不称冤。寻擢留守司寇，即解绶归里，中推阴德云。王公吉以太学生为温州别驾，擢丞柳州。恤灾捍患有保障功，民祠祀不衰。擢延平守归。

嗟乎！士当日而敷政尚未厌乎人心，平居而操行或不满于众口，况其遗思甘棠，欣慕娇修于世代绵邈之余？耳目睹记之外，其人良有所当，非苟而已也。语曰鄙人何知，飨其利？为有德，岂虚言哉。史称吏治莫盛于汉，而当时所立家奉祀者，自文召朱龚数君子外无闻也。此于二千石，得一切便宜从事，位尊而惠易下达，郑公一渺然典幕耳，乃克表见享有令名，盖诚有足多者。遂自先朝以来，岂乏科第，而王公起家太学，所在着声，士亦在所自树耳。余悲世俗拘挛，猥以资格相催阻。故特表二公之节，以为世劝云。卢君雅有善政，乃克举旷典，以阐休光，甚盛事也，例得并书焉。

万历十七年，知县陈庭诗、教谕叶观光同修圣殿，东隅建仪门并启圣祠。

万历三十二年，推官高维岳、知县袁时选重建殿庑暨新圣贤神像。

尚书王弘诲记

遂溪据雷上游，为出入孔道。学即在县治之西。司理高公署郡之明年，是为万历三十二年春也。公过遂溪，熟视孔庙圮坏状，低徊良久。顾博士弟子员曰："夫圣师且无宁宇。乌在其有专学也，其亟图之。"

先是，遂溪有馈公夫马例，公曰："奚为至我哉！麾之近名，受之近利。"于是尽捐之学，以为庀材资。而犹虞不足也，又捐羡佐之。前后得七十余金。于是起工于三十二年春，告成于季秋九月。为正殿若干楹，东庑若干楹，西庑若干楹，启圣祠若干楹，棂星三大门，户牖圣像诸贤神玉若干座。斯役也举于颓败之后，故其谋难于始，而其力倍于创。博士徐君梦熊、王君梦阳实奉公命，董其事，矻矻不遑寝处。用是单故鼎新，焕然改观矣。师弟乐睹厥成，不忘所自，互相庆曰："吾辈获奉先师之灵，托其宇下，庇我文脉，光我士风，则日阴木屑，靡非公赐也，不可不记。"于是博士王君孟阳，率诸生走问不佞。不佞曰："是可记矣。"

遂溪故有古风，故其为学亦凿凿好古。起宋乾道，历数百年。其中建立，代不乏人。惟公加意学校，用心圣贤，非流俗可窥万一。复檄诸生亲阅之，且曰："椽提易蠹，而户枢不坏何也？则用不用之故也。故常修无败屋，常习无败学，皆是道也。子归而求之有余师。以故遂邑之宫墙益高，遂溪之士子益奋，振藻抽思，蜚英腾茂，可指日待也。"公之所造大矣。公名维岳，宣城人，由癸酉乡举，初得今官。其承委督工，则主簿刘士元也，例得并书。

祭器

铜簠。四十三个。

铜簋。四十四个。

铜笾。一百八十四个。

铜爵。三十八个。

铜豆。一百八十四个。

锡汤碗。六个。

锡血盘。八个。

锡酒樽。二个。

铁花瓶。二个。

磁汤碗。五个。

帛盒。六个。

祭器柜。一个。

知县刘玉记

予[①]于弘治八年来官斯邑，见庙宇倾颓，及祭器陈朽，窃自引咎。于是，自戟门、仪门、斋庑、廨宇等房，悉高大而维新之。笾豆簠簋罍爵之器，皆撤旧而重置之。前此门宇多苟多略，今则悉易以劲致之材。前此祭器以缶以木，今则悉铸以铜器之美，规制焕然一新。既落成，刻石以记，盖视其修制之颠末，冀后之君子加夫缉熙之功云。

文庙祭品

羊。二。每只重四十斤。

豕。六。每只重一百斤。

鹿。一。重六十斤。

---

① "予"，原刻为"于"，据文意改。

兔。一。_{羊代，重四十斤。}

黍。四斗。

稷。四斗。

稻。四斗。

粱。四斗。

枣子。二十五斤。

栗。二十五斤。

榛。五斤。

菱。五斤。

茨。五斤。

形盐。二十五斤。

藁鱼。十五斤。

韭菹。二十斤。

菁菹。二十斤。

芹菹。二十斤。

笋菹。二十斤。

酰醢。十斤。

兔醢。十斤。

鱼醢。十斤。

帛。九段。

香。粗细各二十斤。

烛。寿烛二对。上烛十五对。中烛六十对。下烛七十对。

酒。八埕。

启圣祠祭品

羊。二。每只重四十斤。豕。二。每只重一百斤。帛。三段。藁鱼。三斤。铡盐。三斤。枣子。三斤。黍。五升。

稷。五升。稻。五升。粱。五升。栗。三斤。青菹。三斤。芹菹。三斤。笋菹。三斤。韭菹。三斤。香。粗细各五斤。

烛。上烛二对。中烛六对。酒。二埕。

书籍

《四书》一部九本。《诗经》一部六本。《书经》一部六本。《易经》一部六本。《礼记》一部八本。《春秋》一部四本。

《礼乐书》一部六本.《论语外篇》四本.《世编古文》共四十八本.

俸粮

教谕一员，月该俸三石。每俸一石，折银五钱正.

训导一员，月该俸三石。每俸一石，折银五钱正.

教谕训导各员下斋夫二役。每役月该银一两正，遇闰加增，月小不扣.

廪生二十名，每名月该廪粮一石。折银五钱.

月该膳夫银一钱六分六厘六毫六丝六忽。遇闰加增，月小不扣.

司吏一名，月支银三钱。

库子二名，每名月支银四钱三分三厘三毫三丝二忽。遇闰加增，月小扣.

殿夫一名，每月支银六钱正。遇闰增，月小扣.

学田铺

麻连田八亩。租谷八石。白沙水田一十三亩二分。租谷一十三石二斗。陶狗田七亩。租银七钱。学铺二间，税二分。租银八钱正。

王景贤记

至元六年，邑民陈兰卿辄入学仆碑，占田为己物。又转售之邓子光，同恶相济。至正元年，本道廉副按临兹邑，文学掾陈国顺具实以闻，即督邑令刘仁究、陈邓辈退租断遣，田乃复归于学。是为记。

周孔孙《新收田记》

海滨之邑多旷土荒野。东南十余里，地名那顿射，早田一局，公私无涉。力农垦耕成田。邓万英图为业，包买陈益宗田于其南，税止一文。改三坵为二段，而并吞之，陈兰卿素知邓之冒食。政和戊辰，复求吴应丙荒田于其北，承税仅八文。越南至车路小江，广包巧计而夺之。陈讼于邑，邓讼于郡。委县尹孙从仕职问。于是履亩正界，勘契验实，厘折陈邓所置之田，各招准安业外，新垦田计种三十余石。东至岭脊，西至大江接连小江，南至邓万英买陈益宗那顿射并邓元凤等，北至陈兰卿买吴应丙那顿射荒田车路小江为界。未垦之田陂塈塘皆在焉。东抵西三百余丈，南距北五百余丈，尽没于官。时会金宪张公亚中偕掾陈时成恺分按议，给前田赡学。县尹孙逢辰欣然行命，典史胡谦力于赞成，命教谕殷槐卿募佃派租，岁不止百石。计学之廪视昔绰如也。士既得其养矣，尤当加琢磨以养其志，以应科举之明诏，毋但为养身之计，抑当毋忘乎养士之当道。曰养士者谁？金宪是也。天顺年壬申冬月记。

徐闻儒学

徐闻县儒学自宋始建在旧县讨纲村。元至正间随县迁于李氏家墩。国朝天顺六年，避寇附建于海安所。弘治间迁复旧址。

正德五年知府王秉良、知县汪泽、教谕杨槚共请建文庙五楹，榱题重檐，石摹圣像，在木主前东西列两庑各六楹。前为戟门，又前为棂星门，前中为泮池，桥行其上，南为照墙，外建射圃亭，庙后建明伦堂五楹暨左右库房。卧碑置堂左壁南向，科甲、辟荐、岁贡等题名，俱用木扁，悬堂左右。

李著记

圣人之道，昭如日星，万世而下，得以优游于彝伦攸叙之天，义利是非之辨，皆圣道有以陶镕之。是宜尊崇祀典，被衮垂旒南面，而享玉帛血食于无穷也。广东雷郡属邑徐闻，僻居海隅，前代已入版图矣。国初繁华富庶。天顺间罹兵火，乃徙县避居海安，学校亦随迁焉。弘治辛酉，邑令平侯钢恢复县治，未暇经营。

正德己巳秋，竹溪汪侯泽自崇明来，下车之初，首谒文庙。相视旧基湫隘，满目荆棘，弗称具瞻。乃慨然曰："学校为政首务，吾邑令之责，当为而不可缓者也。"越明年，政通和，乃移文请于巡抚都宪林公廷选暨诸道金宪李公瑾，皆壮而许之，檄下命汪侯专其任，掌教杨君槚董其役，判簿程君子厚赞其功，支买之需出于李公，而郡守赵公文奎实佐其费。乃举纯笃乡民田泗、骆会渡海之永安运木料，耆老颜伟、邑掾陈希文辈以分理之。鸠工于庚午之秋，落成于癸酉之春。中为大成殿，东西为两庑，南为戟门。又南为棂星门。殿之后为明伦堂。东西为两斋。遵时制也。工善材良，焕然鼎新。侯之初心，于是始慰。至于匠作之饩廪，夫力之召佣，砖瓦之陶①成，灰铁之杂费，侯独措置捐己俸，上不知而下不扰。

侯是举可谓有功于学校，加意于圣门矣。奈何辄起纯鲈之思，至于神像之未塑，祭器之未造，香案之未具，庖廪号舍之未建，丹艧黝垩之未

---

① "陶"，原文漫灭，据文意加。

绘，以俟后之为令者继其志而成之。庶不负兴建报本之盛心也。生员廖贤、邓植等请予志其事，镌石以垂不朽。予知侯稔矣，遂掇其实以为之记。正德九年秋记。

嘉靖二年，县丞林应聪修棂星门、戟门、斋庑，复建名宦、乡贤二祠于戟门侧。十三年，推官徐达改建射圃。

万历十二年，知县蔡宗周建修名宦、乡贤二祠。三十六年，推官叶际英因射圃地洼潴水，环砌为沼。三十九年知县孙世芳重修。东西建二斋。左"进德"，右"修业"各三楹。两门。各镌石额，左"兴贤"，右"育才"。西南建启圣祠，堂后建敬一亭，竖敬一箴碑一。程范箴碑五。折而西为教谕训导诸衙。东斋之左建魁星亭。在兴贤门东。复建诸生号舍于启圣祠西。凡三十间。而学之规制始备。

祭器

铜簠。二十五个。铜簋。二十五个。铜爵。五十个。铜铏。二十五个。锡香炉。七个。锡炉台。六对。笾豆。共一百个。

林应聪记

徐闻邈京师，民重耕牧，薄声利，有太古之风。自平侯复旧邑，汪侯创学官，邑稍改观，而礼文尚未之遑。

嘉靖甲申秋，少参李公镇弭节是邑，适丁祭，公往观焉。俎豆弗修，仪文朴略。公恻然曰："吾宣圣神化，远近大同，而有司崇报，独可以远而亵哉？"乃檄是邑措金募工。范铜为铏爵笾豆簠簋，始命遂溪县主簿黄沂，署教事叶秀、训导陈琼董其事。聪至而成焉。窃惟学校者士之林，而礼乐者，士之不可斯须去身者也。自近世有司学校岐为二途，学校视簿书为俗吏，有司以礼乐为虚文。故政多无本，而学不适用。视古人学政相须之意荒矣。

公旬宣海滨，独注意于此，其以儒饬吏者钦？器成，凤翔于是邑，五色备，诸鸟从，阅旬而后去。邑之士咸作而叹曰："不图今日，其见中州之礼器乎？礼器大备，其感召固如此乎？夫笾豆簠簋，礼之器也。骏奔周旋，礼之文也。仁义道德，礼之本也。执其器，思端其容。端其容，思敦其本。人文久坠之余，将不有所振起哉！"先是，飓风大作，学舍倾圮几尽。聪白于当道，修棂星门、戟门、斋庑，复建名宦、乡贤二祠于戟门之侧。立绰楔于棂星门之东，皆所以广公意而永其称也。因并及之。公讳镇，由进士补监察御史，擢今官云。

文庙祭品

羊。二。^{共八十斤}豕。六。^{共六百斤}鹿。一。兔。一。^{羊代。}黍。稷。稻。粱。枣。栗。榛。菱。茨。饼。形盐。藁鱼。韭菹。菁菹。芹菹。笋菹。酏醢。鹿脯。鹿醢。兔醢。鱼醢。脾肵。豚胉。帛。香。烛。酒。

启圣祠祭品

羊。二。^{共七十斤}豕。二。^{共二百四十斤}

书籍

《四书》《易经》《诗经》《书经》《春秋》《礼记》《性理》《通鉴》《礼乐书》

俸粮

教谕一员，月该俸三石。^{每俸一石，折银五钱正。}

训导一员，月该俸三石。^{每俸一石，折银五钱正。}

教谕训导各员下斋夫二役。^{每役月该银一两正。遇闰加增，月小不扣。}

廪生二十名，每名月该廪粮一石。^{折银五钱。}

月该膳夫银一钱六分六毫六丝六忽。^{遇闰加增，月小不扣。}

司吏一名，每月支银三钱正。

库子二名，每名月支银四钱三分三毫三丝二忽。^{遇闰增，月小扣。}

殿夫一名，月支银六钱正。^{遇闰增，月小扣。}

民快二名，每名月支银四钱六分九厘四毫六丝六忽。^{遇闰增，月小扣。}

学　田

吴家庄田一项，共税五顷五十亩。^{万历十年，知县蔡宗周清丈溢额包隐田，详允送学，为诸生会考灯油济贫等费。又以坡田丰歉不常，恐条鞭贻累，悉为蠲免。自为记竖戟门。}

蔡宗周记

余莅任而瞩其山川之奇，龙床石门列左右，双髻峙其北，群峦环而秀屹者，若匠斫冶制然。南襟大海，溯湃激荡无涯际，四时作态，倏不知其几千万状，盖一方伟观焉。文在是矣。乃徐之奋起科名者，率渺焉，宁有异故哉？徐非鲜才，不善成其才者过也。士须相炙熏，始淬其业于遵美徐习，卒沾沾自足，甘寡陋，鲜求益于人，庸是罕所树蜚声。彼其师心独步骧首滨海者，则豪杰士耳。且徐土故瘠僻，少生聚。士之贫者，至不充担石。先儒曾以治生不足为，为学者妨，确哉其言之也。

余猥谫无他长，窃私念吏之职百于兴学育才。既尝新学官，葺斋舍，辄暇则引多士劝率之，顾素质大，不喜矫情为捐舍用，博作兴之美谈。比丈田东乡，得隐田土，名吴家庄。五顷五十亩有奇。是田也原民产。国初时籍入于官。因官其额，派佃于通邑，而岁征其税。迨世庙初，复宽为民则而产犹官也。民安私业，岁月湮没，莫综其故。厥田遂为右族者递食，顷属之邑生员陈一瑞手。余廉得其委，出而还之官。因以请之上官，允为学田并豁其税。盖是时，圣天子轸念民艰，行清丈去浮粮。但令田与税准，毋加额以困民。余仰承德意，谨度徐田。故优饶计足税额外，其宽余盖七顷五十七亩三分有奇。田以二顷五亩五分给补民产之毫。汇西北吴家庄田五顷有奇。乃得脱手无□①合税焉。起万历十一年冬，该学博士簿掌之，明其出入，因谕学博督集诸弟子员约月试外，立会共商确范。校文艺取诸田为供，且以示劝。士如悬罄有难于丧葬者，不能婚娶者给助之。俯仰弗赡者周之，俾之定志于学，无苦穷。盖以徐之利惠徐士，于余无德而于士辄有补。矧今者倡之，后之贤者得无尤有加之意者哉。

斯田之置，有藉于邑校者远而后矣。夫明珠文犀，产之海北，天下珍之。夫士也生钟海北之英，美中而秀质者，彬彬然。明珠文犀不珍于此矣。盖尝览多士艺文而珍视之。乃独不知自成其珍。竟瓦砾弃焉。辄漫言曰："是唯徐之山川气运固然。"山川将无羞乎？予所祈多士，盖无异言。其惟厚自珍如明珠文犀以珍天下哉！斯余立田意也，是用垂之久远，而为之记。

那密庄田共税三十五亩。<small>邑人运同邓士元送学，以为诸生会考、灯油、济贫之资。</small>

新庄田共税一顷四十七亩。<small>万历二十年运同邓士元孙兆麟故绝。母王氏愿施入学，知县熊敏详允送学。除纳秋粮银三两九钱八分二厘，剩银解县，给科举生员盘费及学道刷印考卷支用。</small>

---

① □，原刻漫灭。

三县社学

海康在城社学七。卫社学一。_{乡社学二十有四。成化十四年，提学赵瑶令郡守黄瑜举社师二名，立社学二所教子弟，至郡守赵文奎益之三，后增至四。}

东关内社学。_{在忠义祠后。嘉靖辛丑知县杨澄建。}

东关外社学。_{在北府庙南。嘉靖辛丑知县杨澄建。}

南关内社学。_{在乐安坊，知县郭钺改建，即令预备仓地。}

南关外社学。_{在南关外登云坊。今坏，址存。}

西关外社学。_{在西门秦公祠南，嘉靖辛丑知县杨澄建。今废。}

北关内社学。_{在海北道左，知县郭钺建，今改义仓。}

北关外社学。_{在那庐坊。嘉靖辛丑知县杨澄建。今废。}

卫社学。_{在卫治内东侧，旧设以教武弁子弟，今废。}

乡社学。_{凡二十四，不具录，大社设二学或三学。无定馆，教读之师，各于所在发蒙，此外，有文昌社学，在澜会坊文昌祠旧地。嘉靖壬辰社人李孟等建，今废，址存。}

书院四

平湖书院。_{取苏公西湖平状元生之语，今倾圮。}

怀坡书院。_{东接秦公祠。正德戊寅知府王秉良建，今倾圮。}

崇文书院。_{嘉靖二十三年，郡守罗一览建于县治西，至万历元年，唐汝迪修葺。六年奉勘合，废为雷阳公馆，七年知县沈汝梁，因县衙圮，改为县后堂，堂后梅小亭名后乐亭，后又修为正衙。}

文会院。_{万历三十年，分守道袁茂英，建于西门内直街习仪公署西，房屋十四间，门楼一座。}

遂溪社学一。书院二

城西社学。_{旧未有设。成化十四年提学金宪赵瑶按临，命本县新建社学于县治之西，今废。民间子弟各以其便，而讲学焉。}

文明书院。_{在县西南八都乐民所城内，宋元符庚辰，苏公轼南迁，由儋徙廉，道经兴村，宿净行院。四顾山川，谓乡民陈罗奠曰：「此地景胜，当有文明之祥。」既去月余，瑞芝生其地。诸儒遂即其地建书院，扁曰「文明」。宋末毁于兵，元泰定甲子，提举卢让复建，未就而去。至顺辛末，彭从龙重修殿堂斋庑，立山长，置学田，春秋祭礼咸备。元凌光谦记。岁久倾圮，遗址为军营所侵。}

宋苏轼《文明书院诗》

荒凉海南北，佛舍如鸡栖。忽此榕林中，挂空飞拱楣。当门列碧井，洗我两足泥。

高堂磨新砖，洞口分角里。倒床便甘寝，鼻息如虹霓。童仆不肯去，我为半日稽。

晨登一叶舟，醉卧十里溪。醒来知何处，归路老更迷。

起秀书院。在察院司街左。遂旧有崇文书院，万历初改行台院，遂废。甲寅秋，知县欧阳豪捐俸买民陈御铁房一所，南北两廊，前辟三门，通甬道，左凿荷池，建亭于上，群庠士肄业于内，定课讲业。本府推宫欧阳保见而嘉之，题曰"起秀书院"，取《文赋》"起夕秀于未振"之义，以勖多士。

徐闻社学四。书院一

崇德社学。旧梦楼书院。

广业社学。东城内北，址存。

复初社学。县治东北，址存。

明善社学。东门内北，万历二十六年，换地建总铺。

贵生书院。万历十九年，添注典史汤显祖、知县熊敏共捐资俸，建于公馆东。汤显祖有记，见《艺文》。后地震崩废。

论曰：

雷自张栻记明伦，士知向学至于今，几于家弦户诵。撻掞子弟郡国以四五百人计，三邑各以数百计。儒童待试，海邑不下三四千人，遂、徐各有二千有奇。又高廉诸邑所不及，何夥也。儒童视撻掞如饥之于食，目之于色，不得已。遇试而陈请奔竞，即路途心力无所爱，何恳也。及一采芹，便翘然自足，诵读无闻，考校不赴者，有矣。其下者，藉庇门户，倚横乡里，无复策马扬鞭之志。其上者，仅图廪饩，充贡籍，聊试其栏杆苜蓿之味而已。若磨铁砚而誓斩楼兰，固可屈指数也。嗟乎，使宫墙士而尽出于此也，国家光扶社稷，提挈乾坤，属之何人哉！

夫芝兰玉树，不择地而生。十室之邑，必有忠信，岂以雷遂无人？总之，小成之见相沿，而父兄之教不严耳。适燕越者，举步则止，裹足则不至，未有身不出阃域，志不期远到，而能大成者也。司马子长溯沅、湘，探禹穴，历览天下名山大川，而其文始奇。未有不见异书，侣异人，而得超然于文学者也。故雷学校之多也可喜，而其止于多也可虑。目今宦游于雷者，兴文振藻，炼石补天，郡邑书院文塔，凡可以为雷造福，无不殚厥心力。然所可致者，宦游之心也，其不可强者，则雷人士自勉之而已矣。

雷州府志卷之十一　秩祀志^庙^坛祠

天子柔百神，其自畿而外，郡邑之坛墠笾豆，不领于祠官有司，得以其岁遍之数则烦，疏则怠，盖其慎也。雷以文玉兴，人惑于其故，沿而为丛祠巫史者，匝境不人事之务，而惟鬼是求，相于淫矣。夫祀有正有邪，辟邪崇正，郡典也。诸非特建者，弗录。风云雷雨、山川社稷、城隍及厉与民素虔事者，秩而彰之，庶几哉！反经乎？作《秩祀志》。

府学^{海康附}

圣庙。^{历代建置详见学校。兹录嘉靖后祀典。嘉靖九年，肃皇帝从辅臣璁议作《正孔子祀典说》，改"大成至圣文宣王"为"至圣先师孔子"，四配为复圣颜子、宗圣曾子、述圣子思子、亚圣孟子。从祀及门弟子称先贤，左丘明以下称先儒，去塑像设木主，罢公侯伯}

诸封爵。申党、申枨二人，存枨。公伯寮、秦冉、颜何、荀况、戴圣、刘向、贾逵、马融、何休、王肃、王弼、杜预、吴澄，十三人俱黜祀。林放、蘧伯玉、郑众、卢植、郑玄、服虔、范宁，七人祀于其乡。进后苍王通、胡瑗、欧阳修从祀。又以行人薛侃议，进陆九渊从祀。改称大成殿为先师庙。大成门为庙

门。祝文乐章，凡称王者并易为师，乐舞用六佾，岁以春秋二仲上丁日，致祭如仪。隆庆五年，以薛瑄从祀。万历十二年，以王守仁、陈献章、胡居仁从祀。四十一年，又以罗从彦、李侗从祀。雷府县学制俱遵此。

名宦祠。^{在文庙西。郡守何庾、戴之邵、薛直夫、孟安仁、陈大震、虞应龙、乌古、孙泽、吕琬、郭思诚、贾焕、李希祖、黄敬、李阶、王秉良。后李阶以两广制台陈渠议黜。}

乡贤祠。^{在文庙西，旧在西潮上。祀宋吴国�、纪应炎、元陈纪、王景贤。国朝陈九思、吴正卿、林文亨、吴宗直诸贤，岁久祀废，并祀名贤祠。正德丁丑，郡守王秉良改建今所。增祀王惟一、何炫烟、李璨、王吉、陈时，查得陈九思事无实迹，何以祀雍，}

^{冯彬六人之乡贤，宜裁之。}

社稷坛。^{元天历，廉访使贾焕建于府治西南三里。}

王士熙记

国初迁于城西北天宁寺后。坛基崇三级，陛四出，东西二丈五尺，南北二丈五尺。厨库宰房倾圮，遗址尚存。仲春仲秋上戊日祭。

风云雷雨山川坛。^{在天宁寺西，旧在郡西南坡，距府治二里。嘉靖七年，知府杨表建于府城外西隅。十六年，知府林恕改建新城内文富坊，旧东坡书楼基址内建神台，外屋三间，拱门扁勒"南坛"二字，今为民居。坛移于新城内东迎}

^{洋门，其制与社稷同，每春秋仲月上巳日祭焉。}

城隍庙。^{在府治东镇宁坊。元祐间建于元帅府东。元仍旧址，因圮重修。}

张复新记

洪武五年，建于文庙西。嘉靖元年，提学副史魏校毁玄妙观。癸未，

郡守易蓁修其旧宇而改迁之，至万历六年庙宇倾坏，郡守陈九仞修建神堂大屋三间，扁书"昭鉴"二字，添建拱蓬耳房六间，俱塑神像，后盖屋三间，塑圣母像。耳房四间，各有神像，外大门建楼二层，扁金字，书"城隍庙"，两旁塑神马二像。万历二十六年，复倾坏，郡守伍士望重修。制如前。增建钟鼓二楼，复置香灯田铺，有碑记。

厉坛。 在府治北二里，崇土筑陛三级，高三尺，旁设厨房三间，缭以周垣，春秋用清明，秋用七月望日，冬用十月一日。

飓风坛。 原在府东十里。嘉靖戊戌，郡守洪富因飓风频年焇害，乃即海岸为坛，东西十三丈，南北十丈，旁设厨库房。每年夏秋冬孟月朔日，行祈报礼。今改迁于郡北郊五里，设坛望祭。

伏波庙。 在郡治西南一里许，西汉邳离侯路博德、东汉新息侯马援二公并建，皆伏波将军号，有功于岭南，雷人立祠祀之。南汉、宋、元皆封诰为王。

宋李时亮记

岭南之俗尚鬼。群小祀淫祠不知数。惟伏波将军庙，其神大而正者。与夫赵陀奄有南粤，传僭五世几百年，蘗芽根据，非不固且久。及元鼎南征，虽五将发江淮师号十万，而戈船下濑，驰义夜郎。兵末及下，邳离公所将方千人与楼船会番禺。

按本传，越人素畏伏波名，不知兵之多少。将军设奇为营，以印授招降者，迟旦城中悉降，遂平南越。以其地开九郡。踰海之南，置珠崖、儋耳，西即交阯、日南、九真。原其用兵之神速，拓地之广远，取强国犹如拉朽，所为功烈，规模垂于后世，是宜庙食传祀亘千古而如在也。元丰诏书，凡祠庙之有灵应者，所在以闻，咸秩以封爵。广西宪使彭公奏论伏波灵验事，敕书赠封曰"忠显王"。是年冬，时亮被命，赴琼莞谒祠下。监场海康主簿李思常丐文，以志锡封之岁月，遂刊诏于石而颂之。

庙宇岁久颓坏。弘治丁巳，太监陈荣、参议任谷捐赀鼎建，置田一十六亩，以供伏事。嘉靖戊戌，郡守洪富修。增以春秋二祭。庙复颓败。署府事戴嘉献重修。万历二十三年，郡守伍士望捐金修葺，改直门路。

罗章诗

汉室功臣两伏波，身平南粤定山河。长驱汗马威风振，仰观飞鸢瘴雾多。北海楼船曾布列，南交铜柱尚嵯峨。遐方庙食彰灵贶，千载勋名永不磨。

英山雷庙。 在郡城西南八里英榜山。古记陈太建间，陈文玉登第，为本州岛刺史，殁后，神灵显著。州人立祠祀之乡，称为雷种。故以雷名庙，旧在州东北五里英灵村。后梁干化间，风飘庙宇二梁于英榜山石神堂西，因徙庙就塑，东仍塑石神像，西塑汉李太尉像，列面为三。南汉大有十三年，封灵震王，大宝十三年，增封灵显明昭德王。

宋吴千仞记

夫记者，所以直书其事，以为后人所闻知也。故物有奇异之状，事有殊怪之由，然则雷庙也者，所谓奇异殊怪者也。按州之五里英灵村，有居民陈氏。无子，尝为捕猎。家有异犬九耳而灵。凡将猎，卜其犬而动者，所获数亦如之。偶一日，九耳齐动。陈氏曰："今日必大获矣"。召集邻里共猎。既抵原野间，有丛棘深密，犬围绕惊匝不出。猎者相与伐木，偶获一卵，围尺余，携而归，置之仓屋。良久，片云忽作，四野阴沉，迅雷震电，将欲击其家。陈氏畏惧，抱其卵置之庭中，雷乃霹雳而开。得一男子，两手皆有异文，左曰"雷"，右曰"州"，其雷雨止。后陈氏祷天而养之。既长，乡人谓之雷种。

至大建二年，领乡举，继登黄甲。赋性聪明，功业冠世，授州守刺史之职，陈文玉是也。殁后，神化赫奕，震霹一方，郡民就州之西南隅中，置立庙堂三间。塑雷神十二躯，应十二方位，各饰神冠，执剑刀斧钺之类。至于雷公、电母、风伯、雨师、轮鼓、电火，各以板图像，列于庙间。春秋刺史躬祀。至乾化二年八月十六夜，飓风大作，庙堂忽失二大梁。访寻莫知所在。有地名英榜山，原立石神，去州五里许。时有军士入山采木，忽见二大梁在石神之西。因申州尚书率官吏诣其所，验之，乃庙堂所失之梁也。盖知神托风雨迁移，若有择地而居。

知州谓其灵异，构材连石神造庙宇，自是神灵益显。官吏祈祷，应如影响。犯神必死，求者必应。庙宇有活鸡、活羊，盖祈祷之所舍也。为狸虎所捕，至旦而狸虎皆暴死于庙前。州之顽蠢者，假修庙之名，深入乡村乞钱粮，未入手，就其所在，皆自绞其手，号呼痛楚，直抵神庙。其家闻之，匍匐随至。问之，即曰："我假大王之名勾钱于人，今为大王使者束缚鞭拷，速为救我，不然当死。"其家急以大牲致祭，命僧道诵经谢过，始得释。庙人夜宿庙中，天将明，庙门忽开，有车盖侍卫直上抵正殿，庙人惊惶，谓刺史到庙，奔走迓迎。忽而不见，其灵显如此。左右田家，俱各畏惧。少有所逆，遂至亡命。乃议就庙之东北，置立佛殿祭祀。杂以经文为献，冀神威化为慈。由是威猛差减。后佛殿敕额为"广济禅寺"。

至伪汉大有庚子岁正月十五夜，庙门井中，忽音乐振作，入抵庙正殿。诘旦庙令陈延长以为申州。知州封尚书率官吏诣庙，见有神龙行迹，鳞爪印地，遗流涎沫，直上正殿，久而不散。尚书具由奏闻，就当年八月，上命差内班薛誉就州重修庙堂。增置两庑两门、三门。始封为灵震王，而石神封庙内土地。其重修时，拟迁石神于西，而正殿居东。使人舁①其石，推而不动，遂凿其根。愈掘愈深，乃知其神灵不许迁动。于是正殿仍居西也。至伪汉大宝乙巳岁，命重赐冠带、牙笏、衣帐、祭器若干件。祥符二年记。②

文玉举茂才，且陈时无登黄甲事。③

宋戴尧仁、黄勋相继修庙。

有李永年记

宋熙宁九年改封威德王。绍兴三十一年赐庙额曰"显震"。乾道三年增封昭显。庆元三年增封广佑。淳祐十一年增封英灵普济。德祐元年增封英灵威德昭顺广佑普济王。元泰定二年改封神威刚应光化昭德王。国朝洪武初改封雷司之神。每岁上元，郡守具牲以祭。成化壬寅，郡守魏瀚因庙倾圮重加修葺，建止肃所。又建石坊于前，匾曰"英山胜境"。罗玑为之记。弘治乙卯，太监陈荣扩地基，营建殿宇三间，外门三间，绕以垣墙。嘉靖辛亥，皇妃杜氏请旨致祭，为皇太子祈福，碑竖庙中。万历甲辰，府县命工修葺，前后殿材俱易以铁力木，增置海北灵祠两庙门楼，拜亭及钟鼓楼，海康知县包际明记。辛亥重修，有记。

知县张和记

方余未至海康时，稔闻有所谓雷庙者，灵炳一方矣。迨莅任后，肃谒庙貌，目击祠宇弗称，思为之新饰而未遑也。辛亥秋始克修葺竣工。于是雷裔陈生、朱衷、洪猷等，磨贞石请记其事。余固让弗获，因率勒梗概而付之。

余闻月令云：雩祀百辟乡土之有益于民者，以祈谷实。春秋传云：能御大菑则祀之，能捍大患则祀之。乃知古来祀典，为民设也，谗黩云乎哉！若雷庙可睹已。按郡志陈公刺兹郡，生有惠政，殁有灵异，乡人立庙祀之，俗称雷种，故庙以雷名。其庙创于陈代，徙于后梁。禋祀于南汉。

---

① "舁"，原刻为"羿"，据文意改。
② "祥符二年记"，原文无。据康熙《海康县志》补。
③ 该句在原文之上，另行刻出。

而加封锡号于宋元累叶。迄我朝龙兴。洪武改封雷司，定祀上元。厥后成、弘间，屡因圮坏而修廓之。迩者前令鲍公业已缔构堂宇，绘塑诸像，卒以觐行而未竟。余来海康先经纪民事，后致力于神祠。乃聚材鸠工，命巡检唐大伸董其役，以增葺其所未备，而彩饰其所未周。始事于某月某日，竣事于某月某日。其费出取之赎锾，其工力用之农隙。不越数月而竞趋乐赴，庙貌灿焉更新，此岂余之私媚幸福哉！窃计莅邑以来，祷祈旸雨，应若桴鼓。年谷登而氛祲息，海无鲸波，而民无札厉。讵敢曰余不敏所能致然，寔惟是赫奕明神阴骘而显庇之。余敢望美报乎？故今之修葺，一以为民报福佑之仁，一以示后之尹兹土者嗣续而常新之。俾神之有益于民，御菑而捍患者，永为海壖苍赤所凭依也。斯则立石记事之微意也。

既记之，又作歌以遗雷裔，令岁时歌以祀之。歌曰：神感雷精托异胎，生作神君殁不灰。庙食英灵山之隈，电烁梁飞英榜来。锡民福履禳民灾，海滨万灶靖氛埃。累代褒封庙貌恢，金符玉册几番开。余谒灵区奠荔醅，恻然命匠整倾颓。工役只为民福催，愿得从令永护培。五风十雨庆丰垓，祥臻殃弭登香台。灵光万祼赫如雷。

庙旧有祭田一庄五顷四亩六分，属海康陈吴二姓主之。银香炉三个，银瓶三副，银烛台三副，银爵三个，银碗三个，银箸三双，银带三围，银台盘一个，金盏一个，共银两百余两，俱南汉朝所施物。嘉靖十九年，郡守命经历陆沉毁之，买田数顷，以供香火。有铜鼓二面，乃先朝遗物，今存。

宋熙宁九年改封敕

朕诏天下，凡天下川谷之神，能出云雨，殖财用，有功烈于民，而爵号未称者，皆以名闻。将遍加于礼命以褒显之。惟神聪明正直，庇于一方，供民之求，如应影响，守臣列状，朕甚嘉焉。论德报功，疏锡王爵，俾民奉事不懈益恭，宜特封威德王。

乾道三年，增封诰

朕上接三神，下宾群祀。所凭在德。方致力于幽明，一视同仁，顾何殊于远迩。雷显震庙威德王，望震海康，名高庙食，际天所覆，其昭奋豫之功，服岭以南，独邑盛阳之施。纠阴兵而谯寇，沛时雨以利农。考观民言，灼见洪佑。兹跻登于显号，以发诩于灵威。尚迪休光，永承燕享，可特①封威德昭显王。

庆元三年，增封敕

惟王英声赫奕，聪得昭融，驾彼双龙，咸浃沛天之泽，播厥百谷茂臻。乐岁之功，再加褒字之华。爰宠王封之旧，只承荣渥，益衍嘉祥，可特封威德昭显广佑王。

淳祐十一年，增封敕

惟王以威声发响，英赫开祥，方五季之先，海康粤绝。已能濯濯厥灵，淑开明祀，历我朝三百载不替厥享，且雨旸应于人情之急呼，寇贼弭于事势之倾危。年谷顺成，民以宁一。其有妙于冥漠间，以济屯者矣。计状驿闻，增神懿号，尔之灵，固以德，不以爵，亦以壮风霆流行之运也。可特封英灵威德昭显普济王。

德祐元年，改封敕

有功于民，载在典礼。奠居之谊，通乎神人。宜易嘉名，以彰景贶。惟王于昭其德，克震厥声，捍患御灾，允矣聪明。正直动人，作物伟哉。气焰威灵，膺一品之极功，为千里之明祀。爰以克敬之意，寓在徽号，载更昭顺之封，式彰灵异，尚其监止。其可度思，改封英灵威德昭顺广佑普济王。

元泰定二年，封诰

海康远在南服，雷声化于寰宇之间。惟尔有神，实当司之。比来守吏，削章上言。其在至元，导行潦以达战艘。迨于元祐，沛甘霖而稔农亩。考兹灵迹，宜易徽称。於戏，启蛰收声，有赫上天之号令。不言善应，永孚下民之祷祈。可易封神威刚应光化昭德王。

王清诗

千古英山庙，神居福地开，有时能致雨，无地不惊雷。

电掣青云去，龙腾碧海来。天瓢如可托，一滴净炎埃。

---

① "灵威尚迪休光永承燕享可特"，原文漫灭，据康熙《海康县志》补。

旌忠祠。在西湖东，宋丞相莱公准，乾兴元年自道州谪雷州司户，殁于雷郡，人立祠祀之。每岁以孟秋中元前一日行庆旦礼，事闻于朝。绍兴五年飇颲旌忠。淳熙七年，通判吴竑权州事，王进之相继修葺。梁安世记之。绍定元年，郡守陈大成重修，教授李仲光记。

端平二年，通判赵希迈修，桂林守丁辅记。咸淳壬申，郡守陈大震更为莱泉书院，复建西馆于祠之右，建梁舟亭于祠之旁，盖取莱公西馆书怀野水横舟之义也。旧有祭田，宋末改隶学宫。元初复改为平期书院，合寇苏而祀之，大德辛丑廉访佥事萧泰登创建先圣燕居堂于中，令郡学归田，以供祀事，仍名平期书院。时相授山长讲学于此。岁久倾圯，祠东西地为居民浮屠所据。至大二年，廉访使张忽里罕扩而复之。捐俸厉山长李熙伯修建，举人陈嘉谟记。至和戊辰，廉访副使李恪易其堂宇而新之。至顺辛三年，经历郭思诚重修，郡人王景贤记。

国朝洪武间，通判李希祖修。壬戌通判邢用�<!>剪像于右。成化，郡守魏瀚祠前建梅舟亭，亭之前凿池竖石，匾曰"瑞星池"，以公存时有星降于池之故也。祠外开井，名曰"莱泉"。祠内东西建二坊，东十贤堂，匾曰"明资"。西祠还守秦时中匾曰"名宦"，前建石坊，牌匾曰"旌忠莱公祠"，

弘治壬戌巡抚两广潘蕃提兵驻雷，命推官李文献重修，教授吴朝阳记，副贰守都君相继修葺。嘉靖辛丑，巡抚两广蔡经提兵征黎驻雷，谒庙顾瞻颓圮，委府重修。叶守以忧去，署府事高州同知戴嘉猷代董其役，值飓风作，贤宦祠俱坏。嘉猷竭力补葺之，祠乃完美。

宋梁安世记

淳熙七年春，予以职事走诸郡。至雷阳谒忠愍莱国公祠塑像，与世所传丹青无异。方重魁伟，如坐庙堂。又设黄门苏公、淮海秦公位于东西。两间土木，岁圮。郡不暇葺，因命通判权州事吴竑新之。俾广旧规三之一，增立东坡先生像，绘澶渊扈征事于左庑。巴东栢公安竹郡吏献图，谓之南来等事于右庑。盖未毕而吴竑去官。明年八月辛亥，权州王进之始落成，且移书谆予记之。

惟公勋业炳耀，岂假形容始着？即海康之役而论功名，始终与夫忠无不报之效。使觉者或有取焉。昔耶律违天，犯我有备，退则骇散，进则克之。公于此机，胜算已审。挞览之毙，特其一端。于本朝攘夷之功，兹为第一矣。再秉钧轴，识者难之。就使监国之议果行，则竹帛鼎彝，将不胜载，脱有意外，岂特南迁哉！《易》曰："日中则昃，月盈则食。"名盛则贵备，功高则忌辱。自非知机勇决，去健与羡，未有不囿于乘除之数者。今公以盖世勋烈，四夷畏威，百辟逊能，倚忠于天，不顾老氏义府之戒，宁蹈羲经失身之咎，宜乎其有是行焉。丁南而公北，则天之元气，无一日不行乎士大夫之间。为人臣者，可不知所择哉！海邦之民，岁时必祭。意公犹眷顾于此，使风雨时若，波涛不惊。比厥攸司，皆知拔葵辞第之义，则为远民是赖，惟公其阴相之，是敢系之以诗。其辞曰：

"帝眷大梁方偶平，武不可恃资之英。授公灵旗前挽枪，把握干将腹兑庚。为宋三叶征不庭，斡旋斗极临冀并。泰华屹起澶渊城，黄伞径日遮虏营。神机夜发驱天下，褫魄裂肝祈寻盟。策勋庙社都宰衡，轶度五纬镜太清。出藩入辅均恩荣，耽耽卧虎潜光睛。羌夷敬戒如雷霆，载熙庶绩还清宁。五石已练天迟明，微服射影朝纵横。遂邻南海招蓬瀛，瓜枣献食安期生。倏然骑箕为列星，禽鱼草木留威名。不鄙荒陋祚厥甿，荔丹蕉黄聊

一觥。佩玉下土云辚迎，却扈列圣朝玉京。"

明海康令秦懋义《旌忠祠田记》

寇莱公精忠大义，贯于日月。无论雷之人企慕之，百世之后闻者愿为执鞭。懋义平居读《宋史》至忠愍，感雷阳竹，尝掩卷而叹曰："公之精诚，其犹水之在地中乎？"今甫筮仕，辄令雷阳忻慕其祠而礼谒之。见公遗像，若凛凛有生气。随历览祠之基址，左祠十贤，右祠秦公。咸忠义表表，并列尸祝。于是，模苔考刻，则祠事有日矣。奈何堂构之不饬，墍茨之不完。询厥由，则岁时致祭，有司第循故事，具牲醴耳。祠故无田也。一日理牍，见有隐田二十亩零二分八厘一毫四丝五忽，宜籍人入官者。曰："此可以备寇祠之洒扫矣。"遂具牍闻之司府，而报可焉。于是以其田为寇祠田，择一典守者命之。其田计种子四石零五升，岁入租钱二千文，供税者六百文，余一千四百文。则守祠贮之，岁时奉香火不绝。间值不时风雨，稍有敝坏，则旋葺之，无使荒毁。至三年五年，则有司大举而修之，礼也。此田有在，则祀典有役，而庙貌可常新矣。余故表而记之。

魏瀚《祭忠愍文》

惟公精忠大节，足以持颠扶危。清风劲气可以廉贪起懦。实社稷大臣，救时贤相。而何量少包荒，晚堕谗慝，坐窜南裔，不令厥终，古今有识，良为愤懑。然名在天地，炳耀无穷，较之奸谀，澌尽一时者。其为荣辱，奚啻天渊耶？所惜庙貌虽崇，祀典尚缺，而缙绅斯文，曷胜仰止？聊具牲醴，岁以丁祭。之后只荐，常仪敢告。

宋折彦质诗

莱公英特资，谈笑安社稷。政使不可赦，犹未宜远斥。

祸机尚在微，拂须始生隙。身危在功高，厕烛谩讥谪。

哀哉城下盟，此语无与值。流离死穷荒，志士气阻塞。

相望才几年，兵祸忽如昔。鼻鼾夜如雷，斯人那复得。

禁中翻故书，获见公手迹。按图或可至，临岐恍若失。

空令我辈人，滥处献纳职。兹来海康郡，再拜泪盈臆。

荒祠阒土隅，尚忆髭如戟。人事何足论，莫辨颜与跖。

魏瀚诗

廊庙安危力万钧，泰山乔岳等嶙峋。雷阳何以有此老，宋室未知能几人。济海舟航横野渡，谪居池馆动星辰。南来为问崖州户，曾似蒸尝庙貌新。

孟雷诗

祠堂祀者谁，雷阳寇司户。自许致身忠，不忍拂须怒。

青蝇自古然，红颜众所妬。奸臣构五鬼，圣主疑孤注。

自兹解金紫，谁与分苍素。过山有梦征，到海方颖悟。

万古秉除理，一篇长短赋。何以明此心，公安多竹树。

瞻拜逻湖滨，令人生仰慕。

巡抚蔡经《谒忠愍沁园春词》

落曜池边，擎雷城外，丞相祠堂，却敌殊勋，定储大计，乾坤旋转，日月辉光。锁钥北门，飘篷南海，从来宋室事堪伤。古龛内，更名贤济济，姓字犹香。

〇养士当年，何用似公，忠烈远去岩廊。叹座上拂须，眼中司户，空劳噪凤，应馈蒸羊，洛水仙舟，公安灵竹，至令直节遏云长。瞻依地，旷百代相感，如见羹墙。

十贤堂。在西湖之上。咸淳九年，郡守虞应龙建。以祠丞相寇准、学士苏轼、侍郎苏辙、丞相赵鼎、李纲、枢密王岩叟、编修胡铨、正字秦观、李光、正言任伯雨也。后专祀寇公，兵燹以来，堂废，并附入旌忠祠。郡祭寇公，次祭诸贤。弘治壬戌，推官李文献重建堂三间，附于寇祠之左，祀苏辙以下九公。概匾曰“名贤”。正德丙子，提举章拯、郡守王秉良以义起立唐转运使柳仲郢神牌于此。万历癸未，守道陆万钟以李纲相业第一，令特立专祠以祀。复附御史冯恩于名贤祠内，以足十贤之数。

论曰：

祀典至重矣。非法施于民，有功德于民，以死勤事，以劳定国，为民御灾捍患则弗与焉。今以逋客构愍，孤臣被放，寄名托迹，岂其有合于数者，而食报于雷乎？高风可仰，幽愤宜扬，次其行实，列之志传，亦足以垂休照后，而发抒其抑郁不平之气矣。乃十贤之堂，济济盼螽，谈何容易也。

余稽旧志与史籍，寇莱公居雷几一年，落星之池，神彩注焉。子由虽复他徙，然僦雷亦久。子瞻谪居儋耳，而“万山第一”之题，胜迹犹存。且兄弟隔海唱酬，意气犹为相属。李纲渡琼，而天宁寺阁花三咏，伏波庙碑阴手书，则徘徊顾瞻之意，犹可掬也。他如赵鼎，虽中兴贤相，胡铨虽

慷慨和议，李光虽力诋奸桧，总皆之万、之琼，仅一停骖驻足，于雷无与
也。任伯雨、秦观虽名贬雷，足迹未至。王岩叟死后追贬与生前安置者，
益为有间。冯恩假馆高要，竟被赦还。今不稽实迹，艳称十贤并尸俎豆雷
之祀，当耶，滥耶？如谓位尊爵崇，则祀非以爵也；如谓壮怀亮节，则宇
宙间表表风猷，可钦可仰者，又不止数公也。盖雷之祀，祀其有关于雷者
耳。执过客萍踪，飞鸿泥迹，而享之牲醴已妄已诞矣。并生平一足未履，
死后挂名之人，而概从裸献，窃恐伛偻甚恭，馨香虽荐，而数公之神不至
也。妄诞将何底极乎？窃谓寇、李、二苏，千秋畏垒，宜也。赵鼎、胡
铨，姑致景仰。如任如李，如秦如冯，均裁其祀，各为立传。王岩叟传亦
宜裁。矧祀乎？柳仲郢虽谪雷，实守雷也，自有名宦可入。讵宜附于流
寓？寇、李已有专祠，二苏、赵、胡四贤共祀足矣。何必附会称十贤哉！
如是则祭者非诶，受祭者非黩，对越骏奔，两无惭色，是祀典之光也。余
不揣愚昧，僭有评骘，敢质之高明。

苏颖滨先生祠。<small>在海康治西南一里许，绍圣五年，苏辙谪雷州去后，毛当时慕其风烈，即其故居，建楼祀之，嘉熙四年，薛直夫立于后数十步，重修祠祀之，黄必昌记，后废，附祀于十贤堂。正德丁丑，知府王秉良建为楼，今废。</small>

黄必昌记

黄门公谪雷后百二十四年，毛侯当时始即故居祀之，未几复坏。又二
十年，永嘉薛侯实来，一日访遗址，则梽棘生焉，瓦砾聚焉。乃慨然曰：
"是地势硉兀，风荡水啮弗能支，宜也。"北行数十步，得贡围旧址，延袤
百丈。曰："是足以奉我公矣。"

嘉熙戊戌之冬，乃筑而迁焉。建楼百丈，祠公其下。列老苏、长苏及
公神主，于楼之上为三翼，以两庑位以四职。更衣有舍，斋居有室，庖湢
浣濯，各有次。聚九经百代书，备笾豆簠簋之器。门之外甃以巨沼，跨以
长桥，缭以垣墙，植以花竹。沼之外为重门，登楼遐眺，则环城楼观，如
拱如揖。规模宏伟，气象轩豁，而基址坚密，是可久矣。而侯犹以为未
也，首捐俸二十万，买田积园，郡僚属及州人咸踊跃趋之，积二百万，岁
得租约三十万。凡月朔谒祠，春秋释菜，与职掌之廪，葺理之费，皆给
焉。是祠千载犹一日，而侯之德亦与之无穷矣。噫嘻，并建圣哲，立之风
声，此为治之先务，而世俗罕有知之者。黄门公气节文章，师表一世，去
此百余年矣。更几守而后，祠建又作兴修，坏至今。侯而后能为久远之

计，聚书蓄器，掌以学者，春秋之祀弗替引之，使人常有兴起爱慕之心，是则难矣。虽然公方正立朝屹然，一有不合，卿相之位，万钟之禄，不屑顾也。使肇是祠者，一拂于民，有愧于心。公岂屑享之欤？今侯之为州，大略类长公之记。盖公尝论齐相所治齐者。此岁谷贱民纾，节缩用度之余，因人心所同慕者而为之，以是奉百世之祀，吾知公其享之必矣。

李忠定公祠。 <small>忠定公旧列十贤祠并祭，万历二十年，提学道罗万程，军门萧彦知县秦懋义议，忠定扶宋之功，不在寇莱公下，宜特祀。生员冯文爆以祖遗秦公祠前，税地一十七亩，送为祠址，主簿王景督造。二十二年工竣。复以没官田饷具祭品，</small>

<small>祠制始定。</small>

忠义祠。 <small>在府治东镇宁坊。天顺二年，西寇侵雷，民不聊生。知县王麒极力赈抚，且奋率民兵迎敌。一日大战那柳村，中矢而殁，事闻，追赠通判，赐额忠义。弘治癸未，推官李文献迁附秦公祠。嘉靖甲申，郡守易篡迁复今所。嘉靖壬寅，知县杨澄重修。年久倾</small>

<small>坏。万历二年，郡守唐汝迪重建。</small>

詹世龙记

雷人祀其尹，王公有祠。祠系忠义，实协祀典。公讳麒，号滇南，泰和人。由举人，天顺二年令海康。性毅才敏，清苦自茹。时大疫，积尸原野。公惕若弗安寝，给棺掩瘗瘗之。洎流贼侵境，啸动山海，匪康惟恤，公率郡民会官兵御之。抵那柳村犯先锋，飞矢中喉而殁，仆隶多与难。雷人悼思之弗泯，疏于朝赠本府通判，因立祠祀之，祠据县东衢。弘治间，闻有厉异，金宪瞿公俊迁附于郭西秦公祠，阉臣遂易其址为文昌官。嘉靖壬午，督学魏公校毁淫祠，公仍复专祀。郡守杨公表修洁如故制。迄今十余年，飔澍浸淫，土木倾蠹。岁壬寅，令尹宜山杨公澄莅政，秉礼先义，视之曰："公完人，神匪所依，时予之咎。"乃捐俸伐木鸠工从卜重建。财不征官，力惟任民。厥中为堂，肖公遗像，壁绘师旅状。俾从死者得馂祀之余。庭东西为耳房，南仪门外大门，入门而厂者止肃所，计十有四楹。垩黝咸落成，奂然维新。耆老莫陵等，属予为之记。

陈广诗

饱蓄胸中数万兵，此身刚把当长城。三军耀武衣皆赤，一死成仁面若生。大义长同天地老，新祠允称古今情。西风犹作当年恨，愿助天干结阵云。

李晟诗

一生为国与忧民，力战何曾复顾身。凛凛高风垂宇宙，昭昭大节抗星辰。恩颁圣代褒崇重，庙立雷阳匾额新。千载甘棠随处绿，每逢春雨倍伤情。

杨表诗

清才竣节古应难，制锦鸣琴雅望宽。桑柘正涵烟雨暖，犬羊突斥海天寒。心坚保障身何惜，事至完名死亦安。别驾光荣忠义传，百年好样万年看。

杨澄诗

犬羊猖獗起边尘，奋勇提兵胆壮神。为国寸心昭日月，冲锋一战动星辰。名成忠义流芳远，庙祀春秋报德深。谒罢怀思当日事，徘徊不觉泪沾襟。

关王庙。<small>在府治东北朝天街。洪武间，指挥周萧、赵奥、宋英，即万户府旧址创建。成化间，指挥顾云重修。弘治间，太监博伦建大门。匾曰："义勇武安关王。"正德间，千户王英建二门，武臣岁祀之。嘉靖间，掌印指挥顾贤、栢凌汉、金书指挥梁悦宾相继修理。</small>

<small>岁久颓坏。万历五年，掌印指挥顾汝锡、雷阳参将陈涿劝修，重新正堂、厅堂、门楼及拜台甫道，左右斋厨咸备。通判林楚亲书"万古精忠"匾额于祠。</small>

宁国夫人庙。<small>在郡城南宁国坊。五代间，声教不暨，以强凌弱，郡有一女子或云姓李，勇敢强力，众咸信服，相与筑城御寇。女子为之帅。南汉归顺，余党剿捕，皆为女子所败。一方赖之。及殁，众号为宁国夫人，立庙祀焉。治元十九年，宜慰使</small>

<small>朱郭重建。元末倾圮。</small>

天妃庙。<small>在郡城外南亭坊。庙有银器，祀曰监庙者，沿主之。</small>

郡人御史李璇记

神之血食与人，为有功于人也。海澨之邦建天妃宫，而崇奉者众，其灵显，尝著于海。大凡有舟楫之经过，必诣祠而撼。诚致祷以卜风涛之兴否，报应捷于影响。故人得免不测之虞，而获生全之庆，是亦神之贶也。岂非有功于人而血食者焉。雷州密迩大海，旧有行祠，创于南亭。岁月深远，风雨飘零，往来谒使，弗称瞻仰。邑侯胡公文亮见庙倾废，发心而鼎建之。更名曰"雷阳福地"。故需木鸠工，预令耆庶募缘而僦工。经营之兴，自正统十年冬，落成于明年夏。庙宇墙垣，焕然一新。足以妥神灵之安，展人心之敬矣。由是，而晨夕香灯，钟鼓铿锵，祈灵问卜者无虚日。原庙有田二石，混侵于民既久，侯辨别而追出之。复捐己俸，置田三石，付守庙者掌之，以供时祭之费。事竣命予以记之。吁，侯之用心可谓仁矣。而神之报，岂舍侯而他适哉！然是宫之建，虽公之自为，而祀典之奉，实朝廷之制度。使后人仰慕者，非徒为邦之美观，抑以表胡侯之诚心耳。然侯之事神既如此，而治民之道从可知矣。故不辞，特述其概，以记岁月云。

弘治乙卯，太监陈荣鼎建庙宇，视昔有加。嘉靖元年提学副使魏校毁之。知府易蓁以其庙为接官亭。后乡民复置神像于中。署府事戴嘉猷修葺，庙宇焕然。嘉靖十六年，郡守林恕重建。日久倾颓。万历三年，郡守陈九仞重修，门扁"海不扬波"。万历十五年，守道王民顺、巡道许国瓒、郡守周良宾、知县陈锦各修建前堂、后殿、耳房、门楼俱全。复建石坊于大门内，扁书"紫极承叶"，同知赵佑卿董其事，有栋木自水浮来之异。

检讨邓宗龄记

雷阳故有天妃祠，祠去南渡可十里许。天妃于海神最灵。诸渡者必走谒祠问吉凶，或中流难起，则舟人匍匐叩神，望赤光荧薄帆樯，则神来也，舟人无恐矣。以故濒海在在置祠，而涠洲孤岛立起海中，沃壤而邻于珠池。亡命啸聚，辄操大艇阑入剽窃，则居民载酒牛酏糈饷之，神恶其弗率也。时见梦于居民曰："若不捕奸，而反以佐奸，罪浮于奸，若不悛，大师且至，吾不能为若庇矣。"涠洲民惴惴大恐，而监司少参王公民顺、参军陈公居仁廉得其状，谓全粤何赖于撮土而令之延蔓以种祸，宜罢之，便乃以事白制府吴公文华，请尽罢涠洲税而徙其民于内地。吴公报可。遂遣材官具舳舻载之。材官以告神，神欣然从也。乃奉其像与父老子弟俱来，悉入郡祠中。而梵宇湫隘，且就颓圮，无以妥神灵。王公乃谋于郡守周公良宾、郡丞赵公佑卿、郡倅傅公晏、司理郑公子亨暨海康尹陈公锦，益拓故址，撤其旧而新之。议成，诸公捐金佐费，而以赵公董其役。方鸠工庀材，择良举事而大风倅起，海上波涛人立，大木千章，逐巨浪至。闽南杉木，孔良丰硕，诸公相顾动色，谓神力也。赵公奉令惟谨，朝夕匪懈，未几而工就绪。王公率官属谒庙归，停盖南楼，陈公为治餴相劳。酒数行，白云冉冉起空中，则螭龙挟云昂首，蜿蟺而当前，隐见腾骞，与波光上下，若翠羽，若紫云，若绚锦，若璘玢，若虹霓之垂耀，若阳和之映琼瑶，若飞云之曳旌旗。观者如堵，啧啧称异，谓为神宫应也。遂扁其额为"龙应宫"。闻之王者，德及重渊，则龙游沼池，蕞尔遐区，何来异物，毋亦珠池澄清，漳海波息，大化淳流，而神物来见，与斯亦奇矣。祠成，前后堂若干楹，左右室若干楹，斋室若干楹，中石坊一座，门楼三楹，轩厂伟丽，八窗洞开。凭阑徙倚，晓云萦青，暮烟横紫，物外奇观，隐隐直堕几席。睇眄四顾，万顷桑麻，耕黎相属，远峰高顶缥缈，若出云端。临

瞰长江千帆隐现，欸乃声彻。樵童牧夫，旅客游人，蹑足苍苔，水石若掩
映于碧烟翠霭沙汀竹树间，历历可见。则此宫亦旷然大观哉！世称紫府碧
虚丛宵明霞之馆，幻诞不列祀典。而是神也，明示吉凶，则当祀。脱危解
厄，则当祀。禁邪诫懲，则当祀。父老德神，若坛社何敢忘功，矧奇事多
种种可纪，不佞敬为授简，而缀记以垂无极云。

两广军门吴文华祭文

惟神秉灵，天乙垂贶。慈悲累征，显佑拯溺扶危。嵬祠表树，绥护边
陲。艅艎星列，神其牧司。往来波涛，衽席斯贻。厥有孽丑，迩窥禁池。
神乃布威，一举散之。歼其渠魁，罔俾孑遗。肃清鲸海，实神之施。护请
于朝，增设舟师。将戍洲涘，爰作堤防。神其保鉴，壮我虎貅。永膺崇
报，以副明时。

王清诗

台殿深沉卷凤帏，天香浮动紫销衣。聪明有德为干配，灵惠无私运
化机。海底月明金镜出，槛前风静彩鸾归。嗟予万里巡边急，愿挂征旗
似箭飞。

文昌祠。在府南城外调会解元坊，岁久祠圮，址存。弘治间太监傅伦
迁于参将府前。嘉靖元年，提学魏校毁之，今改建忠义祠。

东岳庙。在郡北城外，孟安仁建，郡博王应午记。成化间，指挥顾云等继葺，儒士符瑛记。嘉靖元年，提学魏校毁之。原内宦赵兰置田
二庄，以供庙事。嘉靖三十二年，郡守罗一览委刘义民督工重建。给祖田，令营业，以主庙事。万历二年，郡守陈九仞复给与
乡民庄茵承管，修整
房屋，见今奉祀。

真武堂。在南关外宁国坊，寇莱公所舍之场。天圣改元，秋杪夜半，星陨南园池中。莱公使人求之，得一石，因即其地建真武堂。郡人
钦奉之。建炎同，郡守以堂近市非便，迁天庆观中，由是海郡连岁不登。绍兴辛酉，郡守朝公迁还旧址。景泰间，年久堂倾。

万历元年，乡民黄朴等集众重修。时庙制尚狭。万历甲辰生员陈璠鸠金拓基，鼎建大堂。金饰神像，推官高维岳造神龛、香
亭，独大门仍旧。乙巳陈璠同举人何起龙等助建牌坊，匾勒"南合武当"。庙貌焕然。瑾复鸠金买田六十亩，为香火需。

郡人何起龙记

赤岭故有帝真祠，其所从来久矣。乃在夹道中，堂不旋马。起龙居，
恒与友人陈瑾叹曰："帝造福境内，岁伏腊，肩相摩，踵相接，何隘窄乃
尔！"于是瑾相与鸠金，买其后地，时万历三十年春二月也。嗣后起龙诣
公车，瑾遂垣其地而屋之。旦暮拮据，矻矻如治其家然比。三十二年秋七
月，余归，庙貌告成，轮奂改观。独大门仍旧也。瑾曰："九仞一篑，百
里半途，可谓完果乎？"于是，冯宗伊、林待试、陈继昌、郑宗玉、邓邦
牧舍金，而瑾任其事，苦无石。瑾亲荷畚锸，环河启土，得石。苦无木，
瑾挟斧斤，走园林乡落，得荔枝大木十围，载归。起工于三十四年秋，越

五月而事竣。祠故无香火需，瑾复谋于起龙曰："无需故无守者，无人守者是无香火也，奚祠之为？"瑾又鸠金买田六十亩，该租粒岁给僧有差矣。善始不如令终。自建此祠，瑾鸠金三，捐橐三，躬董大役而灭之。若瑾者，可谓有初克终矣。万历乙巳岁二月十五日记。

医灵堂。在白沙社，离城五里，久祀。万历二十年，知县秦懋义见民间多疫疠，苦无医，偶行郊野至白沙，登堂少憩，问之曰："何神？"土人以医灵对。秦公欣然捐金为材，助以夫役，大加饰治。神灵遂妥，疫亦多愈者，士民立石记颂。

灵山庙。在新城内东岭调会坊。提学魏校
毁之，今复。祀在文塔之下。

天师庙。在东城门外，旧有北府泾祠。万历四十一年，士民公毁之，乡民陈观
瑞等呈府准建天师庙宇二座，门楼一座，左右耳房并铺共一十六间。

镇海雷祠。即英山庙三殿神祠也。原飞钟于东洋龙头村，自何戴二公开筑河渠圩岸，创建庙宇，
匾曰"镇海雷祠"。万历间司里高叶二公波何戴辈，建碑亭，匾曰"龙头官殿"。

秦宫祠。旧在府治恺悌坊。公讳时中，洪武二十年守雷，卒于官，民思之不忘，立祠祀之。弘治戊申，郡
守郑璯迁于旌忠祠右，知县林彦修，太监陈荣、郡守陈嘉礼继闻，置田六十亩，以供祀事。

薛公生祠。在郡城内守廉坊苏祠之东。宋嘉熙间，薛直夫蕃榘兴水利，有功于民，
去后乡人立生祠祀之。黄必昌为祀，祠字久废，今并名别祠。

叶公生祠。在西湖十贤祠东。公讳修，号永溪。江西南昌人。癸未进士。万历
二十八年知雷州，有惠政，以疾告归。士民戴之，立祠以志不忘。

张应中《祭田记》

太守叶公守雷有功，德于士民甚厚。去之日，士民感激思慕，建立生祠，与秦公祠并列。余来贰雷，特公更守信安。余造访，公以年家谊，接遇甚欢，言雷事不绝口。余奉公言，入境试验之，靡不符合。余以是知公之留情于雷而雷民之建祠崇奉，良有以也。

余祗谒诸先贤，登公之祠，见祠东壁为飓风所坏，怆然有感。未几，司理叶君署县，鸠工修葺，祠焕然一新。越月而公之讣音至。余惊悼泣下，夺我典型，独赖有斯祠在，建秦公祠有田以祭，而公缺焉已。署郡事命吏查秦公祭田所自，其田附学收租，岁出银一两办牲醴，本府临祭。馀租除纳粮米外，尚剩银三钱。贮学以备修祠之费。余命择附近腴田可为永业者，乃捐赀买田土，名调排社根竹村游界早晚田二丘，种子三石，载税一十四亩八分，递年粮米四斗七升五合八勺，议价银一十五两，岁租钱一千二百四十文。用八百文抵银一两办祭品，四百四十文抵银五钱五分纳米。岁以为常，仍附学收租办祭，纳米与秦公祀田一例。独修理无馀资，适郭公立材来守雷阳，下车询民利病，谒诸名宦祠，而以公祠为问。余告故，公为量加新谷一石五斗，折钱一百八十文，添入契中。岁并输学贮之，以备修理用。令两公庙貌俎豆并垂不朽，庶差足以慰公灵而风后世矣。恐久而湮没无考，纪其事于石，以永不磨云。

遂溪

名宦乡县祠。在圣殿西启圣祠前。万历十一年，知县卢应瑜改建于此。

社稷坛。县治北，距城一里许。每春秋仲月上戊日祭。

风云雷雨山川坛。在县治南，距城半里许。每春秋仲月上巳日祭。

城隍庙。在县治西北，洪武二年，知县王渊建。正德二年，县丞陈澄修，万历己酉，知县罗继宗重建。

真武祠。县东南隅。

邑厉坛。在县治北二里，春以清明，秋以七月十五，冬以十月一日祭。

关王庙。在通明港，万历十四年建。三十八年把总续蒙勋重修。

东岳庙。在县治西北城隍之右。成化间建。今废。

三帅堂。在县治登俊坊，乡民杨震建。

天妃宫。在通明港调蛮村，万历十四年，白鸽寨把总童龙建。至万历三十七年，把总续蒙勋重修。

萧相公祠。在县治南一里傍塘铺。宋乾道间，有琼萧尧使，秩满归寓此。举家不疾而殁。遂葬铺侧。后显灵降座，乡人建庙祀之。又名傍塘庙，祀田若干亩，庙久废。万历甲寅，知县欧阳豪捐俸重建。

石牛庙。在第三都英灵村，地名石砣，立远望若牛，因以名庙。弘治间，太监傅伦、陈瑢相继修建。置田一十三亩，以供祭祀，教授吴朝阳记。

罗公生祠。在县前西，万历三十七年，士民感罗候继宗德政，故建之。

徐闻

名宦乡贤祠。学门内左右。

社稷坛。西门外演[①]武亭东。

风云雷雨川坛。南门外一里许。

城隍庙。县内西街，五檩三座。

土地祠。县仪门左，广益堂之后。

邑厉坛。北门外三里许。

伏波庙。苏轼、李纲有记。

宋苏轼记

汉有两伏波，皆有功德于岭南之民。前伏波邳离路侯也，后伏波新息马侯也。南粤自三代不能有，秦虽远，通置吏，旋复为夷。邳离始伐灭其国，开九都。然至东汉二女子侧、贰反，岭南震动六十余城。时世祖初平天下，民劳厌兵，方闭玉关、谢西域，况南荒何足以辱王师？非新息苦

---

① "演"后原文为"武武"，原衍一"武"，据文意删。

战，则九都左衽至今矣。由此论之，两伏波庙食于岭南者均矣。古今所传，莫能定于一。自徐闻渡海，适珠崖，南望连山，若有若无，杳杳一发耳。舣舟得济，股栗魂丧。海上有伏波祠。元丰中诏封忠显王。凡济海者必卜焉。曰："某日可济乎？"必吉而后敢济，使人信之，如度量衡石，必不吾欺者。呜呼，非盛德其孰能然？自汉以来，珠崖儋耳，或弃或否。杨雄有言，珠崖之弃捐之力也，否则介鳞易我衣冠，此言施于当时可也。自汉末至五代，中原避乱之人多家于此。今衣冠礼乐盖班班然矣。其可复言弃乎？四州之人，以徐闻为咽喉。南北之济，以伏波为指南。事神其敢不恭。轼以罪谪儋耳三年，今乃获还。海北往返皆顺风。念无以答神贶者，乃碑而铭之。铭曰：至险莫测海与风，至幽不仁此鱼龙。至信可恃汉两公，寄命一叶万仞中。自此而南洗汝胸，抚循民夷必清通。自此而北端汝躬，屈伸穷达常正忠。生为人英没愈雄，神虽无言我意同。

宋丞相李纲《伏波庙碑阴记》

故翰林学士承旨苏公谪儋耳，既北归，作伏波将军庙碑，言两伏波皆有功于岭表。庙食海上，为往来济者指南。词意瑰玮，自作碑，迄今逾三十年未克建立，盖阙典也。纲以罪谪官万州，行次海滨病，故不果谒祠下。遣子宗之摄祭，病卧馆中，默祷于神。异时倘得生还，往返无虞，当书苏公所作之碑，刻石庙中，使人有所视，以答神贶。时建炎三年十一月二十有四日也。既得吉，夜半乘潮南渡。翼日次琼莞，恬无惊忧。后三日只奉德音，蒙恩听还，疾良愈，躬祷行官卜以十二月五日己丑北渡，不吉。再卜六日庚寅吉。己丑之昼，风霾大作，庚寅乃息。日中潮来，风便波平。举帆行，安如枕席。海色天容，轩豁星露，不一时以达岸。乃知神之威灵，盼响昭著如此。苏公之言，信不诬也。次雷阳，书碑施金，委郡守董侯总其事。大书深刻，垂之无穷。且叙所以蒙神之休者，志碑阴，式告观者，正庙新息马侯也。初封忠显王，宣和中诏加佑顺王。别庙，邳离路侯也，宣和中诏封忠烈，皆在作碑之后。故并记于此。建炎三年冬，李纲阴记。

北府庙。^{北门外二里许。}

三元庙。^{县东门内官司路西。}

泰华庙。^{东门外官路西。}

泰华庙。东门外官路西。

天妃庙。海安所南门外渡头，各官往来，皆具牲醴祭之。

论曰：

粤俗尚鬼，未有如雷之甚者。病不请医而请巫，香币牲牷，焚修忏祝，竟与病人相终始。嗟乎！亦可以省矣。使巫而有益也，死者可以回生。巫而无救于生也，则祷者亦可以理止。奈何踵谬迷无已时也？夫祷者精心密恳，以禖祸于天，以人代之，则不属矣。况雷之巫祝，又皆室家荤秽，曾何有三斋七戒之诚，以是代祈于神，神益去之远矣，肯享之哉？三家曲巷，必有丛坛。甚矣，雷俗之邪也。然进而论之，岂惟雷然？宇内郡国，京圻轮藏，梵宇拟于王宫，而圣庙宫墙，多有颓陋不蔽风雨者。世有缙绅大夫，语以禅修，欣然愿为功德主。倘持文庙疏求助，则攒眉袖手而不欲吐，又何怪虫虫者之颠倒也。祸福最易动人，正直自难谐众，使宣圣而祸福于人间也，安知奔走崇奉，又岂出二氏下哉？魏庄渠毁淫祠，粤俗几一变，未几废者复举，则化邪归正，是在地方豪杰主之而已矣，非搴帷假节之人所能一朝顿祛其痼习也。

雷州府志卷之十二　兵防志一

武署　军官　军制　官俸　军粮　达军　屯田　军器　军三料银　营寨　堡哨　墩堠①

方内郡邑绣错，文以董之，武以震之，两者未可偏废。今国家右文左武，武岂果可轻哉？所养非所用，所用非所养，纨绔只为赘旒，戍卒仅同土偶，则自轻耳。雷地边海，需武尤急。既设之卫，复设内五所，添设外四所，星列棋峙，称环拱矣。奈何兔丝燕麦，徒拥虚名？致募良家子，分水陆营寨备御，雷稍稍恃而无恐。置卫立所意，宁如是？水陆营寨法久弊，乘又将流与卫所等，虚耗可胜道哉！举一雷而天下可知，世道隐忧端在武矣。署有置，官有次，军有额，兵有制，饷有数，屯有征，营哨有地，戈盾楼橹有除，无非为防御设。试一纪之，而虚实强弱，较然睹已，作《兵防志》。

雷州卫所之制

雷州卫，五代时属南汉，兵制无考。宋开宝辛未，潘美平南汉，始置雷州军，即城东北隅，立澄海、清化两翼指挥，统兵镇守，卫自此始。绍兴己卯，广西提刑王孝先请于南门外置经略水军寨，以制沿海寇贼。元至元戊寅，立海北海南宣慰司，时朱国瑶领军镇，改两翼军为万户府。置万户二员统之。壬戌，改宣慰司为都元帅府，属湖广行省。国朝洪武戊申，征南将军廖永忠平岭南。诏制立卫于府治。命指挥张秉彝率千户王清、欧阳昌镇守。壬子，复以卫隶广东都司，领左右二千户所。丁巳，设前后二所，戊午，添设中所。辛酉，调前所于廉州，守御石康。调后所于高州，守御石城。戊辰，调千户杜福等领军镇雷，兼统五所。甲戌，广东都指挥花茂奏于沿海增设所军防海。是年，安陆侯吴杰、都督马鉴，偕花茂至雷垛，进丁夫充军额，相三县要地，设海安、海康、乐民、锦囊四守御千户所，咸隶于

---

① 堠，原作"候"，据文意改。

卫。成化二年，都御史韩雍奏留达官，分隶粤东诸卫所，雷州因有达官。

武 署

雷州卫治在府治东。即南汉州治，元宣慰司旧址。向未有卫治，屯戍无定。

洪武元年戊申，始改为雷州卫。

五年，立雷州卫指挥使司，隶广东都司。

七年，指挥张秉彝、朱永、周渊创前后二厅各五间。前匾曰"德威"。东西库房、经历司仪门、大门、左右吏宅俱备。岁久圮坏。

嘉靖四年，指挥张杰重建后厅。五年，复建仪门、旗纛所、六房吏宅。二十二年，奉巡抚蔡经委杰督建，宏壮改观。<small>时巡抚蔡公征黎驻节于雷，见卫厅事久颓，乃委府同知张杰估计，发官银七百余两，尽易铁力木事，具记中。</small>

御史冯彬《重建卫治记》

国家戡定海宇，资运武略，是故疆理中外，咸设卫所，互为控制，盖所以专统驭之权，折窥伺之萌，保承平于亿万载也。维时势崇法备，令严事集，故凡卫治建置皆擅胜一方，岂侈观美哉！威权攸系，御侮弭变，保土固封，理益然也。

雷郡岭海之僻，自罗福纳欵，朱亮祖经略岭海，命指挥同知张秉彝来领卫事，即元宣慰司旧址建卫治。是时，撤旧鼎新，厅堂门库，区画咸备，规制宏伟，有足尚者。洎更岁月，遂各倾圮。署卫事者，计费繁浩，莫由修葺，因仍颓落，成荒隈焉。

嘉靖辛丑岁，兵部尚书蔡公经提督两广，整师靖黎，驻节于雷，见卫治倾废，叹曰："滨海远郡，威武当扬。卫治乃号令自出，而颓垣败砌，蔓芜交封，将何以肃将令而振兵气？况凡属戎士，咸兹统御，可终已也耶？"乃属府同知张槊协署事指挥同知张杰计材鸠力，出帑金七百余。责成张杰重新卫治。杰奉命惟谨，乃即旧基，揣高低，萃木石，计徒庸，励役作，鼎建正厅、首门。而吏宅、退堂、库房、垣墉，咸易圮为新。经营于癸卯夏，落成于甲辰春。一时规模宏邃，景象崇严。非惟改观于昔，抑且垂范悠远焉。

杰乃属彬为记。彬曰：物理环布，有废有兴，气机斡旋，随感而应，人谋不与焉。窃惟卫治颓废，百余年矣。值我公抚临，加意修治，谓非理气当兴，斯或节钺之至欤？且朝廷四方之极，边圉振肃，则畿甸乂安，无容忽者。公廊庙重臣，奠宁宇士，崇文振武，以备藩屏之政，此其事事也。替周公告成王曰：其克，诘尔戎兵，以陟禹之迹。方行天下，至于海表。夫以成王御治，化理隆盛。而老臣进告，语不忘兵。今公临御遐方，作新是役，其亦问公之意欤？

公闽人，端宏凝重，镇五岭余八载，盛德丰功，难以悉记。兹乃诣雷事耳。故敢书之。是役也，赞成厥绩，则巡按御史洪公垣、姚公虞暨分守道左参政张公岳、巡道佥事翁公溥，而叨董役之荣，以勤趋事，张杰有焉。因并及之。

年久飓风，后堂、廊房、吏舍，俱颓倒。

万历三十八年，本卫署印指挥杨勋呈详副总兵杨应春，置簿题助卫所官旗，计助金约五十两有奇，费不敷续，军政掌印指挥柏茂芳捐金办料，修葺后堂、廊房、吏舍，共二十九。墙垣空缺，尚有待焉。

经历司署。 在卫门外右。建置莫考。

镇抚司署。 在卫进楼前。原在海康县学前。诸庠士以狱囚秽杂，不便学宫，呈请移改。万历丁未署县事推官叶际英，贸民地徙今处，建门堂、狱房数十间。

教场。 在城北二里，演武厅一座三间，大门一座三间。万历间地震倾颓。指挥杨勋、柏茂芳相继修葺。

陆营把总厅。 前后二座六间，两廊四间，门一座，五哨，哨官兵营房，共七十八间。万历三十八年，管营把总陈士璇呈动官银修葺。

营内关王庙。 一座三间，两廊二间，门一座三间。香灯田一石五斗，把总陈士璇[①]出资买赡。

左所。 原设公廨，在本卫二门外东边。今倾倒，仅存遗址。

右所。 原设公廨，在本卫二门内西边。见今地空无屋。

中所。 原设公廨，在本卫前鼓楼东边。今改镇抚司监，门西出，将旧监地对还，官民各租地盖房居住。

前所。 原设县廨，在本卫东边。今亦废，仅有空地。

后所。 移守石城，廨宇俱在石城县内，雷无考。

海康守御千户所。 在海康县九都湾蓬村。洪武二十七年，安陆侯吴杰创建。石城周围四百七十三丈，高一丈三尺。开四门，门外设濠。掌所千户刘英建廨宇。成化间，千户姚麟重建。

海宁守御千户所。 在徐闻县南博涨村。吴杰建。城围五百一十七丈，高一丈三尺，门濠制与海康所同。千户徐兴建廨宇，弘治间，千户徐真重建。

乐民守御千户所。 在遂溪县八都蚕village。亦吴杰建。城围四百四十丈，高一丈三尺，门濠制与海安所同，千户邓义建廨宇。

────────────

① "璇"，原文为"旋"，据文意改。

锦囊守御千户所。在徐闻县二十八都新安村。亦吴杰创。城周围四百八十丈，高一丈八尺，门濠制与三所同。千户王颙建廨宇。万历三十二年，地震城颓。四十年，署所指挥冯万春申府请修，府详本道动支官银，委春督理。勤谨节费，筑砌坚固，城宇屹然一新。

雷廉参将府。即旧海南道分司。参将向无府。嘉靖癸亥巡按陈道议将分司改建。门堂、廊房、衙宇俱备。万历八年，参将夏尚忠于东边隙地，建吏隐轩、安夏楼，岁久湮废。三十二年，副总兵杨应春剪荆棘，捐资鸠材，仍前隙地建照海楼、燕喜堂，以护干风，且为吟韵樽俎地，自着海楼诗纪成。

白鸽寨钦总司。在郡城东北三十里通明港调蛮村内，建置无考。万历初，把总童龙创堂门，把总张良相重修。近海多险，各官畏往。三十七年，把总续蒙勋携家亲札通明防御，招集民居，遂成村落。捐俸重修堂宇、班房、书室，建罗星亭，渡头建同津亭、济川亭。筑埠头东西路、砌石闸，阨塞海潮。重造天妃宫、关圣庙。筑菩提桥。皆汛后督兵修创，规制改观，雷郡藩篱赖之。

新修海防出汛公署。在通明港寨内。先是旧廨颓废。海防官遇汛虚应故事。近张军门严督，亲驻信地。本府同知徐日光申详守道，动官银六十两重盖公馆四重，为防汛驻札之所。白鸽寨钦总曾之熊领银督修。木石经纪，俱一身任之。事半功倍，防汛有定署云。

军　官

雷州卫指挥使同知，佥事卫镇抚及各所正副千百户所镇抚等官，升迁降调无定额，亦无定员。五年考选，军政择指挥中能者掌卫事。如屯如捕，例各选指挥一员。各所印及镇抚司印，遇缺听道府委用，指挥千百户弗论也。雷卫所官旧落落，近袭者颇众。照文秩，谱其职衔，仍姓氏世次相承，兴废了然可稽已。经历吏目，本文阶也，隶于卫所，故卫所之。

指挥使

孙诚。山阳人。正统十二年调雷。

孙辅。诚子，正德二年，以征乳源功，升德庆守备。

孙琼。辅子，嘉靖廿三年升坐营都司。

孙鉴。琼子。

孙继宗。鉴嫡孙，中万历丁酉武举，升坐营都司。

孙良臣。继宗子，万历年袭。

魏让。邳州人，正统八年调雷。

魏荣。让子。

魏怀信。荣子。

魏鉴。怀[1]信子。

---

① “怀”，原刻无，据文意补。

魏震。<small>鉴子。</small>

魏国英。<small>震子，至魏峰降挥同。</small>

王弘。<small>大兴人，成化元年调雷。</small>

王达。<small>弘子。</small>

王浚。<small>达孙。</small>

王渊。<small>浚弟。</small>

王秉式。<small>渊子。</small>

王源。<small>秉式叔。</small>

王秉恭。<small>源子。秉恭无嗣，任王守臣袭。放逸妄为，万历十九年，缘事降三级，立功。</small>

蔡瑜。<small>挥同蔡鼎子，成化元年升。</small>

蔡金。<small>瑜子，阵亡，详传。</small>

蔡晟。<small>金弟。</small>

蔡祯。<small>晟的孙，嘉靖十二年，升德庆守备。</small>

白毅。<small>永平人，赐姓白，天顺间，以锦衣卫指挥同知降调雷州，以功升指挥使。</small>

白英。<small>毅子。</small>

白钰。<small>英子。</small>

白翰纪。<small>钰子，嘉靖二十四年袭，三十七年历升章胡副总兵。于白成文降袭指挥同。</small>

柏凌汉。<small>挥同柏凤子，以功升。</small>

宋德。<small>宋贤孙，正德六年，由挥同升。</small>

宋延珪。<small>德子。</small>

胡鉴。<small>浚子，正德十二年由副千户升。</small>

胡洪。<small>鉴子。</small>

胡松。<small>洪子，以功升都指挥，未任。</small>

指挥同知

张秉彝。<small>石首人，洪武二年调雷州镇守，见武功。</small>

柏荣。<small>潮广人，成化十年调雷。</small>

柏高。<small>荣后。</small>

柏泰。<small>高子。</small>

柏凤。<small>泰子。</small>

柏凌汉。_{凤子。嘉靖二十六年袭。以张琏功，升指挥使。}

柏维实。_{凌汉子。}

柏茂承。_{维实子。}

柏茂芳。_{茂承弟，万历三十六年袭，军政推选掌卫印。}

徐咏。_{江都人，永乐十三年调雷。}

徐政。_{咏子。}

徐曛。_{政子。}

徐镛。_{曛子。}

郭钦。_{含山人，永乐十四年调雷。}

郭让。_{钦子。}

郭奇。_{让子。}

郭震。_{奇子。}

郭胜。_{震子。}

郭霖。_{胜子。}

郭升。_{霖子。}

郭大经。_{升子。}

郭祖懋。_{大经子。}

郭钺。_{祖懋堂叔。}

郭朴。_{钺堂弟，万历三十八年袭。}

蔡鼎。_{信阳人，宣德二年调雷，子瑜，功升指挥使。}

蔡启荐。_{蔡祯子，降挥同。}

蔡梦熊。_{荐侄。}

蔡应旗。_{梦熊堂侄，万历三十八年袭。}

王璲。_{见武功。}

王戡。_{璲子，弘治末以妄杀华袭。}

宋贤。_{天顺八年，由金事升，见宦绩。孙德升指挥使。}

张雄。_{武定人，成化元年调雷。}

张璇。_{雄子。}

张熙。_{璇子，弘治十七年袭。战亡，见义烈。}

张杰。熙子，正德八年
袭。乡饮二次。

张大用。杰子，嘉靖三十一年袭。
中壬子乙卯武举。

张颙。大
用子。

张愿。颙
弟。

张俯。颙
弟。

张汝缵。颙
子。

张汝继。汝颙弟。因兄缘事，万
历四十年，袭降金。

冯钦。遵化人，成化十三年，调雷。
弘治四年，由金事升。

冯环。钦
子。

冯佐。环
子。

杨茂。弼子，正德元年，
由金事升。

杨杰。茂
子。

杨君柱。杰
子。

福寿。

福锦。

王琦。政子，嘉靖元年，
由副千户历升。

冯文焯。嘉靖二十三年，征黎有
功，历升参将，工诗。

冯秉镛。文焯的孙，万历五年袭。
二十年，升白沙寨守备。

冯万春。秉镛堂弟，万历
三十六年袭。

胡绍忠。松子，嘉靖年袭。万历七年，以罗旁
功升都指挥金事，历升游击将军。

胡守忠。绍忠
弟。

胡秉衡。守忠子，万历
三十六年袭。

魏峰。国英子，隆
庆五年袭。

魏继勋。峰
侄。

魏振唐。继勋
子。

魏昆。振唐叔祖，万
历四十年袭。

白成文。翰纪
子。

白成名。成文弟，万历二十二年袭，无子，叔白翰纲恤养异姓子，报入宗图名白成仁冒袭。
三十二年本府刑厅高维岳摘发，置之法，一时妄袭者被累甚众，白氏世职遂废。

宋天爵。桂子，隆庆二年，
升白沙守备。

宋名儒。^{天爵从堂弟。万历四十年袭。}

杨烈。^{琏子。嘉靖四十四年由指挥佥事升。}

白继勋。^{俊子。万历①三十年袭。}

白翰。^{继勋子。}

白如璧。^{翰子。}

白如璋。^{如璧弟，万历三十六年袭。善骑射，颇有勇力，不避险难。}

指挥佥事

周渊。

朱永。

赵兴。^{洪武年间调雷。}

赵雄。^{兴后，洪熙年袭。}

赵鉴。^{雄后。}

赵钰。^{鉴后。}

赵漠。^{钰后。}

赵辅。^{漠后。}

赵廷举。^{辅后。}

赵文炳。^{廷举子。}

赵梦凤。^{文炳子，万历八年袭，以贪残遭戍。}

凌谨。^{含山人，洪武二十五年调雷。}

凌云。^{谨侄。}

凌霙。^{云弟。}

凌鉴。^{霙弟。}

凌沾。^{鉴后。}

凌晟。^{沾子。}

凌碧。^{晟子。}

凌珠。^{碧弟。}

凌延用。^{珠子。}

---

① "万历"，原文漫灭，据文意补。

凌师贞。<small>延用子，嘉靖四十年奉
抚按委代行参将事。</small>

凌凤鸣。<small>师贞
子。</small>

凌鹿鸣。<small>凤鸣
弟。</small>

凌登瀛。<small>鹿鸣子，万历三十六年从征交夷，万历四十二年
委管横山堡，卖水卖船，纵放珠贼，追贼立功。</small>

宋安。<small>招远人，洪
武年调雷。</small>

宋英。<small>安子，子贤，
升同知。</small>

杨豫。<small>当途人，洪武二十八
年调雷，见武功。</small>

杨胜。<small>豫
子.</small>

杨经。<small>胜
孙。</small>

杨弼。<small>经子，子茂
升同知。</small>

杨立兴。<small>君柱子，万历
八年降挥金。</small>

杨勋。<small>立兴子，万历
二十三年袭。</small>

顾云。<small>成化元年，内卫镇
抚升，见武功。</small>

顾琦。<small>云
子。</small>

顾贤。<small>琦子，嘉靖二年袭，
升守备，乡饮二次。</small>

顾以锡。<small>贤
子。</small>

顾浩。<small>以锡子，万历十七
年升南头守备。</small>

顾邦祯。<small>浩子，万历三
十八年袭。</small>

杨洪。<small>华亭人，成化
三年调雷。</small>

杨缙。<small>洪
子。</small>

杨瑚。<small>缙
子。</small>

杨琏。<small>瑚
弟。</small>

文盛。<small>辽东人，成化
三年调雷。</small>

文彬。<small>盛
子.</small>

文昊。<small>彬
子.</small>

文景。<small>昊
弟.</small>

文应祥。<small>景
子。</small>

文济武。<small>应祥
子。</small>

文辅明。<small>济武子，万历二十年袭。
从征交夷，有功录叙。</small>

王世爵。贡子。嘉靖元年，由正千户升。

冯泾。明弟。弘治十五年，由副千户升。

冯权。泾子。子文燁升同知。

游钰。赣州人，弘治八年调雷。

游龙。钰子。

沈基。正德四年袭。由副千户升。

沈鉴。基子。

张庆。正德三年袭。

张文彬。庆弟。

张宏。彬子。

张震。宏子。

王廷辅。同知琦子。嘉靖十八年，遇例减袭。

梁国宾。应光子。嘉靖二十九年袭。由正千户功升挥金，万历六年，由挥金升白沙寨守备。

梁拱极。国宾子。

梁拱辰。拱极弟，万历三十六年袭。

钱朝宾。朝相弟。以征罗旁功，由石城所正千户升。

钱大成。朝宾子。万历二十六年袭，中甲午科武举。

钱应选。大成子。万历四十年袭。

卫镇抚

吴宁。洪武年任，创建镇抚司。

陶鼎。见武功。

顾成。扬州人。洪武二十九年调雷。

顾观。成子。

顾让。观子。

董祥。宛平人。宣德十年调雷。

董亮。祥子。

董玉。亮子。

董鉴。玉子。

董潮。鉴子。

董文炳。潮孙。嘉靖三
十八年袭。

潘能。定永人。正统
六年调雷。

潘志。能子。

潘学。志子。

潘清。学子。中嘉靖
丁酉科武举。

潘杞。清子。

卫经历洪、永前
无考。

弘
治徐鼎。

正
德李清。

高銮。

嘉
靖马铠。潮广人。
监生。

王廷森。婺源人。监生，
升知县。

盛胜。

吴深。金华人。
监生。

高升。

杨嫩。晋江
人。

李继屏。

蒋劝名。徐姚人。
吏员。

戴廷光。旌德人。
吏员。

龚一举。南昌人。
吏员。

陈卿。泰和人。
吏员。

敖德誉。福建人。
吏员。

文蔚。广西人。
选贡。

高思义。莆田人。
吏员。

陈德本。福建人。
吏员。

潘民表。建平人。
吏员。

赵嘉谟。建安人。
吏员。

顾承庆。青浦县人。吏员。万
历四十三年任。

卫知事

^{弘治}胡鉴。

^{正德}吴仕禄。

汪燮。

^{嘉靖}刘仲初。

刘崇义。^{鄞县人，监生。廉谨。后无考。}

左所千户

刘旺。^{砀山人，永乐十五年以正千户调雷。}

刘纲。^{旺子。}

刘钰。^{纲子。}

刘聚贤。^{英子。}

刘聚璧。^{聚贤弟。嘉靖二十三年袭。}

刘安仁。^{聚璧子。}

刘绍功。^{安仁子。万历三十年袭。}

梁成。^{寿州人，梁恕后。弘治三年袭。}

梁元。^{成子。}

梁应云。^{元子。}

梁应光。^{云弟。子国宾升本卫挥金。}

王政。^{安子。正德四年，由百户升。子琦升本卫同知。}

王廷臣。^{廷辅弟。隆庆六年袭。}

王承建。^{廷臣子。}

王廷祚。^{承建子。万历三十年袭。}

韩胜。^{大兴人，贵后。天顺七年袭。}

韩恭。^{胜后。}

韩俊。^{恭子。}

韩一夔。^{俊子。}

韩一鹗。^{夔弟。}

韩希琦。^{鹗子。}

韩拯。^{希琦子。万历三十七年袭。}

胡中。^{铜城人，成化}元年调雷。

胡浚。^{中子，成化二年袭。}子鉴升本卫指挥使。

吴能。^{贤子，嘉靖}元年袭。

沈隆。^{鉴子，嘉靖十九年，}以挥金遇例减袭。

沈阳。^{隆弟，隆庆}五年袭。

沈仕贤。^{阳子，中万历}辛卯武举。

沈维忠。^{仕贤子，万历}二十六年袭。

黄隆。^{庐州人，任神电卫副千户。}嘉靖二十三年调雷，战亡。

黄继勋。^{隆子，万历三年袭。以}父战亡升正千户。

黄中理。^{继勋子，万历二十七年袭。}加纳指挥金。中壬子武举。

左所百户

鲍旺。^{徐州人，洪武}二十年调雷。

鲍恩。^{旺后。}

鲍忠。^{恩子。}

鲍学志。^{忠孙，万历五}年，借袭。

鲍学陞。^{忠嫡孙，万历}二十六年袭。

潘成。^{合肥人，洪武二}十七年调雷。

潘鉴。^{成子。}

潘仁。^{鉴子。}

潘良。^{成后。}

潘德明。^{良子。}

潘恩。^{德明子。}

潘澜。^{曌子。}

潘国材。^{澜子，万历三十四年}袭。加纳指挥金。

王吉。^{宁波人，宣德}二年调雷。

王福。^{吉子。}

王安。^{福后，弘治五年袭。}子政升正千户。

翟莹。^{宛平人，正统}九年调雷。

翟广。^{莹后。}

翟锦。广子.

吴聪。成化年间调雷

吴贤。聪孙。弘治七年袭。十八年战亡。升副千户。子能，见千户.

宿仁。南直隶合肥人。正德六年，由总旗功升.

宿璆。仁子。嘉靖七年袭.

宿杰。璆子。嘉靖二十九年袭.

冯广。原籍卫徽人。嘉靖元年，由总旗升.

右所千户

吴端。天顺年，袭副千户，又升正千户.

吴廷佐。端子.

吴琛。佐子.

吴珪。琛弟.

吴玺。珪孙。万历二十二年袭.

右所百户

汪泽。高陵人。洪武十五年调雷.

汪铨。泽后.

汪漠。铨子.

李实。徐州人。洪武十五年调雷.

李銮。实后.

李秀。銮弟.

李景阳。秀子。嘉靖十一年袭.

徐官德。吉安人。洪武二十七年调雷.

徐茂。德后.

徐文辉。茂子.

徐履坦。文辉孙。万历十一年袭.

中所千户

王真。直隶人。永历十八年调雷.

王鼎。真子.

王宾。鼎子.

王秉权。宾子。

王煌。秉权子。

王举芳。煌子，万历六年袭。

王俊。平谷人，天顺十年以副千户调。

王英。俊子，正德十六年升正千户。

王廷佐。英子。

曹政。渊子，正德五年由百户升。

曹子英。政孙。

曹文彬。子英子。

曹炜。文彬子，万历十四年袭。

戚俊。赣州人，弘治九年调雷。

戚徽。俊子。

戚元勋。徽子，嘉靖二十七年袭。

中所百户

陈相。蕲州人，正德九年调雷，战亡。

陈蔡。相子，嘉靖十五年袭。

徐应龙。怀安人，嘉靖十四年调雷。

邓元勋。总旗邓真子，战亡，荫子一级，万历十年袭。

前所千户

岳申。泰州人，永乐年间调雷。

岳宗泰。申后。

岳琦。泰子。

岳一峰。琦十。

岳凌霄。一峰子，嘉靖三十年袭，功升正千户。

岳阳。凌霄子，万历元年袭。

冯高。敬子，成化六年由百户升。

冯钦。高子。

冯溥。钦子，成化二十年袭。

冯世荣。恭子，正德十二年由百户升。

冯文举。世荣孙。

冯德纯。文举叔。隆庆三年袭。

冯舜仁。德纯子。万历八年袭。

前所百户

冯保。延平人，洪武二十一年调雷。

冯泰。保后。天顺六年袭。子世荣升副千户。

冯恭。溧①水人，洪武二十一年调雷。

冯敬。恭弟。永乐二十八年袭。子高升副千户。

张鉴。陆安人，宣德七年调雷。

张英。鉴子。

张希哲。英子。

张文式。希哲子。嘉靖三十六年袭。

前所镇抚

程思。黄冈人，弘治十八年袭。

程廷芳。思后。

程鹏。芳子。

程绍勋。鹏子。

程克勤。绍勋子。万历三十二年袭。

石城所千户

朱清。得后。弘治二年袭。由百户历升挥金，以役占正军千名，降副千户。

朱本浩。清子。

朱毓秀。浩子。

朱本源。毓秀叔。

朱大振。源子。万历八年袭。

钱源。旺后。弘治十六年由百户升千。

钱泽。源弟。

钱朝相。泽子。嘉靖二十七年袭。弟朝宾升卫金。

---

① "溧"，原文为"漂"，据文意改。

张思恭。<small>青田人，宣德六年调雷。</small>

张端。<small>恭子。</small>

张纲。<small>端子。</small>

张德。<small>纲子。</small>

张衡。<small>德子。</small>

张衢。<small>衡弟。</small>

马隆。<small>兴后。弘治十六年由百户升。</small>

马尚义。<small>隆子。</small>

马尚德。<small>义弟。</small>

马呈图。<small>尚德子。功升正千户。</small>

马天行。<small>呈图孙。</small>

后所百户

钱旺。<small>巢城人，洪武九年调雷，升副千户。</small>

钱通。<small>旺子。</small>

钱海。<small>通子。</small>

钱永。<small>海子。</small>

钱和。<small>永弟。</small>

钱铠。<small>和子。</small>

钱源。<small>铠子。</small>

朱得。<small>合肥人，洪武二十七年调雷，子清升副千。</small>

侯成。<small>山阳人，永乐二十年调雷。</small>

侯景。<small>成子。弘治年间袭。弟钰升副千户。</small>

马兴。<small>寿州人，宣德元年调雷。子隆升副千户。</small>

刘刚。<small>陕西人，洪武二十八年调雷。</small>

刘雄。<small>刚孙。</small>

刘升。<small>雄子。</small>

刘瓒。<small>升弟。</small>

刘澄。<small>瓒子。</small>

刘大用。<small>澄子。</small>

刘以义。^{用子.}

刘世良。^{义子.}

刘孔昭。^{良子.}

刘逢太。^{孔昭叔祖，万历三十八年袭.}

李荣。^{凤阳人，洪武二十二年调雷.}

李贵。^{荣弟.}

李英。^{贵子.}

李通。^{英弟.}

李盛。^{通子.}

李福。^{盛子.}

李秀。^{福子.}

李景阳。^{秀子.}

李宗武。^{景阳子.}

李师舜。^{宗武子，领银往省打造逃.}

李元爵。^{万历七年由镇抚升.}

李栋。^{元爵子.}

后所镇抚

李福。^{开封人，洪武三十七年调雷.}

李通。^{福子.}

李荃。^{通子.}

李琼。^{荃孙.}

李荣。^{琼子.}

李昌。^{荣子，子元爵，功升百户.}

海康所千户

孙友。^{益都人，孙兴子，永乐年袭.}

孙广。^{友孙.}

孙诚。^{广子.}

孙真。^{诚侄，弘治元年袭.}

孙鉴。^{真子，袭回，未任.}

孙时器。鉴子.

孙瑚。时器子.

孙光祖。瑚子.万历二十一年袭.

张霁。震堂弟.袭除千户,未任.

张霓。霁弟.

张霖。霓弟.万历四十年袭.

所百户

张信。凤阳人.洪武十六年调雷.

张文卿。信后.

张璘。信后.

张文良。璘子.

江深。开封人.洪武二年调雷.

江正。深后.

江宽。正子.

何遇龙。定远人.洪武二十一年袭.调雷.

何荣。龙后.正德三年袭.

何文盛。荣子.

蒋忠。高邮人.洪武二十二年调雷.

蒋文宾。宗后.

曹成。凤阳人.洪武二十五年调雷.

曹渊。子政.升中所千户.

吴源。思州人.洪武二十年调雷.

吴景。源后.

吴文彬。景子.

王瑛。山东定陶人.永乐十八年调雷.

王舒。瑛子.

王刚。

王奥。刚子.

王镝。奥子.

王潮。^镇^{子.}

王国成。^{潮子.万历二}^{十三年袭.}

谢义。^{定远人,洪武}^{年间调雷.}

谢大成。^{义后,万历}^{十三年袭.}

所吏目

徐九苞。^{直隶建德人,万历三十八年任,}^{四十一年升麻岭州吏目.}

朱子美。^{永新人,吏员,万}^{历四十二年任.}

乐民所千户

杨胜。^{归安人,正统}^{三年调雷.}

杨铠。^胜^{子.}

杨琳。^铠^{子.}

杨埙。^琳^{子.}

杨威。^埙^{子.}

杨孟仁。^威^{子.}

杨启英。^{孟仁子,万历}^{二十一年袭.}

朱坦。^{和州人,正统}^{三年调雷.}

朱睿。^坦^{子.}

朱信。^睿^{子.}

朱振。^信^{子.}

朱擢。^振^{弟.}

朱正典。^擢^{子.}

孔镛。^{徐州人,永}^{乐年调雷.}

孔贵。^镛^{子.}

孔贤。^贵^{子.}

孔瑛。^贤^{子.}

孔鸾。^瑛^{子.}

孔仲温。^鸾^{子.}

孔世极。^{仲温}^{子.}

孔再明。^{世极}^{子.}

孔长祚。^{万历四十}年薨。

戴冕。^{真子，正德八}年由百户升。

戴阳。^冕子。

戴冠。^阳孙。

戴绳武。^{冠子，万历三}十七年薨。

王瑄。^{凤阳人，正统}三年调雷。

王鉴。^瑄子。

王瀚。^鉴子。

王赟。^瀚子。

王贡。^赟弟。

王世爵。^{贡子，嘉靖年间}升本卫金事。

王宗吕。^爵子。

王大宾。^{宗吕子，万历}十六年薨。

所百户

陈兴。^{赣州人，洪武二}十一年调雷。

陈庆。^{兴孙，}阵亡。

陈忠。^庆子。

陈秉直。^忠子。

陈世荣。^{秉直}孙。

陈世华。^荣弟。

周贵。^{长沙人，洪武二}十七年调雷。

周冕。^贵后。

周辕。^冕叔。

周臣旦。^辕孙。

周棐。^{臣旦}子。

周奇选。^{棐子，万历}四十年薨。

周文瑶。^{台州人，洪武}三十年调雷。

周定。^瑶后。

周元。^定子。

周邦奇。元子.

周大武。邦奇子.

周缵。大武子.

周新命。缵子.万历四十年袭.

丁忠。寿州人,永乐二十二年调雷.

丁源。忠后.

丁秀。源子.

丁僯。秀子.

丁世勋。杰侄.

戴观。合肥人,永乐年间调雷.

戴旺。观子.

戴真。旺子.子冕升副千户.

杨英。桂林人,永乐年间调雷.

杨锦。英子.成化年间袭.

所镇抚

金保。衡山人,洪武二十九年调雷.

金钟。保后,成化年间袭.

金华。钟子.

金世钰。华子.

金廷相。钰子.

金延禄。相侄.万历十六年袭.

所吏目

苏梦阳。侯官人,吏员,万历三十七年任,三十九年升廉州府照磨,以才能称.

贾元祥。四川西充人.

海安所千户

徐得。安庆人,正统三年调雷.

徐辅。得子.天顺五年袭.

徐四。辅子.

徐绍龄。四子.

徐万英。_{龄子，嘉靖二十年袭。}

边贵。_{永平人，洪武年间调雷。}

边宁。_{贵后。}

边铣。_{宁子。}

边治。_{铣子。}

边克懋。_{治子。}

边世相。_{懋子。}

边世仁。_{相弟。}

边世翰。_{万历四十一年袭。}

余谦。_{寿州人，洪武二十九年调雷。}

余章。_{谦后。}

余凤。_{章孙。}

余大振。_{凤孙。}

余重英。_{大振子，万历四十一年袭。}

魏琳。_{武陵人，荣后。弘治四年袭。}

魏宝。_{琳子。}

魏勋。_{宝子。}

余海。_{常州人，永乐十九年调雷。}

余重武。_{海后，万历五年袭。}

林一麟。_{翠子，以父阵亡，升千户，隆庆五年袭。}

林一芝。_{麟弟，万历十年袭。}

所百户

林运。_{长乐人，洪武二十三年调雷。}

林豪。_{运后。}

林翠。_{豪子，嘉靖十三年袭。战亡。子一麟升副千户。}

沈铭。_{定远人，宣德二年调雷。}

沈渊。_{铭后。}

沈荣。_{渊侄。}

沈彬。_{荣子。}

沈纯。_{彬子，万历}
　　　_{十一年袭．}

所吏目

江一麟。_{吏员，瓯宁人．万}
　　　　_{历三十六年任．}

赵不慢。_{吏员，江浦人．万}
　　　　_{历四十一年任．}

锦囊所千户

高能。_{宛平人．宣德}
　　　_{六年调雷．}

高瑞。_{能后，天顺}
　　　_{七年袭．}

高清。_瑞
　　　_{子．}

高灏。_清
　　　_{弟．}

高梓。_灏
　　　_{子．}

高桐。_{梓弟．万历}
　　　_{十四年袭．}

田春。_{通州人．宣德}
　　　_{六年调雷．}

田滋。_春
　　　_{后．}

田富。_滋
　　　_{子．}

田见龙。_富
　　　　_{子．}

田有玉。_{见龙}
　　　　_{子．}

田宝。_{有玉子．万历}
　　　_{三十年袭．}

所百户

谢成。_{凤阳人．洪武}
　　　_{十六年调雷．}

谢瑞。_成
　　　_{子．}

谢廷实。_瑞
　　　　_{子．}

谢天宠。_{廷实}
　　　　_{子．}

谢允元。_{天宠}
　　　　_{子．}

谢允亨。_{允元弟．万历}
　　　　_{四十二年袭．}

谢瑶。_{合肥人．洪武二}
　　　_{十八年调雷．}

谢钰。_{瑶后．嘉靖}
　　　_{十九年袭．}

所吏目

李洵珑。_{吏员，义乌人．万历三}
　　　　_{十五年任．升大使．}

何梦科。_{吏员，浙江分水人．}
　　　　_{万历四十年任．}

达指挥使

虎文炳。_{嘉靖二十六年袭.}

虎邦宠。_{文炳子,万历元年袭.}

虎可贞。_{邦宠子,万历四十年袭.}

达千户

阿世龙。

阿良谏。_{世龙子,万历十七年袭.}

达百户

杜应朝。

杜一亨。_{应朝子,万历十三年袭.}

杜万芳。_{一亨子,万历十六年袭.}

达镇抚

阿马骥。

阿绍勋。_{骥任,万历十年袭.}

论曰:

余观卫所世官,窃叹国家之报武功至隆极厚而莫以加也。何者？通侯列第,砺山带河,此以非常之功,食非常之报,无论已。其次,锦衣缇绮,位权显赫。又其次,外卫列秩,金紫焜煌。此亦岂寻常恩遇哉？推原其始,果皆瞻乌逐鹿,极身无二者乎？果皆披荆斩棘,辟土开疆者乎？而继继绳绳,延袭弗替,何厚也。窃意武胄子孙,感恩图报,不知做何踊跃？乃今卑者,鲜衣怒马,六博斗鸡,不肖者蝇营狼噬,甘捍法网,自好者亦多小廉曲,谨无跙弛,泛驾而已。一遇地方警急重大事任,辄左规右避,千难万阻,未见有奋然担当,效一臂者。虽其间请缨裹革,世不乏人,然欲谋驾孙吴,勇追飞羽,而备赳赳干城之选者,指亦不多屈矣。

噫！宁惟负国恩,讵不惭祖武乎？愚尝横襟而私折衷之,国家砺世以赏,赏不滥则人知怀,厚下以恩,恩有节则士知奋。世禄之子,岂尽顽冥不慧,惟其豢养成愚,优恤成悍,一付聪明,无所表见。故用之逢迎倾险,其术则工；用之驱驰王事,其技则拙。是坏天下人材而不得为有用之器者,世官误之也。试稽今日登坛凫将,无非白屋,其故可概见已。且吕赢牛马，欺伪百变，此贪彼忮，争讼充庭。甚至正系已绝，复觅旁枝，屠沽市佣，皆充世荫。朝为下贱，暮列冠裳，名器滥觞，一至此极。

嗟乎！君子之泽，五世而斩。天潢一派，递降递尽。岂有武人一时筋骨之劳，遂衍百世无穷之荫？恩亦太流而无节矣。愚谓延世之赏，当分别功绩大小，限以世次。大者五世七世，小者二世三世。正支果绝，则止弗蔓及。盖世远则恩易忘，人且习为固然。代近则惠可识，人思勉为报，称于优渥之中。遇裁成之意，名器可重，禄饩可节，四时之序，成功者退。五德之运，义以济仁。故夫限世之法，人道也，亦天道也。

军　制

洪武初，平章廖永忠、参政朱亮祖取广东。遂命亮祖镇守，建置诸卫所，分布要害。二十七年甲戌，又以岛夷为患，设沿海各所及墩台以防之。每百户所，额设正军百人，总旗二人，小旗一十人。十百户所为一千户，每千户所额军一千一百二十人。总摄于卫，此大凡也。教阅征调，戍望屯种，俱在数中。嗣后逃亡隐占，日减日缩至于合，则耗甚矣。其数可纪，其弊不可按欤！

雷州卫辖内外九所，共额设旗军一万零八名。守城屯种与逃亡见在人数，各见本所。

左千户所，原额旗军一千一百二十名。续添充发军六名。内在城旗军七百九十名，拨屯承种甲军三百三十六名。今逃亡七百六十二名。见在旗军三百六十四名。内食粮旗军二百五十二名，在屯承种不食粮甲军一百一十二名。

右千户所，原额旗军一千一百二十名。续添充发军一十六名。内在城旗军八百名，拨屯承种甲军三百三十六名。今逃亡八百一十五名，见在旗军三百二十一名。内食粮旗军二百六十九名，屯种甲军五十二名。

中千户所，原额旗军一千一百二十名。续添充发军一十八名。内在城旗军八百零二名，拨屯承种甲军三百三十六名。今逃亡七百六十三名，见在三百七十五名。内食粮旗军二百五十八名，屯种甲军一百一十七名。

前千户所，原额旗军一千一百二十名。续添充发军八名。内在城旗军七百八十二名，拨屯承种甲军三百三十六名。今逃亡八百一十一名，见在三百一十七名。内食粮旗军二百零八名，屯甲军一百零九名。

石城后千户所，原额旗军一千一百二十名。续添充发军一十四名。此所拨守石城未派屯粮。今逃亡八百六十名，见在食粮旗军二百七十四名。

锦囊所，原额旗军一千一百二十名。续添充发军五名。内在城旗军九百零一名，拨屯承种甲军二百二十四名。今逃亡九百四十名，见在一百八十五名。内食粮旗军一百六十六名，屯种甲军十九名。

海安所原额旗军一千。

海康所，原额旗军一千一百二十名。续添充发军五名。内在城旗军九百零一名，拨屯承种甲军二百二十四名。今逃亡八百五十三名，见在二百七十二名。内食粮旗军二百三十七名，屯种甲军三十五名。

乐民所，原额旗军一千一百二十名。续添充发军三名。内在城旗军八百九十九名，拨屯承种甲军二百二十四名。今逃亡七百三十九名，见在三百八十四名。内食粮旗军二百九十三名，屯种甲军九十一名。

弓兵之设，国初原于要害处设巡检司，以稽①察奸细。故多至数十人，后汰其粮，以别饷兵。每司仅存八名，惟给本官使令。虽有稽②察地方之责，徒虚文耳。巡检客居郡县，城兵随之，信地空虚，卒有警，八兵何能驰以济，况未必有八也。失事，而官与兵身受督责，晚矣。雷廉巡司，大殊广潮，寄空名而受实罪，可念也。兵数载本司下，今不赘。

民壮之设，正统十四年，下令各处招募，就令本处官操练，遇警调用。天顺元年，每名免本户粮五石，免户下二丁。鞍马器具，悉官给之。弘治二年，随州县里数大小而多寡其额。民间因粮朋充，粮多者为正户，少者为贴户。大约七八十石朋充一人。有一二十户朋一人者。后以孱弱塞责，变为顾役。每名工食银七两二钱，器具银二钱，按月支给，以粮派银，随粮带征。近又汰其额，取工食以别饷兵。各县仅存，多寡不等，皆执差遣之役。工食数亦减三之一，具在《食货志》额派内。

新设海康所，效义余兵一百名。本所止有空城，原无库狱。额军清出，足以防守。万历三十九年辛亥，纳级指挥潘国材图便己私，通同余兵，巧立效义名色，妄申添设，岁加饷银四百八十两，派人条鞭，每石加银二分二厘，百姓苦之，里老生员屡赴道府呈诉。海安、锦囊、乐民三所，事体相同，俱未添设，独此加增困民，终当议革。

团操军　即备倭军

国初闽浙广东沿海一带，俱患倭。故各设军备之。雷制拨所军七百名，分上下班防守。所官领之，择卫指挥一员提督。隆庆年间，官军失机，革不用，改水寨兵防倭。万历元年，军门委本府郑推官，将原设备倭并中军哨旗军，除公办料价外，余通左右中前四所，拣选六百名，分左右

---

① "稽"，原文为"讥"，据文意改。
② 同上。

前后四哨，各哨官一员分领。军政推选指挥一员统领。内一哨守墩，一哨守路，二哨守城。万历三十二年，本府高推官详议，选锋一哨旗军一百二十名，与标兵一体调用。今团操选锋，实止五百余名，同营兵操练及防守墩路，半年一换。

官　俸 并吏

卫指挥使，每员月支俸米七石。见今一员。 岁共支米八十四石，折银二十五两二钱。

指挥同知，每员月支俸米五石二斗。见今七员。 共岁支米四百三十六石八斗，共折银一百四十一两零四分。

指挥佥事，每员月支俸米四石八斗，今见六员。 共岁支米三百四十五石六斗，共折银一百零三两六钱八分。

带俸指挥佥事，月支俸米四石八斗。见今一员。 岁支米五十七石六斗，折银一十七两二钱八分。

达指挥使，月支俸米八石。见今一员。 岁支米九十六石，折银二十八两八钱。

卫经历一员，月支俸米二石一斗。 岁支米二十五石二斗，折银七两五钱二分。

今吏①见役一名，月支米三斗。岁支米三石六斗，折银一两零八分。

所正千户每员月支俸米三石二斗，纳级指挥佥支数同。

○副千户每员月支俸米二石八斗。

○百户每员月支俸米三石，纳级指挥佥支数同。

○达试百户每员月支俸米二石。

○镇抚月支俸米二石四斗。

○吏目月支俸米二石。

左所见任正千户三员。 共岁支米一百一十五石二斗，折银三十四两五钱六分。

正千户纳级指挥佥事，见一员。 岁共支米三十八石四斗，折银一十一两五钱二分。

副千户见一员。 共岁支米三十三石六斗，折银一十两零八分。

百户纳级指挥佥事，见一员。 共岁支米三十六石，折银一十两零八钱。

达试百户，见一员。 共岁支米二十四石，折银七两二钱。

右所见任官缺。

中所见任官缺。

---

① "吏"，原文为"史"，据文意改。

前所见任半俸，副千户一员。_{岁支米一十六石八斗，折银五两零四分。}

镇抚见一员。_{岁支米二十八石八斗，折银八两六钱四分。}

以上卫及内四所各官吏俸粮，每米一石折银三钱，俱按季赴雷州府永宁库，于三县解来秋粮银内支给。遇闰照月加支。

守镇石城后所，见任正千户一员。_{岁支米三十八石四斗，折银一十一两五钱二分。}

副千户，见一员。_{岁支米三十三石六斗，折银一十两零八分。}

吏目一员。_{岁支米二十四石，折银七两二钱。}

以上本所俸银，俱按季赴石城县库秋粮银内支给，遇闰加支。

锦囊所，见任百户一员。_{岁支米三十六石，折银一十两零八钱。}

吏目一员。_{岁支米二十四石，折银七两二钱。}

海安所，见任正千户一员。_{岁支米三十八石四斗，折银一十两五钱二分。}

副千户二员。_{共岁支米六十七石二斗，折银二十一两一钱六分。}

半俸百户一员。_{岁支米一十八石，折银五两四钱。}

吏目一员。_{岁支米二十四石，折银七两二钱。}

以上锦囊、海安二所官俸，按季赴徐闻县库秋量银内支给，遇闰加支。

海康所，正千户二员。_{共岁支米七十六石八斗，折银二十三两四钱。}

百户一员。_{岁支米三十六石，折银一十两八钱。}

以上本所官俸，按季赴海康县库秋量银内支给遇闰加支。

乐民所，见任正千户二员。_{共岁支米七十六石八斗，折银二十三两零四分。}

副千户见一员。_{岁支米三十三石六斗，折银一十两零八分。}

百户见三员。_{共岁支米一百零八石，折银三十二两四钱。}

镇抚见一员。_{岁支米二十八石八斗，折银八两六钱四分。}

吏目一员。_{岁支米二十四石，折银七两二钱。}

以上本所官俸，俱按季赴遂溪县秋库粮银内支给，遇闰加支。

军　粮

国初实授总旗月一石三斗五升。小旗减二斗。军士充发者，月一石。

记录者减十之七。天顺二年更制，总旗月一石五斗。小旗月一石二斗。军士均给一石。小旗未并枪者，视军士达目，月支米二石。达舍月支米一石六斗。雷州内四所达目舍与旗军在杂差伍者，每月量一石，折银三钱。在团操伍者，每月米折银四钱。惟正七月支屯粮米二石，每石折银三钱，俱按季赴本府永宁库秋粮并屯粮银内给散。后所赴石城县仓库支给。外四所杂差军折银照内所惟团操旗军，则每月俱折四钱。无正七折。屯之例，不知何殊异。若此，锦囊、海安二所赴徐闻县库，海康所赴海康县库，乐安所赴遂溪县库，俱于本县秋粮及屯粮银内支给。闰月照加。

左所见在食粮杂差旗，军一百一十四名。内小旗二名，军人一百零七名，老弱幼小五名。共岁支米一千三百三十石四斗。○折银三百九十九两二钱四分。

见在团操旗军一百三十八名。内总旗一名，小旗四名。军人一百三十三名，共岁支米一千六百七十一石六斗。○共折银六百四十两七钱八分。

外达目一名，达舍七名，优养故妻一口。月支一石。一老幼达舍二名。月支一石。一少达舍一名。月支五斗，共岁支米二百百石零四斗。○折银六十两零一钱二分。

本所连屯粮通共支米三千二百二石八斗，折银一千一百两零一钱二分。除闰加支在外。

右所见在食粮杂差旗军一百二十四名。内小旗一名，军人一百一十五名，老弱幼小军人八名。共岁支米一千四百二十三石二斗。○折银四百二十六两九钱六分。

见在团操旗军一百四十五名。内总旗五名，小旗二名，军人一百三十八名，共岁支米一千七百七十四石八斗。○折银六百八十两零三钱四分。

外幼小达目一名。月支五斗，岁共支米六石，折银一两六钱。

本所连屯粮通共岁支米三千二百零四石。折银一千一百零九两一钱。除闰加支在外。

中所见在食粮杂差旗军九十五名。内总旗一名，军人八十八名，记录幼小老弱六名。共岁支米一千零九十五石六斗。○折银三百二十八两六钱八分。见在团操旗军一百六十三名。内总旗一名，小旗四名，军人一百五十八名，共岁支米一千九百七十一石二斗。折银七百五十五两七钱八分。外达舍一名，优养故属一口。月支一石，岁共支米二十四石。○折银七两二钱。

本所连屯粮共岁支米三千零九十石八斗。折银一千零九十一两六钱六分。除闰加支在外。

前所见在食粮杂差军人九十三名。岁支米一千一百一十六石。○折银三百三十四两八钱。见在团操旗军一百一十名。内总旗一名，小旗二名，军人一百零七名。共岁支米一千三百三十石零八斗。○折银六百一十两零八钱五分。

外达舍一名。月支三石。一幼小老弱五名。各月支三石，共岁支米四十二石。○折银一十二两六钱。

本所通共岁支米二千四百八十八石八斗。折银九百五十七两九钱。

后所军粮在石城县支，兹不载。

锦囊所见在杂差旗军七十二名。<small>内小旗一名，军人六十四名，老弱幼小军人七名，共岁支米八百零七石六斗。○折银二百四十二两二钱二分。</small>见在团操旗军九十四名。<small>内总旗二名，小旗四名，军人八十八名，共岁支米一千一百四十九石六斗。○折银四百五十九两八钱四分。</small>

本所通共岁支米一千九百五十七石二斗。折银七百零二零六分。除闰加支在外。

海安所见在食粮杂差军人五十七名。<small>内减支一名，月米六斗。老弱幼小二名。各月支米三斗，军人五十四名。共岁支米六百六十二石四斗。○折银一百九十八两七钱二分。</small>见在团操旗军八十二名。<small>内总旗三名，小旗一名，军人七十八名，岁共支米一千零八十二石四斗。折银四百三十二两九钱六分。</small>

本所通共岁支米一千七百四十四石八斗。折银六百三十一两六钱八分。除闰加支在外。

海康所见在食粮杂差旗军一百名。<small>内小旗七名，老弱幼小九名，军人八十四名，共岁支米一千一百四十一石二斗。○折银三百六十七两五钱六分。</small>见在团操旗军一百三十七名。<small>内总旗二名，小旗十名，军人一百二十五名，共岁支米一千六百八十石。折银六百七十二两。</small>

本所通共岁支米二千八百二十一石二斗，折银一千零三十九两五钱六分。

乐民所见在食粮杂差旗军一百零六名。<small>内小旗二名，军人一百零二名，老弱幼小二名，共岁支米一千二百六十石。○折银三百七十八两。</small>见在团操旗军一百八十七名。<small>内总旗六名，小旗十一名，军人一百七十名，共岁支米二千三百零六石四斗，○折银九百二十二两五钱六分。</small>

本所通共岁支米三千五百六十六石四斗。折银一千三百两零五钱六分。除闰加支在外。

按八所岁共支米二万二千零七十六石，折银七千九百三十二两六钱四分。

达　军<small>附</small>

本卫成化八年，原调达官旗舍头目三十员名，俱在城内西北隅安插。寻散，与府民杂处。废革除故绝外，见存原调荫袭并在营所生奉例陆续报效者，达官指挥使一员，正千户一员，百户二员，试百户三员，总旗一名，小旗二名，头目二名，原调五名，达军一名，达舍十三名，原调三十四名，俱听本卫差调防守。每年支给月粮外，每名加以达谷折银五两，派三县收支。柴薪靴帽银五两，赴府库关领。如三代无功者，革之。嘉靖十九年，布政司复于城西北隅建屋居之。<small>给银一百二十八两，建屋九十间。每名派三间，外设三间为总厅，岁给修理银三两。</small>

论曰：

国初垜进军伍，每所各一千一百有奇。乃今仅以二三百计，果尽逃亡哉？大都卫所官役占腹削，总小旗侵夺包冒，而军不堪命。于是投匿于势豪，隐漏于里甲，而不逃为逃，不亡为亡耳。且偷逸之军，利在离伍，贪饕之弁，利在得粮。真逃不勾，真亡不削，造报文册，半属鬼名。按月支粮，尽皆干没。外如买闲，有月钱之纳；派差墩台，有常例之需。操粮稍赢，又以孔方多寡为出入。军血几竭，军肉几罄矣。故粮单尽质于富室，每石止得银八分。军欲不逃不亡，何可得也。余奉委查理所至，点军未有不咨嗟叹息，怒发上指者何也？军额既日减矣，倘见在者，皆能披坚挽强犹可少备缓急。乃待次阶下，非穷酸饿影，即奄息病犬，非白发衰翁，即黄口稚子。间有一二壮丁，诘之，又皆旋顾市佣，应点片饷者。以如此军实，而脱有不虞，能得其半劈之力哉！百姓竭脂膏以奉之，有司劝征课以给之，皆委诸无用之壑，诚为寒心切齿者此也。余不避嫌怨，极力惩刷。然查过之后，各所为政，凤辙仍踵，痼疾难瘳，奈之何哉！

嗟乎！国家治体至今日，固为百相伪，百相袭。然尚未如军伍之甚。倘无变计以处于此，恐尪羸之疾，断无再起之日矣。愚不揣妄，有臆见敢质之高明。夫武备之修，不外军兵二者。兵由召募，故得挑选精悍，简汰老弱，难月粮稍倍，然一粮得一人之用，担石皆实效也。军则动称祖役，或单丁绝户，无人可更，或各户输充，此不贷彼。又或数年一换，倏老倏少，在所惟备人数，不问强弱。虽月粮稍杀，然十人军而不能敌一兵之用，毫末亦妄费也。愚谓祖制不敢遽弃，第每军月给粮三斗，仅令守门以存饩，米余七斗，移以募兵。合三军之余，可募壮兵一人。总三千军之余，可募壮兵千人。此千人者，可以投石超距，可以赴汤蹈火，岂如老弱病军，力不胜雏者比也。无事则虎豹在山，有事则鹰扬鸷击，神气之助，非渺小矣。且不必额外增饷，不过以耗之无用者更之为有用。是一转移间而利害得失倍蓰也。岂非振武之善策哉！议出创闻，拘者骇焉。然起死回生，非禁方不可。高明深识，必有谓余言之非诞者，将拭目俟焉。

屯　田

国家屯田之设，大约各卫所军士，以十分为率，半城守而半种屯，或互为多寡，随地异也。雷州屯田自洪武二十八年始。内五所各拨五百户全伍，外四所各拨三百户全伍。每百户总旗一，小旗十，军百。合九所三十七百户，计四千一百四十四名。不分旗军，人给天地二十亩耕种。指挥杨豫奉例踏勘，本府抛荒田地八百二十八顷八十亩，照数分给之。此屯田之初额也。人给种子一石，总小旗各给牛一只。军二名，共给牛一只。每岁二十亩，除存米十二石自养外，余纳细粮六石，总计应得粮三万二百六十四石。此屯粮之初额也。_{每田二十亩，约收稻四十六石零，稻以二石五斗得米一石，各旗军于所收数扣稻三十石算，月粮十二石，又存种一石，余糠一十五石，该纳细粮六石。}

天顺间，本府被猺乱，尽撤屯种旗军回城守御，田给民，升科收籍。成化间，复立屯。后千户所以镇守石城，不立。原屯五百户革回卫，左右中前四所各革二百户回卫，分屯三外四所各革一百户回卫，分屯二合八所二十百户，旗军二千二百四十名，种屯田地四百四十八顷。应纳粮一万三千四百四十石，但屯久废，田归于民，所重设皆荒瘠。耕者逃亡过半。奏奉勘合，豁粮六千八百五十二石七斗三升，余粮仍不充额，旗军赃纳。

嘉靖五年丙戌，指挥张杰掌印，申请揆守城余丁顶补逃亡承种，每名照派田二十亩，纳细粮二石，每亩科一斗，名曰"减科"。然此法立，屯军皆假托逃亡，避重就轻，而弊孔愈开，粮额愈折矣。

万历三年，前所卞政屯军符通兴民徐京争告丈剩升科米六石七斗二升。四年，乐民所新增米九石零七升。万历九年，奉文清丈，升增共粮六千六百零一石六斗六升。至二十五年，粮复不足。

本府清军万同知奉道文，将田地分拨，舍余各给下帖承种。然有有田者，有执空纸者，有荒瘠不可耕者。官舍望空赔粮二石。初五十余石，今多至一百余石。　年　派凭所书受贿作弊，候彼候此，官舍困苦，更倍于军矣。现告本道行厅清出弊源，豁免舍粮，内四所屯老各已输认，外四所尚须着意清刷，原制三分兼收二分，本色一分折色。每石折银三钱。后各军告累，准尽征折色。万历三十七年，奉文改征本色。军病之，纷纷苦告，仍准折征，今循行焉。

内四千户所屯。_{原额每所百户三员，甲军各三百三十六名，每名派田地二十亩，共田地六十七顷零二十亩，每亩派粮三斗。一千户所共粮二千一十六石。此条所大凡也。后甲军逃亡，多寡不一。田地荒失不齐，故粮之减折，各所互异。除}

_{以前无志可查，即有残本稽之，俱军与田不对。姑不必赘。万历九年清丈田地，造有鱼鳞册，今志载。四所田粮，断以九年为主，以便查考。四所共粮四千一百三十六石九斗九升。散数各见本所下。}

左所。 三屯。九年清丈田地■十■顷，■■■亩，额米一千一百二十五石①
五斗，见屯甲军一百一十■名，余丁承种，逃绝军二百■十■名。

百户张贤屯。 九年丈田地二十二顷■■■亩，额粮三百九十八石。今见在屯田甲军止四十二名，纳
全科米二百五十二石。余逃绝六十六名，以在城余丁顶种，纳减科米一百■■石。

土名茂林周家。

那高迈逻。

那高下底。

白土周家。

那高新垦周家。

那高石盘。

那高松墩。

那高西铺。

那高臭青塘。

百户第九所屯。 九年丈田地二十■顷■■■亩，额米三百零一石五斗，见今屯种甲军二十■名。纳全科②
米一百■十■石■斗，余逃绝■十■名，以在城余丁顶种，纳减科米一百■十■石。

土名大关草。

螺坡。

上粟。

那陆。

新塘尾。

螺冈。

那龙。

小关草。

地涧。

百户陈和屯。 九年丈田地二十■顷■■亩，额征米四百二十六石，见今甲军四十八名，种本户田地九顷六十亩，
应纳全科粮二百八十八石，余逃绝，田地■十■顷，派余丁十名顶种，纳减科粮■百■十■石。

土名白沙塘。

冯道坡。

白水塘。

白水坡。

---

① ■，原文如此，下同。

② 同上。

赤骨湖。

斜家坡。

那粪湖。

水响坡。

礼家地。

雷阳坡。

东湖田。

河家。

连筒。

大苏。

葫芦尾。

边斗。

新田坡。

小鲁。

右所。　三屯，九年清丈田地五十七顷六十亩。额征全减科粮七百九十石零七斗七升，见在屯军五十七名，在屯余丁五十名，派在城余丁承，逃绝军一百八十一名。

百户张经屯。　九年丈田地二十一顷四十亩，额全减科粮二百四十石零七斗七升，见在屯生军七名，种本户田地，共一顷四十亩，共纳全科米四十二石。在屯余丁九名顶种，绝军田地一顷八十亩，纳减科粮一十八石，剩田地一十八顷二十亩，拨在城

余丁九十一名顶种，共纳减科
粮一百八十石零七斗七升。

土名调松溪。

那草坡。

岗蓬沟。

那院坡。

那凑市。

边迈垌。

军吴垌。

仕礼坡。

草陇坡。

那锦毋。

百户郑玘屯。　九年丈田地一十七顷二十亩，额征全减科粮二百八十八石。在屯生军三十名承种，本户田共六顷，纳全科粮一百八十石，在屯余丁二十三名顶种，绝军田地四顷六十亩，纳减科粮四十六石，剩田地六顷六十亩，拨在城余丁三十一名，

纳减科米六
十二石。

土名竹笼沟。

那干坡。

迈满。

调延坡。

那斜坡。

水尾沟。

调簟坡。

兵围内。

昌吴沟。

苦芦埚。

谭菜坑。

那洪围内。

六狗沟。

枢笼沟。

军兵西埚。

边税埚。

朱劬埚。

水尾围内。

那金坡。

那讫坡。

百户潘旺屯。 九年清丈土地一十九顷。额征全减科米二百六十二石，在屯生军二十名，种本户田地四顷，那全科粮一百二十石。在屯余丁舍余一十八名，顶种田地三顷六十亩。纳减科粮三十六石。剩田地一十一顷四十亩，拨在城余丁五十七名顶种，纳减科粮一百零六石。

土名禄佑。

禄佑坡。

葫芦围。

苦竹地。

婆吴。

干竹沟。

原界坡。

诸举围内。

归南坡。

旧宅围内。

诸举东边坡。

凑一埚。

黄坡。

黄堂坑边。

婆糊。

黄桐坡。

婆许。

中所 三屯。九年清丈田地，实在六十二顷二十亩，额征全减科粮一千零八十四石。见在屯军一百一十名在屯。在屯余丁，在城余丁，丁承顶绝军，共一百九十六名。

百户黄源屯。 九年清丈实在田地二十顷二十亩，实征全减科粮四百一十八石。见在屯军四十三名，种本户田地八百六十亩，纳全科粮二百五十八石，屯余城余六十■名顶种，绝军田地一十■顷■■亩。纳减科粮■百■■石。①

土名调凑埚围。

麻鞋。

塘栏埚围。

六官埚围。

沟坎。

颜家埚。

潭采地。

麻炼港。

那榜。

三河。

那任埚。

迈零前埚。

迈零水沟。

符家埚。

社庙埚。

---

① ■，原文如此，下同。

瓜塘。

栏满。

潭堀。

油河。

陈三港。

迈零后垌。

孙家垌。

北插。

百户周德屯。九年丈实在田地一十九顷三十亩。额征全减科粮三百六十石。见在屯军四十六名，种本户田九百二十亩。纳全科粮二百■十■石，屯余城余■十■名顶种，绝军田地■十■顷■■亩，纳减科粮■百■十石。[1]

土名渠塘。

创利。

坎神。

斜碧。

斜篱。

俱恋。

潭粪。

新兴。

北插。

司马。

那里围。

草洋。

目绵。

青岭。

斜庐。

百户任深屯。九年清丈实在田二十二顷■■亩，额征全减科粮三百零六石。见在屯军二十一名，种本户田地■顷■■亩。纳全科米■百二十■石。屯余城余■十■名顶种绝军田地■百■十亩。纳减科米■百■十石。[2]

土名西坡垌。

---

① ■，原文如此，下同。
② 同上。

黄听。

新沟围内。

石界。

东石湾。

忠心埚。

坡离围。

干尾埚。

北文。

顶带埚。

乘来坑。

那包坡。

白水坡。

婆余。

新沟。

加独。

山茶。

婆洪沟。

那岭。

西山埚。

冯翁后埚。

黄处禄。

歪口埚。

人禄旺埚。

那龙后。

小会前沟。

佛堂前。

那龙后。

那卜水埚。

臭水埚。

那卜堝。

前所。　三屯。九年清丈田地■十■顷■十亩，额征全减科米一千一百三十六石，见在
屯军■百■十■名，余丁顶种逃绝外，符通告复田七亩二分，升粮七斗二升。

百户卞政屯。　九年清丈实在田地二十三顷■■亩，额征全减科米三百九十石零七斗二升，见在生军三十二名，种本户田地六顷四十
亩，纳全科米一百九十二石，又近绝军顶种八分田地，一顷六十亩，纳全科米四十八石。余丁顶种绝军■十■名田地
■十■顷■■亩，纳减科米■百■十■石，又承告复田
地余丁■名，田地■顷■■亩，纳减科米■十■石。

土名三板斋。

那骆坡。

那呈坡。

那望。

青桐。

那宋。

那黄坡。

宾崇。

墩顶。

郎包。

郎流。

郎婆。

郎娥。

百户郑世杨屯。　九年清丈实在田地二十一顷■十亩，额征全减科米三百二十石，见在屯军二十七名，种田五顷六十亩，纳全科米
■百■十■石，屯余丁二十一名，种田四顷二十亩，纳减科米四十二石，余剩田地一十■顷■■亩，派在城余丁
■■名顶种，纳减科米一百零九
石，又派舍余纳米一十三石■。

土名那塘头。

调停。

迈遨。

那董耸田。

那骆。

引家地。

高畔。

地僚。

那引。

落安。

南竹。

遇贤。

南包。

那德。

那吓。

蔡家田。

潮江。

那塘坑。

那恼坑。

那博禄。

中善田。

那乌坑。

那禄。^{即那栏.}

陈甲塘。

那平坡。

黄候。

调贤。

调虚。

百户王忠屯。九年清丈实在田地二十二顷三十亩。额征全减科米四百二十六石。见在屯军■十■名，种本户田地■顷■■亩，纳全科米三百石，屯余四十一名，顶种绝军田八顷二十亩，纳减科米八十二石，在城余丁二十二名，顶种绝军田四十亩，纳减科米四十石。舍余赔纳米四石，今舍余米清豁。

土名婆吟。

白土。

扶竹。

吴诳。

讨搔。

客仓。

那博。

尖散。

草塘。

那潭泮。

横江。

调肖。

那恶禄。

那潭。

苏家坡。

宾济。

以上内四所屯田顷亩，屯粮石斗，屯军多寡，田地土名，旧志模糊数目，地名多有不合。万历九年，清丈则逐亩亲载，近而有据。至二十五年，田粮失额。万同知查补。然皆虚填土亩，下帖给散余舍，众心不服，故四十二年，内所官舍告道行厅清查。本厅断以九年册为据，命四所署印指挥对出册逐名顶针查下，方得各军隐没弊粮，悉行清出，以补旧额。官舍赔粮始豁。但法久弊生，恐日后复有那移隐没，今再加清楚刊刻。屯粮成书，遍散官军，收执以为确据。兹志成时迫，未便草卒，故载大概俟修入。

外四所。 各屯二。万历九年亦皆清丈载有鱼鳞册。然外所视内弊尤甚。九年清丈册竟被奸书沉废。二十五年，万同知清查，已追不出，今亦莫如之何。田粮军余未敢臆说。惟据卫所开报，填注于后。

锦囊所。 原额二百户、张鉴、朱宣二屯。军二百二十四名。逃绝二百零五名。见在纳粮军一十九名。田地四十四顷八十亩，额粮一千三百四十四石。内除荒燥续奉勘合豁去顷税八项二十亩，除粮并减科粮八百八十三石。奉文清丈实在田地三十六顷六十亩，见在屯军一十八名，剩田派在城余丁舍余顶种，共纳实征粮五百零一石

海安所。 原额二百户、石荣、张延二屯。军二百二十四名。逃绝二百零五名。见在纳粮军一十九名。额田地四十四顷八十亩。额粮一千三百四十四石。除荒燥续奉勘合豁去田四项五十一亩，除粮并减科粮七百五十四石。奉文清丈实在田四十顷二十九亩。又新垦田二十七亩，该粮四石六斗，共田地四十顷零五十六亩，共实征粮五百九十四石六斗正。

海康所。 原额二百户张文良、葛鉴二屯。军屯田屯粮俱与上二所同。惟本所逃绝一百八十九名。见在纳粮军三十五名，续奉勘合豁去田地三顷，除粮并减科粮七百八十六石。九年清丈实在田四十一顷八十亩。实征粮五百五十八石。

乐民所。 原额二百户、李刚、周镶二屯。军屯田屯粮数俱与上同。但逃绝军一百四十一名。见在纳粮军八十三名。奉勘合豁荒燥燥田地一项四十亩。除粮并减科粮五百四十二石。九年清丈实在田地四十三顷四十亩。并新垦田地九十亩零七分。该米九石零七升。通共田地四十四顷三十亩零七分。实征粮八百一十一石零七升正。

以上外四所，清丈无册，肆意作弊。如屯军一名，种田二十亩，额纳全科六石。今有减纳四石二石者，此弊也，内所亦或有之。如余丁一名顶种绝军田二十亩，额纳减科粮二石。今见卫所红牌催粮，有派纳一石者，派一石二斗者，派五斗者，派七斗八斗者，多寡惟凭所书开造。今岁有银则免，来岁无银则开。银多则派数少，银少则派数多。如之何舍余不饮恨也。此弊惟外所见之。四十二年，海康所舍余见内所舍余告

豁赔粮，亦赴道告批。厅清刷监追所书数月。九年清丈册竟不得出，只查历年春耕，始知前弊，且屯军人数日渐报少，余丁顶种人数递年增多。夫屯军少一名，即丢粮六石，额粮安得不缺。余丁多则人数有余，故得任意差派，而尤可遮盖。屯军弄弊，根源应不出此。今姑将追出草册，照内所顶钉查算，期一清楚，拔本塞源。海安、锦囊、乐民虽未陈告，然弊窦固所不免。倘有余暇，当扩一视之仁，以惠此无辜。志成时迫，未便率载，俟后修入。

永乐三年屯田红牌例。令各屯置红牌一面。写判于上。每百户所旗军一百一十二名，或一百名，七八十名，千户所管十百户，或七百户，三四百户。指挥所管五千户，或三千户，二千户。提调屯田，都指挥所收子

粒。多寡不等，除下年种子外，俱照每军岁用十二石正粮为法比较。将剩余并不数子粒数目通行计算，定为赏罚令。按察司都司并本卫隔别官点刷是实，然后推行，直隶卫所从巡按御史并各府委官，各本卫隔别委官点刷岁收子粒。如有稻谷粟薯林大麦荞麦等项，粗粮俱依数折算细粮。如各军名下除存种子，并

正粮及余粮外，又有余剩，数不分多寡，听该旗军自收。不许管屯官员人等，巧立名色因而分用。

正统元年屯粮征粮例。各处屯粮每军止征余粮六石。

正统二年朋丁拨田例。各处军职舍人，除应袭外，及家人女婿无差使者，每五丁朋作一名，委官管领，拨与闲地四十二亩耕种，照屯田例，办纳子粒。

弘治十三年占种屯田例。凡用强占种屯田者问罪。官调边卫充军，民发口外为民，管屯等官不行用心清查者，纠奏治罪。

嘉靖七年军职多占田例。都指挥多占屯田三分之上者，降三级，千百户以下，照例递降。转行各该巡屯御史并按察司管屯官员禁约。今后但有强占私买私卖之人，不分多寡，但照强占事例。民发附近，军发边

远充军。该管都指挥以下至总小旗，通同不举，或典或卖五十亩至百亩以上者，悉照前例降级。多者降至三级为止。若有势豪应议之家，径自参究。

嘉靖八年征粮住俸例。各该掌印管屯官员，自嘉靖八年为始，俱要照依律限开仓，依期收足。管屯官延至次年正月终，以十分为率，拖欠一分以上者，住俸，征解屯老旗甲拿问。三月终不完，卫所管屯官革去冠带，

戴罪征纳，首领官吏拿问。各该掌印官通计所属拖欠三分以上，亦拟住俸催征。五月终不完，卫所掌印官革去冠带，戴罪征纳，管屯官，各降一级。延至一年以上不完者，卫所掌印官参问，各降一级。都司管屯并按察司管屯官通计所属拖欠二分以上，亦拟住俸催征。以上住俸，不许补支。以事完开支

之日为始。如有朦胧冒支，以盗仓粮问。有怠心干理，依期完纳者。听抚按官并管屯衙门保举荐擢，或行奖励。内有欺侵包揽，受财枉法，并埋没勒占，大壩沙压等项情弊，亦行各官拿查磨勘。

万历八年屯粮收纳本色例。为教荒事，奉钦依军卫屯粮，仍行屯田道严督。管屯官俱要收纳本色，每年终委官查盘。如复收银，仓无粟米者，虽有银两，亦不准赏，从重参究。○此征本色例也。今各征折

色，不知起于何年，奉何明例。姑缺。

　　以上屯例七条，乃肇、惠二志所载。此天下通行，不独二郡然也。但雷湮没无考矣。抄录于此，以备参证。

论曰：

　　屯至今日，弊也极矣。夫一军一田，一田一粮，如柱础相承，安有缺折？惟是积年屯老豪强里甲，值单丁之逃绝，正贴之更替，乘机隐占，移丘换段，腴壤变为荒丘，荒丘化为虚空，而田失其额矣。又或势宦侵夺，匿粮不纳，奸军贿所，私自减除。求粮足额，何可得耶？司会者田不问而粮取盈，于是派馀丁，又派官舍。轻重任己，甲乙由心，变化无端。各丁束手待赔而已。夫均是田是粮，昔何以多，今何以乏，其

故可思，其窦可按。更有异者，绝军遗产，多至三四百亩，少亦一二百亩。以一屯军田连阡陌，安知屯田不隐没改换于内哉？里甲假招净民顶军，私取顶首，即以遗产畀之。无干净民一□①，坐享数百亩厚利，止纳本等税粮。其隐没田粮，俱派官舍赔纳。是得者何幸，赔者何辜？则屯政一大不平公案也。

吏此者相沿莫觉，余心独不满。盖军既绝，产宜入官，不然，即以此补屯田之缺，亦为楚弓还楚，何至令无干者白手纳之囊中？安得不人人垂涎哉！毋怪乎乡宦青衿，诡称净民，而竞攘此利者种种也。余业已清豁舍粮，更欲清此食田入官，另作处置。平其不平，正法官事也。抑余更有说焉。民田十年一造，此收彼除，故田粮不致埋没。惟屯田独否。父而子，子而孙。或更与异姓，或鬻于民间，听其私相授受，历数十年，莫有稽考。弊之最也，有由然已。余谓至今以后，宜立法更制，如民田例，十年一造，或五年一造以清。军官专董其役，册成缴道复核。道听卫所各存一帙，以备互订。如是，上下乘承，自源及委，那移隐匿，将焉用之。且军卒存亡，较然可见。岂惟屯粮无缺，即戎伍虚冒，藉此有稽。革弊饬武，诚吃紧一关键也。倘此法不立，苟且因仍，随时清理，移东补西，终为医疮剜肉，不过数年十年之计而已。过此以往，未之或知也。抱衣衵桑土之虑者，必将有味于斯言。

军　　器

国初卫所军器，咸有定制，及后因时损益，料银民七军三。旧历减半岁征，器亦减半成造。嘉靖十三年，始间岁一征，器亦间岁一造。十五年例减半岁征，器仍间岁一造。十六年以后，征解兵备道发县收，候成造支用。二十五年以后，俱解布政司收贮，遇程造年，卫所具数报兵备道，通详委官支领料银外，复有窑匠、马价、战船等银，或解府，或解都司转解京，皆从军饷中除扣。岁所派，视前更倍矣。先年成器，卫所止存其籍，

---

① □，原文漫灭。

即有一二皆朽坏，惟万历二年后添造者，尚坚利可用，见存卫所。

国初颁置本卫所军器。<small>铜铳九十七件，铁铳三十九件。战具一千一百六十七件。</small>成化六年增造。弘治二年再造军器。今无存，不载。万历二年添造。

本卫。<small>铜铳一个，铁铳六个。四所防城硝九十五斤，磺七十四斤十二两，铅弹七百七十斤，见贮卫库。</small>

左所领守北门。<small>鸟铳二十门。百子铳二架。朗机铳三架。提铳九个，刺锤三十九件，钩镰三件。</small>

右所领守南门。<small>鸟铳二十门。百子铳二架。朗机铳三架。提铳六个，刺锤十六件。</small>

中所领守东门。<small>鸟铳二十门。百子铳二架。朗机铳三架。提铳六个，刺锤二十件，钩镰二把，枪二枝。</small>

前所领守西门。<small>鸟铳二十门。百子铳二架。朗机铳三架。提铳九个，钩刀四把，刺锤十二件。</small>

石城后所。<small>铜长颈破落户五个，铜神炮六个。铜飞枪一个，铁长颈破落户三个，铁将军三个，铁飞枪二个。铁架炮响铳八个，铁鹰爪铳八个。铁镇域铳四门，铁锄四十门，小铳十六个。</small>

锦囊所。<small>朗机铳八架，百子铳四架，铳子二十四个，百铳三十门，铅弹一百六十斤。硝一百二十九斤，磺二十斤零四两，大铳药五十一斤，鸟铳药一十九斤。</small>

乐民所。<small>大将军铳二门。大神光炮铳一个，小长颈落户一个。百子铳四架。朗机铳八架。带子二十四个，鸟铳三十门，火药三十七斤。硝一百一十九斤。磺一十三斤，铅弹一百六十三斤。</small>

海康所。<small>大铁将军铳五个，大竹节铳四个，铜中竹节铳三个，铜大神光炮铳六个，铜小竹节铳六个，铜中神光炮铳一十一个，铜小神光炮铳六个，铜飞枪神光炮铳二个。铜长颈四个，百子铳四个，朗机铳八架，铳子二十四个，鸟铳二十八门。铁骨垛锤二个，铁镗一十一把。钩须枪四把。三须枪一十把，痴竿三把。</small>

海安所。<small>大将军铳八架，铁铳子二十七个，百子铳四架，鸟铳五十四门，铜铳四十二门，大朗机九架。尾门一全，刺铁锤三十二个，小铳子一个，铁镗三十六把。破铜三块，铅弹一百二十斤四两，硝七十九斤，磺二十一斤，官秤一把。</small>

军三料银

军三料银，各卫所皆有。然彼多而雷独减。至于窑匠、马驹、战船等料价，查肇、惠志，各卫所皆无，而雷独有。始末多寡，俱不可考。姑据卫所岁征解数，开列于左。

军三料银。<small>本卫左右各中前，每所拨军二名，岁办银五两一钱六分，共银二十两零六钱四分。后所与外四所，各于该所均平银内支六两二钱三分五厘。五所共三十一两一钱七分五厘。九所共银五十一两八钱一分五厘，解府充饷。</small>

窑匠料银。<small>左右中前四所，每所拨军一名，岁办银三两六钱，共一十四两四钱，有闰加银一两二钱，石城、锦囊、海安、海康，每所岁支均平银各三两六钱，有闰加银三钱。乐民所岁支均平银四两二钱，有闰加银三钱，九所共银三十三两，解府充饷。</small>

马驹价银。<small>左、右、前、石城、锦囊、海安、海康、乐民、八千户所，闰岁，每所拨军一名出办，共银二十四两，解郡间转解北京太仆寺投纳。</small>

战船料价。<small>银一百一十四两四钱七分二厘，有闰加十二两。本卫左右中前四所，每岁共拨军三十名，按季将月粮充支还府库。</small>

备倭战船。<small>改水寨兵船，详寨下。</small>

营　　寨

海安大营。<small>嘉靖三十四年设，调石城、锦囊、海康、乐民、海安五所旗军兼徐闻募兵三百名，委本卫指挥一员统领。续因海寇狙獗，抽回石、锦二所并徐闻募兵，各守城。推存海康所旗军三十名并拨内四所旗军二十名，共五十名，属本所操捕官统领防守。</small>

河头营。 离乐民所城二十里。万历二十二年，安苗、西坡、新民三社乡民何士贵等，呈府详道院批允设立，拨本所旗军二十人名，委千百户一员管领防守。二十四年，饥荒，盗贼充斥，乡民黄器等，呈添营兵二十三名兼守。

金差营。 离英利驿西二十里，万历二十四年，那和、官山、英风、那里等社生员陈汝言等呈设，拨海康所军二十名，陆营兵二十名，委千户一员，管领防守。

南靖营。 即旧将军营，在郡南，里离城六十里。地方险要，盗贼剽掠无常，行旅苦之。万历四十年，乡民李宪等呈建。拨海康所馀兵三十名，委千百户一员，统领巡守。四十二年，并铺归营，添新募铺兵三名，留营兵十名，防守本营。余二十名与安定五里墩兵

二十名，各分五名，与自南渡至英利八铺铺兵
各三名，共营铺居住。铺兵传递，营兵防守。

外沿途小营郡南。

南渡营。

迈特营。

南平营。

南界营。

平乐营。

淳化营。

安民营。

安定营

以上各营，近日议并铺归营，将原设南靖营兵三十名及五里墩兵
二十名通融，各分五名与铺兵共居防守。其营房系海康县造修。

郡北路。

拱辰营。

瑞芝营。 各军十名。

山心营。

平岗营。

仙居营。

遂康营。

边畔营。

城月营。

田头营。

德安营。

司马营。

新兴营。

石桥营。

石井营。

观澜①营。

白泥营。

太安营。

永平营。

牌后营。

西北往廉州路。

金钗营。

桥头营。

以上各营地方，系参府陆营兵防守。每营一队，近并铺归营，各新添募兵三名，在营同居，一司传递，一司防守，旧俱茅屋，万历三十九年，遂溪知县胡汝谅改添瓦房一重五间，营铺兵居住，颇安。

赤崚营。　与横山相近，二十里，系军防守。

海康所旧有洪排寨。

乌石寨。

劳沙寨。

郎倒寨。

武郎寨。

田头寨。　共六处。

乐民所旧有博里寨。

调神寨。

抱金寨。

调楼寨。

文体寨。

穷冲寨。

新安寨。　共七处，各募旗军八名，今俱废。

徐闻县旧设濂滨寨。　县北六十里，往府路。知县蔡宗周设兵十五名。

南包寨。　县北八十里英利驿，往府路。知县蔡宗周设兵十名。

山猪坑寨。　县东八十里海康界。知县熊敏设兵八名。

山口埚寨。　县东三十里锦囊所。以上俱本县陆兵防守。今各兵陆续调回，防守遂弛，徒存空名。

───────────

① "澜"，原文为"阑"，据文意改。

博赊寨。_{县东南五十里.}

虎兕寨。_{县东五十里.}

束零寨。_{县北六十里.}

龙宋衡区寨。_{县北二十里.}

山海别关寨。_{县东九十里.}

二角山寨。_{县北七十里.}

磨刀水寨。_{县北八十里.}

石门岭寨。_{县西十里.}

伏虎寨。_{县东八十里.}

观涛寨。_{县南十里。以上据本处乡夫轮守，今亦废。}

堡 哨

南哨。_{在乐民所地方，隆庆三年设。委本卫指挥或千百户一员，领船三只，拨乐民所军五十名，驾船巡视，守防珠池。}

石城哨。_{旧志载附石城后千户所，地远高遂，成化初，宪副陶鲁设。调本卫旗军四百名，指挥一员，督领巡哨。今未见有哨军拨守，兴废莫考。}

遂溪堡。_{在县治内。成化初，宪副陶鲁以县无防守议设。拨在内左、右、中、前军四十名，乐民、海安二所，各军二十五名，共军九十名，委指挥或千百户一员统领防御。近卫所官军多不至县，以典史、仓巡官带管，殊失原意。}

横山堡。_{在石城县地方，往廉州要路，盗贼纵横，商旅不行。遂溪县出价四十两，买石城地一片，筑城建堡，属雷州府。拨本卫内四所军四十名，海康、乐民，各拨军十六名，共七十二名，委本卫指挥或千百户一员官管领防守水陆。旧志载，成化初，宪副陶鲁}

设本卫。相传，嘉靖四十二年道府议详，两院批允建设。未知孰是。但此堡之建，原为盗贼近高州建，议欲并归高州。恐堡不属雷，盗无查访。非特行人险阻，将良民不得安枕矣。似未可。以堡官偶失，愆咽废食也。至于往来上司夫马，以石城之地，而遂溪代为供应，颇称烦苦。向遂溪亦议夫马应归石城，或

少佐费，而石城不任。总之，前人建堡，良有犬牙相制深意，较利害轻重，仍旧贯可也。

息安堡。_{亦系石城地方。离横山三十里，嘉靖四十二年设，属雷州府。委千户一员领，拨石城后所、永安所旗军共四十名防守。}

论曰：

横山、息安二堡，均盗贼渊薮，而横山尤甚。盖地属石城，界邻三郡，中有小河，直通封乐池。不逞之徒，凭恃啸聚，时而出海盗珠，时而入山劫路，惟其便焉。此堡戍之建，为提防巡缉计也。

迩来堡军偷逸，足迹不履信地，堡官不得其人。贪者倚盗为市，卖船放水，日惟海上货贿是图。伏莽诸戎，逞恤置问。懦者猫鼠同眠，绝少鹰鹯之志。遇失事，惟工掩饰而已。即被害告发，贼党供报，于此惯黠，又逞其机智，捏情耸告于彼。此关彼提，遂成阻阁。贼以劫掠之财。泼为寅缘之用，不肖有司，偶中其饵，甘心庇放。贤者见岐秦越，议分甲乙。左

右前后，半属贼腹，窥瞰侵润，覆雨翻云。被害且畏其布置，不敢赴质，而真贼肆意漏网矣。又其巧者，串同地棍，假称别处差役拒捕，抢夺以去。法至此，且奈之何。历稽往牒，曾有一案而无横山诸贼，曾有一贼关提而得速擒正法者哉！何怪乎地方？不十室九盗也？夫堡不缉贼，安用堡为？有司不公心殄贼，有司亦虚设。山有虎，人共逐之。天有雨露，禾稼则滋焉。若长莠而养虎，非天道，亦非人情。

今惟严责堡官，督军巡缉，军不着营，革之官。纳贿纵贼赃，褫之。有司撤藩篱，清盅惑。共为去莠存苗计。倘灼知良善被诬，则亦惟速拘解赴，明以被诬之实，雪之公牒，则恻隐是非，皆有良心，人何为独不然？至于道府准词，一以被害地方为主，此先准理，则彼第抄报，如假捏籍贯，隐情搪避，不分彼此，尽法究惩，庶乎荡平正直，积奸无躲闪之处，而盗风其少衰息也。不然三郡邻界，法令阻隔，长此安穷，肆无畏惮？如近日雷阳牛太守行李，异至横山堡，多贼明劫入山，又何论商客，何论公差耶？良善朝不谋夕，大道莽生荆棘，则任地方责者过也。

墩　　堠 ^{万历元年议设。}

左所

蓼村。

娘郁。

旧县。

黄西。

临海。

北画。

陈铁。

下山。

右所

通明。

北禀。

黎村。

黑黎。

三盆。

蒲蓼。

高山。

北山后。

中所

大村。

河北。

下蓝。

木棉。

东乡。

黑石。

视远。

南山后。

前所

鸭绿。

新兴。

暗铺。

大林。

调弹。

淡水。

石头。

黄家。

那齐。

以上墩台系内四所。团操军拨一哨派守，每墩四名，更班瞭望。

锦囊所

白沙。

博赊。

赤坎。

博腊。

调岭。

黄塘。

蓊头。

吴家。

调黎。

建宁。

每墩系本所，各拨军一名瞭望。

海安所

博涨。

踏磊。

斋岜。

那黄。

讨网。

麻鞋。

麻丰。

封楼。

东埦。

包西。

东场。

八灯。

郎耶。

每墩系本所，各拨军一名瞭望。

海康所

调旦。

坑尾。

吴蓬。

郎岛。

西溪。

那打。

徒房。

双峰。

平栏。

徒会。

潭浪。

那袄。

那劳。

英岭。

老沙。

那金。

打郎。

英良。

每墩系本所，各拨军二名瞭望。

乐民所

北灶。

对乐。

田头。

牛僚。

博里。

新安。

洪排。

抱金。

极山。

博袍。

特浪。

每墩系本所，各拨军三四名不等，瞭望。

遂溪堡

白沙。

黄略。

麻赵。

百姓。

遂溪。

以上五墩系遂溪堡，拨军防守瞭望。

雷州府志卷之十三　兵防志二_{武镇　兵额　兵船}

夫雷卫本森列，复借镇于流官。盖雷控山海窥关，御门其小者耳。东倭西交，突如其来，倘不特募精锐，分防水陆，而徒恃儿戏之军戍以自固，缓急必无幸矣。故专设参将一员，坐雷控廉，监以道宪。更于白鸽门，设钦总一员，司防海汛，监以郡丞。统辖于总帅，禀节制于督府，皆雷之屏蔽，不可一日缺者也。创置时日，俱无可考。查肇志，景泰初设左参将，分守高、肇、雷、廉四府。嘉靖三十二年，都御史应槚疏，分雷廉属海南右参将带管。至隆庆四年，总督凌云翼疏，称惠之碙石寨、琼之白沙寨、雷之白鸽寨，三府皆有陆路参将，即以水寨就近分属甚便。又云乌兔寨随近珠池，雷廉参将委官，领兵船十移驻海康，自无他虑。裁革乌兔，得官兵一千五十四，为新设阳电参将之用。据此，则雷廉参将必设于嘉靖末年。而白鸽钦总为隆庆年间所建，可推也。官秩爵里，耳目所知，水陆信地，兵舰糗粮之数，则岁支府库，班班在册云。

武　镇

分守雷廉参将一员。<small>初兼管水陆，万历十三、四年，新顺东莞等县，奸徒窜至三四百艘，倚涠州一岛，屹恃中流为窟，几成变故。驱遂乃散，寻议广海游哨往来汛守，毕竟不便。十八年始议，设游击一员，专札涠州防汛。割海</small>

<small>康东场角起至钦州龙门止，管属之雷廉参将，专管两府陆路兼白鸽水寨海防，查敕书
雷廉参将，虽有兼管白鸽、乌兔水寨之语，今乌兔已归涠州游击信地，此虚文耳。</small>

本员每月廪给银六两，每月小赏银十两，纸札油烛药材等银四两。原额中军杂流八十三员，名共岁支银九百六十二两。近奉军门张裁减一十八名，岁减饷银一百九十二两。以万历四十年正月为始。家丁、塘报、旗手、健步各六名，巡视兵四名，掌号、马头各一名，共三十名。月支银八钱。中军官一员，例不支粮。家丁三名，各月支八钱。典吏一名，月支八

钱。缺人不支。书记一名，医生、宣令官、哨探官、铳手、木匠，各一名听用。把哨四名，门子二名，各月支银八钱。旗牌官三名，各月支银一两八钱。皂隶六名，轿伞夫六名，各月支银六钱。以上除参将官己身及中军官外，实六十三员名，月支银五十一两，岁支银六百一十二两。小赏油烛纸札等，岁支银一百六十八两。通共岁支银七百八十两。俱于雷州府库支领司府饷银外，本参廪给银岁支七十二两，在雷廉二府，平支以上参将衙门官兵等件岁费银八百五十二两。部下陆兵二营。雷廉各一营。

信地 雷廉二府 六州县。

雷州陆营把总一员。原额官兵五百八十二员，内哨官四员，旗总十六名，队长四十八名，高招手一名，杂流、家健、长夫三十二名。岁共支银五千六百九十五两二钱。万历十二年七月，裁减总廪一名，队长三名，兵三十名，增哨官一员，杂流三名，实减兵三十名。岁减支银二百九十八两八钱。扣存府库，以备临征召募大棒手之用，实共官兵五百五十二员名。四十年二月，又奉军门裁减总哨、长夫七名。

见额官兵五百四十四员名。

哨兵五员。各月粮一两八钱。

家丁各二名，共十名。各月粮八钱。

旗总十五名。各月粮一两五钱。

队长四十五名。各月粮一两二钱。

兵四百五十名。各月粮八钱。

营额高招手一名。各月粮一两二钱。

五方旗手五名。吹鼓手四名。大铳手一名。掌号手一名。医生及家丁二名。书记一名。此十四名，各月粮八钱。

把总一员，如报效则支粮。指挥千百户不支粮。员下家健四名。各月粮八钱。

以上官兵五百四十四员名，月支银四百六十九两一钱。岁支银五千六百二十九两二钱正。俱于府库，改原额民壮三百零六名，工食及司饷银内双月支给外，三十年八月，议增火药教师一名。月粮一两二钱。火药匠一名。月粮八二钱。二名俱于旷饷银支给。

按陆营官兵驻札雷州府教场，每年输拨二哨官带兵，分派附城北路、头铺、瑞芝系所军拨守。外仙车起至遂溪太安中火止，又自城月西路至里八山桥头山口止，俱每营拨兵一队防守。余兵在教场操练。

白鸽水寨钦依把总一员。

本员下每月廪给银三两六钱，小赏油烛纸札银，每月共一两八钱。家健四名，每月各支银八钱，书记一名，吹鼓手四名，旗手五名，火药匠一名，各每月支银八钱。火药教师一名，月支银一两二钱。以上本寨禀给及杂流月支银一十八两六钱，岁支银二百二十三两二钱。

哨官四员。各月支银一两八钱。

家丁八名。各月支银八钱。

捕盗二十一名，内一十四名。每月各全支银一两三钱五分。尚七名。每年出汛，月各支一两三钱五分，收汛月止支银九钱。

舵工四十四名，内三十名。每月各全支银一两二钱。尚一十四名。每年出汛，月各全支一两二钱，收汛月止支银九钱。

斗缭招椊手四十五名，内缭招手一十八名。每月各全支银九钱。尚二十七名。每年出汛，月各全支九钱。收汛月止支银六钱。

队长散兵，共七百六十一名，内五百五十二名。每月各全支银八钱。尚二百零九名。每年出汛，月各全支银八钱，收汛月止支银五钱三分三厘。

以上见额官兵九百员名，岁额该饷银九千一百五十一两八钱。春汛清明前五日出，至大暑日止；冬汛霜降前五日出，至大雪日止。二汛共扣除银五百五十一两三钱八分三厘四毫，贮府库，实出汛五个月零十七日，每月支银七百六十二两六钱，共支银四千二百四十五两一钱四分。收汛六个月零十三日，每月支银六百七十六两九钱八分六厘，共支银四千三百五十五两二钱七分六厘六毫。总一岁共支饷银八千六百两零四钱一分六厘六毫，俱在雷州府库司府饷银支给。

兵 船

本寨自万历四十一年以前，共三十五只。四十二年本道议将江船一只改造八号尖船，故今共船三十七只。

三号福江船二只。每只捕兵四十六名，共九十二名。

五号艚船五只。每只捕兵三十三名，共一百六十五名。

七号艚船九只。每只捕兵二十四五六名不等，共二百一十九名。

七号哨马船五只。每只捕兵二十四名，共一百二十名。

七号艟艚船六只。每只舵兵十九二十名不等，共一百一十八名。

八号尖船九只。每只舵兵十六七名不等，共一百四十四名。

八号桨船一只。舵兵十三名。

按此即所谓备倭船也。国初目闽浙至广东沿海一带，俱防倭，故雷制卫所，各造战船。择本卫指挥一员，提督各所官，营领众哨。拨内外四所旗军七百名，分上下班防守。隆庆初年，以官军失机革去，始设白鸽寨于通明港，添设钦依把总一员，领兵驻札防守。而备倭之制，遂变为水寨矣。查得原额战船四十三只，募兵一千四百零五名，岁支银一万二千五百三十八两二钱三分，万历十年裁造六只，携兵三百名。

○十三年，议将不堪二号四号江船七只，捕兵二百五十二名，改造艚船八只，用捕兵二百零八名。

○十七年，除烧去七号哨船二只，艚船二只，桨船二只，捕兵一百三十八名，将雷廉遊帅艚船五只人寨充补。

○十八年，抽雷廉遊帅艚船五只，捕兵一百八十名；白鸽寨七只哨船二只，捕兵五十一名。二项补广海遊哨江船一只，及泗州兵船八只。

○十九年，补造被烧艚船四只，桨船二只，补兵一百三十名。

○二十年，广海抽五号兵船四只，入寨添守泗州，捕兵一百四十名；本寨又抽艚船二只，捕兵五十二名，拨属北津寨防守限门。

○二十一年，将拨守泗州艚船一只改造，灰斗船四只，原船捕兵三十五名，减去十名，又于本寨大船，抽兵二十二名，小船抽兵二十一名，凑足灰斗船六十八名。

○二十二年，将■号■船三桨船二只，①改造艚艚船六只，舵兵七十一名。

○二十三年，将原防守泗州五号船三只，改造灰斗船二只，拨属虎头门。

○二十四年，将三号船二只，五号船一只，捕兵一百二十五名，改造白艚船一只，灰斗船二只，共享捕兵五十九名。又拨兵四十八名，并人艚艚计减去兵一十八名。水寨实大小船三十五只。官兵并火药匠九百员名，四十二年，改造尖船，多船二只，共三十七只，兵照原额。

打造兵船。 凡三五七号艚船与七号哨马，俱委官往省打造。七号艚艚与八号尖船、桨船俱在梅样打造。凡扶伤兵，俱以驾船到寨日起支。土舀兵，俱以验准发船，驾捕日起支。

论曰：

海防必藉于舟。舟，固水兵命脉也。打造之举，岂细故哉！原额委卫所官一员，领银往省径造。后不肖卫官，领银赌费，弃家逃避。于是，议将船料银解赴广州府海防厅收库，陆续支领打造。官捕多一番转折矣。舟完，广州海防验过发回到雷。本府海防官复行量验。曩有抽头陋规，承委官以为畏途。

迩来本府海防同知张应中申详裁革，武弁称快。然造船原有估计尺寸在册，回验之日倘不相符，罪之宜也。如其合式，即当宽宥。今不问合式与否，概文致其罪，仍追工料还官。官捕知违法罪，守法亦罪，先以不肖之心，预克罪赔银贮囊以待，往来使费，取资于此。其实用之船者，不过十之五六耳。如之何而不板薄钉稀也？滥恶若此，有船之名，无船之实，所追赔几何？而总来工本，俱委之无用之壑矣。此以小害

① ■，原文漫灭，下同。

大，纤屑之陋见也。

为今之计，宜痛撤此弊，必令工价尽用于船，或每船量增数十金，务成造坚厚，堪以备御，庶造一船得一船之用。如徒取虚数塞责，是自欺也。毋怪乎水兵亦贪生怖死，谁敢驾此危舟出海？故每遇海贼，只于船上鸣锣放铳，送之出境，必不敢涉波涛半步，以一矢相加遗，诚不得已耳。

余奉委有事琼南，渡海四次。每至中流，浪涌船颠，满舱咿哑，声若欲拆者，盖板薄钉稀，自不禁浪。此时惊讶，惟有听之造物，虽幸天佑无恙，然屡立严墙，终非哲士。最后一渡，则买民舸以济，盖怵于兵船之危而不敢以再试也。观此而知，有地方责者，当惕然思，翻然改，毋以国事兵命，侥幸可耳。

信　　地

札守通明、沙头洋、南浦津、淡水港、海面兵船九只。

札守北艾头、厄头、麻参、广州湾、白鸽门等海面兵船七只。

札守硇洲、北巷、南排、揭沙、浮蓼、三盆等海面兵船七只。

札守锦囊、调弹、三盆、建宁、仑头、黄塘、调黎、赤坎、东海等海面兵船七只。

札守海安、白沙、东湾、那黄、麻丰、东场角等海面兵船七只。

按粤东兵制云

雷廉参将任兼水陆。如白鸽寨，东起北津，西接涠洲，西南与白沙相望，南临大海。上下八百余里，实海外巨防也。隆庆年间连被海寇扰害，倭寇陷锦囊所城，往事可鉴。其地僻在西海，目今倭警虽未必飞越而西，但倭奴入犯，每有亡命勾引，倘致连结之患可无先事之。防其上游之险要者，则硇洲，突起中流，周遭四十余里，内有泉水，倭奴必由。次则揭沙，内颇宽平。先年海寇许恩，据以为窟，此则倭奴聚泊之处。次则沙头洋、广州湾、白鸽门、淡水、厄头、为雷阳门户。次则通明港，可达雷州。次而遂溪之北艾头、旧县。次而锦囊所之北利门、仑头。次而海安所之东湾，皆不容不守。该寨兵船，分派信地，是防寻常之寇耳。若倭之来，须宜调集，先以一枝疾趋赤水，以遏其锋，余如硇洲、揭沙、沙头洋、淡水等险要，一体酌派兵船扼守。内而高雷之交有地名曰梅禄墟，商民辐辏，鱼米之地，贼所垂涎，必由白鸽门而入，又须与北津兵船协力扼之，免藉盗粮也。其说险害甚悉，备录参览。

论曰：

水陆兵缺，则本营寨招送参府，转送海防厅试验，转解本道试验，验允发回起粮，此定例也。哨官选补亦然。尚解军门，比试中箭，方准充役夫。兵随缺随补，无容喙矣。哨官役至三年，法必更换，有功者留。无功者革。当事者固藉是为劝惩良法，而愚以为似稍拘也。何者？哨为百夫长，百人甘苦系焉。贵在不苛索、不虚冒、不役占、不偷逸，最难得人。倘反是数者，是蠹哨也。不逾时而更之可，何待三年。如能是数者，是良哨也。即久役之，兵哨愈觉相亲，地方更为日熟，何限三年？不然方其补哨，既有妄费于先，及至三年，又无希觊于后。若侪小人，何知礼义，无俟期满而决裂四出矣。况乎以功绩定去留，则必地方先有失事之害，而后彼得收焦头烂额之功。是于哨利，于地方殊不利也。若曲突徙薪之人，先为绸缪牖户之虑，一切祸胎戎衅，早已潜消默夺，地方且显然享宁谧之福矣，又何功之可见哉！故以功论，当以地方无失事为最。失事而救者次之。隐而不报与失事均罪，庶乎戒惧。时操上医，治于未病，不独为哨计，为地方计者，亦善也。

雷廉参将[①]

钟昆秀。宜山人.

张裕。广州人.

门崇文。桂林人.

戴冲霄。绍兴人.

王宠。广州人.

---

① “雷廉参将”，《目录》中作“参将钦总姓名”。

张弘举。晋江人.

梁高。南京人.

谬印。直隶人.

陈濠。绍兴人.

晏秋元。漳州人.

张可久。太仓州人.

张瑄人。晋江

夏尚志。常德人.

濮朝宗。南京人.

周印。

陈君仁。福建人.

黎国耀。漳州人.

杨应春。南京人。南京孝陵卫人，武进士。万历三十二年，以副总兵署参将事。三十六年征交夷有功，招回四崗夷民。四十一年来，军门张委征崖州，叛黎抱由罗活，以主将师无节制，轻进取败，概被挂累。四十二年，复委征黎，自出金钱数百两招盟生岐熟黎数十村，使不助恶，分据石头沟，一路险要，亲率兵与贼对垒，阵斩首贼数十颗，生擒百余，招抚罪黎数百，成功凯旋。

白鸽寨钦依把总

王道成。

叶文选。

吴天常。

李如桂。

陶应璋。广州卫指挥.

童龙。晋江人，武进士，升留守金书.

甘霖。漳州卫指挥升江西都司金书.

张茂功。柳州卫指挥同知.

张良相。杭州卫人，冠带总旗，升天津游击.

徐大受。广州右卫指挥同知.

许应明。广东南乡所，功升试百户.

朱蔚。华亭人，武进士，万历三十年，升河南秋班都司.

续蒙勋。处州卫指挥。万历三十七年任。四十一年升广东总镇坐营都司。在寨四年，蒲守恤兵，勤于训练，获海上大贼数次，获牛母山大贼数十人，阵斩贼首孙景通等首级九颗，地方颁宁，自备己资，修茸通明港寨宇，增桥筑堤，招民居住近百余家，屹然成一保障。

曾之熊。广东番禺人，武进士。万历四十二年任.

论曰：

自文武分途，世谓国家重文轻武，若嗟武人难表见者。余谓此耳食之谬谈，而不深查其难易之等也。试以两者提衡而较之，可乎？

夫文人束发受书，磨铁砚而绝韦编，不知更几岁月；操毛颖而战文场，不知历几风霜。七篇制义，呕尽一副心肠；五策表论，披竭半生学识。幸而得隽，而精神心力已耗损过半矣。及赴南宫，而劳苦犹是也。得第者升青云，失意者嗟白首。

武人则不然。平时既无囊萤映雪之劳，临场只效怒马鲜衣之戏。旋读数篇恒钉，尽足移掇终场；剽窃一部武经，真堪惊诧伧父。且一冠京榜，出即阃帅。顿膺二品之秩，骤附两司之班。供帐仪从俨然崇侈何遽也。其次，亦钦依守把，纡朱横金，与郡国守相相颉颃，不出数年，游参立至。文臣如乡科，才智学识岂出武科下？偃蹇风尘，资格束缚，望金紫如登峻坂，甲科发仞，亦未能一出而即跻两司。此其起家难易，不啻什伯矣。授官之后，郡县有司，日有稽，月有会。一岁有赍捧之例，三载有考课之典。抚按时飞，白简道路。易起青绳，法纲密如凝脂；吏议严于斧钺。举步转眼，莫非机阱，求一任中，超然缯缴外者，未易缕指也。幸获迁擢，阶级迂回，岂如武臣考核法疏，升迁路捷，贪残有迹，未闻终朝褫斥之加；画诺无能，亦见坐进尊膴之位。盖参游之于副总，副总之于总兵，循资而转，不殊反手。一至总兵出，则高牙大纛，横玉蟒衣，入则舞女歌童，钟鸣鼎食，从者如云，其门若市。武仕至此，可称极品。文臣而蟒玉垂身者几人哉！此其扬历难易，又不啻倍蓰矣。况乎无事之日，奠土阜民，惟文是赖；有事之日，征兵集饷，惟文是责。以至运筹决策，甲楯器用，无非文臣劳形苦心，运量劈画。武臣惟计兵而驭，计粮而食耳。交锋对垒，顷刻决胜局。遂完担遂弛过，此则围棋赌墅，延颈迁赏之日也。

文臣事宁之后，尤烦绥缉。其劳苦有穷期哉！此其任事难易，又不啻千万矣。如此数者，而谓重武乎，轻武乎？夫国家于武臣倚重若此，岂其如养骄子、珍美妇、令袖手享富贵哉？盖欲其奋不顾身，鹰扬虎视，以靖此疆圉也。故夫朘削营私，招权纳贿，固卑卑无足道。即云雅歌投壶，轻裘缓带，岂是武人本色？至于风流俊逸，高标翰墨，斗捷词赋，益失其质。称人者与称于人者，皆舍本业而别夸诩。若之何，兵气不萎靡，而临局叹乏才也。征黎之举，余亦执役行间，诸将士才情伎俩，较然在目。其间廉仁智勇众所心折者，固有其人。若乃私制铜扇以护身，坐拥竹笆而避敌者，亦腼颜军旅之寄。妇人女子，犹羞为之。堂堂须眉，作此丑态，殊可怪叹。

嗟乎！二品崇阶，三司峻列，徙步始进，讵宜躐等？选授之法，所当酌而裁也。考课升迁，亦宜察能论功，严密甄别。廉仁者进，贪残者退，胆略者陟，巽愞者黜。熏莸异器，驽骥殊皂。若登坛大将，尤须采访实行，毋取浮誉，庶真正英雄，必见奇伟之迹，而顽钝庸流，毋竽名器，国事嘉赖之矣。余非求多于武人，亦非好为此奇议，诚见文武两途，比肩事主，以难若彼，以易若此，世反谓重文轻武，不胜耿耿。因志兵防，不嫌输泻，所以告夫海内豪杰，忠心体国，无负倚重之意。虽古名将，不得专美可也。语云，"文官不爱钱，武官不怕死"。斯言尽之矣。

雷州府志卷之十四　选举志

雷州府志卷之十四　选举志　荐辟　科目　岁贡　恩选　例监　掾史　恩封　武举

士生世间，惟德与才，两者华实分焉。文则才之绪，而华之馀也。古重荐辟。左华右实。科目制兴，舍才德而独程文艺，能此者蹑足青云，虽素行不类弗问也。不能此者终老岩穴，虽有淑德异才，弗问也。则采华忘实，亦甚矣。

且所谓文者，又非千古不朽，不过训诂举业，袭前人之唾馀，为后来之新馥，转盼之间，便成臭腐。如剪彩为花，何裨实用？上既以是取之矣。爵禄在身，事权在手，然后品其德行，甄其才猷。譬如娶妇者，初惟姿色是求。彼其闺范之善败，女红之工拙，俱不置念。抵家而始议其短长，不亦晚乎？试观世有逆节倍义之夫，使构孝弟之章。一段爱敬之词，宛然可掬。平居挥毫模拟，高情亮节，洒洒可听。及试之仕途，至有卑污苟贱，不可对于妻孥。何则？彼其习者，科目之嚆矢，套也，伪也，优孟之学，叔孟衣冠者也。是故方其鹏抟凤举，乡里羡之，亲戚荣之，及其败名辱节，乡里耻同桑梓，子孙羞举姓名，反不若布衣行谊之士，声称于世。以华取人，弊固若斯已。

夫用而后择，孰若择而后用？区区糟粕数篇，果足以罗天下豪杰哉？且如乡科甲科，均以文艺进者，才情智识要亦互相伯仲。今不论人品力量，概程以资格，名位崇卑，树立难易，判若霄壤，又何怪乎？科目外者，不局曲轮辕哉！洪、永、成、弘，荡荡平平，不限流品。故况钟以掾吏守苏州，士奇以儒生登宰辅。他如冢宰亚卿，由乡科进者，历历未易枚举。隆万以来，清华一片地，乡科莫敢望焉。岂今昔人才遂不相及乃尔乎？世路本宽，人心自窄。则末俗之偷也。国家选用武人，白衣行伍，得与武科并登通显。至于文，独为此拘拘。语云，"资格以待庸人，破格以待豪杰"。然则变而通之，稍还古初，不存乎特达之人哉！

嗟乎！蜗角蝇头，烟云过眼，士所不朽，固有在也。雷地虽僻，人材产焉。分途别类，聊随世眼。鉴往征来，士宜知所树矣。作《选举志》。

荐 辟

【陈】

大建二年	陈文玉。海康人，举茂材，为本州岛刺史，见传。旧志载玉登进士第，查得进士之制，自隋始，陈无之，故故正于此。

【宋】

陈彦德。海康参军。
陈元鼎。海康。

【元】
【海康】

陈九思。总管，见（人物）	陈景昌。朝奉大夫、吉知州事。	冯思温。由学正升典州知州。	陈光大。任本府学教授。
王武震。由儒户任高州学正。	王昆迪。由学正任石城县知县。	唐子钟。由儒户任本县知县。	陈兴子。由儒户任本路教授。
梁鹗飞。由儒户任化州路教授。	卓应元。由儒户任化州路教授。	唐洪。由儒户任高州路教授。	曹韬玉。任雷州路总事。
唐旗。任南宁军学教授。	冯时溥。任徐闻知县。	唐仲珪。任廉山县主簿。	唐梦牛。衡州教授。
唐子锡。任雷州录事判官。			

【遂溪】

孙希武。由儒士任贺县尹，有传。	黎景文。任本府教授。	唐尧咨。教谕任兴业知县。	杨顺。海康知县。

【徐闻】

张应荐。任石城县尹。	陈以谦。以武略，任雷州沿海管军千户。		

【国朝】
【海康】

周德成。由贡良任休宁县令，有传。	黄惟一。由孝廉任监察御史，有传。	唐思敏。儒士，遂溪训导。	周士安。儒士，任遂溪训导。

续表

莫维新。山人材，任真定同知。	唐逊与。山儒户，任南海教授。	何孟征。人材，任军芒卫知事。	何廷珊。山人材，任罗县县丞。
唐宗盛。山人材，任郴州推官。	王存中。山儒士，任晋府典仪。	李安中。由本县训导。	陈德仁。任金城镇巡检。
劳伯常。由儒士，任徐闻训导。	吴鼎叔。由儒士，任徐闻训导。	陈仲实。山人材，任福州知府。	何则春。由儒士，任武定知县。
陈合。由老人，任横州判官。	陈文举。山仓大使。	何旺。交趾巡检。	陈彦英。由儒士，任蓟阳县丞。
黄自守。由儒士，任本县训导。	黄希寅。儒士，任本府训导。	孙子儒。由儒士，任文昌县丞。	王仕廉。儒士，任本府训导。
程明德。由闻训导，任徐□县丞。	冯彦铭。新宁县丞。	唐温。任俺民知县。	李观显。仓大使。龙虎
张观。山人材，任苏州知府。	唐浚铭。阿佩县丞。	杨景行。山人材，任南渗知县。	杨惟政。儒士，本县训导。
陈景延。由人材，任鹅县税课大使。	汤谦。儒士，任武定县教谕。	黄贵文。人材，任龙□主簿。	郭文泽。儒士，任本县县丞。
吴文渊。任永春知县。	吴伦叙。人材，交趾属县典史。	邓童瑶。儒士，任马平典史。	王时寇。儒士，交趾宜化典史。
陈景闻。由人材，任仓大使。			

【遂溪】

林成义。吏员，荐任户部主事。	陈玹。由聪明正直，任谪川行人。	吴直。由明经，任谪□主簿。	陈侬均。人材，交趾□□。
茅添与。山人材，任嘉□知县。	谢侬相。任贵阳县丞。	谢孟容。由明经，任浚县县丞。	孙宗俊。由儒士，任龙溪知县。

【徐闻】

陈渊。洪武初，荐任南京国子监录，祀乡贤。	李实。山人材，任武宁知县。	刘朝宗。任真定县丞。	黄诚。任杭州府同知。
	宋璧。儒士，任训导升信宜知县。	罗惟和。由人材，任安福巡检。	

按：

　　荐辟，盛举也。至慎至重。各郡代不数人。乃雷阳僻在天南，载者累累，岂遐方人物，独蒙异数乎？或者府史胥徒，一概混入，未可知耳。夫贤良方正，明经孝廉，其为荐辟无疑。若夫儒户、人材、老人等类，果出于荐辟否？兹欲分别裁订，无籍可考。姑照原本漫记于此，以待异日。

科　目

宋	进士	乡举		
淳熙八年	陈宏甫。海康，登状元。黄由榜。	陈宏甫。海康进士。		
淳祐五年		杨原兴。海康，解元。		
宝祐三年		杨怿。海康进士。	纪应炎。遂溪进士。	程雷发。遂溪进士。

续表

宋	进士	乡举		
五年①	杨怿②。			
	纪应炎③。有传。			
	程雷发④。偶登状元文天祥榜。			
元祐三年		杨直。年逾八十，精明善记。		
嘉熙		王应容。逸其系，进士。		
	王应容。任学正。			
咸淳		庄嗣孙。遂谿进士。	王伦。	
	庄嗣孙。登状元张镇孙榜。			

元	进士	乡举		
延祐		王震。海康。	周政。失其系，钦州路判官。	陈杞。海康，有传。
		王景贤。海康，有传。		陈嘉谟。至大年同中。
		梁特卿。徐闻，中顺广原。	莫士纯。海康，任吴川县尹。	
元统		吴正卿。遂谿，见传。	王绅。海康，任化州学正。	
至正		李熙伯。除平阳山长。	郭云龙。山长。	
		陈慈卿。旧志无名，徐闻教授，查出。		

国朝	进士	举人		
洪武十七年甲子		陈九思。海康。	廖谟。海康学，泰和人，进士。	林宗溥⑤。徐闻，进士。
		李志高。遂谿，任桂平教谕。		
十八年乙丑丁显榜	廖谟。任翰林庄吉士。			
	林宗溥。监察御史。			
二十年丁卯		何炫烨。海康，进士。		

---

① 此处"五年"，应为"四年"。

② 杨怿，据宝祐四年丙辰文天祥《登科录》载：杨怿，字悦甫，小名用怿，年三十八，十二月一日未时生。治《春秋》，一举。曾祖从简。祖育，承事郎。父泰之，通直郎。外氏庄，娶唐氏。本贯雷州府海康县，父为户。据此，杨怿应为宝祐四年第四甲第二十八人进士。

③ 纪应炎，据宝祐四年丙辰文天祥《登科录》载：纪应炎，字伯明，小名孟嗣，年三十九，六月二十七日寅时生。治诗赋，一举。曾祖从。祖仁杰。父飞黄，娶徐氏。本贯雷州遂溪县，自为户。据此，纪应炎应为宝祐四年第二甲第十一人进士。

④ 程雷发，字伯声，小名寅郎，年三十九。据此，程雷发应为宝祐四年第五甲第十六人进士。

⑤ 林宗溥，据《明清进士题名碑录》作"林宗浦"。

续表

国朝	进士	举人		
戊辰	何炫烨①。浙江道监察御史。			
二十三年庚午		罗真诚。海康第七名，任奉化教授。	何炫焆。海康，烨弟也，三任教授，见传。	邵应龙。海康，任分宜教谕。
		陈厥后。遂溪，邳平知府。	廖克福。徐闻，宜山教谕，共五人。	
二十六年癸酉		钱与。海康。	易文荫。海康。	宋继颙。海康。
		苏得厚。徐闻，修仁训导。		
二十九年丙子		陈仕禄。海康，任修仁教谕。	陈思齐。海康，任训导，升嵊江佐谈。	陈时懋。海康，任福宁州训导。
		陈惟恭。邳府教授。	贺聪。海康，应天推官。	陈璘。海康，成县教谕。
		黄与。海康，安溪教谕。	陈渊。平乐教谕。	王德。遂溪，富川教谕。
尊除己卯		吴宗直。遂溪，中南谦，任礼部议制司郎中，有传。	冯守中。海康，任雷州训导。	陈以诚。海康。
		黎球。遂溪，浙江盐运司判官。		
永乐元年癸未		林文亨。海康，解元，进士。	黄本固。海康，进士。	林现。海康，进士。
		周荣。海康，顺昌教谕。	王庸。迁江教谕。	吴文奎。遂溪，平乐教谕。
		吴谦。徐闻学，海康，进士。		
二年甲申曾棨榜	林文亨。户部员外郎，有传。			
	黄本固。马平知县，见传。			
	林现。任兴化县丞。			
	吴谦。任上犹知县。			
三年乙酉		顾秉庄。海康，靖平卫经历。	吴愈。海康，迁江训导。	陈贞豫。遂溪，任御史，有传。
		赵浩然。徐闻，户部主事。	杨永源。徐闻，睾新训导。	王宗裔。海康。
六年戊子		倪益。府学，广西平乐人，进士。	邓观现。海康，任昌宁州知州。	王钦。海康，东莞县知县。
		唐诜。海康，安远教谕。	吴处义。宁教谕，永。	陈本。容县知县。
		官衍芳。海康。	郭炫。海康。	林成。遂溪，交址安仁县丞。
		陈应炎。徐闻，兵科给事中。		
九年辛卯		洪真护。海康。	吴遇。海康。	郑蕈。海康。
		郭鼎。海康。	陈延。海康。	李寔。海康。
		陈亶。海康。	黄裳。海康。	尚真详。海康。
		右九人俱由海还。阻风舟覆，无一存者。天数也。悲夫！		

① 何炫烨，登洪武戊辰任亨泰榜进士。据康熙《海康县志》卷下《选举志》，何炫烨作"何元华"，海康人，监察御史。康熙《海康县志》避讳康熙之名，把"何炫烨"作"何元华"。另《明清进士题名碑录》，洪武戊辰任亨泰榜无"何炫烨"之名，应补。

续表

国朝	进士	举人		
		蔡从举。遂溪.		
十二年甲午		张昊。海康、平乐知县.	陈纲。遂溪、南宁训导.	陈隆贞。徐闻、西等昌训导.
		林观。海康.	王廉。徐闻.	
十五年丁酉		杨清。海康.	谈源。海康.	李晟。海康.
十八年庚子		李璇。海康、御史，升江西佥事，进阶参议，见传.	林胜。海康、富川训导.	王吉。海康.
		陈蓝。海康.		
十九年辛丑	倪益①。登状元曾鹤龄榜第二甲.			
二十一年癸卯		武琼。海康、中第二。任雷州训导.	林岑。海康、任会昌教谕.	文怀本。海康人、平乐教谕.
		梁琥。海康.	陈仕瀚。海康、中南京乡试.	陈仕兴。海康.
		王畿。遂溪、广西思恩府训导.	彭胰。遂溪、刑部员外郎，进阶郎中，见传.	陈矩。海康.
		陈昊。海康.		
宣德元年丙午		冯翼。遂溪.		
		陈蕃。遂溪.		
七年壬子		许升。海康.	郑文。遂溪、寿昌教谕.	陈善。遂溪.
正统三年戊午		符王卂。海康.	庄麟。海康、任典溪县教谕.	李昕。海康.
六年辛酉		冯哲。徐闻、高安训导.		
十二年丁卯		陈琳。海康冠元、隐容沿县.		
景泰元年庚午		何铖。海康人、中第七名.	梁裕。海康.	林惠。海康.
天顺三年己卯		冯鉴。海康、卫官生，翢永二州通判，见名贤.		
六年壬午		陈玄。见传.		
成化四年戊子		罗璋。海康、任袁州府训导，见传.	刘直卿。徐闻.	
七年辛卯		莫卿。海康、泰和知县.		
十年甲午		梁从义。海康、徐闻训导.		
二十二年丙午		刘铋。海康、监生，中南藏乡试，汀州南宁推官.		
弘治二年己酉		王冀。遂溪、任德化知县.		
十一年戊午		张德。海康.	张安。遂溪、惠安知县.	林经。海康、临桂知县.
十七年甲子		林凤鸣。海康、中第七，国子监助教，历道州知州，有传.		
正德二年丁卯		罗奎。海康、岁外，增子仕，武平知县，长于诗文.		
八年癸酉		莫钦。海康.		

---

① 倪益，登状元陈循榜，永乐十三年乙未科第二甲第十名，非永乐十九年曾鹤龄榜。

续表

国朝	进士	举人		
嘉靖四年乙酉		陈时雍。<small>海康，见传。</small>	冯彬。<small>雷州，卫官籍，进士。</small>	
七年戊子		高文举。<small>海康，石城教谕</small>		
八年己丑罗洪先榜	冯彬。<small>盖外，云南监察御史，差巡北直诸军，教授。文林郎，见传。</small>			
十年辛卯		冯世华。<small>雷州卫官籍，保庆府通判。</small>	陈时亨。<small>海康，时雍从弟，选贡，恭城训导。中广西乡试。</small>	
十九年庚子		詹世龙。<small>海康，选贡，桂林训导，任上思知州，有传。中广西乡试</small>		
二十五年丙午		丘凌霄。<small>海康，任南安知县，居乡恬淡，与物无竞。</small>		
廿八年己酉		莫天赋。<small>海康，进士。</small>	周元宾。<small>海康。</small>	
三十四年乙卯		陈素蕴。<small>徐闻，任诏安知县，有传。</small>		
四十年辛酉		邓邦基。<small>徐闻，任兴化府通判。</small>	邓邦耄。<small>徐闻，国子学正，历任如州。</small>	
四十三年甲子		陈文彬。<small>徐闻人，广西乡试，郁州知州。</small>		
四十四年乙丑	莫天赋。<small>登状元申时行榜，见传。</small>			
万历四年丙子		邓宗龄。<small>邦基子，进士。</small>		
		邓邦瑞。<small>海康。</small>		
七年己卯		陈大训。<small>徐闻，嘉博知县。</small>		
十一年癸未	邓宗龄。<small>翰林院庶吉士，授检讨，有传。</small>			
十三年乙酉		柯时复。<small>海康，有传。</small>		
十六年戊子		骆上乘。<small>徐闻，庆远推官。</small>	骆效忠。<small>徐闻，鄠林知州。</small>	林起鹭。<small>海康，有传。</small>
		莫尔先。<small>海康，天赋子，中北京乡试，以孝逋闻。</small>		
十九年辛卯		袁刘芳。<small>海康，见任绍兴同知。</small>	梁尧龙。<small>徐闻。</small>	
二十二年甲午		郑继统。<small>海康。</small>		
廿五年丁酉		陈于升。<small>遂溪，未仕卒。</small>		
廿八年庚子		何起龙。<small>海康。</small>		
卅四年丙午		钟万鼎。<small>徐闻。</small>		
卅七年己酉		欧阳宣臣。<small>徐闻，未仕卒。</small>		
四十年壬子		吴士奎。<small>海康。</small>		

岁 贡

前代无考。四学、恩贡、选贡、以无年次，另立记录之。

国朝	府学	海康县学	遂溪县学	徐闻县学
洪武	林熙。（凤阳府守司断事。）	杨宗鉴。（仪礼司序班。）	陈宗祐。（梧州府同知。）	周宗必。
	李章甫。（海康。）	陈高。	梁观德。	梁则着。
	林真护。（浙江遂运所大使。）			
		吴思胜。（朝广按察司照磨。）		
	莫微显。（海康，牧县县丞。）		何邦贤。（太平府推官。）	石渊。（仪礼司序班。）
	黎守然。（海康，武昌西澧验判官。）	吴孔智。（监察御史。）		
	赵庆隆。（海康，任麟科局大使。）	郭文举。	桂华。（安化教谕。）	郑春。
	张端。（海康，阿州驿丞。）	孙仁。		
	蔡应麟。（海康。）		黄钟。	锺道庇。
	苏玄瑶。（海康。）	唐敬。（福州右卫经历。）		
	罗道克。（海康，州都主事。）		高永坚。	钟缉熙。（浙江按察司副使。）
	陈仕齐。（海康，庐州知事。）	苏绍福。		
	赵阙名。（海康。）			
	黄铎。（海康。）		黄子政。（连江县丞。）	钟克敬。（太平知府。）
	林成美。（颖上县道运使。）	王鼎新。		
	林玉彝。（遂溪。）		梁乾祐。（秦府纪善。）	刘文仲。（荆郡主事。）
	黄善鸣。（海康。）	陈渊。（交趾永通知县。）		
	郭庸。（海康。）		梁端。（交趾神溪知县。）	蔡宗绍。
	陈童行。（海康。）			
永乐	陈绍业。（海康，南雄主簿。）	林肇始。	陈文瑶。（交趾连河知县。）	蔡谦。
	唐俯。（海康，宁德主簿。）			
	苏玄。（海康。）	邓宗祐。	王吉。（延平知府，见人物。）	邓鉴。（山西道监察御史，杞乡贡。）
	黄显。（海康，宁府典仪正。）			
		唐清永。		
	陈汝成。（海康。）		陈纳。（交趾永固知县。）	刘慎。（福州知州。）
	陈德淳。（海康。）	陈爵。		
	郭伦。（海康。）		唐克柔。（交趾知县。）	钟儒。（交趾永通知县。）

续表

国朝	府学	海康县学	遂溪县学	徐闻县学
	薛佑。(海康).	黄以绍。(交阯兴化府经历).		
	陈善庆(海康，广西布政司经历，死义，见广西志).		吴景。(陆川知县).	郑敏。(乐安知县).
	冯子傅。(海康).	陈复新。(交州府通判).	陈宗爱。(交阯东岸知县).	文睿。
	陈其修。(海康).			
	曹兴福			莫子永。
	郑宗。(海康，交阯奉化知府).	陈以智。	沈逊。	
	洪泰。(交阯乙县知县).			吴南金。(交阯卫仪县丞).
	梁祥。(交阯万宁主簿).			
	李思永。	陈恩。	陈秉贞。	梁伯姜。
	许道源。			
	易震。(交阯武化知县).			劳子全。
	吴渊。(交阯唐安知县).	唐现。		
	王荣。(交阯阔县).			
	戴衡。(交阯雄尧县丞).			林训。
	李永昌。	苏成。		
	杨必余。(遂溪).			
	冯子敬。(海康).			
	吴宇宁。			
洪熙	莫谦。(海康).	黄璟。(交阯福康主簿).		廖铭。(监生).
宣德	陈慎。(交阯牧县).	宋子哲。(交阯石磻县主簿).	高仕贤。(交阯安仁知县).	程暄。(海康岁学).
	陈绍隆。(交阯不栏县丞).			
	柯福。(海康，宜山知县).			钟正己。(知县).
	杨有禄。(遂溪，交阯衡仪主簿).			
		黄祐。(交阯云屯巡检).		
	宋文。(交阯多隆巡检).		萧韶。	陈铉。(颍州训导，行取授山东道监察御史).
	许庸。			
	莫中。(交阯北衢巡检).			
	林道成。(交阯海门巡检).	曾显。		
	黄志忠。(交阯新平府照磨).		董仲玙。	林杰。(嘉兴县丞).

续表

国朝	府学	海康县学	遂溪县学	徐闻县学
	谭征。			廖子温。监生.
	林复新。交阯通判.			
正统	梁义。	贺宗礼。黄冈主簿.	彭晟。南昌府经历.	郑昊。繁昌知县.
	陈凯。容县训导.			
	陈铨。任学正.			
	陈宾。永淳知县.	林芬。		
	赵渊。镇宁知州.		王荣。交阯属县知县.	何以能。山东训导.
	李益。			
	陈显。海康监生.	施泽。徐州吏目.		
	游艺。韵镇卫经历.			刘礼。南宁训导.
	胡应春。洛容知县.			
	沈衡。	黄礼。新化知县.		
	文晃。福州卫经历.			
	杨昂。洛容知县.			
景泰	郑伟。惠州府知府.	罗绅。郁林州知州，见人物.	卜从吉。晋江知县.	曾禧。向武州判官.
	林琰。庆远府检校.			
	张莘。海康，东莞典史.			
	陈禧。海康，梧州府推官.	黄选。上林训导.	李荣。养利州判官.	
	田宽。海康，永康县丞.			
天顺	许仁。海康，杭州卫经历.	黄廷。龙溪知县.	邓森。延平府经历.	陈学。福州卫知事.
	陈璧。海康，贺县教谕.			
	何镜。海康，蒙城教谕.			
	郑乾。海康，潘州府照磨.			
		杨缙。任知事.	周莹。	
	陈猷。遂溪，同安训导.			
	柯玙。海康，兴化府知事.			
	冯和。海康，瓯宁主簿.			
	何璇。			
成化	方让。	纪廉。	沈观华。来宾知县.	陈琏。贵州长官司司丞.
	陈赞。			
	陈隆。	林时序。博白训导.		

续表

国朝	府学	海康县学	遂溪县学	徐闻县学
	陈鉴。海康，税课大使.		彭琥。	赵丰。监生.
	陈广。海康，容县训导.	邓表。太平府照磨.		
	施威。海康，荟梧训导.			
	周渊。海康，赣州训导.	林怀。	彭珏。	黄玄。监生.
	吴骥。海康，京卫经历.			
	林清。建宁府照磨.	卓昆。宁府主.		
	林震。海康，赣州卫经历.		周判初。太平府推官.	黄彦政。江西都司断事.
		冯钊。向武州同知.		
	李晟。海康，大冶知县.			
	刘俊。海康，四川按察司经历.	彭伯寿。建昌军民卫经历.	林俊。河内知县.	薛宗鲁。监生.
	王臣。海康，宝庆府经历.			
		何晟。奉例冠带.	陈赐。南康训导.	吴道护。
	唐珏。海康，临山卫经历.			
	李弦。海康，郁化训导.		黄中。武阳县丞.	刘济。监生.
	陈政。海康，六安州学政升纪善.	杨麟。龙泉县丞.		
	唐政。海康，化州训导.			
	张矩。海康，梧州训导.			
弘治	陈章。上杭训导，升富川教谕.	吴朝佐。建宁训导.	许祥。会昌训导.	张奎。监生.
	黄曼。海康，天河训导.	李务庸。天河训导.		刘濂。监生.
	施俊。海康，兴国训导.		陈威。信宜训导.	
	姚普。遂溪，镇宁卫经历.	唐钺。		张文显。兴国州训导.
	何衮。遂溪，随州判官.	唐琛。	梁珊。龙溪主簿.	王祐。监生.
	吴祥凤。海康，文昌训导.			
	陈钉。遂溪，横州训导.	黄本彰。		骆廷璧。象州训导.
	陈祯。海康，监生.		洪彪。■江县丞.①	
	何锐。海康，监生.	李英。		黄义。海安所军生，监生.
	凌昶。雷州卫，武生、监生.		周圻。■州训导②.	
		田安。符州府训导.		陈泗。
	陈嘉谟。海康，等郡训导.		王璋。安东训导.	

① ■，原文漫灭。

② 同上。

续表

国朝	府学	海康县学	遂溪县学	徐闻县学
	张珏。海.	彭宽。		谭泉。生.
	方升。海康、威州所吏目.		黄亮。树乡县丞.	
		刘荫。		黄廷佐。监生.
	袁昂。东莞署学、高安训导.			
			李安资。新昌县丞.	劳伸。生.
	余中伦。遂溪.	梁安。		
	孙智。海康.			
	杨尚志。海康、遂昌训导.		彭隆。主簿.	廖章。监生.
	唐祝。海康、福清县丞.	陈璇。		
	曾赐。海康.			骆廷用。有传.
	杨尚德。海.			
	吴夔。海康、琼府审理.			
正德	陈钺。海康.	黄銮。	许翊。	陈德渊。应爰孙、新建训导.
	王璇。海康、梧州训导.			
	陈辉。海.	陈锐。监生.	彭钺。昌化训导.	陈圭。监生.
	李通。海康、监生.			
	李昺。海康、宜章训导、升教谕.	陈谏。上航教谕.	洪俊。普乐主簿.	苏庆。延平训导、升归化教谕.
	李永。海康、政和训导、升象州学正.	宋昶。	王锦。	邓榈。监生.
	何文泮。海.	王辅。诸暨训导.	陈遵。漳州府照磨.	黄谏。监生.
	曾一贯。海康、文昌训导.			
	吴钺。海康、贵州署目.	丁应奎。监生.	傅琬。峡江主簿.	廖贤。沙县训导、升万载教谕.
	易观光。海康、监生.			
	罗璧。海康、奎弟.	王琳。雷州卫.	陈朝元。监生.	陈桂芳。乐会训导、有传.
	何泰。海康、监生.			
	黄元佐。海康、琼州判官、左迁祁门教谕.	陈廷瑞。	黄珊。监生.	陈忠。临高训导.
	陈文德。宪副、海康、感恩训导、兄弟年叔八十、乡人重之.	吴瑶。	黄瑜。	邓植。监生、有传.
	李嵩。海康人、监生.	陈宪。凌水训导、文都兄.		
	吴政。海康、阿郯训导.			
嘉靖	陈时用。海康、贡监生、时亨兄.	王翼。	彭嵩。监生.	陈杰。■■训导.①

① ■，原文漫灭。

续表

国朝	府学	海康县学	遂溪县学	徐闻县学
	吴璘。雷州卫，宁国府知事。	莫惠。北京上林苑录事。	周晟。监生。	劳文盛。贡监。海安所审。①有传。
	李廷茂。海康。	孙显。	黄佐。	陈璟。经历。
	陈忠。遂溪，揭阳训导。			
	李钺。海康，定远知县。	黄文卿。乐会训导。	梁元晖。监生。	冯端。海安所军生。
	孙克俭。海康。			
	林一贤。海康，潮州训导，升马平教谕。	陈思杰。乐会训导。	彭爝。高陵州判官。	张衡。桃源训导，升平南教谕。
	黄复初。海康，顺宁府经历。	梁景乾。监生。	徐瑾。郁林训。	林仪鸾。
	何淮。监生。	梁尚义。分水训导。	林凤仪。监生。	陈公望。感恩训导。
	施霖。海康，贺县训导。			
	陈时亨。海康，恭城训导，兄举人。	崔俊。选授广西布政司都事。	李高。	陈启元。
	林一枝。海康，顺昌训导。		黄侯。感恩训导。	文璧。岐山训导。
	洪世泽。雷州卫，广西恭城训导。	汪本深。雷州卫人。		钟世盛。荼陵训导，补德化，升云和教谕，升松江府教授，见传。
		林思贞。有传。	梁环。	
	陈文浩。海康。	陈世杰。		
	吴文通。海康，休宁训导。		彭旨。永定卫训导。	柯懋。凤蟠训导，升藤县教谕。
	李珏。海康。	凌汝烈。雷州卫人。		
	林禀。海康。		彭泮。	黄澄。兰溪训导，升全州学正，祀乡贤。
	冯文祯。海康，泰宁训导，补连城训导。	李应魁。		
			陈仰。	王廷晏。监生。
	彭应奎。遂溪，英山训导。	吴淳。		刘子重。
	李天伦。海康，临高训导。	杨绍华。光州判。	陈文德。经历。	陈尚质。监生。
	吴廷璋。海康。			
	许国英。海康。	陈文昭。监生。	黄梦麒。主簿。	邓士元。漳州府推官，升本府同知，转本府盐运司同知，见传。
	岳士良。雷州卫官籍，宁化训导。			
		陈治要。安定训导。	余文宠。	
	唐尧宾。海康。			郑时宾。儋州府通判，持身端重，表仪可观。
	吴魁。海康，新建教谕。	邹师孔。训导。	周朝望。训导。	

① 劳文盛后"贡监。海安所审"六字漫灭，据本府志劳文盛传记补。

续表

国朝	府学	海康县学	遂溪县学	徐闻县学
	陈大器。海康.			黄道盛。苍梧知县，见传.
	林睿。海康，庆远府经官.	褚廷臣。监生.	陈世仁。	
				黄天赐。会同训导，升文昌教谕.
	黄应龙。海康.	林思文。监生.	徐以让。	
	吴现。海康.			郑时贤。沙县知县，补兴安知县，有传.
	李钟元。海康.	陈廷珪。武宣知县.	黄玉。	
	吴钟。海康.			邓天成。安远训导，补建阳，升崇安教谕，廉俭，躬勤，爱心率物.
	莫南彦。海康.	陈常。遂溪训导.	王元之。	
	余益明。雷州卫.			
	邓文宾。海康.	曹世卿。监生.	全美。	林凤仪。□县知县.①
	陈邦瑞。遂溪.			钟山。高州府训导，升吴川教谕.
	陈仕恺。遂溪，任县丞.		梁有尚。	
	冯廷举。雷州卫，监生.			陈以道。
	张希浚。海康.		王聘。	
	陈崇儒。海康.			黄冀善。
	梁乔。海康.			
	刘应奎。海康.			张中礼。
	林思道。海康，任县丞.			
	吴宗邹。海康，浮安训导，定安教谕.			冯铎。海安人，吴川训导.
	冯文爌。雷州卫，兴国知县，居乡谨厚，乡饮二次.			林秉乾。
	游文炳。海康，南康训导.			
	吴璇。海康，郁武训导.			
	冯应麟。遂溪.			
	林枈。海康.			
	高秉忠。海康.			
	黄守谦。海康.			
	游鹗。雷州卫，万州训导，升澄迈教谕，同府教授.			
	冯文照。雷州卫，化州训导，廉州学正，兴业知县，征猺有功，钦赏.			

---

① □，原文漫灭。

续表

国朝	府学	海康县学	遂溪县学	徐闻县学
	谢秉正。徐闻.			
	游鸾。雷州卫、河源训导.			
隆庆	安腾霄。雷州卫人.	梁景穆。	孙持。	钟大猷。宾州县丞.
	唐一中。海康、兴宁训导.			
	李维阳。海康、桂阳教谕.	方世元。修仁知县.	林士魁。教谕.	邓林春。栖霞知县、见传.
	张九苞。海康.	吴士举。广宁训导.	戴应良。新喻县教谕.	
	黄源。海康、长宁知县.			
	李卓澄。海康、全州府同.		黄章甫。高要县教谕.	
	高维岳。			
万历	陈文华。海康、仙游训导、永安教谕.	何天衢。高州训导、升教谕.	黄国英。归善教谕.	廖一儒。邓州训导、升凤阳教谕、补永丰、升潮州府教授、见传.
	陈启志。海康、儋州训导.	张公试。宜平训导.	陈一龙。	
	林一凤。海康、庆府训导、升靖江王纪善.	李燧。平海训导.	林一桂。会同训导、升浙江新城教谕.	黄宗颜。琼性自加、林泉高致.
	陈时温。海康、监生、寿州州同.	莫经纬。	王琼琛。	姜思忠。兰溪人、监生.
	岳一仑。雷志卫、重庆府遂洲.	邓梓。临高训导.	余大受。	邓一芝。监生、太平府遂洲.
	陈崇谦。海康、高安主簿.	林元滋。常州府训导.	周邦苊。	黄孟庐。阳春训导、历任、屡蒙荐奖.
	陈应元。海康、香山训导.			
	莫侣。	蔡广淑。	梁有宇。教谕.	陈素著。揭阳训导、论、谳直不阿、时好操守、无忝清修.
	游大壮。海康、文昌训导.			
	黄世鸾。遂溪、文昌训导.	吴道槐。临川训导.	陈士弘。教谕.	
	梁贞挺。海康、任训导.			骆世豪。万年训导、升龙川教谕、忠厚宅心、又方墨矜.
	蔡文楷。海康、迁江教谕.	林世昭。永安教谕.	黄朝聘。	
	唐以田。			冯士美。监生、伦驾面陈、行幢面表至一曦.
	刘邦俊。海康、罗定州训导.	吴元发。博白训导.	林汝听。	
				陈一蚪。临淮训导、历嘉州府教授.
	林奇竹。海康、任教谕.	陈文志。	曾一唯。	
	何炌。海康、吴川训导.			梁士宪。开建训导、番禺教谕.
	林芝。海康、莆田训导、升荣府教授.	欧思明。	黄墀。	

续表

国朝	府学	海康县学	遂溪县学	徐闻县学
				钟一德。见任费地训导。
	陈彝。徐闻。	冯文爌。由选州训导，升历兴安府教授致仕，行重乡评，屡举乡饮。	洪应鳌。	
	林日茂。徐州府训导。			廖允元。见任平远训导。
	李环。海康。		梁可乐。	
	林大厦。海康。	江南征。		陈兆台。见任合浦训导。
	梁贞介。灵山训导。			
	彭绍芳。遂溪。	杨时芳。罗城训导。		劳雄。
	钟京秀。曲江训导。			
	陈大进。海康，见任胶水教谕。	李攀云。		廖茂元。见所选。
	许子凤。海康，见任会同训导。	游尚熙。		梁国相。
	冼元辅。	李能白。廉州训导。		
	陈汝言。见任罗山训导。			
	邓汝铭。见任龙川训导。	陈材。		
	陈豫达。海康。			
	陈心得。海康，见任化州训导。	林待表。		
	程河南。海康。			
	陈善。海康。	冯嘉会。		
	陈廷策。海康。			
	林起觉。海康，监生。	杨春毓。		
	林养弼。海康。			
	邓士林。海康。			
	吴马良。			
	周光裕。			

恩　　选　二贡乃朝廷特典，故不与岁荐并列。且年次人数无考，姑另记之。

例　　监　雷地粟监人少，无从稽察，姑载其可知者。

国朝	府县四学		海遂徐三县	
	黄熷。府学选，遂溪人，桂和县今。	张一拱。海康学选，进山知县。	陈廷璋。海康，附幕增年例。	游艺。海康，南京旗鼓卫经历。

续表

国朝	府县四学		海遂徐三县	
	梁有楠。[遂溪学选.]	钟昆。[徐闻学选.]	莫尔先。[海康，增广，万历六年例，中戊子顺天乡试.]	莫钰。[海康，附万历十年例.]
	黄溥。[府县选，海康人，任县丞.]	詹世龙。[海康学选，中广西乡试.]		
			梁以方。[海康，附万历十五年例.]	邓烈。[海康，附万历二十年例.]
	张仲成。[遂溪学选.]	吴守经。[徐闻，万历元年恩贡，琼州府学训导.]		
	钟仑。[徐闻学选，县乡行旌喁正.]		宋家柱。[遂溪，附万历三十六年例.]	陈秉震。[遂溪，增.]
		董元相。[府学选，本卫人，县丞.]		劳谦。[徐闻，增.]
	陈国用。[海康学选.]	谢嘉言。[遂溪学选.]	郑经。[徐闻，附.]	邓邦嘉。[徐闻，附.]
	林一楹。[徐闻学选.]	吴汝成。[府学选，海康人，任主簿.]	邓元吉。[徐闻，宗室长子.]	王三聘。[徐闻，俊秀.]
	林日丽。[海康学选，冀州州判.]		邓兆龙。[徐闻俊秀.]	
		邓宗京。[徐闻学选，见任江西兴安知县.]	吴良胤。[海康候缺例.]	
	黄衮。[府学选，柳州州同.]			
	顾汝铎。[府选，本卫人.]	林乔。[海康学.]		
	陈大勋。[徐闻选.]	陈御墀。[府学选，广西太平府通判.]		
	林待聘。[府学恩贡，广州府学教授.]			
		陈尧道。[海康学选，抚州府经历，益府祠正.]		
	梁汝棉。[海康学.]			
	邓应舒。[徐闻学恩贡.]	莫汝翰。[海康学选.]		

掾　吏[①]

志掾吏则琐矣。然刀笔吏自古有之。国家有官则有吏，制也。士不能得[②]志于青云，往往由是途以小试其用，可以其琐而忽之。故志其可知者。

宋元	代难分别			
	秦自明。[今史，忻县知县.]	莫子纯。[琼州经历.]	陈惠章。[钦水知县.]	陈子武。[直伦知县.]
	陈鉴。[庆远经历.]	廖文刚。[徐闻知县.]	赵国瑜。[廉州路经历.]	杨鉴。[贵州知县.]
	吴玉友。[昔阳知县.]	陈天玙。[平乐知县.]	林荣。[廉州判官.]	[以上海康.]
	陈庐真。[元宣慰司奏差，往任化州同知.]	戴慈生。[由宣慰司奏差，任会同知县.]	林瑜。[任交趾都事.]	毛万程。[交趾其和知县.]
				[以上遂溪.]
	王绍。[以军功任交趾指挥，徐闻.]			

① "吏"，原文为"史"，据文意改。

② 同上。

续表

林彦通。副提举。	王安。再任山阳主簿。	蔡魁。衡州经历。	唐元达。交阯俄县县丞。
银敬。武昌县典史。	陈晟。泰新县丞。	唐仕荣。赣州司狱。	陈宽信。永淳主簿。
蔡铭。交阯富县典史。	陈闻。贵州史。	陈子纯。嘉兴县丞。	黄琼。授迪功郎。
王玄玉。金貌县丞。	林泽。感恩巡检。	陈文彬。福建盐场。	陈谨。南台仓大使。
何士俊。高安主簿。	李文赞。万州仓。	黄希颜。化州仓。	王希圣。凤阳经历。
王希元。西库大使。	王建官。钱塘典史。	王用宾。雷州仓大使。	陈世芬。福建布政司照磨。
颜侃。闸官。	曹正纪。南京获港巡检。	吴士举。广宁典史，万历元年任。	叶桃。宁海巡...
刘元兴。承运库官。	莫如礼。瓜州巡检。		唐汝弼。江西按擦司司狱，升福建清巡检。
欧子锼。浙江典史。	杨尚礼。惠州府辞史。	何大用。会稽典史。	
陈马庆。永春典史。	周纶。北京工部曹靖房所丞。	曹弘业。任枫宁曹头巡检。	黄仕进。
陈烈。广西兴安县六洞巡检。			以上海康。
翁子善。任蕲城县丞。	陈毓秀。任遂运所大使。	以上遂溪。	臧自新。应天府河泊。
黄节。湖广巡检。	黄绍贤。柳州巡检，升福州仓大使。	徐克茂。江西德化。	李高。顺昌主簿，调上杭主簿。
陈大有。雷州仓大使。		徐日积。南京豹韬右卫仓大使，以上徐闻。	
冯管。崇阳典史。	吴继本。见听选典史。		

恩　封

国朝。

彭志坚。遂溪人。原举明经官县令，后以子腴贵，赠刑部主事，妻符氏封孺人。

冯澜。卫籍，以子彬贵，封云南道监察御史，妻罗氏赠孺人。

何桢。海康人，以子炫烨贵，封监察御史，妻邓氏赠孺人。

莫敖。海康人，以子天赋贵，封南京刑部郎中，妻唐氏赠宜人。

刘庆渊。海康人，以子刘芳贵，赠潮广宝庆府新宁县知县，妻费氏赠孺人。

武　举

国朝				
嘉靖甲午	余益高。逢溪，军生，中第七名。	胡洪。措挥使。		

续表

国朝				
丁酉	潘清。<small>雷州卫镇抚</small>	冯材。<small>卫舍人.</small>		
癸卯	蔡祯。<small>指挥应袭</small>			
壬子	张大用。<small>指挥应袭中第二名.</small>			
乙卯	张大用。<small>中第八名.</small>			
万历己卯	张齐程。<small>海康民生,第三名.</small>			
壬午	杨伯芳。<small>卫舍增生,中十四名.</small>			
乙酉	宗武。<small>中所军第六名.</small>			
戊子	宗武。<small>第四名.</small>	顾浩。<small>挥金升南头水寨钦总.</small>	余重武。<small>海康正千户.</small>	
辛卯	宗武。<small>三十四名,三科冠带.</small>		沈仕贤。<small>左所正千户.</small>	
甲午	钱大成。<small>挥金.</small>			
丁酉	孙继宗。<small>挥佥,第三名,升广东总兵府坐营都司.</small>			
庚午	钱闾兰。<small>即钱济时,右所军生.</small>			
己酉	潘国材。<small>左所正千户,例授挥金.</small>			
壬子	黄中理。<small>左所正千户,例授挥金.</small>			

论曰：

雷自陈文玉举茂才，当世能于其职，遂以此血食，真挺生之英也。宋元文行两收，我朝专重科目。洪永间雷郡乡举，每科至十人九人，少亦五六人，率以为尝。甲榜一科至四人，何盛也。今乃乡举，岁仅一二人，甲榜自邓检讨后，三十年几绝响焉。雷尤是雷也，而悬殊若是，岂消息殊运乎？抑惰窳异习也。夫雷稻粱①蔬菽有余于腹，一芒一葛有余于体，家给人足，而不待于外。目无名公巨卿之可希，身无饥寒困苦之相迫，欲断齑警枕而坐进此道，难矣。语曰，"沃土之民佚，瘠土之民劳"。雷土之沃也，少劳多逸，细民之幸也，士人之不幸也。宇宙人文，昔盛西北，今盛东南，地岂有变易哉？存乎其人耳。若谓山海大尽，地气太泄，然浙之宁绍，闽之漳潮，亦濒海也。屈指人文，冠冕海内，岂非人杰而地灵乎？雷士倘不以温饱自安，异日者乌知不彬彬郁郁而抗衡宇内也？

---

① "粱"，原文为"梁"，据文意改。

雷州府志卷之十五　名宦志^{府　县　教职}^{廉访　守巡}

　　夫仕宦而梯荣苟禄，沾粘肥身家者，众矣。当时快意，没即泯焉。乃流曜垂休，名敝天壤，此今昔之所艳而缨笏之所重也。夫岂可以无实盗得者哉？鸮饰鸾音，虎文羊质，三尺童子，辨其非类。驽骞之足，题以骅骝。燕人之石，宝为荆璧。千载公心，亦自难混。夫惟有其实者，宾其名必施嫱之质，斯可称为淑媛。非龙渊之锋，不足语于刲割。故宦亦多术矣。实心实政，未必美名。饰虚矫伪，未必不名。屈法以媚权绅，足恭而下豪士，即其人生平羞对圣贤，而翕訾之誉，往往随之。执法而问强猾，持平而扶寒畯，即其人品行可埒夷由，而群小之愠，或不免焉。则其相传以来，勒之志乘，而称为名宦者，果尽出于华衮之公，而不参以爱憎之口否也？然则居今而评往，宦何道之操，亦惟循名以责其实而已。夫宦绩所树，大都不越廉明公正，剔蠹厘奸，惠和干辨，兴利除害数者。果通才卓越，或一节挺持，廉爱有征，兴剔有据，是真绩也。前名之，今亦名之。缁衣之好，安敢诬也。反是而览其词则美，究其实则眇，是浮誉也。前名之，今不敢名之。观场之和，何敢效也。雷财赋不饶于潮，商布不凑于广，疆土不拓于琼。交黎征发，害先中之。自昔号称鱼龙之乡，迁谪者时至止焉。此而得名，斯亦难矣。余何忍苟求哉！第闻之，千里比肩，百世随踵，贤固未易多也。鸷鸟累百，不如一鹗，贤亦何必多也。不然，瑕瑜杂收，真似混列，蹋茸而博宽大之誉，模棱而标清静之称，将奇伟卓荦之士，羞与为伍，而有识者窃笑之矣，是传志之耻也。余虽愦愦，罔别淄渑，据雷残本，反复参订，增芳汰蔓，求于至当。大意宁精毋滥，宁实毋虚，鉴以天地，质诸鬼神而已。固不敢袭谬踵讹侈为观也。作《名宦志》。

府　传

【唐】

张采，曲江人。祖九章，文献公弟也。奕世显仕。至采以明经刺雷州。政尚宽简，不事苛细。常恬若无为而惠逮者远。人以为得治体。

论曰：

恬若无为，此坐啸者耳。惠恐未必远也。事存往昔，未可遽议，姑从其旧。

柳仲郢，字谕蒙，京兆华原人。父公绰，累官兵部尚书，有忠孝大节。仲郢元和末进及第，为校书郎。牛僧孺辟置幕府，叹其有父风。入为监察御史，迁户部尚书，封河东县男，为山南西道节度使。南郑令权奕有罪，郢杖杀之，坐贬雷州刺史。至郡留心民隐。出所抄经书训士夫。几迁太子宾客，分司东郡。咸通五年为天平节度使。初仲郢为谏议大夫，后每迁，乌必集其第，五日乃散。及天平，乌不复集。卒于镇。

论曰：

柳公杖杀权令，风节凛矣。刺雷无一表见，仅出抄书训士，岂雷无事可为乎？抑怏怏失意，而托之书以自解也？雷无绩则不必传之雷，毋亦其家法世德足歆欤？

【宋】

陈听思，润州人。咸通初为雷刺史，临政善断，以才能称。常密遣人随海舶往来于闽，得海夷情形。阅兵防御间，攻其无备，寇不敢至雷，民安之。

杨维新，宋至道丙申二年，以太子洗马出知雷州。虑郡滨海无备，始筑子城，逾年工竣。绍兴八年，海寇陈旺掠郡，赖子城得全，士民追颂其功。

论曰：

子城，雷未有也。杨公创始，卒之，民赖以保，其开惠于雷大矣。绸缪桑土，明炳几先者，非耶？

旧志有谭友直传。云"为政与民休息，遗风流后"，只有此二语，无他宦绩可传，故裁之。

张纮，字希伯，广汉人。至和元年来知州事。先是黎人弗靖，择可为雷者，众推公熟兵事，急命往。比至，寇息。乃于暇日作思亭以自省。雷俗长子之子常为长，至以叔父拜犹子。纮延父老授诸生，条教喻以少长亲疏，悉更旧习。增城垒，巡行阡陌，雷民德之。召还，监都奏进院。年六十即致仕。浚、栻皆其子孙也。栻复作《后思亭记》。

按：琼黎从不渡海，《旧志》云："雷中黎寇，不知何昉。"大抵征黎兵扰，即黎患耳。

李域，建炎中知州事。次第修政，惠及远迩。尤注意学校，相旧学狭隘，迁于天宁寺西，鼎建宏美。

论曰：

李公事迹泯泯，然迁学亦大①端也。

王趯，绍兴十五年知州事。尽心民务，虑旧子城未固，创筑外城备御，雷民赖之。趯有气概，胡铨编崖过雷，趯疾颐指鹰犬之横，发押人私罪，绳之。而厚资送铨。宰相赵鼎南谪过雷，趯厚款之。比行，假肩舆以送。州倅闻诸秦桧。桧怒趯，坐谪全州。

《旧志》无胡铨事，今查《肇志》增人。

论曰：

王公修城防御，此常职也。独资送胡、赵二公一节，高谊凛凛千古矣。州倅之告秦桧，正直邪佞不霄壤耶？倚杖看冰山，今何如哉！

苏洸，字澄老，泉州德化人。以父任知临川县，有善政，寻通判宾州。时张浚为帅，举洸廉吏，擢知雷州。秩满赴阙，面陈三札：一请折纳徐闻丁米以便民；一请藉海舟以缉奸盗；一请戒广西军寨不得差人回易。改知新州，民有何暮之歌。移封州，又首请减放丁米，所至人皆德之。

《旧志》无传，今查《肇志》增人，肇称张栻为帅，栻未为帅也，当是浚耳。回易二字未明。

黄勋，字有功，南海人。绍兴二年进士，授永福丞，进右朝奉郎，知新昌县。郭外五里许，昏夜有杀人者，遗所刳刀，验之皆豕膏也。值

---

① "大"，原文为"太"，据文意改。

旱，遍祷于境内神祇。多使售豕集屠宰牲。其中一人刃独新，一鞠即
伏，人以为神。久之，进朝散郎，知雷州。以外城土筑不坚，易以砖
甃。甫甃就南北二城，代去知新州，复有惠政，当时号称良吏。终朝奉
大夫，致仕卒。

查《广州人物传》增。新州杀人事，虽
非雷绩，亦异政也，载之以广吏识。

赵伯柽，绍兴二十四年知州事，锄强植弱，栉垢爬痒，民获奠安。先
守黄勋，砖南北二城，今柽继陶东西二城合之，坚固高广，海滨保障。

何庾，春陵人。绍兴二十六年知州事。下车即讲求民隐，急于兴除。
郡东洋田万顷，无水灌溉。庾相地宜。比潴特侣塘水浚之南下，导西湖水
东注。开渠疏流。二水灌溉，变赤卤为沃壤，岁事丰登，民名其渠为"何
公渠"，以志永思，至今利赖焉。祀四德堂。

戴之邵，庐陵人。乾道五年知州事。多惠政。先守何公凿渠引水，外
无堤，咸潮时为禾害。之邵继之，沿海筑圩岸，建桥闸，以泄水，并浚二
渠之淤塞。自是，外无咸潮，内有灌注。民享永利，名为"戴公堤"。又
迁郡学于城南府治西，自书《进学记》，劝戒诸生，请张栻为之记。嗣是，
人文渐盛。郡人立"思戴亭"。后祀四德堂。

论曰：

余读薛直夫《渠堤记》，而深叹何戴二公大有造于雷也。洋田万顷，
一望茫茫。内无泉脉之阴滋，外有咸潮之暴涌。使无渠以浚源，无堤以捍
卤，则万顷沙砾耳。夫洋田丰则合郡饱，歉则合郡饥，所关至重矣。自二
公开渠筑堤始，岁岁芃芃，满籝满车，雷民至今有饱无饥。生聚教训，非
二公家赐户给之哉！法施于民则祀，有功德于民则祀。二公功德宏远矣。
祠之四德，不亦宜乎！第查绍兴年间，有胡簿者，先曾修筑小堤，虽岁久
倾圮，然造端创始，谓非戴堤之嚆矢不可也。小吏而能计衣袽劳，足嘉
矣。奈何姓名莫纪，附此以志不泯。

《旧志》有李茆传。今阅传语，虚浮
无实，裁之。

朱熠，温州平阳人。淳熙时守雷。秉公饬法，秋毫不染于民。令严事
集，政教兼举，以廉明著称。

按：朱公传虽未指实迹，然廉明执
法，必非苟且惰窳者，故循其旧。

李皎，字仲交。嘉泰四年知雷州。政尚宽简，民乐趋令。节俭自持，而用度恒足。常捐俸修大成殿，建云章阁，学校称之。

《旧志》有《郑公明传》。_{查系套语，裁之。}

徐应龙，字允叔，建宁人。淳熙二年进士。莅群宽简，时称长者。兴学校，修桥梁，广堤渠，创公署，郡人德之。累迁刑部尚书，谥文肃。

按：《通志》《肇志》龙知南恩州，政清而严，奸豪屏迹，民歌曰："生我父母在何许？养我父母徐州主。"观此则与传中称宽简长者不相刺谬乎？且所修者是何桥梁？所创是何公署？由传观之浮语无实，即裁之可也。由《通志》观之，则严明执法，雷传不肖其人，何耶？

薛直夫，字愚叟，永嘉人。嘉熙元年知州事。始辟试闱，增置贡士庄，立二苏祠，修理渠堤，建桥设市，振举废坠。始雷俗不知医药，病则专事巫祷。公创立惠民药局，教以医疗，有仁者之政。去日，民建生祠祀之。祠废，后祀四德堂。黄必昌有记。

论曰：

粤人尚鬼，习俗之不可变，犹痼病之，必不可医也。薛公置惠民药局，意念何恳。不踰时废为荆莽。切民生者且若此，其他兴革又可知已。仕宦数年，不肖者，惟孜孜脂膏自润以去。贤者恫瘝民瘼，饥溺若己。凡可以爬搔爱利者，靡不殚竭心力，而民且安于固。然莫肯遵循，奈之何哉！善乎仲尼之言曰："夫仁者，亦有立人达人之心而已矣！"

赵希吕，以治中出判雷。慨前政废坠，急于修举，筑坏堤，浚湮渠，兴水利，绍何、戴之绩。

储擢，温陵人。淳熙时守雷。筑郡城，纂修郡志。兴社学，群民俊而教诲之，文风于焉丕振。

孟安仁，宝祐二年知州事。修筑堤渠，傍堤有余壤，给贫民垦治佃耕。岁事报丰，民感其惠，尝共执彩旗拜堂下。旗中联云："七千早种公生意，八百修龄我愿言。"又云："拍提白水皆公泽，连陌青禾尽福田。"其为人所戴如此，后祀四德堂。

陈大震，南海人。咸淳七年知州事。莅政宽厚，性复敏捷。相西湖为郡胜概，增筑长堤，创立八亭，为环湖之观。湖东有莱公祠，因徙苏颖滨合祀于内，改名"平湖书院"，盖取"西湖平，状元生"之谶也。

论曰：

陈公刺雷，他务未遑，急急焉湖亭之筑，毋乃缓民事而先宴乐乎？然仕宦者，簿书发征，最桎梏矣。暇日临流寄兴，春风沂水之味，要亦未可索然。古者丰乐、醉翁，皆太①守事也。总之能先天下而忧，即后天下而乐何妨？惟夫恣情流连，吏治堕窳，则溺其职耳。

虞应龙，雍公允文曾孙也。咸淳中由太常簿知雷州。修学校，兴水利，搜军实，申明律令，平冤疏滞，获盗贼杀之无赦，核丁籍以别老壮，宽赋税以恤孤嫠。于西湖西创十贤堂，州治南建谯楼，文山为之记。

论曰：

读虞公传，而知公明卓之政，不可几也。盖情罪之最重者，无过强贼。彼其杀人焚室，奸污勒财，无辜良民，备受惨毒。一旦得之，察其果真，即杀无赦，庶少纾人心刺骨之愤。乃耳食之流，借口好生，故为宽假，甚至多方出脱，以博慈爱之誉。是不忍于作业之贼民，而忍于被害之良民，何用爱之舛也。夫所谓好生者，好其非盗而诬为盗者耳。申冤者申此者也，平反者平此者也。若贼证既真，情罪甚确，故为宽纵，恐不足以树阴德而适以积阴孽矣。何也？纵虎食人，谁之过也？语云："杀一阐提，如供五百罗汉。"甚言杀恶人为有德，以去莠养苗，所全者大耳。陨霜不杀，春秋致讥。奈何盗贼而必欲宽之？粤地多盗，粤狱多囚。扳陷善良，十室九害，弊正坐此。倘如虞公数辈，布列郡国，真盗辄去，不令滋蔓，则法度章明，邪心警惕，盗风息，善良安，而囹圄亦空虚矣。是居官莫大阴德也。

【元】

秃鲁迷失，至顺二年为雷州路总管。政知大体，不事小察，吏慑其威，民怀其惠。

按：秃鲁迷虽无事绩，
然行非酷苛者，存之。

【国朝】

余麒孙，洪武元年同知府事。开设府治，创立衙门公廨，修治特侣陂塘，增筑沿海堤岸。百凡废坠，无不修举。建郡之初，厥功多焉。

李希祖，河南人。洪武七年判府事。时方鼎革，百责攸萃。希祖竭尽

---

① "太"，原文为"大"，据文意改。

心力，果于有为。修城池，设廨宇。整堤渠，垦荒秽，使民乐业。乡立社学，敷条教，使民知向义。秩满去，人各絜之，一钱悉无所受。

秦时中，单县人。洪武十七年知府事。谨厚端严，僚属吏民咸畏仰之。岁旱祷雨辄应。修复陂塘，民沾其利。令各邑乡都，建立坛，所以严祈报之祀。卒于官。民追思之，立祠祀焉。后曾孙纮巡抚两广，克光其绪云。

论曰：

秦公他善绩未可知，独令民建坛祀神，则余心不满。夫雷俗之诌神也，所从来矣。太守不道义之训，以挽末俗，而顾助之波乎？名宦之传，毋乃以曾孙溢美耶？祷雨辄应之说，贪天功为人力，尤作传者谀词也。

黄敬，天台人。永乐七年知府事。府多系囚，敬至悉为疏理。数月间，一狱尽空。境被潮灾，民多溺死。公捐俸葬死恤生。任数年，民安讼息。歌曰："王公来迟，使我无依；今公莅政，惠我无私。"祀名宦。

戴浩，鄞县人。正统八年，自东昌府判擢知府事。仁恕廉勤，事无过举。修理学校，增弟子员。导民浚渠以防旱涝。遇旱仰祝曰："愿减十年之算，以祈三日之霖。"民至今慕之。

论曰：

按《旧志》有庄敏一传，余读传语云："守雷威仪严重，喜怒不形。人不见其有为，而事无不治。"因讶曰："有是哉！传者之谬也。"如斯举动遂可以名宦称乎？夫喜怒人所时有也，未发欲中，已发欲和，未闻可不形者。天道有旸有雨，使终岁不旸不雨，昏昏沉沉，成何世界？惟人亦然。以宣尼之大圣，而不能不莞尔于武城。以谢安之矫情，而不能不折屐于淝水。敏独非人而能不形也？即使能之，亦不过厚貌深情者耳。余甚恶乡愿之行，故不敢附和。

黄瑜，南城人，举人。景泰中知四会县，未几忧去。天顺二年服除，起知开建，有守有为。邑常被寇，瑜植木栅以守，复造砖城备御。自挟弓矢，败流贼，获怀集印。成化二年，荐升雷州知府。先是元年五月间，县产瑞莲一茎三花，至是超升，人以为应。茌雷兵荒相仍，盗贼充斥①。瑜

---

① "斥"，原文为"斤"，据文意改。

竭力抚字。数载间，盗息民安。秩满加参政俸留任，在雷最久，泽最深，民甚德之。<small>中依《通志》、《肇志》增入.</small>

论曰：

黄公才略，所称雄奇特达者，非耶？然以县令即阶太守，亦特达之遇也。国初用人不限资格若此，今何如哉！

魏瀚，余姚人，进士。历升金都御史，左迁嘉定州判。成化中擢守雷。劝农兴学，修举废坠。居任六年，飓风不作，岁丰民给。文章政事，当时推重。

论曰：

灾祥之来，天数也。飓风不作，果太守精禋足以相荡乎？

邓璩，宣化人。弘治年间知府事。廉介刚方，不避权贵。遇珠池内使，持正不屈。上司督责吏治，虽或挫之，犹自若也。疏戴公渠，兴学校，教子弟，有循良称。

刘彬，吉永丰人。成化间进士。由县令迁府同知。鲠直不屈，廉介无私。善听讼，不枉人曲直。但不能俛仰下人，以当途不合，竟致仕去。士论高之。题诗留别：

阴阳消长只天知，无尽风花无尽期。

流水自然湾上下，青山一定不迁移。

心斋坐处忘今古，官道旁边唱是非。

归去小楼楼上坐，任观沧海累高低。

论曰：

光武善事上官，无失名誉一语，遂开后世巧宦者径窦，可慨也。夫士人起家，事主上卜，同此猷念。何必合，何必不合，惟视事理之是非何如耳。清正之品，必不喜下逢迎；公直之臣，亦不苟为容悦。上固不以非理之事强督于下，下亦不以非理之执妄枘凿于上。此上下相与，以有成也。如在上者，别具一心肠，在下者另有一意见，则忤合得失，各有任之者。果事机不偶，理难曲徇，宁行己志，无丧生平，此士人居身之常，何问名誉哉！巧宦护名，无所不至。非直内愧恐，悦不以道，君子不悦也。嗟乎！如邓璩、刘彬二公者，恬正之操，身退而名亦未失矣。

陈嘉礼，富顺人，举人。知府事。先时郡荏兵荒，百务废弛。嘉礼兴学校，造祭器，筑堤闸，复徐闻县治并海康儒学，新郡学大成殿。工竣乃建府厅。举事有序，众咸惬服。

刘锜，马平人，举人。初任宝庆同知，历肇庆转雷州。进朝列性刚明，通达世务，历三郡，皆有政声。乞归。诏加广州太守衔。

按：此刘公累历，传也。

赵浑，漳州人，进士。弘治间知府事。廉分不污，决狱明断。逾年去任。囊橐萧然。

赵文奎，江陵人。正德中以监察御史出守雷州。性端重，作兴士类，加恤耆老，剔奸植弱，洗冤泽民，尤不避权贵。时诏采珠，奎以地方连年荒旱，奏寝其事。在雷三年，升云南参政，士民颂德。

王秉良，字伯良，西充人。进士。正德间以刑部郎中出知府事。性沉毅，喜作为，尤厚遇学校。修海堤以御水灾，筑西湖，复戴渠。时守珠内宦赵兰气焰甚炽。公每与之抗，民恃以安。兰因衔公，诬构以私，逮至京下狱。兰势益张。夺富民产，捕无辜民陈应魁扑杀之。众民激变，讼于当路，竟无如兰何。嘉靖改元，御史陈实疏革守池内宦，公诬始白。寻复职。守长沙，竟忤上官去。雷民思之，祀名宦。

论曰：

王公当内竖煽虐，不惜以身捍民，至于被逮不悔，忠诚心光日月矣。复守长沙，仍以忤时去。信乎方正之寡容也。然要之一时诡遇，何如千秋烈名哉！赵公疏止采珠，其风裁亦足钦焉。

黄行可，莆田人，进士。嘉靖十年知府事。沉重清洁，遇士以礼。修西湖旧渠，引潮水直至桥下，以通舟楫，省负戴之力。商贾便之。复谕白沙民，开浚西闸水灌田。民立碑颂之。

洪富，字国昌，晋江人。嘉靖乙丑进士。富未第时，严分宜为祭酒，奇其文，延为子师。后登政府，富无私谒，人以此重之。以刑部郎中出守雷州。宪副吴批，其本司牙卒，以赌杀人。富按罪当死，吴自护体统，为牙卒求免。富不从。爱书，上大怒，易以他官治之。富以去留，执益坚，竟服辟。赎锾之金，不入私囊。时张襄惠岳守廉州，两台委查盘至雷，大

嗟异之。历四川参政，廉朴公明，抵今有口碑云。<small>查《泉州府志》增人。</small>

孟雷，字孔敬，泽州人。与兄霖同登进士。迁扬州同知。因裁内使进用夫役，逮狱，事白。嘉靖十九年改调雷州同知。任甫三月，性明敏卓荦，剖决如流。清苦茹蔬，贪墨敛迹，诸属莫不震慑。凡所兴作，不假督责而民趋恐后。征旧谶，建亭湖心，扁曰"与众"，中刻"状元生"三大字，以兆后进。觐行，绝科派，杜馈遗，囊无美物。擢陕西按察司佥事。

戴嘉猷，绩溪人，进士。任礼科给事中。谏乘舆南巡，下诏狱，摘尉临桂。历升高州同知，署雷州事。端严明决。不数月，黜赃吏十余，划除宿弊，豪猾敛迹。郡事清简。时久旱，公斋心以祷雨，大应。民告饥，即请赈贷之。旧有护城堤，公以为隘，兴工增修。建石闸六，以泄内流。易地一区，建亭纪事，竖文明坊于府学前。凡公署颓废者，无不捐资修饰。任逾八月，风采振肃，吏畏民怀，四境宁谧，时政罕俪。暇则吟咏性情，走笔成章，尤其余也。

论曰：

洪、孟、戴三公，风节凛然，后先相望，真雷一时之盛也。然洪、孟二公系真守，而戴为假王。二公系本封，而戴公为别郡。五日京兆，不惟他人易之，即已有玩心矣。公精严清刷，兴衰起废，种种有真守所不能为者。而公以假王，饶为之真。所谓公忠不二之臣也。九原可作，余愿为之执鞭焉。

朱象贤，无锡人，举人。任府通判。性惇实，革征收科取宿弊，民甚称便。署郡年余，安静不扰，而郡事悉举。暇即诣学宫，与诸生剖析经义，极其精确。诸生莫不叹服。升云南南安知州。

罗一鷟，闽县人，进士。嘉靖间知府事。政尚宽平，决狱明允，案牍一目洞然，吏不敢欺。壬子夏，忽咸潮大浸，沿海居民，漂尸盈野。公哀悯，令人函收瘗之。海堤崩，发银募夫修缉，大行赈济，复请蠲征。建崇文书院，以作兴士类。升①广西副使，士民迄今慕焉。

张准，九江人，举人。嘉靖间任府同知，佐郡九载。苴政明慎，征粮

---

① "升"，原文漫灭，据文意补。

羡余，悉伐石以修南渡路二十里而遥。雷琼行人德之。清白之操，始终不变。自奉澹若布衣，迁运同去。民颂不已。

陆瓒，龙游人，进士。嘉靖间知府事。持己恭谨，御民平恕。守极冰洁，时当入觐，故事分派夫马，瓒一切罢去。间拟赎锾，临行，悉取其卷焚之。在郡三年，不携其家。归日，囊匣萧然，有古载石风。郡北二十里有泉清洌，士民感戴，因立碑于此，以比其清，至今号曰“陆公泉”。

论曰：

士节首廉，廉必征之事而有据。虽小，可观焉。朱公之判也，而革征收之夙弊；张公之丞也，而以其余羡，修行客之孔道；以至陆公之守也，而绝常例之夫马，焚赎锾之卷案，虽其道有进焉者，而不溺于脂膏。均凿凿见之行事者也。嗟乎！居常慷慨，人驾由夷。一到关头，谁操利剑如三君者，斯可以风矣。

陈绍，高安人，举人。任府推官。禔身严肃，诸务靡不练达。尝代直指按部，多所平反。待士以礼，去之日，行李翛然，人服其清白。

郑国宾，湖广平溪卫人，举人。隆庆间任推官，资性敏捷，兼摄府县篆。事无巨细，迎刃而解。疑狱一鞫辄白。每按行他部，却常例，饬吏胥以严明著。增设沿海墩台，海警有备，皆其力也。

唐汝迪，宣城人，进士。由吏部改知雷州。廉明宽厚。适倭奴来犯，汝迪日理兵饷，夜巡城堞，多方备御，城赖以安。寇退，十室九空，复劝民平籴乃有济。修书院，立会课，以振士风。时号循良云。

陈九仞，漳平人，进士。知府事，练达廉平。首兴学校，勤考校。岁终给以油资。改学前路以振人文。严禁珠池船，虽触权贵，弗避也。卒以忤当路，改调去。士民惜之。

何以尚，兴业人。任北刑部司务，以救海忠介被杖。复以忤权贵谪职。两台交荐，补雷州推官。抵任即署府事。庶事迎刃辄解。持己一尘不染。值万照磨激兵变，挺身出谕，兵乃解散，升南刑部主事。

林民止，莆田人，进士。知府事。励精持正。雷俗小忿辄服毒图赖，公首行严禁。按诸游赌少年，悉绳以法。立会课以劝诱学校，修饰祠宇，郡治焕然改观。甫一载以艰去，雷人思之不置。

　　林廷升，莆田人，进士。知府事。锐情民瘼，处事精详。值海潮之变，请官银修堤。万顷洋田，赖以有秋。擒积年巨寇，四境晏如。捐俸修学宫，课多士，创筑郡治东西二楼，以培风气，地方赖之。

　　伍士望，南昌人，进士。知府事。性敦大而廉明。鞫两造片言立折。浚万金溪通舟楫。郡东门外空旷，公善形家术，修筑长堤以拥护东城。环以竹木，如墉如带，今东郊民多富庶，口公遗泽不置云。

　　万煜，南城人，举人。同知郡事。端庄精炼，遇事斧断理解，吏惴惴不敢舞文。修万金溪以资灌溉。任雷七载，士颂民怀。署琼篆数月，平崖黎乱。政声茂著，两台会荐，议补琼守。竟以左迁去，士民立碑志思。

　　吴贡珍，郁林人，恩贡。任府通判。洁己爱民，优礼士类，轸恤耆老，署郡安静不扰，百度振举。督捕，盗贼屏迹。时与当路忤，被论而归，不动夫马，囊橐萧然。

论曰：

　　吴公事迹虽无奇，然大都凛凛。德让君子也。

　　叶修，南昌人，癸未进士。知府事。廉介而明。旧例吏参缺有公堂。修下车首革之。禁三县差人，不得下乡。各社科派，最为民害。一切革绝，阖郡鼓舞。尤加意学校，视如亲子弟。任几一年，以病告归。雷人以不得久沐公惠为恨，祀于寇公祠左。

　　高维岳，宣城人，举人。万历二十九年，授雷州府推官。廉明有执，署府事革各吏公堂。清发库弊锡锭三百余两。浚复河渠，伐石建闸，灌洋田万顷。三十二年，地震，琼府尤甚。田沉，署宇俱圮。维岳奉委往摄琼事，矢心劈画，不半载，积逋顿完。府堂各署俱竖，特创海忠介祠。矿徒万余人，将聚为乱，以计解散。渡海还雷，行李不加，直指李方麓深器重，特荐其边材，欲超用之。会以白氏狱，与本道伍公不合，自求循资平迁，得临洮同知以去。公论惜之。

论曰：

　　余观高司理之在雷阳，有守有为，一代之选也。凡官执法者，多不便于豪右。君以白成仁冒袭一狱，干连稍众。据律讯断，中有一二豪猾，阴行煽构。本道及学使者，欲少从宽假。君持益坚。而学使者激于气，遂将结白及攻白诸生黜陟。大相反则豪猾之祟也。法官执法，于理何伤？且人自有生平，岂以一事掩其全德？前委徐广文属稿，惑于偏说，竟不为立传，则失是非之正矣。雷阳士民，局外公论。固自不泯也。余特表而传之。

总论曰：

雷守相以宦名者，若而人亦称彬彬矣。然大都太守十之九，丞倅司平十之一。岂其人尽碌碌耶？抑有长而为太守掩也。夫守令亲民，一政一事，朝施暮暨。父老子弟，时时问劳苦。故其名也易。丞倅司平，各占一局，民非其事不一至于庭。里巷乡曲，至有不识姓名觌面目者，况得治行而月旦之乎？故其名也难。三局之中，司平为甚。奔走稽察，审雪厘剔，无一非为民事。民日阴被而莫知其赐，心日倍劳而莫有其功，名尤难也。要之，丰城之剑，光烛斗牛；明月之珠，辉腾川泽。士君子患无可名耳，不忧无名也。

愚尝论之：官不论要散，局不论偏全，秩不论崇卑，地不论浓淡，惟廉能者名焉。虎不字羊，狸不哺鸡，廉故生爱也。龙有欲，则不神；镜无尘，斯能照。廉故生威也。士一廉而根本植矣。然徒廉无能，将空柯不斫，坚瓠不浮。明知有利而不能兴，明知有害而莫能去。因循堕窳，狐鼠纵横，弊与不廉等。是故，暮夜无故人，空庭惟琴鹤，廉矣。又必严墨吏之侵渔，杜丛神之克削。达聪明目，塞隙除蟊。庶民受廉爱之实惠，不徒托诸空言耳。不然蟫李仲子，尘甑范丹，亦何益于殿最哉。

县　传

【宋】

李守柔，字必强。临桂人。绍兴间为海康令。弭盗安民。时赵鼎贬雷州，守柔待以故相礼。秦桧闻之，坐十年不调。桧死始改郡佐，除新州。卒。

【国朝】

陈本，会稽人。洪武二年，由儒士荐知海康县事。时当草昧创公宇，别井闾，编集版图。优恤孤老，流移者悉为之所，远近归附七十余家。毁淫祠，崇正祀。农桑徭役尤加之意。堤渠圩岸，靡不修筑。卒于官。囊无余赀，民奔赙殡，为贤令首。

王渊，湖广人。洪武初举明经，任遂溪令。草创之初，设公署，建学校，安集流移。订图籍，定赋税，辟草莱，课耕耨，修筑塘堰，灌溉田亩，民咸利之。祀名宦。

武亮，浙江人。洪武三年，知徐闻县事。时草创，法制未备。亮招辑流离，披荆棘，筑坡塘，使民获保生业。兴学校，教子弟，使民知有礼仪。凡公廨馆驿，桥梁道路，悉心经理，百务咸举，祀名宦。

王麒，云南太和人。天顺二年，知海康县事。性刚毅，才守并卓。时值兵乱，攻苦茹淡，不安寝席。疫作，死者万计，给棺木，立义冢瘗之。流贼猖獗，募勇敢协剿，有功。后于那柳村，独犯贼锋，中矢而殁。具奏，赠本府通判，建忠义祠祀之。

论曰：

卓哉！王公真民父母。施棺瘗冢，人可能也；亲冒矢石，以死御贼，不可能也。千秋万祀，谈者唏嘘。令尹如公，屈指几人？朝廷优以崇爵，所以劝忠。仅赠通判，报何薄也？嗟乎！如公者，当时生死，且不置念。身后虚秩，岂以介意哉！

陈义，叙州人，举人。正统十四年，知遂溪县事。律己廉洁，宽以柔民。五年超擢广西太平知府。厥后，马良在任，极其贪残，邑民田歌云："陈义再生天有眼，马良不死地无皮。"

平钢，贵州宣慰司人，举人。弘治间知徐闻县事。性清介而政尚平恕。时县治以避寇，附于海安所。军怨①甚，民不能堪。钢力请迁于原邑。工未就而卒。子孙因留家焉，祀名宦。

刘玉，湖口人，监生。弘治八年，知遂溪县事。廉以自持，宽于莅下。凡文庙簠簋爵垒，范之以铜。斋庑、戟门、仪门，鼎建一新。详载碑文。致政归，囊无余物，士民颂之。

王泽，竹溪人。监生。正德间任崇明县丞。以捕盗功升徐闻知县。时

———————————

① "怨"，原文为"鸳"，据文意改。

县新迁，泽建县治、仪门、谯楼。随建文庙、斋堂、门庑、泮池。立城隍，开官井，砌城池，百废俱新。申请监司，率三县夫助役。故民不甚劳，而大功就绪。旋乞致仕。邑人至今思之。祠名宦。

王朴，嘉兴人。正德间知徐闻县事。清介自持，有得罪而馈金求脱者，立却之，竟绳以法。劳心抚字，请蠲槟榔杂税。琼、雷商民，咸德之。祀名宦。

刘淮，任邑丞。自洪武间没韩佑老等民田，改科官田。粮额增至二万有奇。民病者百余年。正德末，淮莅任署篆。两奏恳激，改复民科，实徐闻万世之利。祀名宦。

论曰：

朱晦翁云："一命之士，苟存心于爱人于民，必有所济。与其做教官，不若做县丞。"今观刘淮以一丞职，而能奏复民科，永垂徐利，其济民也大矣。所谓余不负丞，非斯人欤？

郑遂，上虞人。嘉靖十三年，任遂溪县典史。遇海潮冲决，堤岸多圮，田畴千顷，几沦龙窟。遂谋诸令，身任其事，冒触风涛，督捷木石，潮是以不为害。复辟通衢，浚洫道，捐俸具牛种以佐贫窭，民咸赖之。祀名宦。

论曰：

佐幕之职，皇皇求利。委以艰巨，则缩颈躲避。如蹈汤火，有如郑尉。不惮劳苦，筑堤捍潮，以抵于成。所谓后身图而急民务，有大人君子之度者也。为民御灾捍患，祀之，不亦宜乎？

班佩，和州人，监生。嘉靖间知遂溪县事。善剖疑狱。民有杀三命，累年莫决者。祷于神，得盗赃，竟正其罪。又尝鞫人命讼，立释王凤之冤。其明察多此类，以绩擢去。民攀留遮道，竖碑以识去思。

论曰：

余读班君传，而信治狱之难也。夫世有别具慧识之人，能察神情于行迹之外。如医者洞垣瞩髓，上矣。其次惟虚公详慎。公则生明，详则不忽。如医者审脉按方，虽不中不远也。世于听讼，每徇势利而鹜敏捷，浮云自足障明，急行必无善迹。余叨理局讼狱，其所有事，素秉刚肠。干牍请托，绝不至庭。浸润属垣，绝不至耳。且不敢拘成案，必取前后文卷，虚心熟阅，令此中透彻了了；又不敢执己见，必听两造中证曲折辨析[①]，令其轮泻殆尽。然后下笔判决，觉民心服，己心亦自畅快。稍有未确，则以一日决一事，不厌其滞。虽退食后，行住坐卧，未尝置念。即至再至三，不厌其烦，务求至当而后已。此在民，虽不敢必其无冤，而不欲冤民之心，庶几无余憾矣。每奉本道批词，多有乞批本厅等语，余才能鲁下，捧读增愧。第自验为官者，苟尽心一番，民未有不知不化者。数年以来，两造至前，甘心倾输。刑具不用者，十常八九。壬子冬代庖海康，部民林君宁等谋死蔡政等三命，十五年沉冤未发。余廉得其状，呼各犯至县，不加刑拷，一质而服。门外身虽异途，而雅尚儒，素与长官气节相高，未尝少自贬屈。厅有清军常例，一切禁止，门役不敢规以私焉。

论曰：

以异途佐职能谢常例，屏属垣宜其无所愧怍，而能以风节相高也。不然，稍有不慊，于心则馁矣。方奴颜婢息之不暇，况敢与长官颉颃乎。

蒋蕴善，全州人，举人。隆庆间知海康县事。介然甚恭，无媕阿态。爱民如子，常禄外，毫无苟取。剖决案牍，吏不敢欺。隆庆四年，海贼突至，众心震恐。蕴善便服登城，督兵守御。时参将坐视不出。往论之曰："安有身为将而贼至巽缩者？干城之谓何？"参将愧悚。甫逾年，以忧去。士民慕之。

谢朝爵，建宁人，举人。隆庆间知徐闻县事。时海寇充斥，民多逋匿。爵至首谕招抚，民皆复业。加意节省，一切供亿，悉准均平。隆庆壬申春，倭夷压境，爵扶病巡视不倦，孤城获保。性严明，吏书不敢为奸。岁当履亩攒造，有馈暮金求改图者，爵时已疾笃，犹厉色却之。清操始终一概。卒于官。徐民如失怙恃。

郭钺，安义人，举人。万历初知海康事。宽而廉，加礼学校，诸生有屈于公庭，力为伸之。以保障为重，建十里铺，筑墩台以御寇。四境晏然。士诣省闱，厚以将之。恤里老，毫无横征。寻升别驾。

---

① "析"，原文为"折"，据文意改。

张师益，宜山人，举人。万历初知徐闻县事。性醇雅，推诚及物，瘗枯骨。辟南湖，建魁亭，文运从亨。尝创邑乘，以备文献之考焉。

陈锦，漳浦人，进士。万历初知海康县事。行政五载，恺悌廉洁。念文运不竞，拔其隽者，为之程。亲为品骘。登贤书者相继。悯里甲凋弊，力为节省。流移未复，招以集之。岁戊子，蝗灾。己丑，潮灾。锦轸民瘼，请蠲征十之三。率遂徐所助夫，夹修圩岸，捍海长堤赖以巩固。士民立碑志思。

秦懋义，仁和人，进士。万历中知海康县事。性宽而敏。甫下车，值咸潮决堤，躬行踏视，申请官银三千余两，修而完之。编修林承芳记。振起人文，建文昌阁于学，以培风气。尚书王弘诲记。诸生有诖误，力为剖雪。士民歌颂。擢贵州道御史。

蔡宗周，龙溪人，进士。万历中知徐闻县事。性简澹以严成宽。初下车，适值履亩。豪右匿税者众。公廉知状，悉躬按之经界以正。其黠于法者，没入学宫，资弟子员供给，虽浮议不以动。户无浮粮，国收实课。锄强植弱，欢在里社，怨在吏书，口碑在编民，睚眦在豪右。详具去思碑中。

罗继宗，南城人，举人。万历三十五年知遂溪县事。性廉洁，执法不阿。厘剔奸弊，案牍为之一清。追核丁粮，欺隐莫售。夫马用均平银，里甲毫无所扰。修城池，缮传舍，百废俱举，有循良声。寻调香山，士民感之，立祠。

张日曜，福清人，举人。万历三十年知徐闻县事。性英达，折两造以片言，拟律罪不属胥曹。追征条鞭，听民货物准折，捐省耗余，合邑称便。尝奉委亲点排门，不扰民间一蔬，供亿悉用均平，毫无科派。公庭清肃，吏冷多遁，间以衣食济之。两当入觐，民诣台部留之。

论曰：

粤东昔号瘴乡，故宦粤者，每不获令名。而论粤宦者，辄以为地远法疏，吹求独刻云。愚谓法之疏密，原不系地之远近，顾在上之宽严与其人之淑慝何如耳。上持法宽则法疏；上持法严则法密。贤者处远地而心自畏法，幽兰之性，无人亦芳；不肖者处近地而心常玩法，鲍鱼之肆，无处不秽。试观暮夜之投，溪壑之厌，近而中土，又近而辇毂，往往见告。贪泉之不饮，一砚之不持，岂粤地之远，独无人乎？姑自征收一端论之，粤自昔称重敛矣。然与天下较，他省有厚实而无膻名，粤省被恶名而未必有厚实。何者？他省钱粮重而多，县有数十万者，少亦不下数万。三分之耗，民且习为固然。汇而计之，不啻多矣。而曾以此贾戾否？粤省钱粮轻而少，大县数万，小县数千，甚且不足于千。假令如曩时重耗，亦不敌他省一中县。乃今上人限以二分，严加稽察。而自好之士有并毫厘而革绝之者。此其视他省丰约何如？犹以法疏见疑，则粤宦亦有冤抑而未伸者矣。至于吏胥各役之公堂，里社铺户之常例，在州县或有此至贱至鄙之习，然他省间亦有之，不独粤也。

总之，洗涤在人。而不肖之夫，贪昧隐忍，无足论已。雷在粤为最南，地为最瘠。三县钱粮共以五万余计。诸物不产，诸货不凑。独槟榔米谷二事，曩时火耗，与各陋规，固所不免。今敬畏者奉法惟谨，特达者澄汰净尽。地虽远而法未尝疏矣。惟是间巷细民，愚顽成性，纳粮不肯自赴，必托之包当；现钱不宜直输，必揭之铺户。官虽一文不取，而其利竟归包当铺户之橐矣。以至一夫一草，无非积棍包揽；一器一用，无非铺户租赁。官有惠民之实政，而民不受实惠，则此辈之为祟也。设法区处，革绝包当铺户，则痼疾瘳而官与民并受其福矣。若夫县间老人，九关总甲，各乡社长，均之能风波变幻，以蚀害良民者，长吏斟酌而改革之，其于民不尚亦有利哉！

嗟乎！民心痼弊已久，奸人吞噬已深。一旦夺其所噬而还与民，民未必知，而奸人煽惑阻挠，机智无所不至，此非严以持之不可。孟氏曰："如知其非义，斯速已矣。"若务为宽厚以优游养奸，将洁己爱民至意，竟成画饼，是罔也。己不居其实而代奸人居其名，是拙也。吾闻起重阴之症者用乌喙。若不能武以锄奸，而曰"吾爱民，吾爱民"，终亦民贼而已矣。三邑君子以能饮水嚼蘖，而尤能祛蛊溃痈，则雷地清肃，与上洽比烈矣。粤膻安得而累之？余五载理雷，见闻颇悉，故不惮吐露，与官民上下共证可焉。

教　职

【国朝】

罗玑，高安人。成化中任府学教授。性亢直。议论每依名节。文词典雅，郡守重之。一时建造，咸命为记。

王克钦，江夏人，举人。任府学教授。才优学赡。训士先以德行。每课必嘉其率吾教者。否，即亲厚不假颜色。时士风颓靡，立意振作，一时改观。惜以病卒，未竟大用。

刘绍仁，英德人。任府教授。性坦直，遇事敢言。首励诸生以气节，次乃文艺。士有冤，必伸救。严饬家人，勿外通。操履之清，为儒林式。后以忧去，诸生勒石志思。

韩价，博罗人，任府学训导七年。天性坦夷，有先辈风。御诸生策励劝课，尤恤贫乏。捐俸金以新祠，赎学地为铺六间，以佐公费。至今后官赖焉。当路特旌，迁贵竹都匀教授。诸士载事于石，以识不忘。

徐应乾，浙江人，由岁贡。万历四十年任府教授。端庄儒雅，绰有师范。前训英德，著有《士林正鹄》、《读书正旨》诸书，颇见大意。委汇集《雷州志草》，编摩就绪，其劳足嘉。未及一载，竟循例劣转，公论惜之。

黄杰，同安人。初任麻城训导，有善教声。及迁海康教谕，三辞署印。操若冰霜。贫生有所馈，必曲辞之。设会课，割俸以馔。士荷陶铸者甚多。在麻城已入名宦，雷人士复立碑，以志不忘。

徐肯播，靖安人。任海康学教谕。性端敏，接诸士词色温如。立会课亲加品骘。尝署徐闻县事，宽严得体。政无巨细，禀理为裁，苟且一无所染。士民诵之。

陶文实①，洪武二十年任遂溪学教谕。时学校草创，文实②殚心修理，规制改观。以"尊德性道问学"颜其斋，讲明性理之学，表正士习，为时

---

① "实"，原文无，据文意补。
② 同上。

名师。

纪辅，闽县人。任徐闻学教谕。博洽经史，尝志在辟邪崇正。所著有《郡名辨》及《雷阳》、《徐阳》二集。

黄延年，临桂人，举人。署徐闻学教谕。性简重，取予不苟。每会文必身率之，供膳悉由己出。以文学见誉当路，举修《廉郡志》，寻升合浦知县。

论曰：

余观徐广文汇《雷阳学博传》，无虑三十余人，何其多贤也。比按之，类皆醇谨无过者耳。乃不曰"师道自任"，则曰"学问优长"；不曰"条教严明"，则曰"言规行矩"，此等誉词，奕奕可听，按之曾有一毫实际者哉？以是而概列名宦，垂之竹帛，正所谓梁父桔梗，岂胜载乎？余不避拣择，仅得十人。宁精无滥，所以示信也。

然余于学博有慨焉。夫天之生材，岂甚相远？第限之以迟暮，锢之以冷毡，锐意尽消，英锋久折，如雉之畜樊，鹤之游沼，虽欲不化为醇谨，不可得也。假令策其壮年，宽其途路，安知恢伟特达之士，不出于其间哉！试观天风，晨飚疾，暮飚徐，犹之市焉，朝气锐，暮气惰，势使然也。国初资格弗限，学博皆翩翩然，都华陟显。今则非科甲不登，荐剡非被，荐不得美迁。训导一转府授，席未暖而长沙贾傅之命至矣。纵行由夷，学董贾，将焉用之？夫使有才而不得尽其才，则用才者过也。必也禁甲科之告改，限乡科之久任，以宫墙一片地，还之明经，俾得久驻足焉。则虽不获脱颖而去，庶几乎得随分自立，而无负生才之意也。不然朝荣夕谢，而祈建立，宜其以浮辞相诩而已矣。

名宦志二

廉　访

【元】

乌古孙泽，大德间为海北南道廉访使。圭田之租，量食而入，余悉委学宫，给诸生，浚故湖，筑大堤。竭三溪渚之为斗门七，为渠二十有四。开良田数千顷。滨海斥卤，并为膏壤。民歌之曰："舄卤为田兮，乌父之教；渠之泱泱兮，长我秔稻。自今有年兮，无旱无涝。"

张忽里罕，至大元年为海北南道廉访使。处事严谨，崇儒重道。尝捐俸修理平湖书院。

赵珍，不知何许人。延祐二年，任廉访佥事。平反讼狱，民无冤滞。与照磨范椁改创学宫，政多可述。

拜都，延祐中，任廉访司副使。崇重学校，建十贤堂。查追干没学钱七千余缗，有秉道嫉邪之政。

吕琠，字蒙甫，冀宁人。天历二年，任海北南道廉访佥事。肃正风纪，修筑城池，兴学校，厚风俗，郡邑清平。至正初，升廉访使，卒于雷。乡人父老挽柩，歌《孝经·丧亲章》送之。

贾焕，字世甫，大梁人。为廉访使，深得宪体，爱民厚俗。于学校尤加作养。尝著《勉学说》以示士子。

马合谟，字端卿，回回人。至元三年为海北南道廉访副使。廉介严明，重农劝学，庶务修举。夏旱，令生备斋戒集于文庙，诵云汉之诗，告祝恳至，即日大雨。时有中丞懿麟班，谪居于琼。剥扰盐场，罔民殖货。合谟使人致言曰："中丞得罪，当阖门谢过，岂可更为不法，以重累乎？"麟班闻之，畏敛。

元璧，皇庆间为廉访司经历。持政严明，吏民畏惧。敦尚儒雅，置大成乐器，文事攸备。

郭思诚，至顺间为廉访司经历。勤于政事，兴修学宫，置小学书板，葺治西湖堤闸，创惠济桥以便民，惠存于雷。

守　巡

【国朝】

毛吉，字宗吉，余姚人。景泰进士。天顺五年任广东按察司佥事，分守雷廉高三郡。时贼肆杀掠，数百里内，杳无烟火。吉悉平之。以功升本司副使。玺书奖谕，委以一方。

张岳，字惟乔，惠安人，进士。嘉靖十九年安南之役，添注布政司参政，分守海北。及安南服，又以征黎，往返于雷。公为监司，凡溪峒聚落，伍籍岁饷，将吏可任可无任，辄刺取籍纪，较然也。而尤斤厉风节。在雷三年，省财节力，兴利除害，德泽最深。寻擢佥都御史，巡抚江西，转副都，提督两广。约诸大吏非檄召，毋得入辕门。即檄召不得持一物，毋以身尝法。诸大吏惴惴惟谨。乙巳，平封川猺，晋秩少司马。寻又平柳州猺，平贺县贼，擢右都入掌院事，为督抚。时贵溪分宜开幸门，以督抚为外市。公四载不通一缕，人服其风裁。卒谥襄惠。

翁溥，号梦山，诸暨人，进士。由给事中迁佥事。嘉靖三十年任。性方洁，周悉民隐，豪猾敛迹。修西湖，筑护城堤，雷民赖焉。善诗，轶见志中。

许孚远，德清人，进士。隆庆间任。端严阔大，不假刑威而胥吏震服。课诸生开迪理要，旌烈妇，戒偷靡。雷民思之。

诸察，余姚人，进士。万历元年任守道。赋性刚方，不避权势。积年案牍，剖决如神。倭变之后，劳心拊循，民赖以安。振率学校，月设之课。操守清洁，行时囊箧萧然。

王来贤，云南临安人，进士。万历七年以守道任。性宽而明，首兴学校，集四学诸生合试，而厚之赏。拔其尤者，月给膳。课之后，诸领荐皆素所品题者。宪度贞肃，郡属畏而仰之。

陆万钟，华亭人，进士。万历九年任守道。下车诱进士类，建李纲特祠，以旌忠直。发帑金修筑海堤，镇静不扰。雷民怀之。迁本省海道。

薛梦雷，福清人，进士。万历十二年任。轸恤民隐，作兴士类。沿海设墩台，派军防守御寇。郡北空旷，建教场。营房宿兵，障蔽北关，居民赖以安堵。

王民顺，金溪人，进士。万历十四年任。察恤民隐，虽里歌巷谣，必询核之。有利于民，行之无疑。筑万金溪，建文昌桥，培雷风气。喜延士，如弗克及。见《肇庆志》。

赵可怀，巴县人。万历间任。器局超迈，法纪严饬。申珠池禁，治墩埃。盗贼屏迹。操履皭然，人谓有清献之风。

林梓，龙溪人。以右布政分守海北。赋性惇大，法度森明。驭下宽而有制，事至裁断，不务苛刻。待诸生有恩礼，戢左右莫敢交通。节介凛然。石砌南北踏头，往来便之。

董肇胤，江宁人，进士。素有令望。莅政精详博大。严缉禁池，珠房缤纷，若有去珠复还之风。兼管守道，水陆营寨，加意清刷，兵无虚惰。海氛清息，渡海校士，得人颇多。居雷数月，厘奸剔蠹，风俗一变。吏称民怀，两郡赖之。

雷州府志卷之十六　流寓志

杨子曰："狂者东走，逐者亦东走。东走则同，其所以走则异。"流寓亦然。恓壬负谴，正直忤时，至雷则同，其所以至则异故。夫君子秉国，则小人至雷。小人擅权，则君子至雷。雷阳一片地，固世道升降之会也。然君子至雷，雷人士仰之若祥云，慕之如威凤。授餐假馆，奔走无致，甚且畏垒尸祝，倚以为重。小人至雷，则视若鸱鸮，戒甚梼杌，惟恐去不远，避不速。其沉其浮又何知焉？嗟乎！屈伸显晦，秋蓬也，电火也。千秋万岁而下，赞慕与唾毁不泯若此，孰得孰失，孰荣孰辱，毋论达人君子，自有远识；即奸壬有知，回首一思，噬脐何及！旧志迁谪一类并载，忠邪无别。查肇、惠志，独传贤者。余仿之，作《流寓志》。

寓贤

【唐】

李邕，字泰和，江都人。少知名。父善，尝注《文选》，释事而忘意。邕附事见义。故两书并行。既冠，见特进李峤，愿读秘书，得假直阁。未几辞去。峤惊问奥篇隐帙，了辨如响。峤惊曰："子且名家。"遂以文章显，拜左拾遗。会中丞宋璟劾张昌宗等反状，武后不应。邕立阶下大言曰："璟所陈社稷大计，陛下当听。"后色解，即可璟奏。中宗时，五王为武三思所杀，邕坐善张柬之，贬雷州司户参军。后召拜殿中侍御史，弹劾任职，人颇惮之。玄宗即位，张廷珪、姜皎欲引为御史中丞。姚崇疾其险躁，左迁括州司马。起为陈州刺史。帝封泰山还，邕献赋，帝悦然。矜肆与张说相恶，会仇人告其赃贷枉法，下狱当死。许昌男子孔璋上书讼，得减死，贬遵化尉，流璋岭南。邕妻温复为邕请戍边自赎，表入不省。后从中人杨思勖讨岭贼有功，徙丰州司马。历淄、滑二州刺史。上计京师，人间传其眉目瑰异，阡陌聚观。后生望风内谒，门巷填隘。中人临问，索所为文章，以进。上以谄媚不得留，出为北海太守。天宝中，左骑卫兵曹柳绩有罪下狱，邕尝遗绩。马吉温与宰相李林甫因传以罪，诏御史罗希奭就郡杖杀之。时年七十。邕长于碑颂，人奉金帛请，所受巨万计。性豪侈，不拘细行。请托贿谢，畋游自肆。终以败云。其卒也，杜甫以诗哀之。代宗朝，始赠秘书监。

论曰：

读李邕传，盖有文而行稍逊者。大都文人自矜，卒以贾祸，不独邕也。有才而德以居之，则善矣。瑕瑜相半，未为雷辱也。传之。

王琇，唐贞元中为户部侍郎。判诸道盐铁榷酒，不事横敛。而军旅获济，名亚刘晏。为韩洄所衔，诬其馈米淄青河中，坐贬雷州司户参军。既至，会计仓粮；赈捄荒歉，民甚德之。

【宋】

寇准，字平仲，宋真宗时拜相。澶渊之役有大功，为王钦若所谮。罢知陕州。王旦荐之，起为枢密使。时三司使林持有宠，附会憸邪。准恶之，以是复罢。后再入相，为丁谓所阻，贬相州，再贬道州司马。无公宇以居，百姓闻之，争荷瓦木，不督而成。真宗元兴元年壬戌二月崩。四月，丁谓诬准朋党，再贬雷州司户参军。始入雷境，吏以图献阅，至郡东南门，抵海崖十里。公愕然曰："吾少时有诗云：'到海只十里，过山应万重'，乃今日事耳！人生得丧岂偶然耶！"及丁谓贬崖州，道经雷，家人欲报仇，乃杜门使纵酒饮博，俟谓行远乃止。仁宗元年癸亥九月，准卒。初太宗得通天犀，命工为二带，一以赐准。至是，准遗人取自洛。既至数日，沐浴具朝服，束带北面再拜。呼左右趣诰，卧具就榻而没。归葬西京，道出荆南公安县，人皆设祭于路。折竹植地，挂纸钱焚之。逾月枯竹尽生笋矣。众为立庙，号竹林寇公祠。后追赠中书令。复莱国公，谥曰忠愍。

论曰：

莱公面折拂须一事，世以为谓开衅之始。不知正直之行，不悦非道，正莱公人品所以不可及也。雷阳司户，原有定数，岂谓得而主张之？过海之诗，瑞星之落，历历可验。世好以祸福论人，甘为脂韦乡愿之行，是莱公之罪人矣。至于用人不次，例簿不收，为国进贤退不肖者，几能如此公忠否？若官居鼎鼐，无地楼台，清风凛凛，益罕俦矣。张益州以不学无术少之。嗟乎！使公深于术焉，安知不伪言伪行以取媚于世，而百炼钢化为绕指柔哉？又焉能使千载之下，所在畏垒尸祝若斯也？宁为真人品，无作假道学。如公者，早已置得丧于度外矣。蒸羊一逆，饮博杜门，圣贤学术，岂是过也？余于莱公实忻慕焉。

苏辙，字子由，眉州人。与兄轼齐名。哲宗朝为门下侍郎。同列李清臣策进士，欲黜元祐，主丰、熙。辙力陈元祐未尝不行先帝法，且引汉昭改武帝事为言。哲宗不悦，落职，知汝州。章惇、来之邵复诬论其不忠。自少府监分司南京，徙化州安置于雷。章惇下令，流谪人不许占官舍。郡人吴国鉴于城南造舍居之。惇又以强占民居，下州追治，以儌券甚明而止，兄轼自惠州安置昌化军，相遇于藤，同行至雷，居数月而别。唱和赋咏，具见《艺文》。

梁涛，为尚书左丞。时相章惇、御史来之邵诬以为党，谪提举舒州灵仙观，再贬雷州别驾，化州安置。竟卒化州。诏许归葬，录其子孙。

任伯雨，权给事中。半岁之间凡上百余疏。既而欲劾曾布。布觉之，徙为度支员外郎，入党人籍。后蔡京为相，怨台谏论己，再贬雷州安置于昌化军。

秦观，字少游。有诗名，与苏轼友善。为太学博士。以轼荐，至编修国史。章惇诬其增损实录，贬雷州。同时流徙者一百二十人，且立碑端礼门，谓之邪党。长安石工安民当镌字，辞不肯镌，恐得罪后世，闻者愧之。

按：王岩叟，字彦霖，大名人。为命书，疏劾刘挚，言奉谕其朋党　出知郑州，后追贬雷州司马。〇李清臣为门下侍郎，以许曾布党，后尤�坐后废，追贬为雷州司户参军。盖三公已死数年矣，后始从而追贬之于雷，曾何涉哉！雷乃从而传之于岩叟，又从而贬之，滥滥不经者甚矣。余裁其传，并议裁其祀。非好为苛也，盖非其鬼而祭之为谄，圣人所以恶太山之旅也。

李纲，字伯纪，邵武人。自其祖始居无锡。政和二年进士。积官至太常少卿。时金人渝盟，钦宗受禅，为尚书右丞。与耿南仲不合。及徽宗南幸还京，议调防秋之兵。南仲沮止之。未几以纲专主战，议落职。金兵再至，悟和议之非，召纲行次长沙，率师勤王。未至而都城失守，二帝蒙尘。高宗即位，拜尚书右仆射兼中书侍郎。上十事，拟姚崇要说，力净张邦昌僭逆当罪谪，而赠恤死义诸臣。参奏边事乞降哀痛之诏，上皆洪之，寻为黄潜善、汪伯彦所沮。御史张俊遂劾纲买马招军之罪，诏罢之。许翰言纲忠义，太学生陈东言潜善、伯彦不可任，纲不可去。于是杀东罢翰，落纲职。居鄂州，复徙万安。建炎三年十一月，力疾行赴琼莞，次海滨渡。海上有伏波将军庙，纲遗子宗之摄祭默祷，生还当书东坡所作碑文。在琼三日，以赦还次雷阳，书苏碑于庙并纪其事于碑阴焉。绍兴二年，除观文殿大学士，寻罢。复起赴行在奏事，时张浚罢相，言者以其失事，引汉武诛王恢以比，纲力救之。九年卒，年五十八。赠少师，官其亲族十人。《通志》。《肇志》。

赵鼎，高宗朝两为丞相，有功于国。为秦桧所憾，罢知绍兴府。徙潮州。再贬吉阳。谢表有曰："白首何归，怅余生之无几；丹心未泯，誓九死而不移。"寓雷阳，后之万州卒焉。宋中兴贤相以鼎为首。

李光，参知政事。为秦桧所恶，罢官安置于藤州。再贬琼州，道出雷阳。后移彬州而卒。

胡铨，字邦衡，庐陵人。建炎二年擢进士第五人。后为枢密院编修官。绍兴八年，金使至，以诏谕江南为名，铨上书力排和议，乞斩秦桧、王伦、孙近三人头，竿之藁街。桧以铨狂妄凶悖，谪监广州盐仓。明年改金书威武军判官。十二年，谏官罗汝楫劾铨饰非横议，诏除名编管新州。同郡王廷珪以诗赠行，坐流辰州。十八年，新州守臣张棣，讦铨与客唱酬谤讪怨望，诏送海南编管，道经于雷。二十六年，桧死，量移衡州。登南恩望海台赋诗而后行，自号澹庵老人。乾道初为工部侍郎，七年以资政殿学士致仕。薨谥忠简。

王廷珪赠行诗

大厦原非一木支，欲将独力柱倾危。痴儿不了公家事，男子要为天下奇。当日奸雄应胆落，平生忠义只心知。端能饱吃新州饭，是处江山足护持。

一封朝上九重关，是日清都虎豹闲。百辟重容观奏牍，几人回首愧朝班。名高北斗星辰上，身落南州瘴疠间。不待百年公议定，汉廷行召贾生还。

　　林应骢，莆田人，由进士户部员外郎。嘉靖四年，以议大礼，谪徐闻丞。丰采节概，雅重一时。力所可及，悉振举之。名宦乡贤二祠久废，捐资修建。文庙缺祭器，准古制度铸之。既成，有五色鸟来集。骢建来凤坊，以纪其祥。_{徐闻名宦。}

　　冯恩，直隶华亭人，由进士任监察御史。嘉靖壬辰年，彗星见东井。恩疏论阁部诸臣为门庭腹心之彗，乞诛朋奸误国者，而尤指斥右都御史汪铉。诏下锦衣狱，搒掠数百，痛而殒。都督陆松灌以良药得苏。狱上移法曹，柄事者媚铉，当恩大辟。癸巳年会审阙下，铉例主议，操笔东面坐，诸囚跽西面。恩独北面。列校牵使西，恩厉声曰："吾此膝踉朝廷耳，岂为铉屈耶！"铉怒推案诟曰："汝屡疏杀我，我今杀汝矣！"恩大呼曰："圣明在上，生杀皆天断。岂容权臣无忌惮至此！"铉攘臂跳跟，若将下殴者。恩益大呼曰："汪铉擅权，我恨不能手刃以报上！"左都御史王廷相慰恩曰："冯御史毋动气。祖宗百六十年来，未有杀谏官者，讵令今日有此？"又正色谓铉曰："汪先生，宜为国惜体。如先生言，是以私意杀人矣。"铉愈怒，遽书情真而起。恩囊三木挺身出长安门，士民聚观者如堵，啧啧言曰："是御史若口、若膝、若胆、若骨，皆铁也。"相与称四铁御史。刻所与铉争辩语，鬻之市，四夷贡使争购以归。时铉犹必欲杀恩。赖肃皇帝仁圣，特诏免刑，于是得不死。系狱三年，长子行可，年十四，屡疏乞以身代父。其母吴匍匐击登闻鼓，讼冤皆不报。行可昼夜哭长安街，攀诸贵人舆以诉。诸贵人不忍见闻，每望见必疾走。甲午冬，行可刺臂血书疏自缚，诣阙乞死。通政陈经引以上请，肃皇帝怜之。命法曹再议。刑部尚书聂贤、左都御史王廷相谓恩罪在狂妄，无死法，而行可乞代父情可矜。诏免死，戍雷州。士人大闻者，咸举手相庆。太史邹守益、罗洪先、程文德题四德流芳卷赠焉。谓君仁臣直母慈子孝也。恩着咏亦富。丁酉释归。穆皇帝即位，奉遗诏录忠贤。恩年已逾七十，即其家，拜大理寺丞，致仕。行可亦以京兆终。养子时可登辛未进士。是年卒。_{《肇庆志》}

　　_{按：冯公挺气概，闻者兴起，但虽谪雷，
实未至雷。雷传之可也，杞议未妥。}

　　汤显祖，字义仍，临川人。由进士任礼部主事。以建言谪徐闻添注典史。雅负才名，淹贯文史，延引士类海之南北，从游者甚众。建会馆曰

"贵生书院"，自为说以纪，刘兑阳祭酒有记。迁遂昌知县。

> 按：忠节之士，忤谗触邪，被谪至雷者，业传之矣。其他如唐祖彦融、于敏，宋蔡牧系蔡京子，陈自强系韩侂胄童稚师，袁潭国、朝宁吴、李璘俱以巡抚戍雷，王呆以户部尚书戍雷，寓居于肇。严世蕃系严嵩子，以吏部侍郎弄权戍雷。张嗣修系张居正子，以父势中一甲，戍雷。及续有姓名

未考者，姑不详之可也，惟奸邪一二，始以雷害事人，
不旋踵还以自害，天报甚速，附记于此，以昭世鉴。

> ◯ 丁谓，字公言，宋真宗时以巴谄准穷，得参知政事，性忄谄奸佞，常为准捭须、准笑之，遂怀仇隙，后准对帝言，丁谓、钱惟演，皆佞人也，不可辅太子，谓知益衔之。及平章国事，遂与太后谋，贬准道州司马，真宗崩，再贬准为雷州司户参军，谓益恣横，权倾中外。独王曾正色立

朝，思欲罢之。仁宗初谓充山陵使，谓信邪言，迁陵穴有水。王曾因力疏其包藏祸心。太后怒谓，欲诛谓。冯拯救，止贬为崖州司户参军。仍以谓罪，布告中外。初谓令宋绶草准责词，宜用春秋无将，汉法不道，绶不然之，及谓贬，绶即草词曰：「无将之戒，旧典甚明，不道之辜，常刑罔赦。」朝论快焉，初谓

逐准，与冯拯井相，谓当秉笔，欲贬准崖州而忽自疑。不半载，谓亦贬，拯即拟谓崖州。当时好事相与语曰：「若见雷州寇司户，人生何处不相逢。」人皆以为报应之速云。过雷，准道人逆以蒸羊，仍不欲家僮报仇。谓至崖上，书乞还，有旨量移惟地。张锡疏谓奸邪弄国，不宜内徙。乃止徙雷州，卒于雷。

> ◯ 章惇，字子厚，泰州人，熙宁间以才见任。元丰为门下侍郎，与蔡确等深相结纳。垂帘政鼎，纵暴无度。欲诛元祐旧臣诬谤。宣仁圣德废出贤后，爱立单纪。垦诏赋于瑶庭，凶邪谗愿，于世无比，在正言任伯雨论其窃柄罔上，毒流缙绅，阴显异志，不复有臣子之恭，宜诛之。不

报。会台谏陈次升等复极论之，遂贬雷州。初苏辙谪雷，惇不许占官舍，遂僦民屋，惇又以强夺民居，下州究治，以僦券甚明而止。至是，惇问舍于民。民曰：「前苏公来，为章丞相几破我家。今不可也。」后徙睦州而死。

> ◯ 陆升之言事坐置雷，僦张氏屋以居，因所居际地构梦归堂，自作记，诗文颇有存于雷者。
> 但李光贬琼，作私史，其子孟坚与升之言，升之遂讦其事，陷光父子，时论薄之。

论曰：

岭南诸州，唐宋间目为瘴乡。新春儋崖，谪者多死。仁人君子至不欲开此路，险忮之夫以此快心。朝贤究之，己亦不免焉。雷在岭南，独平衍无岚瘴。落星之池，遗辉可挹，余皆生还无恙，较新春诸州远矣。然在今日，岭南皆为仕国，地之瘴不瘴无论已。昔人有处瘴乡，而神观愈强者。子瞻不死于儋耳，而死于阳羡①，安在瘴能死人哉！夫仕宦固有瘴焉，翡翠、玳瑁、明珠、文犀，固粤东仕障也。贤者不忧地障，而忧仕瘴，惟无自入于瘴可矣。

---

① "阳羡"，应作"常州"。

雷州府志卷之十七　乡贤志^{海康　遂}

夫乡贤者，以懿德瑰行名之也。如以贵钦，则金张许史，宜标大圣之称。如以富钦，则猗顿、陶朱必列上贤之誉。然而西山逸士，东海布衣，与捉襟肘见之辈，往往名声不朽，而富贵反湮没焉。则所重可知已。迩来人心，大非古意。崇势利而简寒微，尚奔竞而抑恬澹。富贵之人，膻悦者众。即一善甫行，而诩誉已满于四域。闾巷之人，孤立寡援，虽暗修仁义，而播扬弗出于室庐。故概观斯世，登巍科，陟膴仕，子孙显贵者，以宦必名，以乡必贤。反是，而实行凿凿，不负青云，终亦沉沦尘土而已矣。余窃慨焉。人固有真面目，论人亦须有真权衡。若徇一日浮华为千秋实录，只登科一录，仕宦一籍，封诰一册足矣，何必为此扰扰也。雷处海滨，扶舆清淑之气蕴而未泄。二百余年，甲第数人，乡书亦可缕指。巍科显秩尚有待焉。风俗人心犹在淳庞间也。然旧志所载人物，大都科目明经十居八九，布衣行谊尚落落焉。则所称月旦乡评，果尽公而无私耶？夫论才于贵盛烦华之地，其道宜严；论才于人文稀阔之乡，其道宜恕。余不敢严以求雷，然誉词溢语，则不可以不核。故雷之甲科，苟无大过，姑载以示向往。乡科明经，稍致参订，潜德隐行，果有实迹，必加采录。此盖微显阐幽，挽势利之浇，以还古初之意也。如以子孙之夸张，浮言之标榜，而遂进之；以门祚之衰微，怨家之诽毁，而遂退之，则亦曩者俗肠世眼乎？余耻之矣。作《乡贤志》。

海　康^{州卫}^附

【陈】

陈文玉，海康人。生而明敏，叱声震庭。世传其家出猎，得巨卵，异之。归置诸庭。忽一日，雷震卵柝，得一男子，即文玉也。长涉猎书传，有才智。陈大建时，辟茂才，仕为本州岛刺史。精察吏治，巡访境内，苏民疾苦。怀集峒落夷尤，相继输款。梁武帝降玺书褒赏之。比卒，乡人立庙以祀。

吴东潮曰：其谓手有雷文者，妄也。夫玄鸟生殷，大人迹生周，则人固有异生者矣。然皆造形于人，未尝离简获姜原而生也。雷卵之说，其真可信也哉！

【宋】

吴国鉴，海康人。绍圣中为太庙斋郎，后退居于家。先是，居民舍寇准，为丁谓所害，自后无敢留迁客者。及苏辙安置雷州，莫谋所止。国鉴慕义，不顾私害，特筑室馆之，已而果坐罪，略无悔意。祀乡贤。新增.

陈汝达，海康人。少博涉好修，隐居不仕。值宋祚将移，雷已不守，明年宋亡。达老且病，恐身后袭元国号，预刻石碑，题曰"有宋陈四五公之墓"。嘱其子曰："慎弗改也。"墓在擎雷山，屡经兵燹，碑不剥落。人以为义气所感云。

【元】

王景贤，字希贤，别号愚谷，海康人。登乡举，为邕州路教授，升天河县令。寻擢清江路推官，致仕。学富行修，著作超逸，皆抒自胸臆。文宗潜邸时，出居海南，道经雷。景贤以诗进，览之甚喜。手书"愚谷"二大字赐之。天历中，复赐以六花宫袍。乡人荣之，祀乡贤。

吴国宝，雷州人。性孝友。父丧，庐墓。大德八年，境内蝗害稼，惟国宝田无损。人咸异之，以为孝感所致。

陈杞，字楚材，海康人。少孤，从学于舅氏王景贤。淹贯群籍，领乡荐，不乐仕。退居山中，教训生徒。究性命之学，海之南北学者咸受业其门。所居里曰义江。元末，雷盗炽起，过其乡辄相戒曰："此陈先生里也，不可犯。"其行谊素著，服于强暴如此。祀乡贤。

【国朝】

黄惟一，海康人。洪武间举孝廉。任河南道御史。端谨廉介，终始不渝。致政归，见本州岛东溪地堪垦辟，奏请兴水利。灌溉成田二十余顷，民沾其利。

周德成，海康人。初为泰康大使，递运莱州。洪武庚申以明经荐，擢休宁令。单车至县，裁刬如流。邑籍民三万余户，里甲藉吏为奸，德成悉厘正之。民无所苦，有所削。牍必自手出诸以期。会至者不得先诣于掾。遇事立决，虽上之人无以易也。有丁蛮儿，故无赖，横里中，格杀小旗人，莫敢指。府询之不屈，下其事于德成。至则俯首曰："公在，余尚何辞？"它邑中有冤滞者，悉借德成为白。其辨割牛舌即首私宰者，与包拯在端事相合。余如此类甚众，故时以为孝肃复生。邑故冲，四方游者接轸，民疲不胜其役。德成悬一车于县，俟强索者即身代异之。诸游者以非使命至，嗫不敢请。在任七年，事无巨细，凡便于民，罔不毕举。会以他累，逮至法曹，民号泣诣阙，愿籍产保其无它。寻赐还。又以军误逮至兵部，民诣之如初。比得白，病于旅邸而卒。邑闻之若丧怙恃，为之罢市者三日。众舆其丧还休宁，葬于城之南。大学士刘三吾为之铭。妻苏氏，子一女一，无所归。民共市田代耕以终其养，祀乡贤。^{《旧志》简，新增。}

何炫煟，海康人。洪武间领乡荐，历太平、松江、建宁三府教授。善启迪，所至以文学著名。兄炫烨同举于乡，登进士，为监察御史。

林文亨，海康人。永乐壬午举乡试第一，登进士。历官户部员外郎。性淳谨，无贵显态。乡间重之。^{见《一统志》。}

黄本固，海康人。永乐甲申登进士。知马平县。莅政清敏，性嫉恶，劾奏冯内侍，反为所构，削籍还。巡按唐舟等疏其无辜，寻起用，至省疾作，归卒于家。祀乡贤。

张昊，海康人。领永乐甲午乡荐，授广西马平知县。有惠政，民立祠祝之。家居清贫，不与豪士聚会，俗为一变。^{见《通志》。}

李璇，海康人。领永乐庚子乡荐，授教职，升知县，擢监察御史。廉毅有直声。景泰初，广贼黄萧养以省城儿陷。璇素负才猷，为时简拔，奉调士兵二万协同总兵官进讨，遂诛萧养。贼平升江西按察司佥事，未几致政归。杜门谢客，囊无剩物。惟喜读书，至老未尝释卷，以恩例进阶参议。祀乡贤。

吴雯，海康人。恬静博学，不俯仰于时。笃宗谊，长于诗赋，所著有《谯楼记》及《家范》、《宗谱》诸稿。事寡母刘怡色和颜，有堂扁曰"爱日"。郡丞陈闻而嘉之，为之纪其堂而叙其谱。当路欲辟之，雯竟以养母不欲离膝下辞不就。士大夫靡不重其孝行云。

罗绅，海康人。廉介寡欲，不俯仰于时。由胄监任郁林知州。时值蛮贼肆掠，绅协同哨守相机却敌，城赖以完。招抚渠魁胡公威等三千余人，安置陆川诸属邑，贼遂屏息。卒于官。

冯鉴，雷州卫人。器格严重，幼有奇志。领天顺己卯乡荐，选授湖州府通判。以公廉自矢，到任，首革粮长馈遗。甫三月，丁父艰归，服阕，补永州府。弥励厥守，一意革弊。征收额外羡余，毫无所染。逾载，声誉赫然，闻母讣，即行。郡守赆以金，比出境，封以还之。再补黄州府，病卒。鉴负才望，居家孝友。兄弟五人。兄钦袭千户。弟钊亦绩学，任向武州同知。曰锴曰钺，咸有成立。

罗章，绅子也。领成化戊①子乡荐，任袁州府学训导。教养士类，亹亹不倦，矢志高尚，年五十即致政归。授生徒，吟咏自适，文行为时所钦。太守魏瀚尤加礼重，每有建置征文以纪。所著有《宜阳唱和稿》。

陈时雍，海康人。少贫苦力学，领嘉靖乙酉乡荐。操履仪度，有先辈风。时后进多出其门。少失怙，事母至孝。爱友孤弟，绝无间言。时内宦赵兰镇守珠池，恣行剽掠，民苦之，雍率士类抗言于当路。兰竟革去，大为雷廉造福。祀乡贤。

冯彬，字用先，雷州卫人。性颖悟，神采俊发。自少以孝友闻。嘉靖乙酉举于乡，己丑成进士。任平阳令，以内艰去。补上海令，并有卓异声。上海六百里，繁剧最难治。彬至，汰杂征，省里费，核诡寄，审粮役，俱深中窾会。俗多用火化，有化人亭。彬见立毁之，谕以率从礼葬。有妇美而贞，姑逼之淫，不从。遂与所私者共刃之。彬廉得其情，悉按以法，而表其妇之墓。事具副使唐锦记中。以荐召为侍御史。首疏备边，荣特旨嘉纳。扈驾至承天，恩赉金币。出按广西。大扬风纪，溪峒蛮獠，莫不震詟，归化恐后。会松江守缺，擢彬补之。至则兴学校，恤孤茕，政持大体，不事苛细。松江民无智愚，皆戴之。竟以狷直解任，比归，屏迹公门，恂恂里社中，绝无贵人态。悯侄女之孤，为治奁嫁之，无异己出。嘉

---

① "戊"，原文为"戌"，据文意改。

靖壬子岁，飓潮为虐，乡民溺死者万计，悉捐橐瘗之，里巷诵德。彬邃于理学，且娴词赋。所著有《桐冈集》。尝修辑《郡志》，日久缺失。卒祀乡贤。长子文照，仕兴业知县。次子文嫌，历文昌教谕，升兴安府教授，以谨恪称。

林凤鸣，海康人。幼敏慧，负蕴籍。领弘治甲子乡荐第七名。三历教职，湖广分考，擢国子助教，与纂《实录》，敕书褒嘉。出判南宁，升道州守。为政兴学校，率孝悌，令誉赫然。历任三十余年。清介不污，与方文襄同举于乡。比方入相，绝不通一札。人甚高之。致政归，行李萧然。郡守林恕特加敬礼，比有利病，亲往咨之。乡间仰德云。

林思贞，海康人。少孝友，苦志力学。嘉靖中由郡庠贡入太学，授闽连江知县。历任几三载，政尚廉平。时邑多水灾，生员杨莹家溺死者六人，思贞悯之，治棺以葬。余溺者悉捐俸瘗之。士论颂德。以病归，行李萧然，民遮路无不流涕。

詹世龙，海康人。幼醇笃以孝友称。尝从学于湛文简公门。嘉靖中由选贡任桂林府训导，教先德行。庚子科中广西乡试，转文昌教谕。时文昌以鱼课米折诸生廪饩，经年莫给。申请院道革之，至今士赖焉。丙午聘典江西分考，所得皆文士。寻升平乐知县。北陀背化已久，龙招服之，境赖以安。士民立碑纪绩。擢上思知州。建城辟路，兴学恤民，民戴之。详见上司官志。以内艰归，因致政。结茅潭津，讲解心性，后学宗之为典型。

陈时亨，海康人。性友爱。兄弟分田，推其腴者与弟。人问其故。曰："吾弟弱，故稍资之。"嘉靖间由选贡任广西恭城训导，后领广西辛卯乡荐，不禄于家。生平与物无竞，有构争者，辄相谓曰："何不学时亨兄弟？"

张能，海康人。博学善诗，雅有行谊。弱冠教于乡，事寡母至孝。督学赵公按试，特叹奖之。令补郡庠生，不愿就，时论重之。凡报境内儒者，必首举焉。所著有《朴庵集》。

莫天赋，字子翼，海康人。赋性介直。嘉靖己酉①领乡荐，壬戌登进

---

① "己酉"，原文为"乙酉"，据文意改。

士榜。除莆田令。莆自倭夷残破后，民无宁宇。天赋复旧时流移者数千计。食不甘味，竭意抚徕，民乃复集。各给牛种，迨二年后乃稍征赋。诸生贫者，或不能具冠服，辄捐俸给之。治行大振，莆人思之，祀诸祠。擢南刑部主事，晋郎中，出守大理。大理夷汉杂处，最难治。天赋因俗为政。郡有矿输，当事者按牒取盈，峒不堪命。力请裁减，得蠲额十之四。民以获苏，时比之召杜。详惠碑。升广西右江道兵宪，便道归，卒于家。今举乡贤子尔先，事继母以孝闻。由太学领万历戊子顺天乡荐，公车还。屏迹公门，孜孜策励。粤大记称其卓荦有大度，不愧父风云。惜啬于年。

顾汝铎，雷州卫人。年少补郡诸生，每试必获巅处。词赋烨然可观。与兄汝鉴相砥砺。性至孝。三世之丧，躬自襄之，更以及亲族之未葬者。屡为督学所奖赏。由选贡入太学，既归翛然有尘世之想。购书博览，慕古作者。未竟而卒。产无立锥，且绝其祀。天道果何如哉！

吴大谟，海康人。少补邑庠，以孝谨闻。父钟由岁荐入成均，归，得目疾，大谟多方疗之。私吁天曰：“吾父以明穷经，因以经穷明。天若怜余，愿减余算，以瘳父目。”竟不愈，大谟朝夕左右，即庶母弟不以代也。妻李氏所以事翁者，一如大谟。父尝抚其孙启聪曰：“而父事我至矣，而母复然。吾赀无所贻汝，愿而一效父之事我者，以事而父母，则莫大之燕也。”乡人翕然称大谟贤。督学使者屡旌其行。子启聪长而嗜学，孙良胤，俱以行谊有声黉序，世家孝谨，为时推重云。

林槃，海康人。少喜读书，抄至百余卷。年三十八膺岁荐。继母官氏颇酷，能善事之。厚衾归继妹，得母欢心。孝闻学道，张李二公前后旌扁。槃慕义好施，周给邻族贫乏，择弟侄颖秀者，出资买书教之。筑江滨馆，每年就学者四五十人，不贵修贽。门人赴京乏资者，槃将己田质于人，取银以赠门人。宦归不偿，竟不取。郡丞潘公乃槃同廷试，因在礼部门，论《大学衍义》相识，始疑其贫不能赴选。及访知，谓曰：“子何久不仕，欲弃之乎？余将劝驾。”槃曰：“今之学职不过守苜蓿，窃县官廪食，何曾讲经问难？我居家塾，训诲英俊，不胜彼哉！”竟以老终。人指其宅墓曰：“林师宅墓。”其子淑以石城学出贡，将上铨曹而卒。

柯时复，字起之，海康人。领万历乙酉乡试。性嗜古，于书无所不读，尤喜词赋。尝效杜少陵《同谷诗》作七歌。意调悲壮，为时传诵。尝游成均，福清叶台山公时为司成，引为入室弟子，比归赠以诗。性简约，布衣徒步，每到僧舍，剪蔬渝茗，澹然忘归。癸巳大旱，为文暴祷者三日，乃大雨。丙申荒疫并作，罄产买谷以赈，更煮粥通衢，以食饥民。作义冢以掩莩胔。居父丧哀毁尽礼。久之，深嗜玄理，辟一庵于寺侧，欲静摄见性，偶得疾卒。人有怀奇未展之惜云。

论曰：

柯起之传，此韩孝廉新增也。问之雷士，赞毁者半。乃有谓其破家为烧炼术，竟以无所得而怏怏以卒者。果尔，则士人恬澹之守谓何？其失也愚矣。观其究心玄理，则内丹外丹，遂成迷惑。事未可知，然要之博学娴文，简约疏宕，亦翩翩逸兴士也。传之似不为滥。

林起鸷，海康人。少笃学，有远志，声色货利泊如也。领万历戊子乡荐，一意铅椠，以澹约自甘。屏迹公门，他事毫无所与。壬辰卷已中式，值填榜，以数字未驯裁落。时论惜之。归家孜孜向学，家业悉听伯兄主持，不问出入。孝友著称，人无间言。惜未竟所愿卒。保志完行，亦先民之矩。

陈治明，海康人。博览子史，长于诗。尝拾遗金，候其主来还之。主问姓名，不告而去。时有谤县令鲍者，鲍索之明。对曰："止谤莫如自修，必求其人则凿。"令重之，扁其门曰"齿德褒崇"。直指察善士，邑举明以应，屡饮于乡。

遂　溪

【宋】

纪应炎，遂溪人。少读书于湖光岩。宝祐四年登二甲进士。初试，澄迈主簿有以白金馈者，潜置米中。觉即遣还之。邑海港可田，募民塞之，成田千余亩。入学赡士，后宰南海，与经略冷觉斋不合，自书桃符云："三年南海清心坐，一任东君冷眼看。"经略竟服其介。有富民触法，赂其婿以请。应炎不许，竟置于法。祀乡贤。

【元】

孙希武，字立夫，遂溪人。元时由儒士为宾州判，历宰临桂、贺县，所至有声。守己廉洁，生平言行谨焉。宾阳猺蛮梗化，官司莫制，希武作诗劝招之，翕然归附。

吴正卿，字素臣，遂溪人。由化州路学录赴湖广。丁巳乡试，后期授平湖书院山长，历仕至南宁知军。所至绝干谒，民有遗思俸入，事亲有余则周党里之急，家无余羡。元统间为合浦、临桂尹。海北、广西两院交荐，其剡略曰："人才国家之元气，风纪之耳目。必元气充而耳目明，斯国家隆而风纪振。正卿宜擢。"居风宪，秩满，封其父朝进如其官，时年八十一。里人贺以诗云："未饶官贵文章贵，不独亲荣闾里荣。青史旧书吴太守，素臣新传左丘明。"正卿致政时，已得聋疾。副使卢嗣宗以宾礼延至郡学，咨以利病，置灰盆中，从容手书与语竟日。名重当时。

【国朝】

吴宗直，遂溪人。性敏慧，通群书，工笔札，尤长于诗。永乐己卯中南京乡试，官至礼部郎中。藻思烨然，朝中重之。祀乡贤。见《一统志》。尝著《文昌云氏族谱序》，为时所诵。

陈贞豫，遂溪人。领永乐乙酉科乡荐。历官监察御史。持宪体，有廉洁声，人不敢干以私。奏建横山堡、遂溪石城，咸赖奠安。祀乡贤。

王吉，遂溪人。由太学生任温州府通判，升柳州府同知。恤民捍患，卓有惠政。柳之民立生祠事之。寻擢延平知府。祀乡贤。

彭腴[①]，遂溪人。领永乐癸卯乡荐。任南安府推官。宅心宽恕，有长者风。民咸爱之。秩满，升南京刑部员外，致仕归。奉诏进阶郎中。祀乡贤。

徐　闻

【元】

陈渊，徐闻人。行谊素修，尤笃于孝悌。至正间荐为干宁安抚司儒学

---

① "腴"，原为"曳"，据府志卷十四《选举志》改。

教授，渊屑不就，时论高之。至洪武初，搜求人才，有司以渊学行荐，渊始出仕。官至国子监学录。生平一味清修，乡里推重。祀乡贤。

【国朝】

邓鉴，徐闻人。由胄监历官侍御史。秉公执法，不避权贵，弹劾有声。时凛然惮之。祀乡贤。

按：以胄监擢侍御，非贤不能尔。

陈玄，渊之孙，以孝义闻。学尚穷理，克缵家风。领乡荐，任南海教谕。造士有方，从游甚众。尝注《本朝名臣录》。祀乡贤。

骆廷用，十八都人。阒然好修，恬于声利，二次让贡与同门黄玹、陈端，吏部移文严核，强出应十四年贡，力辞以冠带，自老不肯授官。有《隐逸回文诗八首》遗后。

劳文盛，徐闻人，别号清溪。学行超迈，为有司所重。时县迁海安所，军强民弱，颇患苦焉。盛乃倡议呈复宾朴，武弁有中伤之者，以知几获免。由岁贡监生官审理，致仕。生平好施与，虽囊箧萧然，而有求辄强应之，人深衔其德。惜再传而绝，士论伤焉。

邓植，字子立，徐闻人。少负奇气，好古文。居家孝友，均产必厚于弟。乡有贫者，贷不取偿。应贡入太学，业成乃还，逾二十年不就铨，人高其致。子焕以孝谨闻，老于儒官。孙邦基、邦髦，曾孙宗龄，科第世美。近宗京以贡补兴安令。为徐邑望族云。

黄澄，徐闻人。制行端方，不徇时好。任泸溪训导，捐俸济贫。升全州，峻贽礼，官居二任，囊橐萧然。见祀乡贤。

钟世盛，徐闻人。性温厚，而课督子弟最严，虽元旦不令辍业。四子各占一经俱成名，则善训力也。四任博士，有却贽捐俸之操，士类慕之。林居恬静好施与，族党贫乏者藉焉，时以公德拟黄澄云。

邓士元，字虞臣，徐闻人。以贡监授漳州司理。奉檄征剿倭寇，累载有功，升本府丞，转监运同。士元居乡，恂恂不为崖异，尤敦孝友。性好施与，尝捐田以济族之贫者。念学校课业无需，割田以资费。其后子孙恪守遗训，可谓不忝箕裘矣。

陈素蕴，字鸣盛，徐闻人。生于凤至之年，比长有才名。雅好吟咏，尤攻书，补邑庠。是时，徐自成化戊子后，科目缺九十年。蕴居常以脱颖自期。嘉靖乙卯赴试，作诗曰："八十八年徐士恨，今秋奋起待人龙。"是年果领乡荐。嗣后登第者相继。任诏安县令，有惠政。卒于官。弟文彬素著，俱亲受其教，亦以科贡显。

廖一儒，徐闻人。以明经历下邳、凤阳、永丰、潮郡博士。所至咸多建竖。捐俸济诸生之贫者，其有冤诬，即力为昭雪。以故在在见思，性谦而介，每事持①大体。时有议抑邓陈二公祀者，赖公力得复俎豆。父秉彝，享寿九十二。陈直指旌赐米绢。其子允元、茂元，并以明经获俊，皆式谷所贻也。

吴守经，徐闻人。少孤，事母辛氏至孝。攻苦自立。应明经选，以母老不仕。性好施。族侄自强父贫鬻之远贾，贾将挟以还。经闻其事，急索锾，偿其直而归之，仍割产以给。族女贫，已过摽梅，不能字。经具奁遣之，成其伉俪。孝友天性，藉藉人口。

郑时贤，徐闻人。偕兄时宾，后先岁荐。任沙县令。政明达，秉性刚介，澹然自持，却馈裁蠹，民甚德之。未久以忧去。再补隆安，有以私赂者，纳货于食缶。时贤发而罪之，一时邑中辟易，目为神君。寻解组家居，谢迹公庭。

邓宗龄，字子振。自少颖悟绝人，博综群籍。年十九以儒士登丙子乡书。癸未成进士，选翰林院庶吉士，补检讨，名震玉堂。少精举业，尝著《舟中草》，海内诵之。选古文数十卷，传于世。宗龄体貌魁伟，有逸度，人咸谓其有公辅之望，惜啬于年。著有《玉堂遗稿》。

论曰：

雷人士方员显晦，盖殊品矣。有握符袭组，而以治行见者，有急流返棹而以恬寂胜者，有孝友敦睦而和气满宅者，有轻财好施而义声震于乡里者，有端方正直而忘机衡泌者。凡此皆懿德也。凤毛麟趾，士何能全。苟有一焉，亦足以表于世，而托于贤者之林矣。若其摘菁振藻，虽无当于德行，然孔门四科，文学亦居其一，未可谓娴文赋者，非雷之俊也。兼而收

---

① "持"，原文为"特"，据文意改。

之，庶几哉，华实并茂乎！

第余有进于雷士焉。夫仕者不以贿败，归田不入公庭，雅饬之风，诚有足多。然大丈夫住世，出则树旋乾转坤之略，入则妙移风移俗之权。三不朽大业彪炳宇宙，非仅仅醇谨己者。如是，父兄所教，子弟所习，志愿期许，惟思为乡里一善人而足。不然，博一子衿庇门户而足，或希一贡藉试五斗而足，又不然获一科一第而足。此外掀挈事业，绝不越念，则小廉曲谨，即比屋万石君乎？终不能高步云霄，与中原文献较隆而论烈也。地不限人，人自限耳。孟子曰："豪杰之士，虽无文，王犹兴。"夫雷讵无豪杰哉？洗拘挛之隘观，振钧天之绝响，余拭目今日矣。

雷州府志卷之十八　勋烈志^{武烈}_{武功}

武夫受命疆场，职在捍御。无事而雍容太平，靡所表见；一旦寇祸发于原野，而机会迅于斯须。全躯避难之臣与奋臂急公之士，始苍素别焉。济则功成而身不必死，武之幸国之幸也；不济则殒首随之，虽于国事无救，而宁烈烈，死无泯泯。生亦足以报君命而光日月矣。彼偷生禽息，不待电火，竟亦槁项牖下，视马革沙场者，千载犹生，芳臭竟何如哉？嗟乎！兵凶器，战危事，将死官也。为武士者，时时不惜死，而后可以无死。即白首以功名终，可耳。作《勋烈志》。

武　烈

虞辅国、李宪，俱宋时任澄海将军。绍兴八年，海寇陈旺攻雷南城。辅国、宪与郡守议曰："今贼势方炽，宜力战以折之。守则祸深，战则祸浅，盍战诸？"郡守难之再三，复以死请，遂开南门而出。自朝至午，战数十合，辅国殁焉。宪愈奋厉，战至暮亦殁。寇不得入，乃纵火而去。郡城获全。

冯彬作《二将军传》

二将者何？虞辅国、李宪也。世系里次，郡史咸逸。余悯其丧元边域，继辙双忠，久湮罕有知者，故为之传。

按赵宋中沿海多寇。雷设澄海军以弹压之。辅国、宪俱任将军，材略智勇，并雄一时，且能以意气相许。有贼陈旺者，连结岛夷，据海为乱，犯雷攻围郡城。时二人统兵守城，郡大夫乃撤外蔽，缮垣堞闭诸门为自固计。

二人诣郡言曰："公欲守耶？辅国等武列，知有战耳。旺海贼，陆战非其长技，今登岸长驱，直捣城下，目中岂有雷耶？吾若敛锋避敌，彼必团结营垒，野掠以自给，环而攻之，城之危可立俟。莫若乘其未集，急战以挫其锐，彼知城内有备，必不敢久屯。守则祸深，战则祸浅。吾请战矣。"大夫曰："彼众我寡，如力不敌何？"辅国曰："众寡势也，虚实机也。善守者不执势而废谋，善战者不昧机而制变。今乘其势之未定，相机而撼之，胜则城可保，败则贼知惧。策之上者也。"大夫犹难之。辅国请至三四。宪复曰："公之难者，意宪等徒勇无谋耳。夫封疆之臣当死封疆。今子城不坚，人心汹涌，与其城陷而就擒，孰若死敌以全城乎？余计决矣，公幸无惑。"

乃开南城，出与贼战。自辰至午，斗数十合，辅国被重枪，殁焉。宪曰："虞公既死，吾何生为？"斗益奋厉。至暮，宪亦死。寇见二将敢死，知城中有备，乃纵火解围而去。城竟全。

呜呼！若辅国与宪者，谓非义烈之士欤？

刘震赞

人莫不死，死利社稷。虽身膏锋刃，骨腐沙碛，犹凛然生气，与世无极。彼卧病床第，以艾炙额，当未死时，奄奄微息，小哉丈夫，夫何足惜！二公之死，竟保一城。厥功伟矣。没有余荣。国史未付，州乘聊征。

王成，平河门军校。素骁勇，号"帽儿王"。先西粤患猺，成尝戴皮帽冲击，莫当其锋，人或有假其帽以战者，贼望之必惊溃，因号"帽儿王"。至正壬辰，猺复侵雷。未至，元帅张不儿罕孛温领兵邀击之。贼乃间道，径抵城下，攻犯西门。大恣焚掠，势猖獗甚。城几危。孛温领军还，与贼战。成奋刃先驰，连斩数馘。贼知为成，大溃。城赖以安。成乘胜追之，余贼潜发毒矢，中成，死。军民塑其像于黑神祠祀之。后神堂废，成祀亦废。

陶鼎，凤阳人。洪武二十一年任本卫右所镇抚，巡视陆路兼管海道。时有倭贼数十艘，扬帆海上，将犯郡境。鼎肃队伍备之。贼登武郎场岸，鼎驰击之。一鼓合战，手刃数人，贼溃，回帆而遁。数日，贼耻其败，泊马湖塘诱战。鼎益奋烈，督军士攻之，竟陷没。

王钰，山东人。袭指挥佥事，素善射。弘治乙卯，领兵征信宜，发矢连毙数贼，贼溃。俄而风雨骤作，贼乘风鼓噪而前。钰厉将士酣战日暮，矢尽。会泥泞，马蹶，中槊而死。同死者十余人，士大夫多赋诗哀之。

白毅，永平府昌黎人。历功升锦衣卫都指挥同知。以事违误，调雷州卫指挥同知。值猺贼入境，毅领军杀贼，屡战有功。后于竹丛尾村，孤军抵贼，斩获甚多。贼众几溃，偶被杀。赠本卫指挥使。

张熹，任本卫指挥同知。正德间，海贼猖獗，入港劫掠民艘。时备倭者怯弱，分巡李择可哨捕者，委熹督之。熹舍战舰，坐民艘以诱贼。贼悉众来攻。大战沙头洋。胜之，夺回民舸二。熹恃勇复追贼至牛村港，贼舟继至，遂夹攻熹。熹无援，且矢尽，竟陷贼死。同没者亦众，李金宪哀之，亲致祭焉。

陈相，百户，自广西调于雷。轻便勇敢，随军调守阳春凤凰寨。时阳春山贼猖獗，乘夜来攻。相督兵拒之，兵溃散，相挺身力战，杀数贼，竟为贼所杀。

韩恭，左所副千户，随调琼州府征黎贼。保吉营之败，陷贼而亡。

王鼎，中所正千户。保吉营之败，与恭同死于贼。

吴贤，百户。同军征广后山十三村贼，贼设寨险固，贤勇先登，被刺死。事闻，升副千户。

文带，海康县民。骁奋绝伦。天顺中，猺贼侵境，带充义勇，领兵御贼，每战皆捷，贼避其锋，后与贼大战于白沙坡，被枪死。人咸哀之，瘗于白沙坡。题义勇冢，今存。

李茂才，东莞人，南头守备。果毅有谋。隆庆元年十二月晦，督兵麻滨与贼曾一本夜战。至元旦辰，援兵不至，败死。英魂不散，人往往见之。万历六年，郡人请祀于忠义祠。分守郑楚其议，遣知县郭钺诣茂才死所，逆其魂而立之。

王道成，晋江人，白鸽寨把总。勇而能谋。时雷海多警，道成沙头一战，阖郡为之叹美。及倭抵雷城下，道成昼夜防守，寇竟不敢犯城。后奉调追寇于电白，亡于阵。当路惜之，祀忠义祠。

胡松，自少孝友，长以勇闻。时海贼突至，松赴海北道告牌买舟，募士督战船追捕贼于涝沙港。身与贼战，鼓众陷阵，竟死于敌。御史徐题请升其子绍忠一级，给田以赡其墓。

王廷辅，素有介操，勇略过人。嘉靖三十年，毛贼犯海康城，辅统军督战，身先犯敌，矢尽力穷，竟殁于战。当道嘉其义，给田以葬。

黄隆，左所副千户。隆庆五年掌锦囊所印。值倭寇犯城，锋锐莫御，众皆散溃。隆独挺身力战，遇害。事闻于朝，升其子继勋一级。

孙瑚，海康所正千户。万历十八年掌所印。时贼李茂余党，杀掠海洋。瑚率兵驾船往御，自卯至申，擒斩四十余颗。身退，忽飓风起，陷而殒。院道嘉其义，奖而恤之。

潘恩，左所百户。隆庆四年，海寇猖獗，恩率军防汛。遇贼于沙头洋，奋勇赴战，中枪而亡。当道悯之，给其葬事。

柯有年，徐闻人，教谕懋之子，补邑庠生。性慷慨，尚气节。嘉靖四十年，海寇劫村甚急，有年语兄扶其父懋出走，以身御敌而死。贼退，村赖以保。乡人立祠祀之，扁曰"忠勇"。

陈邦杰，徐闻人，素威武。隆庆初年，海寇剽掠，众推为大会长，寻立为哨官。六年，倭寇逼城，众汹汹不自保。邦杰挺身出战，手刃二贼。会贼众继至，遂遇害。然贼气亦索。王言继战，贼即解围，先驱之力也。

杨豫，采石人。由袁州卫镇抚升雷州卫指挥佥事。性严毅，不受私谒。筑城垒，都屯田，军士附之。征泷水贼，擒斩李敬宗，余级甚多。永乐三年备倭，海道饬舟师，防御严密，贼不敢至。四年，从征交阯，累立奇功。中流矢而殁。策命旌之。

武　　功

张温，东安人。元时任同知元帅。时兵偃无事，温念逸处非宜，乃率兵浚渠溉田，筑堤捍潮。虽祁寒暑雨，督役不辍。

贾间，字仲章，任都元帅。猺贼掠境，相机策应，制御有方，威名日著，群盗屏息。暇进儒生论文艺，部下多以学术显，时号儒师。

张成，万泉人。元季任海北海南宣慰司金都元帅。是时盗贼蜂起，有称扫地统兵者，寇掠郡境，屯羊西坡，成乘夜设奇，伏兵西湖桥下。比晓出与贼战，佯败渡桥，贼追之。伏兵齐发，生擒渠魁乌马沙等二十名。贼众溃去，后海寇麦伏来寇城，成修城浚濠，沿城树栅，拣精锐守之，民以无恐。

张秉彝，石首人。洪武间以指挥同知调镇雷州。时大兵之后，人民溃散，百度废弛。彝招徕抚戢，归附日众。残寇窃发，檄千户王清剿之。擒其党七十余人，地方以宁。又辟城浚池，建立卫所，析屯田诸营，砌濠桥，劳勚非一。后征广西有功，捕高凉叛贼罗然，升水军卫指挥使，行时父老遮于道。

蔡鼎，信阳人，本卫指挥佥事。正统初掌卫政。守法奉公，不惮劳勚。建卫治，修钟楼，葺城浚隍，整饬营所，规制焕然一新。

张杰，指挥同知。性喜翰墨，有逸趣，视篆二十余年，勤慎自敕，尝饰建卫治，焕然改观。征屯粮，斗斛不侵，士卒爱戴。以老致政，屏迹公门。乡饮举大宾，亦武弁之杰出者。

王言，徐闻人。勇健非常。隆庆初，海寇登北盆港掠男妇数十，言带土兵追蹑，遂夺以还，斩贼首报县。县令旌之，署为哨官。六年，倭复逼城，屠戮甚众。言与陈邦杰同出御寇，邦杰遇害。言愈奋厉。整率行列，用火器连毙二贼。复手刃其一，因夺其马而乘之。贼围遂解，城赖以全。事闻当道，欲录用之而卒。时年三十二。

论曰：

观死事于雷，尚若而人。而摧陷廓清以成功显者，指不数屈，岂慷慨杀身易，而从容济变难欤？噫！人惟一生，蜾飞蠕动，犹避汤火，而谓昂然七尺，蹈白刃、冒锋镝，岂易乎？见危授命，所欲有甚于死者。故一死而城赖以全，虞、李其上也。下此或堕贼诱而死，或矢尽援穷而死，或烈风猛雨挫而死。死虽殊，而忠义之心则一。君子嘉其心而已。愚也拙也，曷计也。若夫成功，谈何容易！非智不谋，非勇不力，彼其视死生若昼夜代乎？前而目不为瞬，神不为怵，固与死事，同一志量。夫然后能犯大难而成大功，彼肉食者心如木椎，气如缩蚓，欲以成功，岂不难哉！世言烈胜于功，果功矣，何愧于烈？两者实未可轩轾也。王言、张成，劳迹最著，张温、张杰数人，虽乏马上勋，而能筑堤渠以捍灾，修城卫以壮围，其行事亦足纪焉。余则碌碌素餐，生死靡效，漫饰之曰"恩威并著，寇盗屏息"，欲以夸示来祀。余闻吹竽者，一一听之则逃，听于雷而逃者众矣。夫安敢滥收之也。

雷州府志卷之十九　贞女志^{贞烈}^{贞节}

笄帼之德，不闻于外。惟节烈者称焉。此非妇若女之幸也。然正气凛然，与日星争曜，丈夫怀二心者视之愧死矣。海滨闺阁，铮铮铁中，可令湮灭不彰乎？故传之，以励女贞，并风须眉者焉。作《烈节志》。

贞　　烈

王妙璘，海康王谷荣女也。赋性沉静。元至正间，猺贼寇雷被执，将犯之，妙璘骂不受辱。贼驱之行，乘间诒贼，投水死。

周氏，海康朱克彬妻。彬丧无子，氏少有婉容。茕独无倚，虑不免父母之命强暴之逼，遂随夫后自缢死。邻里哀之。

柳氏，徐闻魏乞妻。成化元年，猺贼流劫村落，柳年十八，被掳。贼怜其姿，欲犯之。柳给贼云："从汝何难，第吾父有奇术，尝能自作银纳井中，今宜携与俱。"引至井，遂投而死，群盗慌愕。

庄氏，海康吴金童妻。吴世居邑之荐洲里。成化初，猺贼害甚。六月间，值新会县民刘铭、梁狗同卖谷海康将还。吴祁与其弟金童携家避寇，附铭舟至新会，止于铭家。庄年二十二，有丽色。铭屡挑之，庄不从。铭与狗谋曰："妇水性耳，所不即从者，以夫在也，盍斥诸？"时吴祁佣工于外，九月初八日，铭与狗驾船一只，假以出海捕鱼，拉金童同行。至二更，二人缚金童，斫其脑扑杀，投尸江中。时江滨民关道安闻金童叫呼，欲救不果。铭归，佯语庄氏："而夫风急溺死。"庄不信，强犯庄氏。庄氏拒益力。日自号天呼哭，难获夫尸。十五日，金童身躯浮铭门。庄出汲，识为夫尸。视之斫痕藤缚宛然，知铭与狗谋死状。号哭回，力不能报，乃自梳洗，抱三岁幼女至江边。先投幼女于水，即自扶夫尸投水而死。三尸随潮上下，旋绕铭门。邻人李逢春买棺收葬。铭夜潜发其尸，弃之大海。吴祁自外归，得弟尸于海滨，乃诉于官。儒生李启、李蕃及关道安等，争述庄氏节义事。并士人吊哭，诗章上之，遂捕刘铭、梁狗于狱。讯实吐伏。审录员外郎冯俊，特为具奏上，令有司即诛铭、狗，枭首示众，旌表庄氏。刑部尚书陆瑜奏李逢春等收葬三尸，诚为义举，今遭发掘，宜命有司即处窆之。立石，大书其夫妇姓名，以志永久，诏可。乃建祠于新会之南门，名贞烈祠，仍行原籍，一体表扬，士大夫咸有诗以挽。至嘉靖丙戌，雷守杨表，复建亭于阜民桥南，立碑纪之。_{此传查国朝《宪章录》及刘铭原招所纂，事体近真，冯彬及杨表俱有传，中有文异，今不必载。}

陈献章《挽庄节妇诗》

节妇有此庙，千年亦不磨。世方逐蔡琰，吾甚敬曹娥。

淫盗死殊色，良人殁逝波。江翻练裙带，激烈有遗歌。

〇盗贼轻人命，纲常杀此躯。也能作厉鬼，不问葬江鱼。

骨肉他乡尽，英灵此庙居。乾坤不朽事，持以报君夫。

〇痴子啼复急，良人暮不还。彷徨妾心悸，负儿出门看。

死者为妾身，暴尸门外湾。匍匐往视缚，割裂肠与肝。

苟能截仇领，何事空摧①残。稽首告青天，饮恨赴奔湍。

湍水照妾心，湍月照妾颜。妾恨何时终，岁岁如转环。

黄氏，徐闻人郑浩妻也。浩死，黄抚遗孤事舅姑尽孝。里有豪陈粪者，悦其姿，强委禽焉。黄不可，粪乃逮其舅姑于讼。黄曰："天乎！舅姑何罪，妇人之义从一而终，奸人以吾故，而辱逮舅姑，恶用生为？"遂扃户缢而死。

何氏，海康生员吴仕价妻。年二十一，价死，哀毁瘠立。食贫矢志，誓不再醮，垂十余年。无间富民黄文宽嘱媒谋夺其守，讼之于县。比赴县门，抽刀自刎而死。海北南道许孚远，悯其烈，旌之。

邓氏，徐闻廪生陈大宾妻，邓邦基从女弟也。嘉靖庚申避贼，匿于新

---

① "摧"，原文为"催"，据文意改。

仓窟。贼搜而出之，邓氏抱树曰：“吾得死所矣。”驱之行不从，刃其左臂，厉声曰：“吾臂可断，志不可夺!”贼复刺其胸而死。乡人翟老时被掳，目击其事，后脱归，遍告于党里。有司廉其实，乃旌之，扁其门曰“贞烈”。其夫大宾，徙居锦囊。倭寇犯城，亦御敌而死。夫妻忠节真希觏也。

黄氏，徐闻郑三妻。产二男一女。夫病笃，与夫诀曰：“汝死，我必从之。”及死，黄哭三昼夜不辍声，殓毕，辞兄嫂曰：“所倚者夫也，夫死吾何生为？善为我抚儿女，吾目瞑矣!”言终入室自缢，嫂追之无及矣。县令张师益率里老祭之，闻于监司，旌其墓曰“贞烈”。

黄氏，徐闻生员黄德炫女也。女许于生员邓宗昌，未字而昌故。女年十八耳。讣至，女哭欲死，守父命不克，奔昌丧，退为之服妇服。昌母及门慰之。女衰绖而见，称未亡人，拜泣倒地，奉昌母曰姑。母归，母遣人馈门不辍。洎[①]得昌葬日，女返室自缢，是正宗昌掩土时云。乡人尚其烈，事闻府道，各委官礼祭之。

外有黄氏，徐闻县庠生钟天精妻。天精在外，妹夫劳廷荐宿于家。夜乘间蓦入黄氏房，强逼之。据天精告词称，氏夜摸两袖而醒。次日赶天精至家，白其事，天精慰之。又次日，与姑有言，自缢死。一时诸生艳其事，竞为文祭。天精告于县府，廷荐拟辟。

○按：黄氏义不辱身而死，其事可嘉。然不死于次早白夫之时，而死于又次日姑言之际。似有一段迟回光景。语之于烈，果当情否？今徐邑议论异同，事系纲常，不敢没人善行，亦不敢随声附和。日久论定，姑留以俟。

贞 节

谢氏，遂溪县任教谕陈衡妻也。衡故时，谢氏年二十余，誓不再适，始终节操靡渝。洪武十九年，知县张昭奏旌其门。

陈氏，海康林显妻。归未几而显亡，时年二十。守志不渝，事舅姑以孝闻。洪武二十一年，旌其闾。

黄氏，海康邓九成妻。年二十四始归九成。又一年而九成死，遗腹生一子曰“坚节”，事姑至孝，育子俾之成立，人无间言。洪武二十三年，郡守吕智以其事闻，赐旌表。

李氏，海康佥宪李璇女，妻于同邑知县张昊子履，生一子能，未周岁

---

① “洎”，原文为“泊”，据文意改。

而履卒。时李氏年二十五。抚其孤，誓不再嫁。成化初，郡罹兵燹，时辄饥窘。李氏躬纺织，养子成立，节操不移。弘治间，知县林彦修具舆论以请，郡守陈嘉礼核而申之，旌表未及。

饶氏，海康举人符王卂妻。年二十四而王卂故。生一子曰孟夔，誓无他志，事姑教子惟谨。平生无疾言厉色。成化庚子，里以其事白诸提学赵瑶，未及奏请而赵卒。

冯氏，海康任通判冯世华女。适生员孙兰。年二十夫故。生一子曰继宗。舅孙鉴以事累，家耗业尽，氏勤女工以赡舅养。历艰苦，贞操益励。舅故，葬祭以礼。非婚丧大事不出梱门。年六十一，里老暨两庠诸生举其事，按院刘会、督学陈鸣华俱给扁帛旌之。^{继宗后官至坐营郡司。}

贺氏，遂溪县民贺中和女。适遂溪民张谦。年二十五，谦故。遗腹五阅月，始举一子。时流贼压境，窘迫之甚。众劝其改适。贺誓不二心，孝事舅姑，老而愈笃。成化庚子，父老陈光大等白其事于督学赵瑶，已核实，欲请而旌之，未果，而督学卒。遗腹之子璲，娶妇陈氏，年二十六，而璲故。门祚衰零，陈氏孀守，与贺无异。一门双节，尤为罕觏云。

冯氏，海安所千户徐辅妻，千户冯高之女。夫故氏年十九，遗腹生子四元。孀居抚养，闺门整肃。比子长而袭职，人尤罕见其面。弘治七年，巡按熊核实，欲奏而旌之，未果。

朱氏，海康罗端妻。年二十岁，生一子而夫亡。性寡言，日夜惟事纺织，不越外户，守节四十余年。周旋一出于礼。成化间，郡守黄瑜迹其实以闻，表厥宅里。后郡守魏瀚复刻石，命其子罗彦卿，竖诸门以褒之。

陈氏，徐闻监生廖章妻。年二十夫丧于京邸。陈鞠庶男廖忠，誓不再嫁，孝养舅姑，乡人贤而钦之。知县郑普作诗以奖。弘治甲寅，巡按熊至雷，郡父老具以闻。熊核实乃奏而表之，年六十八终。

陈氏，海康民吴鉴妻，年二十二鉴故。遗腹一子曰威。时避寇于城，饔餐莫继。每有食必先舅姑而己后之。攻苦无二志。寇平还家，节操靡渝，年逾八十而卒。

何氏，海康廪生陈时雨妻。生男治纪，甫阅月而夫故。时年二十二。姑老子弱，贫苦无依。氏矢志孀居，纺绩以给。奉姑育子，始终靡玷。姑殁，典衣殡葬。两学暨乡老呈其事于有司，按院潘季训、蔡吉，连旌其门。

黄氏，徐闻庠生刘桂妻，黄元聪女也。年十八适桂。性勤俭，睦于姒娌。逾二年，桂应试卒于省。无子讣至，黄哀泣欲死，誓不再适。纺绩自给，宗族怜之。嘉靖己酉，里老暨诸生呈于督学蔡，廉实行奖，扁其门曰"贞节"。终年六十七。学正黄澄诗以嘉之。

彭氏，遂溪诸生程明德妻。德故时，彭氏年十九岁。哀毁骨立，居丧以礼。事姑陈氏至孝，姑悯其早寡，屡劝再适。彭氏屏食，以死自矢。嘉靖二十八年，表其闾。

李氏，海康吴一夔其妻，太学生李璘女也。归二载而一夔故。李年二十，遗腹举一男曰启东。誓无他志，勤绩纺以奉舅姑，虽至亲罕见其面。舅姑亡，哀毁瘠立，典衣殡葬。亲自筑坟，观者无不感泣。嘉靖四十三年，御史陈道基、督学樊仿，表其闾。氏终年六十五，莫天赋为之传。

李氏，府学生员黄组妻。年二十一孀居。哀毁，矢志无二。虽寒暑坐卧不离夫柩。育子以至有孙，抚之成立，始终一节，年七十七终。

冯氏，海康举人张德妻也。年二十四，孀居，守节，事姑训子，始终靡玷。两学请表其闾。

唐氏，海康陈一魁妻。年二十二夫故。无子。孀居守节，哀毁骨立。时有祖姑何氏、姑杨氏，相继寡居，垂老无措。氏纺绩以供。比祖姑、姑故，典衣葬祭如一。抚按扁书"节孝"旌之。月给米帛，以资其养。

陈氏，海康典仪吴启东妻，监生陈廷璋女也。年十九适启东。越六载而启东故。有子兆元、兆亨，茕茕在褓。氏矢志苦节，织纫度日。子长隽于庠，母之教也。孝事寡姑及终，葬祭一以礼。三世祖柩，典衣鬻珥以殡之。始终完节，绝无瑕玷。姑李氏先以节孝旌，陈氏继之。一门双节，季世所稀。御史刘会、督学陈鸣华，俱给扁以旌其闾。

曹氏，海康陈爵妻。年十九，爵故。孀居茕守，绩纫以度。有遗腹子，哀抚成立，节操至老不渝。两学具请，两台给扁帛以旌之。

顾氏，应袭指挥孙英妻也。年二十一夫丧无子，哀毁成疾，事舅姑孝谨。舅以官赃逮于狱，氏罄产并脱簪珥免之。甘贫茹淡，秉节靡移，年六十一终。当道闻其事，扁"节孝"以旌之。

陈氏，徐闻庠生冯相妻，陈嘉谟之女。相少孤，刻意于学。氏复将顺之，以成其志。甘贫处婆，夫妇敬待如宾。相卒，陈年十九。有子文焕二岁，次文炳遗腹生。家贫甚，内外难之。陈矢志抚孤，节操愈坚。年四十五卒。邑人哀之。巡按洪觉山按郡廉实，给贞节扁，以表其家。

陈氏，徐闻庠生陈克昌女。年十四归庠生黄凤采，生一男二女而黄卒，陈孀居抚孤，伯叔咸不利之。每欲改嫁陈，而渔其产。潜嘱外人，累以赋役，亲疏煽祸以惧之。陈又无所倚，外弟陈万达、外舅邓廷钰，虽扼腕其事，然皆畏缩，莫敢撄其锋。陈励志弥坚，纺绩拮据，迨孤渐长，而家难乃释，卒年六十。

谢氏，锦囊所千户方坚妻，百户谢晖女也。年二十四，夫阵亡，无子。家贫守节，巡道邓核其实，以例月支俸二石，以优养之。知府王秉良移县勘结，未及奉请而终。

黄氏，遂溪县生员陈一德妻。德故无嗣，氏时年二十一。矢志守贞，始终靡渝。乡里以闻，旌之扁额。

陈氏，遂溪张锺灵妻。年十九，夫故。遗腹生子曰守礼。孀居守秉，至老不渝。隆庆戊辰，里邻具实以闻，抚按司道给奖。寿一百一岁卒。王按院嘉其节，而助之葬。守礼事母，亦以孝闻。龚按院复给冠带，以褒之。

莫氏，遂溪生员臧观义妻。年二十一，观义故。遗腹子曰自新。孀居守节，抚孤成立。万历十五年，里老具呈按院蔡梦说、提学郭子直核实奖之。年七十终。

林氏，海康周谐妻。生男昌运，甫四月而谐故。林时年二十二。矢志守节，翁亡，事姑尽孝。足不越捆外，而姒娌之间蔼如，抚昌运成长，且训勉之。昌运事母惟谨，尝列庠序，以冠带侍养。万历十八年，里老举其事于有司，移学会议，佥谓林氏节守明确，按院刘给扁帛奖之，至二十九年氏卒。

林氏，海康曹璟妻也。年十七适璟。生男正纪。年二十三而璟故。氏甘贫守节，誓死不嫁。舅姑卒，纺织以殡。抚其孤俾成立。数十余年，幽贞无玷，郡以其状闻。万历二十九年，军门戴耀、御史李时华、督学袁茂英，前后给扁旌表，终年八十有二。

陈氏，海康徐廷秀妻。逾二年生子显宗，甫五月而廷秀故。陈时年二十。誓不再适。事嫡姑谭氏孝谨，抚显宗长，娶李氏生孙希孔。七岁时而显宗亡。陈又抚希孔长，娶宋氏生曾孙上进，九岁时而希孔又亡。陈暮龄与孙妇宋氏，苦意抚上进至长，有声簧序，三世零丁，竟昌其祚，陈之力也。卒年九十。府县核实屡褒之。

曹氏，海康曹泉之女，陈奭媳也。先是，奭娶黄氏生男尧道，三岁而奭亡。黄氏守节抚尧道，聘曹氏为尧道配，比将亲迎，而尧道逝。时曹氏年十八，步行至陈家，守尧道丧，誓不他适。养祖事姑勤谨，六载如一日。姑媳双节固难，而曹氏未经夫面，甘守夫节尤难。虽末路尚遥，而真诚可谅。里长谢良佐等据实以呈，监司府县屡加奖励。

论曰：

天地有正气，女得之为贞操。故节烈难，节烈于滨海尤难。然海康之黄未经夫面，往守夫丧；徐闻之黄，夫亡而服，夫殁而缢，此等正气，即中土廉节之乡，未易见也。程婴、杵臼，两人难以轩轾。此则无孤之可立，俟服终而一瞑，又两人之所未有矣。呜呼！二贞女者，岂非千古间气哉！余或从容寿终，或慷慨自尽，久速虽殊，归洁其身则一也而已。国家有旌节之典，贞女介性，何知近名，惟是阐芳励幽，礼不可缺。雷女被旌者少，未旌者多。隐遏不彰，谁之责也？岂不幸而生于海滨，而朝廷遂遐遗之乎？岩兰涧桂，不为人芳；清风播之，闻者自远。贵室贞淑，不请而彰。村孀野媪，闻亦弗省。怀清之台，岂不恤其纬者所敢希哉！正士贞女，万古一心，吾为司激扬者望之。

雷州府志卷之二十　艺文志^{御制　表　记}^{序文　诗}

探文于雷，犹指崖而索璧也。然崖实产璧在，所索之雷文，唐以上无所考。有之自宋始。今不必宋而宋，其遗也，汇而搜之，而雷文尽是矣。作《艺文志》。

文①

《御制学碑文》

朕亲御路朝，首兴教化。士风所系，尤务作新。比年以来，习尚浇漓，士气卑萧。纯厚典实，视昔歉焉。岂涵养之未充，抑熏陶之或阙。咨尔训迪之职，毋拘内外之殊，各究乃心，俾知所向。矫偏适正，崇雅黜浮，使人皆君子之归，如古者贤才之盛，副予至意，惟尔之休。

表

宋苏辙《到雷谢表》

臣辙言：臣先蒙恩责降分司南京，筠州居住，于今年二月内，又蒙恩责化州别驾，雷州安置。已于今月五日至贬所讫者。谪居江外，已阅三年。再斥海州，通行万里，罪名既重，威命犹宽。臣辙伏念，臣性本朴愚，老益猥鄙。连年骤进，不知盈满之为灾；临出妄言，未悟颠危之已至。命微比发，蚌积成山。比者水陆奔驰，雾雨蒸湿；血属星散，皮骨仅存。身锢陋邦，地穷南服，夷言莫辨，海气常昏。出有践蛇茹蛊之忧，入有阳淫阴伏之病。艰虞所迫，性命岂常。念咎之余，待尽而已。伏惟皇帝陛下，仁齐尧舜，政述祖宗。日月之明，无幽不烛。天地之施，有生共沾。怜臣草木之微，念臣犬马之旧。未忍视其殒毙，犹复俾以全生。臣虽

---

① "文"，原文如此，应保留原貌。

弃捐，向叨恩遇，知杀身之何补，愿没齿以无言。

记

郡守陈大纪《题名记》

题名记，郡县皆有。所以书守令之名氏，与岁月之差次者也。海康实桂林之象郡，在梁为合州。唐贞观中改为雷州。五代乱离，刘陟跨有其地。皇朝开宝初，平岭南，州复如故，置守土之臣，三年一易。元祐三年春，右朝奉大夫知军州事沈公达，悯此郡独缺题名记，因访前人之迹，乃寂然无闻焉。历考案籍，复不全具。郡有进士杨直者，年八十余，颇精明，善记旧事。一日访公云，自收筱以来至今为郡者，三十八人。公因得其官次名氏录之。虽缺落固多，第嘉直之意，尽其所记，书刻于板，以告来者。至建炎三年秋，知海康县事文林郎董公缙谓，雕之于木，恐易腐朽。遂模其姓氏，易刊于石，庶永其传。逮乾道三年，郡守右朝散大夫萧公犖，虽曾易刻，缘旧石粗恶，匠者卤莽，镌磨不虔，字画漫灭，文理断绝，已不可辨①。予因公暇，再命善工，精加砻错，刻而新之。并录前人立石颠末于右，庶有考焉。宝庆三年丁亥十月望日，合门舍人知军州事东瓯②陈大纪记。

宋郭梦龙《雷州府学登科题名记》

国家三岁一举士，士挟所长，战艺于京师者以万计。至上其第于太常，则往往惟中州为盛，岭以南仅一二焉。岂地之生材尔殊哉！或者功名否泰之机，其消长有候耳。比年以来，雷之文士，日益振乡曲之英，联镳西驰，殆风作而气使之。岁在丁未，州学正陈宏甫果以经学第进士，是正郡博叶梦材典教也。越明秋，叶郡博成满，梦龙以及瓜至视篆，甫一月，宏甫亦以衣锦归桑梓，与有荣焉。同志者谂余曰："是雷之盛事也，欲镂石以纪氏名，可乎？"余跃然曰："昔刘蜕首以荆州乡举取科，邦人称之，为破天荒。既而举不乏人。今宏甫亦雷之破天荒者，继自今，源源相续，其视丁未进士榜犹增光焉。合碑于学，以待来者。"众曰："诺。请为纪之。"予不能逊其责，于是乎援笔以书云。淳祐八年记。

---

① "辨"，原文为"辩"，据文意改。
② "瓯"，原文为"欧"，据文意改。

宋张纮《思亭记》

甲午至和改元之岁，春三月，予受命捧符于雷。因目郡之艮，有堂曰"宴寂"，堂之北有亭曰"嘉会"。岭表雷阳尤热，常以朝衙。吏退乃食息于堂，憩安于亭。镇日纳凉，而无倦怠。以至披玩典籍，撰合药饵，无不在斯。讼庭闲然，吏亦归食。

一日，四顾周览，乃命芟去芜莽，完葺墙壁，退而叹曰："阖境生聚，仅三万，何政闲事简之如是耶？"因思而得之。擎雷去上都几万里，海隅风气与中叶向异。然而田畴盈眺，绿荫蔽野。民居其间，凿井耕田。以食以养，日晡为市，市间有廊，各贸有无，交易而退，所以泉货少流于民间，民亦少贮于财货。故其俗得乎直淳之性也。自汉降附之后，居斯任者，但守职属班，诏条而已。故其官绝无劳扰之事。然则简者无他，良由民性真淳，官无劳扰耳。以此常惧海滨边俗，急之则散，慢之则怠。散则怨生，怠则妄起，宁无思乎？故俯而思之曰："政简则身闲，身闲则心纵，心纵则放逸，放逸之生则无所不至矣。"或耽于燕饮，或务于嬉游，或任于性情，或肆于凌侮。千状万态，率由滋生。固惟思乎诗曰，"思无邪"，易之艮象曰："君子以思，不出其位。"既济之象曰："君子以思，患而豫防之。"季文子三思而后行。今予之为也，或偶燕乐心驰体恣，得不思夫无邪者乎？居官守职，不陵不援，得不思夫不出其位者乎？专断民政，临事裁制，得不思夫患而豫防者乎？总此三者，存于心，得不三思而后行乎？

予昼居于是，宴食于是，聚同僚于是，事无巨细，盍研诸虑而审思之。因谓同僚友曰："吾侪同官异乡，各逾万里。苟能以是常志于心，虽天门辽夐，亦何悔吝之及焉？吾侪勉之！"皆曰："已闻命矣。"于是革其亭，扁而名之曰"思"，革其堂，扁而名之曰"燕食"，亦欲垂戒勖，不忘于心也。亭之建，自有梁记，故不志。独志其名亭者，幸无诮焉。

宋张栻《思亭后记》

皇祐四年，朝论以黎人不宁，择可为雷州者。有言曾大父豫公久佐四边，熟兵事，急命往守。自四明以数百兵转海，至寇盗平息，乃以闲暇，时延见长老，诸生授条教。始雷俗未知礼逊，长子之子常为长，易数世之后，至叔父反拜犹子。公论以长幼之序，亲疏之仪，悉革其旧。又为增治城垒，行田积水为长久计。雷人爱敬之。召还监都奏进院，年逾六十，即以殿中丞致其事。自号希白先生。今宋集中有《修城》及《西湖》、《思亭》三记，皆为雷时所作。而独思亭之存。后百十有五年，公之曾孙栻敬书以授知雷州庐陵戴之邵，且属为访旧制存否，或可以补其缺也。

宋余炳《贡士庄记》

贡士有庄，于古无考焉。思昔汉制有明当世之务，习先圣之术者，县以次续食，令与计偕，时异事殊。有可为续食计，正不拘乎古。圣朝重进士科，名臣硕辅，率此途进。自建隆贡举以岁，至嘉祐易以间岁，治平定以三岁。中南宫者，天子临轩，亲以赐策。故诏书一下，四海鼓舞，上登科甲，九族光彩，人知其足喜也。然吴棹越船，不能无水，而浮清虬赤螭，岂能无云？而蚩成人之美者！视此必加之意。

雷，古南合，濒海地也。风景不殊中州，士生其间，尚气节，研义理，习词章鼓箧，近千人书于乡者六，至题雁塔破天荒，犹有所待。扶舆清淑之气，岂以地之偏而啬于人乎，抑去天远而人自啬之乎？适千里者，聚粮于三月，此则往返万里矣。邻郡若琼举士以六月，此则无异王畿矣。去取才决，促装稍缓，重茧且不及期矣。有负郭者固不问，以笔耕者得之，中含生意尚同枯槁，盖有辍其行者矣。粮绝于陈，子路愠见。自非有器识涵养，鲜不阻挫于斯。永嘉薛侯来镇是邦，政以爱民为心，事以崇儒为务。凡可激扬清风，变移流俗者，兴旧举废，彰彰在人耳目。岁在己亥，颍滨祠成。十月朔日，衣冠毕集，深念贡士之庄，旧有而寖微也。慨然谓诸生曰："七亩之田为价千缗，出以为众，是吾心也。适今府库之入，视昔差减，郡当其半，余萃众力。"乃辍钱五十万，诸生鸠合亦如之。贸易膏腴，鳞载于籍。主以学官，掌以前廊，会以司计，积二年租，可如郡所出敷，合元来之息，盖为钱六十万。猗欤盛哉！夫士犹兵也，文场犹战也。士饱而歌，前无坚敌者，气全也。故文以气为主，未战当养其气。今侯斯庄之辟，是先养其气也。气盛而往，平时所喜贫。约不能厄远，役不能摧继。自今登高科，跻膴仕，当彬彬辈出。薛侯吹送之惠，岂可以世数计哉！虽然计贡之贤否，州之荣辱关焉。士之自养，可不知原委所在。

今乡邦所尊，如丞相寇公，为国元勋，门下侍郎苏公，立朝忠鲠，照耀千古。学者山斗，固当景行服习，不间朝夕。以此立志，以此立言，积久用宏，可为瑚琏器，可为宗庙材。是为无负于贡士之微意。若徒曰取青紫徼利禄而已，非予之所敢名。侯名直，名字愚叟，而炳乃门生也。诸士友有情，辞之不可。于是乎书。嘉熙四年正月上元日，从政郎雷州府学教授临川余炳记。

陆升之《梦归堂记》

绍兴乙亥岁十月七日，余触祸徙海南之滨。始由富濑沂桐溪，观岩子陵钓石，拜祠堂，道江东，西渡章贡，逾大庾岭，过苍梧山，想有虞之遗风，叹韶音之不作。沂流祇容南，访勾漏，徘徊久之。凡阅四月，历六千余里，然后抵海康。郡太守赵侯哀其穷，馆余于驿。余罹罪不敢，舍而僦张氏屋以容其躯。屋之西有隙宇弊甚，又丐于主人，因而葺之。乃植弓蕉桃竹，拒霜黄花于前，以观风雨寒暑之变。一日，读柳仪曹《归赋》，慨然有感，因名之曰"梦归堂"。

会前编修胡公邦衡自崖而返，请隶三大字榜楹间，梦归之胜，遂传一郡。余少时惟知读书掇科第，窃升斗以养，幸而得之，则从事于四方。日力尽于奔走簿书之间，略无毫发之善，使人称道。及被恶名，削籍囚丑地，乃遗吾亲以无穷之忧。每一念及此，岌若刀锯铁钺薄于四体，未尝少宁。甚愈则如缚得释，如病得愈，醉梦堂上，一梦无何，不知江山路道之邈，身归故乡。族处弊庐，侍旁婆娑，轩渠一笑。天下之乐，其有逾于此乎？虽京师卿相之贵，不以易也。既觉惘然。向之戚若相摄，寻复相舍，故余之忧适中半耳。试以语客，而有笑者曰："炊黍之倾而南柯之迹陈矣。人之生世，孰非梦也。子以今之归为梦，则子之戚戚于中者，顾以为觉耶？"余应之曰："《列御寇》有言，辨梦觉惟黄帝与孔子。余惟不闻道陷兹，顾何足以知之，姑以名吾堂而愿学焉。"客曰："唯。"遂识于壁间，以遗于有永。

宋文天祥《十贤堂记》

国家自天禧、乾道迄建炎，百五十年。其间君子、小人消长之故，凡三大节目，于雷无不与焉。按《雷志》：丞相寇公准以司户至，丁谓以崖州司户至，绍圣端明翰林学士苏公轼、正言任公伯雨以渡海至，门下侍郎苏公辙以散官至，苏门下正字秦公观至；枢密王岩叟虽未尝至，而追授别驾，犹至也。未几，章子厚亦至，其后丞相李公纲、赵公鼎、参政李公光、枢密编修胡公铨，皆由是之琼，之万，之儋，之崖。正邪一胜一负，世道与之为轩轾。雷视中州为远且小，而世道之会，乃于是而观焉。

我皇庆之九年，诏太常寺簿虞侯应龙知雷州。侯，雍公曾孙，有文学。凡登朝，必与史事，诸所斧钺，得《春秋》大旨。植之风声，尚有典刑。其至雷也，考图牒，访耆老，顾瞻愁，如有怀，乃黜丁氏、章氏。自莱公以至澹庵，凡十贤，为祠于西湖之上，使海邦兴起前闻一辨皂白，知所以劝。敬贤如师，疾恶如仇。侯所为岂刀笔细故哉？

嗟乎！雷何地也，诸贤冠冕于此，俨然而威。自太守诸生以下，敬仰升降，制币荐奠。人有常言："惟是风马牛不相及也。"诸贤何以得此于南海，南海何以得此于诸贤哉！噫嘻！盛德事也。祠经始于九年十月，落成于次年正月。侯谓余同馆，走书数属余记。余不敏，叙其凡。复为迎送神词，使祀则歌之。诗曰："飙风起兮云黄，万里兮故乡。桃菀兮不祥，何怀乎斯宇兮，惟独此众芳，五岳为质兮三辰为光，保有国兮万年其昌。"[①]

元廉访司《题名记》

风宪之司，耳目所寄。彰善瘅恶，烛幽显微。察事几于无门，征奸究于未着。式是百辟，绥厥庶民，责任顾不重欤！钦惟圣朝，混一区宇，建立省台，以总庶务。大小相维，内外相制。典章文物，灿然有条。尤虑四海之广，兆民之众，承流宣化，岂尽得人？

至元十六年，各道立提刑按察司，以海北海南六路三军一州为一道。至元二十八年改为肃政廉访。大德元年合于广西。而去天万里，地广事

---

① 点校者刘世杰按：另一版本结尾与上文稍异，录之如下：我祖宗待士大夫，忠厚而有礼，稽诸司，败岭海则止。此事上配帝王，非汉唐所及。虽施之奸回，容有伤惠。而贤者失路，靡不获全。祈天永命，万有斯年。噫嘻，盛德事也，祠经始于十年九月，十月吉日落成。侯谓予同馆，走书数千里至赣，属予记。予不敏，叙其凡。复为《迎送神辞》，使祀则歌之。辞曰：飙风起兮云黄，万里兮故乡。桃菀兮被不祥。何怀乎斯宇兮，惟独有此众芳。海可竭兮神不可忘。五岳为质兮，三辰为光。保我有国兮，万年其昌。

繁。谋度咨询，劳能周至。大德六年访复其旧。由是吏知所畏，民瘼稍苏。泰定丁卯，宪副亚中田泽、佥事承务郎李公恪、幕长承务郎戴文璧、知事从事郎郜思恭、照磨将仕郎袁至善、同寅协恭，兴滞补废，独题名尚阙，乃相与刻石于肃政堂之右。自开司迄今，官之莅是者，悉书之，使千载而下，昭然日存。至其行事立心之臧否，虽去之已久，然是非之不可掩。则有非石之所能言者。姑志其岁月姓名云。

泰定四年九月六日立石。

元徐容《丽泽堂记》

丽泽斋者，雷阳博士燕居室也。厅旧有扁不存，今莫公以道升广文之席，复扁其额，与诸公讲习，以见教思之无穷。伟哉！夫两物比附为丽，众流潴蓄为泽。八卦之象，泽属于兑，故为丽泽。两泽相倚，浸灌兹益，彼得此以相涵，则满而不盈。此得彼以相济，则润而不枯。此二者，会聚汪洋，无间彼此，皆附丽之功也。君子以同门之朋，合志之友，相劝为善；相摄为威仪；相悦以礼义。凡有所未知，则相与讲究，而道愈精。有所未能，则相与习熟，而业愈固。更唱迭和，而无彼我之间，是亦两泽附丽而互滋润也。

夫苟私立畛畦，违弃绳墨，堤防不固，而有渗漏之隙，奔溃四溢，而容受之量不充，则非丽泽之象矣。岂朋友讲习之道哉！莫君丽泽之名，追配前贤之迹，俾诸生于仁义礼乐之中，优游而潜化，渐消于道德教育之内，沾溉而混成。师得其所以教，子弟得其所以学，两无愧矣。况乎学校，乃讲习之地，教官又讲习之师，身居人材之渊薮，而为流辈之模范，谓之丽泽，实称名矣。莫君余所知，常嘱余，乃演绎并吟咏之以诗。曰：

"重湖天开，日月合璧。上摩苍穹，下归无极。万象泓涵，浸注充斥。鱼跃鸢飞，上下昭格。兑象为泽，两兑为丽。法象君子，朋友攸萃。诵诗读书，以讲以习。彼己相须，难疑问答，取正硕儒，教学相长。诚意感孚，瞻言丽泽。薄采藻芹，君子居之，馨香孔纭，载瞻丽泽。菁菁者莪，君子居之。人才盛多，涵泳圣涯，翱翔学海。见善则迁，有过则改。讲习在友，友分损益，益者当亲，损者当斥。崇术立教，以友会文，孰其尸之。师严道尊，人材林立。仰配河汾，经义治道，湖学永存，勿谓遐壤，人心则同。莫君茸之，斯文以崇。斯文以崇，复于古风。"

袁潭《伏波将军庙记》

阴气复回，必发为震霆。神功湮渝，必腾为光怪。崇功茂绩，久翳则增明，其汉伏波路公之谓乎！初武帝有事于匈奴，公以右北平太守，从骠骑王捣金山，斩首捕虏二千七百级，以功封邳离侯。南越尉任陀之死也。越王胡有归汉之志。元鼎四年，诏以谏大夫终军宣辞于南越公。以卫尉将兵屯于桂阳。明年，以卫尉为伏波将军讨吕嘉之叛。公自桂阳下汇水，与楼船将军杨仆会兵，俱至番禺。越人乃城守。仆方力攻，纵火焚城西。公遣使赐印，以招徕之。越人素闻伏波名，于是悉城来降。不烦一阵，遂开九郡。饮马于儋耳，焚舟于琼山，示弗复用兵。所以宣畅王灵，威加海宇，德被黎庶者，固宜纪之太常，铭之钟鼎，有闻于无穷，而血食于后世矣。

惜乎！太史公不为立传其事，则既见于他文，固已可惜。东汉建武马公文渊讨女子侧贰之乱，亦命之曰伏波。盖追前所已成之勋，托之名以惊动群听耶。文渊长驱苦战，安靖五溪，足以继公无愧，而谓复出于上，不可也。公开九郡于其初，文渊破二女于其后，其功同，其名誉同，其有德于远人又同，则其血食于此方，宜其无异也。海滨之祠，不载其创立之年，后世亦莫知为谁。中间尝请于朝，锡之王爵，记事者始以为公。俄有以为文渊者。其后有识之士，考订遗迹，建别庙以祀。公再请于朝，亦命以王爵。公于是与文渊并驾无余恨矣。

绍兴四年，提点刑狱公事青社董公并按行诸部，南抵于海，涉鲸波宣上德意，往返叩二祠，怅然念公祠宇卑陋，独在一隅，不足以侈神灵而昭示无穷，思撤而新之。以语知军州事九江陶公尧夫，公乃手为规画，委兵马监押开封赵公价董其役，以七月一日聚工，落成于十有二月十有七。目二庙一新，重门双峙，庭宇寥豁，庙貌修洁，增广于旧数倍。

既成，以图来，公命宋台袁潭为之记。潭曰：自古有志于功名之士，或厄于下位，至没世而无闻，十常八九。功名不如意而不克终，幸而功适成于当时，可传于后世，又或不幸以疑似掩其名，不暴白于人耳目。天下事其不可必如此。然而士患志不立，不患功不成。功患不及于民，不患不传于久。公之声称几灭矣。一旦暴白，千载之下，如霆凌空，如剑冲斗，翳而增明，终莫之能掩。天下事可必者勉之，其不可必者听之，以待考古之士。有若董公倡之，陶公和之，忠勇之士莫不闻风而振起，亦足以补太史公之阙云。

冯翼翁《察院记》

有大力量者，必有大事功，此古今之确论也。夫事功之大者，非难。而力量之大，亦何患其事功之大哉！诚以毫察风宪之司，朝廷耳目之寄，必有力量之大者，得以任其重也。故有范滂之大志，遂能成其揽辔澄清之名。有张纲之重威，足以发其慷慨埋轮之气。是皆其力量之大，有以充拓之也。

海北海南道佥宪李公承务力任台阁，树之风声，今莅政阅三暑矣。诸弊悉更。与旧每岁监察御史巡历本道，素无公署，惟坐于肃政之堂，憩于宪幕之所。公曰："是何以隆台望，重国体也？"遂与照磨张公、宪吏诸贤协议捐俸，规度既定，乃建察院于宪署之上。力不劳于民，而办事不亟于役而成。凡一木之用，必计时估而售之。一工之费，必计日值以佣之。公暇必观焉。经始于致和之夏，落成于是年之秋。墉以崇台，翼以两庑，扁其台曰"澄清"，规矩宏远矣。观者有曰："濒海远在荒服，朝廷视犹畿甸。既设宪司以专其纠绳，复诏监察御史以访其声迹。是宜察院之建，而斯堂之所以得名也。"

然考之台有三院。曰察院者，则监察御史建焉。或制于松厅之称，或美以兰台之誉，皆其旧矣。惟建于台署，分于朝省外，而诸道未有也。今海北宪府首而建之，其所系岂细故哉！院成而御史继至，用能耸其观瞻，扬其风采，增辉于准绳之地者，顾不重与。若公之心，可谓无负于风宪者矣。夫今之为任者，率三岁而一迁。或者不数月而辄去，其视官舍犹邮传尔。能如公之用心者乎？盖公之无负于风宪者，欲求无负于台察，其无负于台察，欲求无负于朝廷也。推是心以往，于天下之事，公未有不可为者矣。由是知公之力量必有以大其用也。愿请记，坚珉以待来者。庶有以彰公之公也。

记者曰：今记公耶，记察院耶？若记公则何以为察院，亦所以记功也。愚请为察院记之，曰：昔人有云，大丈夫当正色之地，必当明目张胆以报国恩。终不为碌碌之臣耳。杜子美亦曰：结辈数人参错布天下，则万物吐气矣。请以是为记。俟后之观风者，将有所览焉。天历敕元戊辰仲冬吉日记。

参政四明王来《雷州府学登科题名记》

皇明混一海宇，四方万国咸建学立师，以甄陶士类，垂八十余年，文教之盛，比隆虞周，其遐陬僻壤，人皆弦诵。猗欤盛哉！且雷为东广名邦，虽濒海而民繁富。庠序之士，日相讲学，率勤匪懈，故出而应时用者，往往与中州等。岂非作养渐磨之久欤？自洪武甲子至正统戊午，士子登第者，皆题名黉宫之壁。岁久恐漫灭有不可考焉。吾乡戴君浩来守是郡，视此岂足以劝来学励后进乎？于是询诸同寅史键暨郡博黎鹏等来，请文以立碑，镌其名于上，以待来有志之士，顾不伟与！

于是，作兴学校，守令之事。化导生徒，师儒之职。然世之处是者，皆视为文具而鲜加意。今诸公崇重学校之事，乃职分之所当为。凡士之处乎是者，可不知所重哉！虽然，题名将以示奖劝也。题之于壁，不若题之于石。然石有时而泯，惟久而不朽者，功业文章，而名与之俱焉。继今士子勉所学，励所志，不图其名于石，尚图其久而不泯者，庶几吾党之望。庸书为记。

正统十年十月既望记。

《海康县学乡贡题名记》

朝廷建学，育才设科取士，三岁大比。考其德行道艺，而兴其贤者能者，所以隆治本致化理也。海康为雷郡附邑，士由学校而登贡举者，历科相望，视他邑为盛。固皆本乎作养造就之功，而亦士之无负于学校也。始学宫湫隘弗称，知县胡文亮、县丞王铨捐俸贸地而广之。于是，殿堂斋庑，以次善治，咸克完美。又以贡士题名碑，前此未有，将磨石勒之以励学校。于是偕教谕脱英、训导聂深方荣诣余，请文纪之。

余语之曰："进德修业，由士子之逊志何如，诱掖诲道在有司之躬行何如，题名何预焉？"文亮等进而言曰："凡若是，碑不作无害也。然寓劝惩之意，亦深矣。使题于碑者，他日建立事功垂休迈烈前，人将指其名而誉之曰：'斯人光于学校也。'如此，苟或制行奸回残虐，则人亦指其名而议之曰：'斯人玷学校也。'如此则凡列名之士，思以修其业，思以光其名，而咸知所勉励矣。"余曰："具是二者，碑其可不作哉！"遂书为之记。

许端弘 《遂溪县学科贡题名记》

人君任贤图治，必养之于学校，选之于科目。非学校无以为作兴之基，非科目无以为进身之阶。古昔用人，率循是道，考诸载籍，可见矣。洪惟我朝太祖高皇帝，恭膺天命，而混一四海。太宗文皇帝，绍述洪休而绥靖万邦。列圣相承，益隆文教。凡囿乎天覆地载之间者，莫不涵濡至化，而以遭时自奋为庆也。

遂溪为雷州之属邑，僻在海隅。土地风气之异，民俗习尚之殊，文章政绩之士，罔闻于前。兹幸际文明之运，瞻丽日之辉。学校之政举，人材之业充。自洪武庚午年迄宣德壬子，登桂籍陟显荣者，继不乏人。迩数年通而暂塞，亦理之常也。天顺辛未冬十月，雷郡推官丰城徐侯，清以儒术发，身以廉颇守职。因督公务至邑，首谒先圣庙，进诸生讲解毕，慨叹曰："圣天子夙夜匪遑，求贤辅治。尔诸生皆秀发明敏，熏礼让而服诗书者，前哲之绳绳，而后进之泯泯，盖激励之未至，感发之未深尔！"亲列科贡士名氏，始书于壁。寻易以版。岁久漶漫，字不可辨，乃谋诸县佐黔阳杨忠等砻石而纪载焉。仍虚下以俟来者，俾诸生出入起居，仰既往之休光，思承绍之美迹。而以策名科第为荣，驰骋遏轨为勉，诚感人默悟之机也。谓余忝教宜记之。

於乎！为政之首，莫重于学校。学校之典，尤在于奖劝。今徐侯之用心，可谓知所先矣。诸生能由此而奋厥志，则掇高科，膺阜秩以昭义闻者，不占其孚矣，皆是徐侯有以启之也。既塞而通，庸非理之常欤！虽然名题于石，固久于壁与版矣，然尤有久于石者，惟在乎立德立名，可以垂竹帛而传不朽。是虽坚不逮石，而光则逾于石。尔诸生毋弃以所学，毋规随而失令誉，庶无负于朝廷之作养，而徐侯与吾党之期望，亦不虚矣。姑记以待。

陆升之 《平贼碑》

绍兴三十年夏，陵钺、吴文精以卒叛，官军战不利。两尉死。告急于府，命成将以桂、邕、融、宜之师来，历三时连战，一裨将又死。贼张甚，朝廷札三司招捕转运判官右朝奉大夫两与邓公冒瘴暑，逾千二百里，视师号令，始震士首敌。五月辛卯缚两酋，槛送府下。俘馘三百，纵其万人，给之田。雷、高、化三州罢警，民大悦。

惟宋受命薄海，内外罔不臣属。岭以南，去京师尤远。自交人侬智高伏辜，今百有余年，民不知战。靖康胡虏之祸遍天下，独百粤晏然。故官吏不戒于乱，奸人一呼，丑类响应。盗贼剽出，凶焰日煽。屠遂溪、吴川二邑，睥睨三郡。益纵兵不测，非公天资忠厚，奋不顾身，为国讨贼，得无为天下之忧？至遣近臣，出禁卒如庆历时乎？考绩较功，岂不绰然哉？敢铭于石，用永宪于后。铭曰：

天子中兴，臣妾万方。山川鬼神，孰敢不祥。南粤之墟，古今之疆。提兵叫呶，维彼猇狂。天生邓公，金节煌煌。攘除凶殃，汝艘于祥。汝栅于冈，王诛是将。霆震干威，德风以翔。释其从舍，各归而乡。男菽女桑，亿载万年，罔有害场。我民有言，谁逾公功。往告天子，惟公是庸。惟禄是崇。粤山蓁蓁，海波溶溶。我铭于斯，以诏无穷。

邓邦基《城南月池记》

吾邑山水，故称奇胜。左盘石龙，右踞石虎。三墩宾其南，双丫主其北。群山之蒙，委蛇迤逦，而大海绕其前焉。崒嵂汪洋，相距百里许，联如走练，莹若玉壶。芙蓉紫盖，鉴湖白云与之博巧斗奇，真天地间有数山川矣。

徐自正统己巳由海安迁于宾朴，既非向明宣郁之义，而民之隶役于公者，攸往为甚难。门之外陆田数顷，地原高亢，水易涸竭，堪舆家以为不利。先是，建宁谢侯发谋经略之，而未暇也。今上官法令详密，公帑之藏，计铢两不敢苟费，有司稍有动作，足以蔑吏。吏之修名誉者，辄以土木为戒。况陂池兴坠，不以考课，孰肯加意而举行之哉！

西溪张侯下车之初，首诹民瘼。凡兴利除害，靡不悉心阐饬。徐旧城堞卑委，蕞尔弹丸，当沿海之冲，实可隐忧。侯建议当道增高各三尺，周围墩台一十二座，东西南三门各筑围城，真可以备不虞而御外侮，境内安枕矣。城北实县治，靠屿门，故障闭嫌于寥旷。侯每登临，必嗟慨之。乃召匠鸠工，规制弘拓，不再阅月而落成，巍然为山岳增色。寿亭侯祠焉。凡有御捍辄祷祀之，其应如响。非若修冥福，证功果为也。徐之西路一带，珠崖通衢，直冲环带，为县治厄。凡莅兹邑者，鲜以显荣克终。侯因地象宜更道于演武台之阳，周遭环绕，车马翕集，若履康庄，公私称便。士隶海隅，习慕诗书礼乐之化。然不有以重恤其私，则资身困于无荣。侯出赎金，置买学田，计年入租，用以代耕。而作其气，士之赖其资赡者，怀珍抱奇，不啻云蒸雾拥，然每厄于科第。侯因别驾林公翌魁星碑于明伦堂之侧，乃建楼绘帐，愈增其事焉。楼建于敬一箴之后，其木石资值皆取诸俸而不藉于公。嗣是，紫气勃勃动，干将莫邪连茹汇征之士，岂可以指计哉！

侯莅任匝三载，而鸿猷峻烈赫然振着若此。宜其义问昭宣，而奖剡交檄，非偶尔也。乃于公余之暇，周览远眺，修然有出尘之想。辟南门面于县治，前门凿月池，鞭石为台榭，襟荫花木，苍翠交霞。徐之景概，最为奇观。长阔计二百余丈，深一丈余。诸君乐其成以记。见属顾基，土人也。既不能执畚锸，杂佣役，以胥供事之劳，今得操笔砚以图成功，固所愿焉。夫天下之水，巨浸莫如江海，细流则曰溪涧，次之则汇而为池。盖池受崖谷后委会泓萦而成之，蛟龙不侵，澎湃不警，航舰不通，辐辏纷华所不至。而郁然，零灿然。萦辽廓眇，忽触之，易于乘兴。故豪人达士，多寄傲之，以箕踞其间。文中子设帐于白牛，子美开堂于浣花，元结怡情于浯水。人以池托，池以人胜。垂之往牒，其芳可掬也。侯之凿是池也，得无有取于此乎？夫上君子所至，凡一山一泉、一石一礐，足当心意，皆可以取适一时。天下后世宝为异迹，学士大夫侈为美谈，顾簿书为伍者，日琐琐焉。至于山石之美，泉礐之佳胜，可以一览而乐者，亦垂睫不顾曰："吾暇乎哉！其胸次超羁，不啻霄壤径庭矣！"

余按状而得其景焉。啼鸟饶舌，女夷鼓歌。滩漱金沙，浪浮桃蕊。青丝以拖蓝，波浮浮而抛赤者，池之春也。维夏则菱茨贴青，荷莲递馥，水晶风动，莎草放茵，其顾之莫有烦热者乎！及彼兰秋，古镜如开，冰纨为熨，韬涵太虚，吞月住云，乌鹊倒飞，芙蕖逆植，殆所谓绮绾绣锁，合形效技者则然矣。秋而复冬，玉壶迎霜，黄芦摇白，狎鸥汩没，待腊得舒，其诸秘光拂静，凛烈生棱者乎？侯与客一二侣，登其台，披襟坐啸，风飂飂下，衣袂皆飞，拍掌浩歌，俯仰宇宙。挹三墩双丫之奇特，驾石门龙床之峭丽，而瀚海荡漾，咸在胸臆中矣。席罢客嘻嘻散去，民之环池观听者，林林总总，悉鼓舞于春风太和之化，将不与此池同活泼哉！侯固将以其自适者适其民，而民亦将以侯之所适者与池共永也。斯非作记之意欤！是役也，其财捐诸俸赎，而不费于公。其助取诸义倡而不劳于使。始于万历甲戌年，讫工于次年乙亥。噫，可谓易矣。是为记。

邓宗龄《平南碑记》

粤在岭徼。万里天未厌乱。嘉靖间李茂、陈德乐二酋，束发投夷，鸳鸯雄黠，招党凭陵海上，焚我城社，屠我士女。当事者以粤初适倭变，师疲于行间，则困于转饷，不忍拮据父老，以奉执戟。姑从招抚，以苟旦夕之安。自隆庆壬申迄于万历己丑几二十年，竟尔包藏祸心，阳以从抚愚官司，而阴蓄其不轨。铺前巢宇，棋列绣错，广招闽广亡命以为牙爪，阴结城中豪杰为耳目腹心。扬航槛闯入禁池，则浮艎蔽空，钲吹拂浪，刃接火攻，便于蹶躃栖将士。岁被创夷，不可胜计。海堧愚氓，垂涎利薮，释耒耜而投命。阡陌鞠为茂草，官租萧然告绌矣。四方之剑客奇民逋亡罪隶，蹋踘击搏，五合六聚，大都白昼之间剽掠莫可诘。富者赍重赀，创船具牛酒给奸，坐而倍收其利。贫者愿效死命，以偿子母金钱。出没粘天浩浪中，走死地如鹜。狂飙猝起，白骨叠萍飘，婺妇迎魂，野磷夜泣。况其机智布密，官司稍有意向，则抽刃而起。此如未溃之疽，未发则已，发则难收。

万历戊子春，直指蔡公梦说令徙居郡城，冀其悔祸瓦解。乃怙终不悛，聚党侵池如始。大司马刘公初奉命总两粤军事，即征材官诘责二酋，其余党蔡克诚、陈良德等，遂拥众出海指戈内向，协官司必释二酋，公犹未刃加兵也。与直指黄公正色商度，遣使招谕，庶几待以不死。乃两旬间，响应辐辏，登岸长驱，突袭清澜，焚毁庐舍，烟炎亘天，毒焰且炽。

公曰："若毋乃以故智尝我，吾不敢久逆天诛矣。"乃移镇都，以便调命。命总兵都督佥事李君栋渡海阅师，与副使孙君秉阳督水军材官急击勿失。复命参政徐君应奎，佥事许君国瓒督雷廉诸军，参政熊君惟学、副使黄君时两督高凉诸军佐之。又命黄君精遣坐营崇维积往。命布政使程君拱辰给饷惟时，按察使徐君用检核功惟允，副使赵君善政选精卒，遣督阃邵君曾和往，副使王君民顺饬斥堠毋令捍网，又令琼州府知府周君希贤、雷州府知府林君民止募勇敢籍军输听用。游击沈茂杞、总守备陈震、陈荣、李栋、甘霖分诸道夹击之。又命琼州府同知李维岳、通判刘世懋、署高州事推官傅国材、署陵水事训导林立、琼山县知县莫恃英，征输募士，保障惟严。已而诸道兵并集。乃下令诫诸将曰："敢有狐疑持两端惑军者诛。敢有首鼠进退阻军者诛。"惟是幕府铁钺不敢专，亦不敢贷。又下令戒诸道曰："敢有载酒米饷贼者，法毋赦。敢有盗军情输贼者，法毋赦。"军声大振，贼势甚窘。乃令闪点数人，潜抵郡城。击书约二酋，乘机劫狱，斩关而去。事露，立诛击书者。乃戒期举事，分道并入。一由广海督趣南头诸军以进。一由硇洲游击诸军自南夹攻。一由吴川督北津白鸽诸军从中击出。诸军用命，所向克遂有功。五旬之间，执馘献俘，旦夕奏捷辕门下。诸酋长以次就缚，余党悉平。

公白状，上大悦，晋俸、赉金帛，劳文武将士有差。是举也，共擒戮六百颗有奇，俘获贼属一百有奇，其沉溺重渊骸骨浮海者不胜计。海壖之间，农不释锄，女不罢织，父兄纨带，稚子咽啸，而享有今日者谁赐也。夫焦烂之功，孰与曲突徙薪之荣？乌附之剂，孰与望色视垣之效？非公神略弘远，迅速成功，则浮漅响应，为贼树党者日益众。又不然则走日本，趋暹罗，勾引异类，各种粤祸无已。虽有十万之材官，全省之物力，恐难措手矣。当公移镇都城时，五色祥云冉薄前旌，又上界列真、先代忠烈授方略，成功悉如左验，岂偶然哉！不佞龄敢稽首献颂。颂曰：五岭以南，是为大荒。丑兹庶孽，敢悖天常。螫我苍赤，毒我边疆。

帝曰：彼丑匪异人类，暂许汝抚庶其化海。戎性猜猜，兽心匪易，招尔亡命，纳尔魍魉。浮艎轻舰，鼓枻禁池，我有黍稷，则为盗资。我有牛酒，取为盗食。兵无释戈，岁无宁宇。阳为招降，寔则奸府。宪臣持议，暂从于徙，彼夫耽耽，鸱张未已。布党连舸，妖氛再煽。鲸浪飞飘，羽书递箭。闻者褫魂，谈者槁面。司马授钺，悯焉兴悁。思我群庶，罹此困苦。自彼起衅，非予志武。乃命元戎，击楫南渡。龙骧虎旅，惊飙迅鹜。

乃命藩臬，趋督楼船。鸣钲伐鼓，震荡山川。乃命机宜，诸道并攻。金戈耀日，羽旄仝风。结阵横野，悬纛蔽空。桓桓将士，如虎如熊。

公曰：戒哉！兵不在战，先摅厥谋，徐观其变。进无易敌，退无避寇。罪在渠魁，协从可宥。于赫神灵，呵护王师。陈谋授略，如戒如期。焯彼云汉，昭回于天。祥光灿烂，有开必先。天恶神愤，士怒马骄。执俘授首，克不崇朝。势如破竹，算如发机。氛消日朗，波恬浪夷。民安以庆，士饱而嬉。饮至荣勋，嘉锡攸宜。司马鞠恭，再拜稽首。帝德光昭，臣力何有。宾服百蛮，天子万寿。昭格玄穹，灵贶是佑。太史做颂，以彰其绩。勒之贞珉，以示无极。

邓宗龄《新筑东河记》

雷滨海而郡山势蜿蟺，自西北直趋而南，大海环绕其前。郡以前则平沙夷旷，渺然无障。堪舆家者言，谓山不足而取资于河，乃克有济，博士王君率弟子员请于郡守周公，力主其议，乃以白于监司王公许公两公，报可。周公乃率郡丞赵公、郡倅傅公、同司理郑公，暨邑令陈公趣度之。咸捐俸佐费，择期启土，而以郑公董其事。起自天妃宫，迤逦东绕，以合特侣之水。潮汐往返，环抱如带。

是举也，无征民力，无烦官帑，不数月而工就。此皆监司郡邑诸公，悯然念士之告窳而教之湮郁也。意欲夺造化，移山川之灵，以授诸士德念无已矣。夫人文与山川，各操其柄，而有志者务人灵地，毋以地灵人。粤无文献，何知有曲江也。曩时论者曰：儒术落穆，则职此之由。即有倜傥之才，下帷之力，岂能超山川而见奇？今大河告竣，川岳改观，藉第令泄泄曰：吾将乞灵于河伯，邀龙于山君，玩日愒岁，耽逐自废，而冀人文之自兴，是兹举为多士累也。何以复诸公，是在诸士哉？河宽二丈，长四百余丈。大石桥一座，小石桥五座。

参政徐君名应奎，鄞县人。参议王公名民顺，今升福建参政，金溪人。金宪许公名国瓒，晋江人。郡守周公名良宾，晋江人。林公名民止，莆田人。郡丞赵公名佑卿，兰溪人。蒋公名一清，宣化人。郡倅傅公名宴，郑阳人。叶公名茂晚，顺昌人。司理郑公名子亨，罗源人。陈公名泰旦，上虞人。邑令陈公名锦，漳浦人。博士刘君名希曾，上杭人。黄君名梦鲤，增城人。王君名弘，高明人。刘君名琼，邵武人。路君名希尧，琼山人。黄君名兆龙，合浦人。而奉委董役者主簿陈君名世楠，侯官人。先后共成厥美，例得并书。

柯时复《雷阳对乐池罢采碑记》

粤稽珠玑作贡昉地平日矣。毋亦曰礼文所需，职分攸然系也乎。要以不问多寡，不立期会，俾民自致其土之所有耳。

迨秦开疆，百粤尉屠睢采南海之珍以献，而蚌胎荧荧无胫而走天府矣。宋署媚川都卒三千人，备采珠役。而熙宁间始立官监之。正德初雷池罕产珠，乃罢守，而以廉守者兼之。嘉靖时抚臣言不便，并罢廉守，以其事责兵备道等官，犹数年一采。大约所获珠，不能倍于费，与以金易珠何异？而奔命为疲，要之出自合浦之渊，而对乐寄空名焉耳。

我皇上御宇几三十年，有所须珠宝，咸给内帑金贸进，不忍烦海外民，真超越前代事也。迩以贾珠乏绝，罔称棱筐，爰命内臣采廉珠池，时戊戌秋月也。其明年，又命督税太监李凤，抵雷采珠。与廉画海为界，莫或侵越，越者法。而二厂奸人耽视矣。檄到，则厂署馆舍错绣如斗，城内外取办仓卒，官劳民病。

己亥冬，参政林公如楚镇以雅静，阳饬载而阴调停。总兵黎国耀勒部曲，善固疆圉。署府务倅吴贡珍，昕夕规措，理冗弭变。海康令何复亨、遂溪令袁时选、徐闻令莫敢齐供亿如礼，两全官民。惟节推张应麟署海防实专领焉。日与大珰周选风涛中。焦菁兵食细务，毋腠腰陨机，毋跕籍召谴，始杜两池之争，终解千艘之乱。

是役也，调民船四百有奇，募商船称是供。役千余人押船，守港军兵二千六百名。费粮四千石。旗仗什物莫绝，用帑金四千余，而馈饷转送之私不与也。计所获珠，不满百两，且商船作奸，太横出则侵界，速构去则掠民。取贵宁独虚劳，几挑大祸。所赖李公与二三任事者，运机权消之。

夫李公老成仁厚，入雷目击暴骨，戚然动念，捐赀棺埋之。时有奸人匿名仇陷善良者，百余人焚不问。所过秋毫无犯，及开采无珠，乃以其状奏上诏罢采，永为后鉴。雷民鼓舞，祝颂李公之德不衰。

柯生时复曰：禹恶衣服而令民贡采，其故可绎也。夫珠不取则礼废，取则民疲。两利之术，其用以时乎？其采以地乎？闻东莞海产异珠，宋元每取给焉。寻以劳多获寡罢之。珠蚌亦遂绝。雷令者类是。故前产而后不产，地何心耶？圣王因地曷有意乎？必采之也，采于廉以为礼，罢于雷以为民，则可谓德配神禹哉！与是举者，勤王事，一时休民力，且世世声诸来祀不朽。

吴朝阳《寇莱公祠记》

弘治壬戌冬，巡抚潘蕃平黎驻雷，谒寇祠，毅然以废为贵。适大参王纶、金宪方良永继至，恪同此举。属推官李文献重修。次年六月告成。未有记以垂永。

按寇公当宋太宗真宗时，由科甲显入相凡三，孤忠謇謇，史不绝书。大如建储之议，澶渊之举，真有不世伟烈元功。位次即与山河带砺可也。奈何下偕上疑，出为雷阳司户参军，盖邪正不容两立，自古然也。或谓未久，丁谓贬崖州报复。孔昭公不生还，天道难晓，殊不知死生昼夜而已。遗臭流芳，千载难磨，未可以此而病英雄也。即时获中书令之赠，莱公之封忠愍之褒，旌忠之额，非过溢美，出于朝野崇重之不容已。

庙在西湖之东，春秋祀典，兴坏不一。我朝成化间，郡守会稽魏瀚再增华表，旋复不支。今得都宪潘公饬命鼎新，神明幽赞，其正三间，遗像俨然无异庙堂之上。左三间，牌列黄门苏公，以次十六贤，扁曰"名贤"。右三间，中塑循良郡守秦侯，左塑忠义通守王侯，扁曰"名宦"。横舟瑞星，峥嵘深邃，西湖东井，昭回环绕，诚四方之伟观也。非忠诚贯天地，亘古今，格人心，何以致此？噫！酌幽馨而起敬，仰遗躅而兴思。固公英灵在天之不泯，实诸公崇德尚贤之盛心也。庙貌之严，与日月争光，天壤同休矣。岂但今日巍然焕然而已哉！所谓高山仰止，必百世祀，愚敢俟于无穷。

探花刘应秋《贵生书院记》

余同年祠部汤君义仍，以言事谪尉徐闻。徐闻之士，知海以内有义仍才名久。至，则摄衣冠而请谒者，趾相错也。一聆謦咳，辄传以为闻所未闻。乃又知义仍所繇重海内，不独以才。于是学官诸弟子争先北面承学焉。义仍为之抉理谈修，开发款繁，日津津不厌。诸弟子执经问难靡虚日，户屦常满，至廨舍隘不能容。会有当道劳饷，可值缗钱若干。义仍以谋于邑令熊君，择地之爽闿者，构堂一区署其扁曰"贵生书院"，义仍自为说，训诸弟子。无几，以书来告成事，属余记之。

余读其说，穆然有深思焉。即余言何以加于义仍，独概夫所称贵者，盖难言之矣。今夫人有爱偳之指，而不自爱其指者乎？则世必以为怪。投隋珠于乌雀，则众起而揶揄之，以为彼己之分数不审，而轻重之衡失也。生宁渠一指一隋珠之重哉？非至愚悖，谁不知爱，则奈何不明于其所以生，而自失其所为贵。是故，耳目之于声色，鼻之于芳味，肢体之于安逸，其情一也。然而一之以生，一之以死。故凡有生之欲，皆害吾生者也，其欲弥多，其害弥甚，其害弥甚，其贵弥薄。子不云乎，"人之生也直"，孟氏亦曰，"至大至刚"以直养而无害。无害焉之谓贵，此所谓生非六尺之躯之谓也。此所谓贵，亦非独六欲，各得各宜之谓也。乾父坤母，人生藐焉。中处参而为三，岂其血气形骸，块然一物，便可以参天地。夫乾也动直。坤也内直，吾人受寂于坤，效感于乾，质任自然，无有回衺，是谓直养，是之谓知生。真性一凿，百欲纷如。生乃适以为害，譬之水然。太一之所钟也，万流之所出也。本自洁直，无有衺秽。湛之久，则不能无易方员曲折。湛于所遇，而形易青黄赤白。湛于所受，而色易咸淡芳臭。湛于所染，而味易亦非性也。易而不能反其本初，则还复疑于自性。

人生亦犹是也。故善观水者，从其无以易水者而已矣。善养生者，去其所以害生而已矣。心之有欲，而目之有眯。弗被弗净，如耳之有襫。弗被弗除学也者，所以被眯被襫，而复其聪明之常性者也。是故学不可以已也。盖有性学湮晦，道术割裂，功利之毒渐渍日深，世间熏天塞地，无非欲海。吾人举心动念，无非欲根，势已极矣。学者思一起沉锢之积习，反而偕之大道，自非廓然。自信其所以生而奋然，有必为此不为彼之志，欲以回汪澜而清浊源此，必不几之数也。诸弟子业闻义仍贵生之说，有如痦者，恍然觉悟，可不谓旦夕遇之乎？觉矣，犹复浸淫于衺，行浸寻于歧路，而失其所以贵，不可谓夫。孟子曰："豪杰之士，虽无文王犹兴。"夫义仍且以豪杰望弟子，岂其诸弟子之自待，甘于凡民下乎？必不然矣。义仍文章气节，嚆矢一时，兹且以学术为海隅多士瞽宗，则书院之兴颓，吾道明蚀之一关也。是不可无记。

冯彬《班侯去思碑记》

士君子任亲民之职者，崇简朴以从政，励勤惕以应务，广仁恕以蓄众，贞廉介以保终。四善备则声华日流，民感而慕有由然矣。岂声音笑貌之所能致哉！遂溪，雷支邑也。今之贤者不数人。粤稽郡史，若王渊之辟土定赋，功昭开国；陈义之廉平自持，久任不渝；刘玉之材守兼济，加意学校，此其表著者。

近今骋逸轨而追先哲，则有班侯讳佩字德纯，别号江野，直隶和州人。嘉靖己亥由胄监宰遂溪。沉毅敦绰，高爽练识，不矫情于边幅。遂溪承兵残之后，田薄而民瘁。且冲路往来，给费溢出他邑，赋急而民益以困。侯至，殚心综理，因俗成治，事从简朴。凡供应张办，取给于民者，裁旧过半。且宽平乐易，务在息民。讼狱在庭，小犯笞而释之，不急民以必讼，故民赖以安。自劳庶务，事悉裁自己，未尝更张于吏胥之手。三载间持守益笃，门绝苞苴之染，此其大致者也。至若琼崖用兵，两府入境，公私旁午，若难支者，侯处分裕如，上下加奖焉。

邑有谋财杀三命者，莫之能究。侯恭祷于神，不数日，廉得其实，捉囚赃致自他邑。人咸惊异。若夫检人命，而释王凤之冤；勘屯田，而军民称其便；加礼学校，月给儒生油纸以励其勤，皆政之卓然者。是故，民乐其德而士仰其诚。贤声茂着，当道咸器重之。岁癸卯，侯考最之京，士民攀辕莫及，相与谋，讬坚珉以纪其实。盖侯外若和易，内实严明，才有余而德益厚，宜夫感慕深切，而悠久难忘也。昔者朱邑令桐乡民戴之若父母，其去也，每自语曰："他日葬我于桐乡。"夫邑以子孙之爱，不及于桐乡之民，则如实德之感，古今同矣。异日，班侯安知不视遂邑为桐乡耶？

侯大父文贞公任司寇，掌邦禁，功纪彝常。厥考钝夫先生隐德弗耀。昆友定山先生以礼学传。华胄源流，克称世德，宜侯之自恃不凡，而为政卓异也欤？因系以词曰：铁把之乡，有翼厥疆。令土麟缉，代亦有良。惟我班侯，令德允臧。来尹兹邑，惠泽洋洋。宁我士民，父母之望。继轨先烈，嘉绩用光。兹也行迈，遗迹甘棠。有棠之植，勿剪勿伤。雨露沾濡，载茂载苍。侯德之思，曷由以忘。

御史樊玉衡《郡丞万煜去思碑记》

万大夫丞雷凡八年。雷人人青天大夫，如一日比。平崖黎，署琼篆仅三月，而琼人人所以青天大夫，则不啻如雷之八年。制府戴公耀、直指顾公龙祯、守巡林公如楚、程公■■①亟嘉大夫功，佥议以琼真守请。会当上，而蜀左相之命下，蜀大国左相。元僚好进者，见为左，而居恬者，见以为优，其于大夫，亦何所不足也。顾琼之人，且暮得大夫而不能有，雷之人方虑大夫之为琼有，而远夺之蜀，其能无怏怏也。琼士民德大夫，甚业固，所以尸祝大夫无已。而雷士父老子弟，偕二三孝廉问碑于予，以志大夫去思。

予惟雷最僻，丞最简以所闻。大夫自一再视篆，何至缕缕赫赫，如守若令可纪于民者？而其得民，顾远出守若令上。且其佐雷也久，久则易厌。其署琼也暂，暂则难孚。大夫何以得此人人也？诸生避席曰："唯唯。否否。不腆。"雷虽僻在天末，然珠香玳翠，金布之凑，一都会也。自昔一二名贤毋论，其戾者，恣睢攫拾，而巧者与左右囊橐，至不知国家令甲为何物。大夫自下车，一不见可欲于民，民两造至庭，一用三尺从事，绝不以意行法。遇事斧断理，解吏惴惴不敢舞一钱。至接宾旅，遇襟弁，慕悦天下贤豪长者，又于于旽旽，质有其文焉。且也旱而祷，大夫雨之，饥而赈，大夫活之。鸿隙莲芍，壤而无以溉，大夫复之。盖大夫洗濯其心，被除其政，以幸我一郡三邑之民，诚不啻苍苍之日冒于上，奈之何去，而能已于思，思而能已于碑也。所不释者，大夫能以其天格荒裔，而不能得诸谣诼之工，大夫能以其天策狡黎，而不能得诸清通之启，岂其定者，固有在，有不在耶！愿先生命之，予谢放去不敏已。惟近世碑守令为固然，而无及丞。岂其民尽不古若耶，毋亦其为丞者约结局促，未有卓荦建树，真如大夫也者？如大夫，则两郡士民之心，其孰能御之？予于是而知天之未始不定也。

大夫讳煜，别号凤岑，江西南城人。由庚午乡贡进士，起家南宁司

---

① ■■，原文如此。

理，继补邵武至今官。长身玉立，美须髯，音吐若洪钟。常从罗近溪先生讲致良知之学，为高弟子云。予既论次大夫如左，乃系之诗曰：

维天生民，厥有恒性。抚后虚警，不谋而应。于惟大夫，八年于雷。人人青天，谁则使为。戡黎之绩，金拟拜真。位尊秩散，老稚奔骇。皇皇蜀国，相君尊严。以绥大夫，岂必非天。举世所羡，仅馀黄金。皦如大夫，何事满簿。羡羡丰碑，洋洋众口。天定未定，百千年后。时万历之庚子正月记。

给事许子伟《教授刘绍仁去思碑记》

静斋刘先生鼓铎雷郡，凡三于斯。无何，辄以制行。于是弟子员问记于余，以志去思。余曰："去而见思，则古循吏流，遗泽于民者耳。故两汉循吏传，若蜀郡以兴学书，南阳以溉田书，渤海胶东以弭盗增户书，乃博士不少概见。先生独获此于雷者何？"弟子员避席曰："先生磊落英爽，博洽群书，慷慨端方，厚重少文。"万历辛丑秋拜今官，人莫不嗟其抱璞屈也。先生独曰："所贵策勋树名，在设施实用耳，宁论炎冷哉！"常帷坐蔬食，弹琴弄句，超然有云霞之思。其貌抑然而持之以冲，其词谿然而出之不穷，其操凛然而涅之无从。郡弟子三百有奇，先生按时会课，披吐玄旨。新启圣祠宇，正文庙祭器，总总英标，不与挽近袭陋习。凡事关道义，辄毅然争之。即当路咸敬而欢焉。郡人士披春风，沐化雨，惟先生是帅。直指李公按雷，廉其贤而劳之，先生之贤声久而弥芳，今且治装行矣，何能已于思也。余辗然曰："如是，即与诸循吏并传可矣。"先生讳绍仁，字惟爱，韶之英德人。

邓宗龄《海康陈侯去思碑记》

陈侯以癸未进士令海康，历五年，所上其绩于太宰者再，廉无害，雅有政声，尚复孳孳，得民和。上之，当补掖庭，次之亦不失诸郎署，乃以一郡丞去。去之日，士民杂沓街巷，互相吊曰："是谁夺我所天，更无以为令兹土者劝也？"谋所以不忘公德。自遂坦地于城之北郭建亭一，颜以遗爱，留其乌毚之碑一，篆曰："去思"。镌其恺悌，政以不朽。

父老问记于龄曰："子大夫，庶几能跨次盛美事也？"宗龄曰："余无文，金言而余笔之可乎？"修眉而大带者曰："我德公礼，旦夕造请，按土俗以商便宜。卓有下问风，而弗忍于以私情文殷也。"美秀而羡冠者曰：
"我德公海身恭谨，以树观刑，而又出其余绪，劘切艺事，即案上牍如猬，
不废校雠，诸生风气日上，其赐也。"阛阓之老少，拥余而揖曰："我德公
廉。国赋外例有羡余，有司直囊中物眠之，而公不问。里中岁以一户役于
官。官之所自奉及奉上之人者，种种取办，若辈以为常，而公不问。顷海
飓蠹我稼，负广斥而田者，索然无遗穗，公躬陇亩，与小民吊天灾，上其
事，蠲租十之五。法不滋章，而男耕女织。吠犬生牸。我侪小人，覆露侈
矣。"其不直而讼者曰："明。"其不赦而械者曰："恤。"其列肆而贸于日
中者曰："公。"口津津侈懿美不休。龄曰："言于众曰'如尔所言，仁
矣。'弟仁之量，始乎一方，终乎四海。侯之沦洽吾土者，其端耳，将随
其分以满其量，家歌而途诵之，不胜碑矣，将焉用此？"诸父老厉声曰：
"吾邑僻小，去天子阍不啻万里而遥，即圣明恩溢茅柱之乡，惠之良牧，
然以远而肆者，情也。虽然近，则上之人操其权，远即遗乎上，而权又为
下所用，侯称荒服远臣，胸臆结约，不能自白于辇毂。下拟其人，所谓凛
凛德让君子者非耶？侯行矣。而节爱一念不自信，而信人者，于我心有惺
惺焉。心不可昧公，是不可掩此。在下之人所由，以伸其志者，安忍俭三
尺之石，泯灭贤父母之政不载，且使上之人闻之曰：'海壖愚氓犹然善恶
不私其令也。'若是，是举于侯重轻非所知矣。"宗龄曰："是独而心也
乎？"书而付之镂人。

编修吴道南《海康令陈锦德政碑记》

陈仁府令海康五年政成。天子念吾抚为江右名郡，非其人不可贰。
乃以仁府补之，篮下车，不佞以计偕行。未及面，已乃滥厕词垣候谒，
谢大座主忠铭王老师，会海康陈君以拜职入京，亦候谒。叙间知不佞属
仁府新治，顾相谓曰："吾邑贤父母陈公，今为贵郡夺去，我民不得。
遂借寇业，已建亭留鸟图，所以垂遗爱于不朽。"语再三，不啻若口出。
不佞问曰："均之乎，令也。仁府获此于贵邑者何？"对曰："敝邑僻在
海陬，隔君阍何啻万里。赖公展错承宣，铸俗绥氓，能无负圣天子轸念
元元意。"

吾邑属雷郡首治，三面距海，一面枕山。先是制府吉安欧阳公奉命征

黎驻节于雷。登楼阅山川大概，云，东北空野，少环抱，将不利士民。乃委官，于东北城外平洋中建筑长堤，浚特侣塘积水，合襟而聚名曰"万金溪"。后兵荒相仍，堤颓败，溪亦淤塞。公至力请诸当道修复之。邑用是堤防有赖，山川形势益壮丽焉。邑赋多出东南万顷洋中。会海潮涨溢，民居其间者，屋宇赀畜悉飘流。且咸水灌入，禾苗皆焦。时有迫于饥寒者，去而为盗，山海猬集不可搜捕。公亲临慰谕，还定安集。又申请蠲免，散谷种给牛资，盗患遂息。邑之生齿若再造。邑环山海，故称饶，每为院道驻扎地。百凡供应，殊累铺行。且里中岁一户役于官，官亡论公私悉取办。或修建廨舍，工匠往往自食力而执上功。公至，一切厘汰，官无里供，工给饩，贸易于日中者给时直。由是，人人各安其业，称快便。士知向学，苦无倡者。公至，为亲考课，给费资，精品题。时或相与商圣贤道术，二业并诣，由是科目得人，而文学之士彬彬向风矣。两造具备，中多诡秘。公虚心而断。触怒不怒，不惟曲者输情，即直者亦每每负愧。盖公有以素服之也。凡此皆彰明较着，故在则怙恃，去则怀思。海康之民，焉能一日忘公也？不佞闻之，窃心幸已。乃陈君尧道拜吾抚幕职，不佞亦奉讳家居海康。父老及缙绅先生，邑学博士并诸弟子员，具公治状，走币托陈君来征记。不佞展观之，与陈君语若符契。

乃叹曰："古今称民牧者，皆曰父母之于子也。襁褓三年，子之于父母也终身不置。故为民者，难得父母之心于令。为令者，难得父母之慕于民。令阅仁府治状真，于海康之民两相得。此岂可以声音笑貌为哉！"洽乎骨髓，入乎金石弗变也。且不佞耳之海康，目之吾郡，仁府之治郡也，爱若抱婴，而亦不以沾煦。市宽大威若拔薤，而亦不以搏击伤。镇重才若游刃，而亦不以挥霍露锋芒。洁若冰壶，而亦不以硗皎事昭揭，明若虚鉴，而亦不以吹洗擅刑名。此皆仁府无成心，无偏政，本以真实，出以荡平，宜海康之去而思，思而欲记也。异日简在宸衷，名留獒鉴，不佞当次序其绩，丏天禄老人写入循吏传，以为末世人牧者先𬤊，矧今安可以无记？记成授陈君，陈君再拜称谢。陈侯名锦，字端实，别号岐宇，闽漳浦县人。登万历癸未进士，令海康五年。今为吾抚郡丞。时万历壬辰仲春月上浣谷旦记。

大宗伯王弘诲《雷守叶永溪公生祠记》

公之莅雷也，是为万历二十八年冬十二月。公前治汉中，卓越大有政声。及之雷，雷大夫士父老郊迎公。公下车款款，众心踊跃。私相庆曰："粮二千石哉！"越日谒学，进诸生与之讲说经义。未几校雠，赍金甚渥。公英敏，喜于振刷。每坐必移晷，府事大小缓急，靡不熟计。犹张目于衙役，谓此属易于窃弄，不可不严为更始。于是削其伙，逐其猾。以故役暇，俾其鹿刍，先是鹿众日刍，不下数十束。每束十钱，皆民力也。公曰："养鹿以供祀事，几于率兽食人。三县不祀乎，奚为不鹿？"因分之而省其刍。由是无鹿病。

俄会城有虎，城人恐。公曰："无恙。虎以猛，予以宽。虎以伤，予以全。予患人之自为虎，不患虎之自为虎也。"语未毕，而虎驯且去。虎去而公治益力。常从容问曰："郡之病奚极？"大夫士父老告曰："郡之病多矣。而靡极于社。夫社以物力为事，而取者亡厌则社病，大家免而小民及。小民又不敢当，厚募奸胥代之，多为所罔，至日费数千缗不足，且不胜其卖儿帖妇矣。而社益病。"公曰："里亦何如？"告曰："里以岁役于官，供亿烦于擢发，征令急于纹绳。奔走驰于戴星，往来困于疲蹇。又何里之非社也？"公抚然良久，识于心。

一日坐堂，有奸胥代社者俟其旁，公廉得其状，立笞之逮狱。一切竹木担荷，不得问社，社由是晏然。先是，里凡县长吏丞及郡大夫以上，暨有事境土之臣至，其薪水盘盂，靡匪取给而里不克办，皆铺户具有诸物，饰旧涂腐，以要重息。公实知之，及阅府中物，其费至数百金，据其床已蠹，问："何直？"曰："十金。"公曰："即一床而里之病百矣，且里亦已有赋，何为重困里？"里亦由是晏然。故堂吏入曹，辄具金馈长吏，名曰'公堂金'，自五六两至七八十两，以此为常。长吏亦恬不知怪。有以此进公者。公曰："胡为乎来哉？"夫先自点也，奚以责群吏？麾之。狱中要囚，每以咥噬为生涯。公曰："犴狴之夫鲜实，钳之弗令有口。"公复念曰："社也，里也，公堂也，要囚也，予业为计，第弗贞乎宪，则弗永也。"于上其事于中丞台、御史台。由是两台交贤公是举，以其事授之梓人，俾行之他郡，则公之惠大且久矣。

居无何，倭奴告急，公旦夕登城四顾，知外城圮甚，即日发金葺完。募丁壮丈夫有能生致倭奴斩获者，赏有差。且馈饷百里，密遗大将军书，所称樽俎折冲者非耶？公需于造物甚廉，日啖食不数升，居恒笋鱼之外，无鬶焉。公曰："予以笋鱼取市中，庶几不孤，贾人愿乎？"公体稍弱，复以励精之过，因弗豫。大夫士父老咸斋沐以请于帝。曰："愿天早起使君，以为生民主。"晨起以头抢地，几及血者无算，即穷郫深谷亦莫不然。公谢曰："不佞多罪，弗庇厥躬，然亦岂有爱焉？"不获已抚枕视事月余，而恙愈急。公遂谋乞骸骨归。大夫士父老百千拥门，尼公请不可得。又遮当道白状留公。公竟请凡三上书。而两台心爱公贤，亦竟留公，不可其请，且致告曰："弗敢烦公以官职之事，第以公之才优于卧理，亦奚有于弹丸之雷？公其强饭，勉为苍生计，幸甚！"公得报执书泣曰："吾其谁与归？"又不获已，抚枕视事几三越月。既久弗愈。由是治装归。归之日，大夫士父老互相泣曰："使君行矣。予将焉往？"于是有拈醴泉之香者，有怀陇上之树者，有堕岘山之泪者，有赓成都之歌者，有赍会稽之钱者，俱不能为情。乡官张公试暨孝廉文学一十余人，浮海告予曰："惟天降割我邦，竟不相君而以疾去，奈何？幸有三尺之石在，惟子大夫记之。"

余曰："尔雷凋敝已甚，仰命于贤守至亟，永溪公治雷甫五越月，即能起疮痍而奠之衽席，其德于雷甚博，宜乎人人之去后思也。公行矣，而美意良法载在功令，后之莅兹土者，能踵而行之，则公之惠垂之世世，而人之思公且世世矣。奚啻今日哉？台使者疏其名，于当宁公之绩，将铭彝勒钟，奚有于三尺嶙峋哉？"是为记。

查此记系海康孝廉何起龙借衔代作[①]。

大宗伯王弘诲《督学朱公生祠记》

督学使者朱公按部雷阳，既竣事，戒行雷所属郡邑，四学章缝之彦，凡数百人惘然而失，愀然而思，群然而为尸祝计，因相率建祠城南，肖像而春秋祀之。又念事久远，更代易忘佚，乃相率浮海乞予言，勒石以昭公

---

① 原刻如此。

之惠于永永。

　　予跧伏里居，久不闻当世之务，追念琼崖向与雷阳同隶一道，兹异域分岐，不得同坐春风而沾化雨，怅然久之。第闻公朴茂长者，好行其德而深避乎其名。倘如畏垒之民，规尸而祝之，社而稷之，殆庚桑子所为惧而逃焉者也。或非公乎。且今之去思者，或令一邑，或守一郡，朝夕与士民相亲，其戴星秉烛，夙夜焦劳，能惨舒人于股掌案牍间，释逋负，蠲租役，平反冤抑，其湛恩沴泽，时浸人肌肤而沁人心髓。故既去而思慕不置，固其宜也。督学之所管辖，莪莪髦士，明经之业与民间痛苦，渺不相涉。三载按临，诸生肩摩踵接，旅进旅退，非有朝夕抚摩煦育之恩也。进诸生而试之风檐寸晷中，其幸获隽去者，亦生平攻苦之效。非督学者耳提面命如塾师训诂之益也，而何尔谆谆德之深也。

　　诸生合词进曰："吾侪诵习孔孟，以守恬修姱为大节，彼巧宦者岂能收声于唇吻，而贾誉于眉睫乎？"然谆谆归德于公，其所窥公者深矣。公仁心为质，正色率下。其闵闵然爱护，如疴痒疾苦之关乎其心，其循循善诱，如雨露风日之涵濡乎其根。故无朝夕煦沫之迹，而惠已周，无提携训迪之劝，而教已洽。雷地僻处海隅，去辇毂万里而遥。方公之未来，遽遽然梦未觉耳。公所过化，如寐方醒。士习朴野，不甚谭名理，自公进多士于庭，抽玄抉秘而士始知举子业外，有学士竞名利，知跻尊腯，为光荣耳目。公下校士之令，先行谊后文藻，而士始知公卿大夫外，有品士墨守章句，不知古文词，自公衡文一以典雅重，而剽窃者不录。士始知时艺外，别有坟典丘索之业。雷郡科第靳少，士相与发愤，欲旦暮遇耳。自公捐俸金三百，建尊经阁、文昌楼以培堪舆，昌文运而士之斌斌然。策驽磨钝者，背项相望也。乃若雷去省会极远，士与有司稍不协，辄中以奇祸，诸生钳口结舌不敢吐一言。公廉其状，而释之。理枉伸冤，士气为之一振。盖自大道隐而微，言渺申韩之徒，务窃名实，《说难》诸篇幻变万状。工此而吏者，缘法近刻。工此而文者，缘吏近事。工于吏与文之外者，竟廖廖也。若公之诚心质行，章志贞轨。风声树而趋舍随，规矩立而方员出。即雷之山川草木，以欣欣然向荣生色，而况士为民之秀者。其所熏陶私淑，孰不瞿然，过化而忍令湮灭无闻乎？以故一时师儒谋诸缙绅先生，金以为朱公之盛德，当与寇公之竹，陆公之泉，并垂不朽。欲刻诸贞珉以示来祀也。

予唯唯应诺，辗然曰："美玉含辉，明珠匿光。公何乐趋，庚桑子之所趋哉！然当道有贤大夫而德不布闻，亦司文墨者之责也。自古师之道，得胡瑗孙明复而尊，得阳司业城而亲，公实兼之。宜乎诸弟子之思慕称诩，久而不忘也夫！"是用次第前语勒诸碑石，令后之多士都予言，当早自策励，思树骏流鸿以无负公作人之意，而当事诸君子有深文峻法，不怀士以德而府士以怨者，过斯祠而诵斯碑，不将赧然面赤也夫！公讳燮元，别号恒岳，浙之山阴人，万历壬辰进士。

大宗伯王弘诲《雷廉副总兵杨应春纪功记》

元孺杨将军起家巍第，负文武才，历任两京。梁晋雁代，诸边称名将。万历甲辰冬，奉简命拜雷廉总戎。将军始事事，环视四封地，险而僻，俗惰窳而多盗。猺獞蛋狼杂处其间，且东虞倭，西虞雕题，最称难控。而所部兵卒复单寡，屡敝不可支。于是勤简练，申禁令，饬战守，其为地方谋，日兢兢焉。

初交阯夷酋狡焉，启疆欲借居我四峒为问鼎借粟之谋，将军察其奸，深抱隐忧，亟请厚防，言甚恳。方下其议未及举行，寇果拥众卒犯钦城。报至，将军夜聚兵，驰七百里赴援，寇已遁。制府戴公耀上其状，天子赫怒，遂议征讨。于是海北道方伯林公梓、海南道宪副蔡公梦说、总镇孔公■■①皆先后至。将军殚精毕虑，一一经度擘画，借诸公前箸而谋之。三公亦各负状猷，言无不合。于是计定而秉成于制府。将军又自驰至军门，面为聚米。盖诘问难驳凡数十反而后计定。拮据经营，凡九越月而后事办。乃分命五将军水陆合进。将军披荆棘，凌波涛，身先将士，立矢石之所，按剑而言曰："此丈夫立功异域之会，若共勉旃。"众亦懔懔，故所向克捷。先是，侦者惟以花封之嘉论，巢在万山，最为险恶。剧贼走集，惧不能下。诸将且置此于度外。将军独麾所部，兵出奇夺，卒倾灭之。所系颈渠魁，擒斩俘馘，数倍诸将，而将军无骄色。第曰："藉皇灵之有赫也，

---

① ■■，原刻如此。

制府之坐筹也，两道之发纵也，诸帅臣之协心也，士卒之用命也。我何庸之与有？"而制府上功状，竟以将军冠，且曰："非战之难，守之难。非守于平时之难，事已定而善后为尤难。是非将军不可。"二三当道，亦莫不曰："然。"复属为善后，相与持筹而计，收凋散，振残靡，安反侧偲偲然，设兵议饷，为冲边画久安。此于钦州有钜造哉。以故，钦之民，日思将军之旋雷，而不为己有也。而雷之民，又日望将军之镇雷，而虑其久为钦有也。以至三垂关民四峒编户，尤虑将军之以荣秋迁，不长为雷廉有也，皆惶惶欲为久留将军计。既而复图颂将军功德，所在皆勒石立亭以彰示其勋伐，且以镇远迩也。

嘻！在雷，雷重；在廉，廉重。则前此为两京梁晋雁代诸边之重也。可知后此而登大将坛，勒功钟鼎，为天下万世重也。又可知将军果何修而臻此哉！良由惠以厚下，威以济之。智以烛奸，勇以行之。义以服众，谦以居之。功德昭著，为地方所倚赖。故斯民爱慕深切，思以纪绩于贞石，亦三代直道而行之遗意耳。将军家世金陵，讳应春，能文词，善书法。由万历己丑登第，筮仕京营，即卓卓有异绩。余尝任南部，习知将军家乘。兹又雷阳界壤，耳壮猷尤悉。时坐营都阃孙君继宗署卫印，万户侯杨君勋等走丐①余言，以纪将军功德。余因是，书以托不朽。时万历己酉岁孟冬之吉记。

序文

李仲元《重建御书楼上梁文》

海山怀抱，真鲲鹏变化之乡。云汉昭回，有鸾凤飞翔之势。可无壮观，以侈珍藏。眷兹东合之封疆，信谓南州之冠冕。士知礼仪，人习诗书。属逢英主之右文，屡拜宸章之锡宠。银钩铁画，森然神物之护持。玉轴牙签，甚矣泮宫之荣耀。以畴昔将还于旧贯，故规度有待于后人。贤太守乐于兴修，挥金成就。郡文学耻于简陋，悉力经营。费节而材良，力半而功倍。鳞鳞碧瓦，现海市于层霄，冀冀朱栏，跨仙桥于平地。式涓谷旦，共举修梁。听取欢谣。敢陈善讼。

---

① "丐"，原文作"丐"，据文意改。

刘震《三贤堂上梁文》

北门管钥，岂惟双栢之峥嵘。西蜀山川，喜见两峰之突兀。慨风流之异代，庆星聚于一堂。于南粤海南海北之滨，有忠愍文忠文定之像，三公英爽。犹水之在地中。一派斯文，如日之行天上。士仰之为星辰，为河岳。民奉之如父母，如神明。鼎萧楼台，宛高风之如昔，轮辐翼轸，播英誉其犹今。星霜更易而事殊，风雨飘摇而栋挠。赖有我宪使相作新院宇，宗主文盟，运才力以经营。大规模而改作，斧者，锯者，指趋左而右奔。陶人，冶人，自出作而入息。苟合矣，苟完矣，美轮焉，美奂焉，于以阐一代之文风，于以扬三贤之德业。去国一身，高名千古。每忧荣辱之无常，到海十里，过山万重，何意驱驰而至此。

冯彬《郡守葵山公绩余序》

三代考绩者，制也。古今崇制以取贤，试功以计政，显锡以昭勤，世莫之有政焉者，政是用休。维岁甲午春二月日，我郡大夫葵山公介期报政，恪成事也。郡之士若民类勿忍其去，咸永言以系思，又相率汇而成帙。冯生彬受而阅之，有稽德之章焉，有述政之纪焉，有昭庸之什焉。若弘裕，若渊粹，若岩毅，若明允，彰微阐懿，备公德以为言也。若持政纪，若慎刑施，若崇俭约，若厚滋植，若慎防范，录大及小，懋公政以为言也。若修黉舍，若饰雉堞，若固堤防，若垦荒莱，若通南川以便济，若拜露次以祈祷，有美者扬，有惠者彰，盖奢公之功以为言也。彬作而言曰：

休兹君子之政，以观民也。群言之萃，不朽之征乎？载昔文公秉心塞渊，卫人诵之，定之方中之章，是矣。而南国甘棠，东郊保厘，其述召伯君陈者，迄今为益烈。夫岂侈美而已哉。渊衷之发，民心同也。今公治雷，忧慎勤恤，和保有民，越三载而乐乐利利，毋冤议，毋诅疑，毋怨业而悖。植风行之化，滨海陶如。兹行也，感殷而颂兴，岂曰谀哉。是故，政者民之纪也，颂者美之集也，德者顺之树也。乐只君子有德，斯有政；有政斯有民；有民斯有颂。颂而思，思而传，风雅之作，德政之备也。是录也，其继三百篇之遗响欤？

陈时雍贺《郡守杨鉴湖先生转秩序》

士君子之达也，莫不欲行其道于天下。然必职业修举，名彰位晋，而后道可行也。载观今之作郡者，盖有素无闻，望未■■①而辄迁。秘政外饰，竟获跻乎华要，而世每以为贤为能，间有夙夜匪懈，尽其分之所当，为不衔焉。以求知于世贤，劳数载而陟明未及，岂时左数奇耶，抑簠簋戚施，上官为之先容，而端廉恬静，毋乃以为拙耶？何名实综核之未尽公也？龙溪杨鉴湖公，以名进士守吾雷。持己秋毫不苟，待物穆如清风。其施于政，据法循理，视民所利病而兴革之。剃强弭暴，而不纵恶，煦妪小民而不惠奸。未尝晓晓于劝学而士咸以文行相烨励。徭役均，狱讼平，盗贼息，而裨海凋疲之民苏矣。议者谓公有清白奉公之志，有宽厚恺悌之风，有不工进取之洁，有不畏强御之男，诚确论也。盖其所猷为，皆可告诸天而对人言，期无愧于心，无负于国而已耳。积久，德懋芳声四达，不求人知而人知之。是岁长至之月，君子道长之时也。两淮治盐之命，自天而下。郡之士民莫不喜公道之大明焉。

余谓煮海之利国计匪轻，非公任之而谁可？况通方具宜游刃盘错，尤士之达材者，吾知公冰概之操愈历，必推其所福雷民者而施之。夫理财在于安人，人安矣，而财宁忧不足乎？治最著而命德旌能之典，将焉往运使之位，能久縻公乎哉！今目之行，非公他日受大任之地欤？彼巧宦固无足道，无基而骤进，亦岂君子之所安哉？公真贤能者也。虽然忠与孝两难全，闽与浙为便道。而荣膺敕封，尊公大宜人寿且康宁。公之斯行，联弟兄偕子姓，舞彩称觞其前，以承高堂垂白之欢，享天下第一之乐。古今人所深愿而罕遂者，以遂矣。由是益得大展厥蕴，一心经济而泽润生民，又将后天下之乐而乐公之乐，容有涯涘。夫遂溪尹张君惠以公尝矜某之愚，役某言为公贺。余义有言也。不容以不文辞，遂书以复。

张一拱《郡守黄公奏绩攀辕序》

大郡伯葵山黄公守吾雷三年矣。甲午闰二月实当奏绩之期，阖郡士民，感公恩深，不忍其去，而谋为攀辕计。又恐不能必遂也。乃形诸声

---

① ■■，原刻如此。

诗，以昭赠若颂汇成帙，桐冈冯子既详其绩而序其事矣，拱攀留赠颂中人也。敢从而申其说。□①惟鲁政报于伯禽，而周制循乎虞典。郡国之有泰绩，厥惟旧矣。然以孝宣之综核，而不能不失之玉成。乃若一年之借百钱之送与夫襦袴兴歌桑麦遗咏者，实惟循良之尤，则绩之臧否，不必稽诸简牍之虚文，夫亦卜诸人心而已矣。

葵山公之莅雷几二年，拱尚旅食方在两都，缙绅诸公辄为拱得贤郡守庆曰：彼其在部，严辞迁之介也。奉命来，钦赏之褒也。昭代之贤良，固可占其为领海之循良也，比拱属治化期月余，而公之政实详得于濡染之沃。本之以廉洁之操，济之以理划之才，发之以仁慈之惠。要之，一一皆诚心中孚，纯王之政，与伯者之骧虞迥别，则以心感心。而人心之得，不待攀辕时见之矣。但真机必随，触而后兴。至情必分，□②而始露。虽畴昔亲狎且然，而况势位悬隔之长我者哉！

是故，惟德故感，惟感故爱；惟爱故留，惟留故颂。感以昭惠，爱以发情，留以永恩，颂以章实。使不有孚于平时，则将欣快于速去，而何其恳切眷恋如是耶？拱则谓，是录也，公之绩可稽也，民之风可观也。信今而劝后，大道为公也。吾人分也，故曰人情贤于梦卜也。或乃谓公三年之政，有风谣采录在。百世之功，有疏河碑勒在。兹非庸赘也。独不思人心不可拂，而恋德之泣，固恒情所必至者乎？我有子弟，我有田畴，雷之人之感，无异乎郑之人之于子产也。抑尝深思而重虑矣。我圣天子呼俊丕厘类禹汤，克知灼见类文武。陋区区综核之孝宣于不居，而俯询兼听，方侧席夫名实。具备之士，以旦夕承弼，以永康兆民，而公固其人也。矧二千石有治理者，得赐金增秩，封侯拜相，汉制也。以公兹行，一最有归，九迁焉往。简在之下，殆庙堂之幸而岭海之不幸也，其能留公于一隅哉！然则如之何而不形诸声诗哉！如之何而不形诸声诗哉！

林凤鸣《送海康唐邑令序》

欲知令之贤，观之于民而已。苟贤欤，则政无不举，恩无不洽。在，

---

① □，原文漫灭。
② 同上。

则民仰之；去，则民留之。久，则愈思之而不忘。夫令，故诸侯职也。于民为最亲，饥者赖以食，寒者赖以衣，疾痛呻吟者，赖抚摩而扶济。苟非其人，在一日则为一日之害，推之惟恐其不去也，肯留之乎？海康僻在海隅，正统天顺年间，毒遭兵凶，凋敝为甚。且去京师为最远，来官者多肆暴虐，愚民敢怒不敢言，盖非一日矣。侯来莅政甫及三年，遽起归兴，邑之老幼争欲留之于府，又言之于监司，情词恳至。侯何以得此于民哉！夫父母之于子也，鞠育保护，无所不至。故为子者，一日不忍其去。今民亲侯也，犹视其父母。则侯之视民犹子也，不言而可知已。观今日之留，则后日之思，石焉以纪，祠焉以报，亦不言而可知矣。侯家世业儒，尊甫伯叔俱由贤科为县令，为提举。兄由黄甲为郡守，仿俶俱出自科贡为典膳，为邑令，接武联芳，声称赫然。侯之贤其所自乎兹。入朝而归，乡之士夫父老称道其美，如出一口，且欲言以赠，予敬而喜之，为序其事。

诗

宋丞相寇准诗

《题曹氏园亭绝句》

野静长原迥，亭开夕吹清。登临时一望，海树与云平。

《和陈司马见招》

颍川公子重宾僚，花竹开筵远见招。饮至夜深人欲去，飕飕风雨响芭蕉。

《留题英灵陈司马宅》

公馀策马到英灵，幸有官僚伴使星。人物熙熙风景盛，好将佳会入丹青。

学士承旨苏轼诗

《在儋作诗示子由》

九疑连绵属衡湘，苍梧独在天一方。孤城吹角烟树里，落日未落江苍茫。

幽人扶枕坐叹息，我行忽至舜所藏。江边父老能说子，白须红颜如君长。

莫嫌兄弟隔云海，圣恩尚许遥相望。生平学道其实意，岂与穷达俱存亡。

天其以我为箕子，要使此意留要荒。他年谁作舆地志，海南万古真言乡。

《止酒诗》

时来与物逝，路穷非我止。与子各意行，同落百蛮里。

萧然两别驾，各携一稚子。子室有孟光，我室惟法喜。

相逢山谷间，一月同卧起。茫茫海南北，粗亦足生理。

劝我师渊明，力薄且为己。微疴坐杯勺，止酒则瘳矣。

望道虽未济，隐约见津涘。从今东坡室，不立杜康祠。

《别子由渡海》

我少即多难，邅回一生中。百年不易满，寸寸弯强弓。

老矣复何言，荣辱今两空。泥丸尚一路，所向余皆穷。

似闻崆峒西，仇池迎此翁。胡为适南海，复驾垂天虹。

下视九万里，浩浩皆积风。回望古合州，属此琉璃钟。

离别何足道，我生岂有终。渡海十年归，方镜照两瞳。

还乡亦何有，暂假壶公龙。娥眉向我笑，锦衣为君荣。

天人巧相胜，不独数子工。指点旧游处，蒿莱生故宫。

《次韵子由所居六咏》

堂前种山丹，错落玛瑙盘。堂后种秋菊，碎金收辟寒。

草木如有情，慰此芳岁阑。幽人正独乐，不知行路难。

○诗人故多感，花丛忆两京。石榴有正色，玉树真虚名。

粲粲秋菊花，卓为霜中英。莫盘昭九重，缬蕊两鲜明。

○幽居有古意，义井分西墙。谁言三伏热，止须一杯凉。

先生坐忍渴，群器自披猖。众散徐酌饮，逡巡味尤长。

○先生饭土塯，无物与刘叉。何以娱醉客，时嗅砌下花。

井水分西邻，竹阴借东家。萧然行脚僧，一身寄天涯。

○东斋手种柏，今复几尺长。知有桓司马，榛莤为遮藏。

近闻南台松，新枝出徐僵。年来此怀抱，岂复惊凡亡。

○新居已覆瓦，无风复雨忧。桤栽与笼竹，小诗亦可求。

尚欲烦贰师，刬山出飞流。应须凿百尺，两绠载一牛。

《和渊明停云诗》

停云在空，黯其将雨。嗟我怀人，道修且阻。

眷此区区，俯仰再抚。良辰过鸟，逝不我伫。

飓作海浑，天水溟蒙。云屯九河，雪立三江。

我不出门，瘴疠北窗。念彼海康，神驰往从。

凛然清癯，落其骄荣。馈奠化之，廓兮忘情。

万里迟子，晨兴宵征。远虎在侧，以宁先生。

对燮未终，摧然斧柯。再游兰亭，默数永和。

梦幻去来，谁少谁多。弹指叹息，浮云几何。

《闻子由瘦》

五日一见花猪肉，十日一遇黄鸡竹。土人顿顿食薯芋，荐以熏鼠烧蝙蝠。

旧闻蜜唧尝吐呕，稍近虾蟆缘习俗。十年京国厌肥黏，日日无花吞红玉。

从来此腹负将军，今者固宜安脱粟。人言天下无正味，即且①未遽厌麋鹿。

海康别驾复何为，帽宽带落惊僮仆。相看会作两臞仙，还乡定可骑黄鹄。

《次韵子由月季花再生□□□□□□②》

幽芳本长春，暂瘁如蚀月。且当付造物，未易料枯折。

也知宿根深，使作紫笋苗。乘时出婉娩，为我暖栗洌。

先生早贵重，庙论推英拔。而今城东瓜，不记召南芰。

陋居有远寄，小圃无阔蹑。还有久处计，坐侍行年匝。

腊果缀梅枝，春杯浮竹叶。谁言一萌动，已觉万木活。

---

① "且"，原文为"目"，据文意改。

② □，原文漫灭。

聊将玉蕊新，插向纶巾①折。

《次韵子由浴罢》

理发千梳净，风晞胜汤沐。闭息万窍通，雾散名干浴。

颓然语默丧，静见天地复。时令具新水，漫浴灌腰腹。

陶匠不可求，盆斛何由足。海南无浴器，故常干而浴。

老鸡卧粪土，振羽双瞑目。倦马长风沙，奋鬣一喷玉。

垢净谷珠性，快惬聊自沃。云母透蜀纱，琉璃莹薪竹。

稍能梦中觉，渐使生处熟。《楞严》在床头，妙偈时仰读。

返流归照性，独立遗所瞩。未知仰山禅，已就季主卜。

安心会自得，助长毋相督。

《子由生日》

上天不难知，好恶与我一。方其未定间，人力破阴隙。

少忍待其定，报应真可必。季氏生而仁，观过见其实。

端如柳下惠，焉往不三黜。天有时而定，寿考未易毕。

四孙七男子，次第皆逢吉。遥如设罗门，独掩悬磬室。

追思十年事，无愧箧中笔。但愿白发兄，年年见生日。

《以黄子木桂枝为子由生日之寿》

灵寿扶孔光，菊潭欲伯始。虽云闲草木，岂乐蒙此耻。

一时偶收用，千载相瘢痍。海南无佳植，野果名黄子。

坚瘦多节目，天材任操倚。嗟我始剪裁，世用或缘此。

贵从老夫手，往配先生几。相从归故山，不愧仙人杞。

《借前韵贺子由生第四孙斗老》

今日散幽忧，弹冠及新沐。况闻万里孙，已报三日浴。

门木四男子，大壮泰临复。开书喜见面，来饮春生腹。

无官一身轻，有子万事足。举家传吉梦，殊相惊凡目。

烂烂开眼电，硗硗峙头玉。经今强筋骨，可以耕衍沃。

不须富文章，端解耗纸竹。君归定何日，我计久已熟。

---

① "巾"，原文为"中"，据文意改。

长留五车书，要使九子读。箪瓢有内乐，轩冕无流俗。

人言适似我，穷达已可卜。早谋二顷田，莫待八州督。

《寄子侄》

我似着牛鞭不动，雨滑泥深四蹄重。汝如黄犊走却来，海阔天高百程送。庶几门户有八慈，不恨居邻无二仲。他年汝曹笏满床，中夜起舞踏坡瓮。会当洗眼看腾跃，莫指此腹笑岜峒。誉儿虽是两翁癖，积德已自二世种。岂惟万一有生还，尚恐九十烦珍重。六子晨耕箪瓢出，众妇夜绩灯火共。春秋古史乃家法，诗笔离骚亦时用。但令文字还照世，粪土腐儒安足梦。

《椰子冠》

天教日饮欲全丝，美酒生林不待仪。自漉疏巾邀醉客，更将空壳付冠师。

《十二月王氏亭夜坐达晓寄子由》

灯烬不挑垂暗蕊，香炉重拨吐余熏。狂风欲发鸦翻树，缺月初升犬吠云。眼闭此心新活计，随风孤影旧知闻。雷州别驾应危坐，跨海清光与子分。

黄门侍郎苏辙诗

《寓居六咏》

手植天随菊，晨添苜蓿盘。丛长今忧苦，花晚怯春寒。

素食旧无愧，长斋今未阑。殷勤拾落叶，眼暗读书难。

○山丹炫南土，盈尺愧西京。所至曾无比，知非浪得名。

未须求别种，尚欠剥繁英。行复春风度，天涯眼暂明。

○邻家三亩竹，萧散倚东墙。谁谓非吾有，时能为我凉。

雪深间毁折，风作任披狂。事过还依旧，相看意愈长。

○弱榴生掩冉，插竹强支叉①。旋叠封根石，能闲看子花。

扶持物遂性，缀缉我成家。故国田园少，何须恨海涯。

○大鸡如人立，小鸡三寸长。造物均赋予，危冠两昂藏。

---

① "叉"，原文为"义"，据文意改。

出栏风易倒，依草枯不僵。后庭花草盛，怜①汝计兴亡。

○西邻分半井，十口无渴忧。岁旱百泉竭，日供八家求。

艰难念生理，沾足愧寒流。比闻山田妇，出汲争群牛。

《次韵子瞻和渊明停云诗》

云跨南溟，南北一雨。瞻望岂遥，槛井斯阻。梦往从之，引手相抚。

笑言未半，舍我不佇。晚稻欲登，白露消蒙。人饮嘉井，浆水如江。

我独何为，观我于窗。此心了然，来无所从。欣然而笑，是无荣枯。

手足相依，所钟在情。忘意消神，所疑不征。可以安身，可以长生。

跋扈飞扬，谁匪南柯。连历相寻，忧喜杂和。我游其分，所享则多。

削迹拔木，其如之何。

《次韵子瞻和渊明劝农诗》

我迁海康，实编于氓。少而躬耕，老复其真。乘流得坎，不问所因。

愿以所知，施及斯人。我行四方，稻麦黍稷。果蔬蒲荷，百种咸植。

粪溉耕耔，乃复有稂。尔独何为，开口而食。拾掇于川，搜捕于陆。

俯鞠妇子，仰荐昭穆。间乘其输，载来逐逐。计无百年，谋止斯宿。

我归无时，视汝长久。孰为沮溺，风雨相耦。筑室东皋，取足南亩。

后稷为烈，夫岂一手。斫木陶土，器则不匮。绩麻缫茧，衣则可冀。

药饵②具前，病安得至。坐而告穷，相视徒愧。莫为之先，宜不谓鄙。

一夫前行，百夫具履。以为不信，出视同轨。期尔十年，风变而美。

《次韵子瞻闻瘦》

多生习气未除肉，长夜安眠懒食粥。屈伸久矣效熊虎，倒挂渐疑同
蝙蝠。众笑忍饥长杜门，自恐暮年还入俗。经旬辄瘦骇邻父，未信脑澉
添黄玉。海夷旋觉似齐鲁，山蕨仍堪当菽粟。孤船会复见洲渚，小车未
用安羊鹿。海南老兄行且苦，樵爨长须同一仆。此身所至即所安，莫问
归期两黄鹄。

---

① "怜"，原文为"傞"，据文意改。
② "饵"，原文作"弭"，据文意改。

《次韵子瞻渡海》

我迁海康郡，犹在寰海中。送君渡海南，风帆若张弓。

笑挹彼岸人，回首平生空。平生定何有，此去夫何穷。

惜无好勇夫，从此乘桴翁。幽子疑龙虾，牙须竟谁雄。

闭门亦勿见，一鼻臭香风。晨朝饱粥饭，洗钵随僧钟。

有问何时归，兹焉若将终。居家出家人，岂复还儿童。

老聃真吾师，出入初犹龙。樊笼顾甚密，俯首妨尔容。

众人指我笑，缰锁无此工。一瞬千佛土，相期兜率宫。

《同子瞻次过远重字韵》

孟子自夸心不动，未试永嘉铁轮重。兄弟六十老病余，万里同遭海隅送。长披羊裘类严子，罢食猪肝同闵仲。大男留处事田亩，幼子随行躬釜瓮。低眉笑语接邻父，弹指吁嗟到蛮洞。茅茨一日敢忘葺，桑柘十年须强种。来时邂逅得相逢，归去逡巡应复从。莫惊忧患尔来同，久知出处平生共。虽令子孙治家学，休炫文章供世用。颍川筑室久未成，夜来忽作西湖梦。

《咏后堂月桂花再生》

堂背有芳丛，开花不违月。何人寻斧害，生意肯留折。

偶乘秋雨滋，冒土见微苗。依依抽条颖[①]，顿欲傲霜冽。

势穷虽云病，根大未容拔。我行天涯远，来此城南芨。

小室劣容卧，幽阁粗可蹑。中无一室空，外有四邻匜。

窥墙数抽实，隔屋看柳叶。葱蒨独兹苗，愍愍待其活。

及春见开敷，三嗅何忍折。

《浴罢》

逐客倒幽忧，多年不洗沐。予发梳无垢，无垢须要浴。

颠济本天运，愤恨当谁复。茅檐容病躯，稻饮饱枵腹。

形体但癯瘁，气血尚丰足。微阳闭九地，浮彩见双独。

枯槁如束薪，坚致比温玉。长斋虽云净，阅月聊一沃。

①　"颖"，原文为"颍"，据文意改。

石泉浣巾①帨，土釜煮桃竹。南窗日未移，困卧久弥熟。

华严有余秩，默坐心自读。诸尘忽消尽，法界了无属。

恍如仰山翁，欲就为叟卜。犹恐随声闻，大愿劝自督。

《次韵子瞻夜坐濯足》

海民慢寒备，不畜衾与裯。虽苦地气泄，亦无徒跣忧。

逐客久未安，集舍占鹎鹠。念昔使胡中，车驰卒不留。

貂裘遡北风，十袭犹飗飗。中途履冰河，马倒身自投。

宛足费冯翼，千里烦觠鞲。十年事汤剂，风雨气辄浮。

南来足忧患，此病何时瘳。名身孰亲疏，慎勿求封侯。

《次韵子瞻寄和生日》

弟兄本三人，怀抱丧其一。欣然仲与叔，耆老天所畀。

师心每独往，可否辄自必。折足非所恨，所恨富鼎实。

上赖吾君臣，议止海滨黜。凄酸念母氏，此恨何时毕。

平生贤孟博，苟生不为吉。归心天若许，定卜老泉室。

凄凉百年后，事付何人笔。于今况独知，言之泣②生日。

《次韵子瞻和渊明拟古四首》

客居远林薄，依墙种杨柳。归期未可必，成阴定非久。

邑中有佳士，忠信以相友。相逢语禅寂，落日共杯酒。

艰难本可求，缓急肯相负。故人在万里，不须为薄厚。

未尽粥衣衾，时来问无有。

○闭门不复出，兹焉若将终。萧萧环堵间，乃复有为戎。

我师柱下史，久以雌守雄。金刃虽云利，未闻能斫风。

世人欲困我，我已安长穷。穷甚当辟谷，徐观百年中。

○萧萧发垂丝，睟日迫西隅。道人愍我老，元气时卷舒。

岁恶风雨交，何不结予庐。万法灭无余，方寸可久居。

将扫道上尘，先拔庭中芜。一净百亦净，我物皆相如。

○夜梦白发翁，骑鹤下大荒。独行无与游，闯然疑我堂。

高论何峥嵘，微言何渺茫。我徐听其说，未离翰墨场。

平生气如虹，宜不葬北邙。少年慕为文，奇姿挹昂昂。

衰罢百无用，渐以圆斫方。隐约就所安，老退还自伤。

《过侄寄椰冠》

衰病秋来半是丝，幅巾缁撮强为仪。垂鬖旋取海粽子，束发真成老法师。

变化密移人不悟，坏成相续我心知。茅檐竹屋南溟上，亦似当年廊庙时。

《次韵子瞻夜坐》

月入虚窗疑欲旦，香凝幽室久犹熏。春风巧为吹余瘴，疏雨时来报断云。

南海炎凉身已惯，北方毁誉可谁闻。遥知挂壁瓢无酒，归船还将一酌分。

《次韵子瞻和陶公止酒》

少年无大过，临老重复止。自言衰病根，恐在酒杯里。

今年各南迁，百事付诸子。谁言瘴雾中，乃有相逢喜。

连床问动息，一夜再三起。俯仰各自得，此病竟何理。

平生不由人，未免亦未已。非酒犹止之，其余真止矣。

飘然从孔公，乘桴南海涘。路途安期生，一笑千万祀。

《题王国才池亭二首》

　马上初惊香入衣，临风骚首驻金羁。幽亭深在荷花里，道是王家小墨池。

○绿盖红妆正自宜，主人风致更能诗。白鹅慢取资挥染，且放清香入酒卮。

宋经略使折彦质诗

《王元经见寄浔纸斋酒》

百福参差卷烂银，双瓶盎盎溢芳春。懒书鹏赋追前辈，急洗螺杯速近邻。奇字付君三昧手，醉乡还我百年身。远方好事都无几，只有先生是故人。

宋陆升之诗

《会梦归堂》

四人两榜共登仙，谁料相随瘴海边。今日清樽聊一笑，不辞醉倒菊花前。

巡抚蔡经诗

《过遂溪书事》

百雉荒城小屿阴，熊车行部此初临。野田索寞人烟少，茅屋横斜风雨深。

戎马共驰黎母役，催科应忆石壕吟。海隅多事嗟民瘼，保障须存抚字心。

兵巡道翁溥诗

《东城楼宴集》

岁暮孤城上，楼高四望开。野阴平接海，山势迥擎雷。

泛梗身仍远，飞云首重回。同袍万里客，落日共深杯。

《宿横山堡》

空山落木雷阳路，野戍荒烟岁将暮。夕阳系马向孤城，穷徼何人歌五袴。十年湖海恋明光，万里庭帏思故乡。冠盖明朝问民俗，鹧鸪今夜断人肠。

学道林云同诗

《登沃灵寺》

绣衣春酝好，选日得幽寻。法界诸天外，禅龛祇树深。

玄谈迟白日，清吹忽西林。休嫌身是客，万里有同心。

《登一晚亭》

一览亭何在，高台林木分。身疑超境界，望已下峰云。

野碛氛氲合，人声杳霭闻。不须断烟火，即此是离群。

训导罗章诗

《南渡千寻》

城南十里水洋洋，臣浸千寻未可量。潮信有期消长易，舟航齐涉往来忙。

渔人网集乘明月，贾客帆归带夕阳。几度临流清可掬，濯缨何必问沧浪。

高州同知戴嘉猷诗

《新秋》

爱坐东轩下，疏松满耳涛。荐凉山雨细，祛暑海风高。

乡思长途指，宦情短发搔。直将吟遣兴，不必索香醪。

御史冯彬诗

《感遇四首》

春风度庭皋，群卉竞时秀。芝兰味木馨，迟迟发清昼。

幽人含素姿，爱惜同气臭。株类恐不繁，培植恒心究。

棘草何太多，蔓延欲盈宙。

○长安碧玉楼，缥缈隔烟雾。珠帘控银钩，郁烈香风度。

中有倾城姝，双眸夺湘素。自矜颜色华，宠极成娇妒。

轻飔紫霞裳，袅娜金莲步。谁知岁月徂，容衰恩不固。

览镜不胜愁，方信朱颜误。

○我有坚刚刀，珍藏宝匣里，年时一拂拭，晶明照秋水。

持出淮海涯，刬断蛟螭尾。常恐风雨寒，变化剚飞去。

坐是良恻恻，抱忧恒卒岁。

○孤灯坐良夜，迢迢风露霏。缅古发长叹，自疑知者稀。

汤武解世纷，夷齐言采薇。古人重明义，生死等尘微。

白骨已化土，鸿名尚巍巍。人生无百年，奄忽春露晞。

胡焉类蝇蚋，随风逐腥肥。寄语青云士，行当慎其儿。

训导梁景先诗

《谒伏波庙》

祠堂郁郁锁烟萝，忆昔英雄马伏波。铜柱勒名留越绝，楼船兵甲下牂牁。谗丛薏苡黄金铄，宠盛椒房白玉讹。一笑东平怜画像，云台公论意如何。

《白水跃龙》

碧潭深处有龙蟠，龙去潭空水自寒。胜有寒泉流不尽，四时飞作雨漫漫。

郡人詹世龙诗

《石崆岭》

宇宙沧桑变，乾坤浩劫灰。神工开混沌，灵斧斫崔嵬。

绝壁凌霄起，双峰跨海来。洞中涵太极，鳌背拥蓬莱。

窈窕琼为阙，璘珣玉作台。烟露真景象，风月净尘埃。

篆久无人识，林空有鹤回。石床虚夕照，丹灶冷秋槐。

松盖摩苍霭，虹桥锁碧苔。泉从银汉落，芝傍素云栽。

客醉孤亭暮，猿啼万壑哀。昙花香拂袖，瑶草色侵杯。

玄览穷三岛，疏观畅九垓。兴随天籁发，诗就雨声催。

铁笛凭虚弄，仙筇摄磴回。杳然迷出处，恍佛①入天台。

《西湖》

自笑生平野趣多，结茅聊傍白鸥波。渊明斗酒花三径，范蠡扁舟雨一蓑。石泼泉声穿砌落，天边雁影带云过。晴霄洗耳桥边月，啸咏沧浪濯足歌。

推官张凤鸣诗

《北堞高台》

孤城南去尽天涯，多少征人此忆家。海似辽阳无朔雁，地非京洛有风沙。干戈未罢占云物，功业难成叹岁华。且学何郎赋清兴，聊从月下咏梅花。

知县张大猷诗

《登石门岭》

宇宙恣奇观，汗漫明遐轨。禀度咨贤哲，追随还错履。

谭天卑碣石，飞觞挹流水。怅望暮云停，千秋感慨起。

训导黎思聪诗

《登石门岭》

阒闃石门幽，停云历苍翠。凤阿访遗迹，龙床拂云睡。

---

① "恍佛"，原文为"犭光犭弗"，据文意改。

琼岛远争奇，珠光浦含媚。徒倚凌天风，畴其会真意。

徐人邓宗京诗

《登石门岭》

性僻耽幽兴，寻真历荒岛。拂石芘浓荫，莺鸣柳谷早。

中有珊佩仙，授以金光草。愿言驾迷津，安羡丹丘好。

雷州府志卷之二十一　古迹志^{丘墓附}

古于迹？何后者之今，则古矣。雷自魏晋前无闻，闻乃在文玉始。迄今望之，已在浑噩之际，又何必结绳为远乎？有疆域者，废置不常。离一州，复合一州。亭驿遗址皆泡影之余也。丘墓则其人朽矣。乃又有不朽者存。吊古兴怀，可无藉欤？作《古迹志》。

府古迹^{海康附}

古合州。^{汉元鼎始以徐闻得名，州治无考。至梁大通间改为南合州，在特侣塘边，唐天宝二年，迁麻历村。贞元初复迁特侣塘旧址。后梁开平四年迁于平乐白院村。南汉乾亨二年，复迁特侣塘旧址。乾亨十三年迁今卫治。元至正间迁今府治。}

海康县故址。^{自隋建置，今在雷州卫治，为古县。至南汉乾亨十三年，州迁县治，县治迁于西澄清坊。元至元十六年，又以县治设雷州路。县迁改不定。泰定元年在城南隅宫第坊。洪武二年迁府治后，其遗址为军营。}

雷州县故址。^{在海康县。《隋志》大业初废椠落、罗阿、雷川三县，入海康县。}

县尉司故址。^{宋时在西门外一里，元迁南门外开元寺西。}

廉访司。^{元改海北海南道为廉访司，今为府治。}

宣尉司故址。^{今卫治。}

盐课都举八司。^{在东北隅安仁坊。洪武初去之旧址，改为军器局。}

录事司。^{故址在镇宁坊。宋设兵马都监掌夜禁，至元十七年改为录事司。}

海北盐课提举司。^{旧在雷州府，洪武初迁石康县。}

司狱司。^{故址在安仁坊，即宋司理院。}

蒙古学故址。^{在南门外开元寺西。}

清道巡检司故址。^{在那藤村。}

黑石巡检司故址。^{在第一都新村。}

云章阁。^{宋郡守李皎建于府学明伦堂后，今废。}

贡院。^{在海康县西南二百步内桂华坊。庆元戊午郡守刘焕建于蓬莱坊西。嘉靖中改建于郡。宋郑昼有记。}

水军寨。^{在城南。宋置屯兵，备御海盗。秦侃有记。遗址今废为民居。}

秦侃记

雷之为郡，南望琼崖，控诸黎。东附高化，西薄钦廉而挟安南郡。往来皆一海之便，黎僚出没，盗贼猖獗，无岁无之。于绍兴间经曹两司申请于朝，置水寨军一，屯三百士。将之副者一，准备者一，郡副训练者二，训练部队将员至三十，大钤小辖，各有等级。阃皆军将而总于一人曰统领。朝夕教阅，弹压本路沿海盗贼。驻扎于州之城南。自置立本军后，海盗倚之以宁。其间或有窃发，则军船一出，彼皆敛形退遁。至有授首就擒，前后调遣获捷者，不知其几。间有差出戍邕之边，溪蛮峒僚，帖然心服。水军之号为广右精兵，沿海之民所以享安靖之福，皆本于军弹压之功也。侃被旨来归是军，副将曾福，准备将连雄等一日直前而言曰："本军置立有年，主将曾无以一石纪巅末，使来有考，今欲立碑，请求记焉。"予窃思之，将佐既能言其实，又何待外求虚节之文，盍直述其事以刻诸石，且不蹈先儒作记者赋之之议。然予不能无望于将佐者，谓宜以忠信存心，廉平处事，威而不猛，宽而不贷。临敌无顾家之虞，向前有必胜之志。有功虽仇而必赏，有过虽亲而必诛。视小敌不敢轻，遇大敌不可惧。常与士卒同其甘苦，则行伍整肃，心一于忠。人百其勇皆风厉于拱揖指挥之下。他时策其功奏上请，岂非将佐明于法令，士卒谙于纪律，而得之欤？勉旃。宝祐乙卯上元记。

澄海指挥营。宋建，今为民居。

牢城指挥营。遗址尚存。

清化指挥营。在贵德坊。今为军营。

兵马司。在镇宁坊。址尚存。

万六军。即万户府，故址在安仁坊。元因宋澄海清化两翼，籍为顺化军，创设镇守海北，属潮广省。洪武初去之。址今为关王庙。

平准行用库。宋永利军，故址为贵德坊。

惠民药局。在府治东南中正坊。至正丙戌有记，岁久倾圮。正德丙子，郡守王秉良重建，后废。郡守洪富以易民地，开学路。

商税务。故址在观音阁前。

风师坛。址在城西门外。万历三年，迁城北英灵岗。

雷雨师坛。址在雷庙三殿前。

将军马驿。旧在南界村。至元间始建，因二石如将军，故名。成化间并为英利驿，址存。

雷阳马驿。址在城内西，北隅迎恩坊。后迁北隅安仁坊。洪武三年迁为今驿。遗址为海南道。

递运所。址在那庐坊。弘治间裁革。

广积仓。故址在东。元初创。洪武迁今仓址，为军营。

贡士庄。宋郡守薛直夫捐资，及郡人乐助者买田百余石，为贡士庄。凡遇旧举子会试，尽所积以赆。元延祐以后雷士合试于潮广省，亦用此赀给。宋余煇有记。

东亭。久废。因二苏题咏，故存。

苏辙诗。

仙山佛国本同归，世路玄关雨背驰。到海不妨闲卜筑，流年自可数期颐。遥知小槛临廛市，定有青松长棘茨。谁道茅檐劣容膝，海天风雨看纷披。

苏轼和诗

十口南迁未有归，一轩临路阅奔驰。世人不愤频回首，坐客相谐一解颐。惭愧天涯善知识，增添城外小茅茨。华严未读河莎偈，偃仰明窗手自披。

思亭。在海康县东南旧州治内，今卫治是也。宋至和元年，郡守张纮创建，以亭在艮方，取易艮卦：君子思不出其位，与诗思无邪意名其亭，自为文以记。后张栻又有记，亭久废。

爱莲亭。旧在郡学射圃，更名曰"荷衣"。

嘉会亭。址在府治，今废。

弭节亭。郡守李皎建，今废。

思戴亭。城内恺悌坊，即今府治前。宋守戴之邵波西湖水，由城中而东灌洋田，民蒙其利。公去，立是亭思之。岁久倾圮。成化乙巳，郡守魏瀚重建，弘治推官万琮居此听讼，更扁曰"平理"。今宇坏，址存。

望云亭。城南外即南亭坊。宋郡守何庚开西湖渠，引水南下，东趋灌洋田，又即桥西建此亭。曰"望云"者，祈禾稼如云也。暇则登亭观稼。公去后，邦人修之志思，岁久废。

观稼亭。东洋坂上。宋守薛直夫建之以便观稼。后废。元郭思诚移创城上。今圮。

岁寒亭。府治后圃。元廉访使孙泽立。元末圮。成化壬寅，郡守魏瀚重建。

魏瀚诗

廨宇萧条近海安，小亭聊此纵遐观。直披荆棘寻前古，剩种松篁耐岁寒。

雨过碧阶来鹤舞，月明清汉下停鸾。四郊无垒民安堵，诗酒何妨咏伐檀。

接官亭。北城外那庐坊。元达鲁花赤刘仲海建，至顺三年，廉访司金司蒙古松綮重建，扁曰"海天一览"。后倾。正德丁丑知府王秉良重建，今废，址存。

舒啸亭。在偃波轩侧。圮。杯信建。魏瀚有诗。

魏瀚诗

郁怀何所舒，长吭向谁啸。扰扰薄①领间，妍华忽素皓。

况兹牢落躯，厌听蛙蝉噪。余宗有媺人，英声越海峤。

耻逐纨绮流，爱耽山水调。轩亭结茅茨，楼船泊清澳。

时迁五马宾，来此恣遐眺。赤岭霭②晴烟，莱祠凝晚照。

西湖一棹横，南渡群帆到。秔秫绿盈畴，荔榕阴满道。

景与趣昭融，民同物熙皞。扶摇欲图南，斥鷃谩含笑。

清政亭。^{县南惠民坊桥上。洪武初建，今圮废。}

清味亭。^{县西南城外。二水合流通大溪，树木夭乔。嘉靖甲子推官张鸣凤登临有感，建亭，扁曰"清味"。今圮废。}

光华馆。^{在英禄山，一名蓬莱馆。有亭舍十余所。宋嘉兴间郡守薛直夫建。后废。}

苏公楼。^{城西南隅，苏子由谪雷，时宰禁住官舍。郡民吴国鉴建屋以居之。时子瞻亦谪儋耳，兄弟处此月余。后靖康丙午海康令余惇礼又买居前隙地，建遗直轩，绘二苏像于轩。嘉定丁丑，郡守毛当时即取其地建楼，以表之。郡守薛直夫复修楼为祠。咸淳八年，}

^{郡守陈大震迁是楼于朔之西，与寇祠对峙。元末废。正德丙子，郡守王秉良即其旧址，建层楼，翼以回廊，缭以周垣，刻东坡颍滨二先生诗词于上，今又废。}

东楼。^{久废，苏辙有诗。}

苏辙诗

白发苍颜自照盆，董生端合是前身。独楼高阁多辞客，为着新书未绝麟。

小醉未醒风力软，安眠无梦雨声新。长歌自调真堪笑，底处人间是所欣。

楚阔楼。^{亦名北楼，海康县古子城东北。其楼卓处郡城之中，址势隆然，登望四方，廓达若壶中一粟耳。因名楚阔楼，久废。}

袁潭诗

雉堞据形胜，高楼思无穷。檐楹朝紫极，鼓角起熏风。

烟雨歌诗里，海上俎豆中。十年羁旅恨，挥泪送归鸿。

遗直轩。^{详见苏公楼。}

偃波轩。^{在南亭溪西侧。魏怀信凌晨建，以为督造船舰之所。魏瀚拓地重建，扁门"偃波"。今废。址存。}

梦归堂。^{宋陆升之离居扁名，胡铨隶三字榜楹间，有记。}

三贤堂。^{宋郡守陈大震建。在平湖书院内，祀寇公二苏，今废。教授刘震有上梁文。}

---

① "薄"，原文为"簿"，据文意改。

② "霭"，原文为"蔼"，据文意改。

三官堂。迤楼西。弘治间太监傅论创建。嘉靖元年提学魏校毁之。

瑞芝堂。先名"无讼,"后因产芝,改名。址在卫治。今废。

百花堂。址在府西,今废。

水月堂。在西湖西南岸,今废。

泽幽堂。在郡北阜。

记

雷阳古合郡也。乃汉代南粤尉陀之邦。海气炎热,雾雨溟濛。自幼而壮,未见霜雪之状。是以疠时行,凡六气乖和,冒其燥湿寒暑。至于札瘥夭昏者众。或时乡逆旅宦迹征徒死者,无归生者,无措甚至于榛莽因仍,风雨震荡,不①可殚举。而本道金宪吕公玩,推均气同体之念,发怵惕恻隐之心,特捐己俸二千五百缗,创地于雷阳郡北之阜,建立精蓝。名扁"泽幽"。鸠工于至顺二年辛未仲夏之朔,工未毕,适值公改除他道。遴选本郡官医学提领谭元圣董其成。未及三月,堂宇两庑,内外鼎峙,翚翼圆通,塑像金碧辉煌。不弥月,凡舁②柩而骨于瓯,踵门而至者百。庶俾死者获安其魂有归,而孝子霜露之情,遭时岁之不易,人事之不齐,且时无范尧夫可告者。于是乎存没咸赖于葬焉。又奚啻麦舟村付一曼卿而已哉。噫!公之心仁厚意,及于民者多矣。曩按治本道下车之始,庠序一新,寒士叨庇,切切以孝弟忠信礼义廉耻为劝。凡乡党州闾父老儿童观此八字,兴言吕公之德,莫不去思堕泪,及至泽幽落成,岘山片石,岂可同日语哉!兹用勒铭,以伸大德。铭曰:

雷阳古合,尉陀所疆。壤地卑湿,宾于海乡。炎雾蒸郁,瘴雨怀襄。冒疾殒躬,深可尽伤。逝者可归,生者煌煌。焄蒿凄惨,月冷寒浆。殊乡迢递,束手茫茫。公兴恻隐,布金为堂。泽幽是扁,覃及存亡。圆通毫相,水月涵光。朽骸枏比,谛闻妙香。潮音雷动,钟鼓铿锵。赤心致祷,圣寿无疆。植以松柏,悟以甘棠。乐只君子,邦家之基。公恩海深,公寿椿期。公心在人,人心在碑。

---

① "不",原文无,据文意补。

② "舁",原文为"羿",据文意改。

南山净行禅寺。<small>唐时创建，国初并人天宁寺内。</small>

玉皇庙。<small>在县东城内安仁坊，元大德十年，廉访使孙泽，医学教授王廷安创建。以医学附之，洪武二十九年革废。</small>

南海洪圣庙。<small>在旧税课司侧。元末废。</small>

显庆庙。<small>在南城内，至顺间赣人陈武山等建，祀赣人石姓有护国功，久废。</small>

三帅庙。<small>在南门外等云坊。</small>

慈济庙。<small>在县南明善坊。</small>

康帅庙。<small>在天宁寺侧。</small>

五显庙。<small>西湖西，距城二里许。嘉靖元年提学魏校毁之。</small>

镇海塔。

遂溪县古迹

椹川县。<small>旧有椹县，隋改曰椹川。大业初废，人扇沙县。</small>

废遂溪。<small>即古铁把县遗址，存旧县村。</small>

桐油驿故址。<small>在二十五都桐油村，距县三十里。元至元七年建。天历间改创今驿。</small>

城月驿故址。<small>在二十二都城月村，距县南九十里，洪武九年，迁本村中建。</small>

湛川巡检司。<small>址在二十六都湛川村。距县西五十里，元至元三十一年设，即古椹川县地也。洪武三年迁今司。</small>

润洲巡检司。<small>址在第八都博里村海岛中，距县西二百里，元至元三十一年建。洪武七年迁蚕村。今废。</small>

新安驿。<small>故址在二十二都下村。弘治间裁革。</small>

祭海亭。<small>在第三都英灵村，成化丙午县尹黄琼建。岁久废。</small>

崇猷堂。<small>故址在二十二都，地名文墨乡，咸淳五年建。今废。</small>

文明书院。<small>在第八都乐民所城内。岁久倾圮，遗址尚存。</small>

崇福寺。<small>故址在县西拱辰坊。今废。</small>

三清观。<small>在县西北，元改为玄妙观。今废。</small>

徐闻古迹

伏波祠。<small>在讨绸村海滨。洪武间迁宾朴，址存。</small>

贞女台。<small>石门岭上，传有女守贞不嫁，及没，乡人筑台祀之，今废。</small>

石马井。<small>东三里许，有马夜食禾，逐者见人井。随寻井内，有石似马，则曰"石马之神"。</small>

宾阳涡。<small>旧名宾包。南四里许。有神祠，久废，今址存。旱祷雨颇应。</small>

龙爬石。 旧县五石斋□埠，其石枕海岸。宋嘉定元年，天大雨，雨龙经其地，爪痕在石如雷，泉从石涌出，遂为泽。①

清湾港碑。 东南三十里，有韩显甫刻戒子孙诗，见山川清湾港下。

丘墓附

海康

国朝知府冯彬墓。 在县北山。

遂溪

宋萧莞帅墓。 在县南傍塘馆铺之侧。

徐闻

宋公主墓。 在县东三十里迈稔村。传云，公主偕驸马陈以进，薨以从者殉。墓前尚有公主井。

驸马墓。 驸马陈以进，十六都人，与公主偕行，薨，葬县六十里都教村墩尾前，有明堂石砌，犹存。

知县平钢墓。 弘治钢卒于官，力不能归，遂葬于县土，名观涛。嘉靖戊申，令方逢尧改葬迈亭。

---

① □，原文漫灭。

雷州府志卷之二十二　外　　　志 寺观　名僧怪异

譬二氏于吾道，其犹爝火之于日月乎？苟可自照，奚必中天。乃淫而为巫则几于磷矣。磷若汩若没，若存若亡，与腐草何异？而交相怖曰："是有神焉。"非仅钻燧之征也。则又二氏所不齿矣。六合之外，存而不论。夫既存之，不论得乎？作《外志》。

寺　观

府　海康附

天宁万寿禅寺。在郡城西开外。唐大历五年开山岫公创建。宋苏轼渡琼寓此，爱其胜，题"万山第一"四大字于门。宋南渡李忠定纲亦寓于此，有《阐提花三绝》，至今传焉。郡邑幽胜，惟有此寺。宋末毁于兵燹。元住持石心师德璁重建。洪武十五年，都纲无相，副都纲重修。成化间郡守魏瀚以殿后雷音堂圮，改建怀坡堂。郡人罗璋记。弘治丙辰太监陈荣复捐资易坚材修之，左右翼两楼悬以钟鼓，山门外竖石坊，勒东坡四大字于扁。金碧辉煌，视昔有加焉。岁时祝厘，咸在于此。后各寺废田，并入天宁寺，通共五十九顷九十八亩五分。坐落海康，三县以赡香灯。嘉靖元年诏毁淫祠，郡守易蓁以寺僧稀少，将中田地五十一顷二十二亩派民承佃，存田八顷赡僧。后僧真贝道亨援例奏乞分守道议处，还寺田三十五顷三十五亩，余田二十四顷六十三亩五分给官兑卖，取价赈济。寺去城半里，并寇祠接西湖，丛林幽静可楼。名士词人，羽客缁流，来往所经，题咏甚富。寺后有一览亭，高豁可望。山环水绕，亦郡之大观也。

罗璋《怀坡堂记》

雷郡西半里许，有天宁寺。规创自唐，历五季宋元，兴废不一，郡志可考也。山抱水回，宅幽高峻，巍然为一郡伟观。宋苏文忠公轼谪儋耳，道经于雷，爱其胜，寓居于此。因书"万山第一"四大字扁其门。笔力雄劲，观者属目。正殿后，旧有雷音堂，年久倾圮，遂为榛莽瓦砾之场。成化辛丑，余姚魏公奉命来守，德政覃敷，民物匡阜。暇日访古寻幽，骋月放怀。如寇莱公祠，英山雷庙，横舟、岁寒、思戴诸亭，皆创而新之。

尝览旧志，慨先贤之遐斥，遂因雷音堂旧址，辟地除荆，鸠工聚材，重建屋五间，饰以华彩，翼以耳房，环植花木。兴工于己巳春，落成于孟夏。集郡寮寀大夫燕饮斯堂，酒酣，谓众曰："天下名山，不为不多。名贤表而出之，乃称胜景。昔眉山苏子，寓居于此，因有'万山第一'之称，则此刹固由苏子而得此也。今吾来守斯邦，追慕芳踪，斯堂之构，可扁之曰'怀坡'，庶几表吾仰止前贤之心也。"

命璋记之，璋不敢辞，窃谓事有旷世闻风相感者。苏公一代伟人，文章节概为当世所重。居朝廷，相天子，匡济天下，固宜也夫。何官立翰林，职止侍从，遭元祐之党，远谪万里，冒鲸波。非惟当时惜之，后世之人闻其风声节概，犹景仰不已。今郡守公少掇巍科，居台端以风节自持，为时权幸所嫉，拟之苏公，心同迹同。苏公以才见忌，播迁黄冈、儋耳，公亦以直见谪居守嘉定、雷阳，时有后先，而迹之同，固无后先焉。斯堂之扁为"怀坡"，岂非公有感于苏公而然乎？

呜呼！苏逸耳，流风遗韵，百世犹存。公以宏才硕德，允为时望，立朝謇谔，作郡循良，使后人挹其清芬，想其风采，宁不以今日之怀坡者怀公乎？因书为记。

宋寇准诗

十里寻幽境，寒泉数派分。僧同雪夜坐，顾向草堂闻。

李纲《题阇提花诗》

○阻涉鲸波寇盗森，中原回首涕成霖。清愁万斛无消处，惟有幽花慰客心。

○深院无人帘幕垂，玉英翠羽灿芳枝。世间颜色难相似，暗雪初残未坠时。

○冰玉风姿照座寒，炎荒相遇且相宽。纻衣缟带平生志，正念幽人尚素冠。

郭思诚《题林香诗》

海树扶疏出异馨，移栽净土冠群英。阇提花发含风秀，檐葡枝柔带雨清。

勾境本空无色相，香林安得有枯荣。万山第一幽深处，时复相过适宦情。

尚书蔡经《九日邀按院登一览亭》

苍茫身世似浮槎，踪迹何期到海涯。万里衔恩天上阙，五羊回首梦中家。台高远眺三秋景，客久同看几度花。柱史霜威忻接席，茱萸共摘泛流霞。

○秋风何事泛仙槎，欲斩长鲸黑水涯。帝力不知休采苣，君恩未报敢言家。兴来且尽盈尊酒，老去难簪满鬓花。宝刹层层堪送月，天边归鸟衬飞霞。

○沧溟淼淼拟乘槎，自笑浮生未有涯。五岭频年驰使节，一竿何日傍渔家。光辉幸挹中台彦，潇洒曾看上苑花。佳节不妨栖海峤，万重秋色带烟霞。

○极目南游海上槎，风波潾潾去无涯。通津岂必天河路，高卧谁如野老家。沙静晚能飞白鸟，地偏秋末①放黄花。明年忽忆相逢处，一览亭虚挂紫霞。

冯彬《天宁寺诗》

要好邀心侣，招携永夜欢。繁声连客座，幽兴满禅关。

碧月团沙坞，昙花护石阑。风尘何日了？结社水云间。

翁溥诗

为听三车法，言登一览亭。地偏心乍远，禅定性通灵。

海霁金沙白，山寒宝树青。息心铭已悟，结社在岩扃。

---

① "末"，原文为"未"，据文意改。

姚虞诗

与子共游处，荒村古寺深。听莺入竹院，并马到松林。

花树三春暮，山川百代心。兴来高咏起，清思逐瑶琴。

戴嘉猷诗

何处春光好，西郊惬此游。桑麻滋雨润，草树畅风柔。

问俗车频止，寻幽寺久留。灯残香欲断，看到海云收。

○变幻天涯景，闲观趣颇深。云俄开宝塔，马突出瑶林。

不尽乾坤事，无穷湖海心。春光弹指过，枝上已闻禽。

詹世龙《天宁寺诗》

浪迹寻幽兜率宫，草堂松坞飒仙风。夕晖影落林间塔，归鹤声传涧底钟。苔经雨过阶砌绿，鼎炉香霭篆烟红。蒲团共坐安禅处，色色何曾便是空。

柯时复《同王宗伯游天宁寺怀坡堂》

胜地招携景物迎，尚书履到上方清。坐中欲演风旛句，檐底初悬法雨声。湖海恰欢今日酒，碑题重见古人情。前因未了犹多病，为悯维摩偈未成。

林恕《怀坡堂诗》

二难天遣重南离，同向雷阳借一枝。荆楚向传王粲宅，草堂犹忆少陵诗。云屏露冷松花落，尘榻风轻竹影移。千古余辉留郡乘，年年春雨荐红蘺。

王伦《和寇公诗》

览胜来山寺，岚开野色分。摩挲看古刻，旷世得新闻。

广济寺。在雷庙之东。梁开山僧了容创建。名曰“广教”。洪武间僧隆寿改今名。去城十里，与雷庙并峙。英山幽胜可爱，寇莱公及名士游此者咸有题咏。后废。弘治庚申，太监传伦鼎建。有田数顷以供香火。嘉靖元年诏毁淫祠，寺废，田发民承买。遗址虽存，鞠为荒壤。题咏犹然在石。

开元寺。唐时创建在城南调会坊。上有石塔，高五丈余，宋末寺废。元天历间重修，复废。遗址今为民居。惟塔巍然屹立。堪舆家谓，文笔醮墨池，状元联及第。郡因号是塔为文笔峰，本此。

玄妙观。在城内镇宁坊，旧有紫薇观。宋改为天庆观。元改玄妙观。岁久倾圮。弘治丙辰，太监陈荣增广其地，中建三清殿，东建城隍堂，西建道纪司，塑神像三十余尊。境界清幽。宋董世龙、佘天麒、元张图南俱有记。嘉靖间提学魏校毁淫祠，改为城隍庙。后知府洪富复建三清堂于址之东，以存其迹。其田一顷，被民侵佃。万历三十七年，知府郭士材、同知张应中相继查复其田一百五十二亩，重修殿宇，绘塑神像，周围栽植花果，焕然更新，因命道士张元桂掌管，积租修理。

圆通宝阁。即观音阁。在郡城中正坊阜民桥上。元廉访使卜达世礼创建。至我朝正统间张内使重修。上有铜佛三尊，铜罗汉十八尊。后太监陈荣复铸铜观音一尊。阁高耸清虚，胜甲郡城诸刹。有田八石二斗，税四十六亩二分。详载施主碑记，以供香火。郡人重九、上元，无不登玩。嘉靖间提学魏校毁淫祠，铜像发学铸造祭器，其田召人承佃，今陈氏管之。

普庵堂。旧在郡城内恺梯坊浴堂之西。泰定间道人张吉移剏城东滑岭巷，年久倾圮，大佛三尊移入天宁寺，罗汉十八尊移在圆通宝阁。提学魏校毁淫祠，铜像发学铸造祭器，遗址占为民居，惟井一口，余地一丈余，见在。

六祖堂。在郡城南门外调会坊。元大德间郡民刘成章往南华请像，安祀，指挥魏来等继葺。弘治间太监陈荣重建。嘉靖元年提学魏校毁之，后坊民相率修复。

遂溪县堂庵寺观无

观音堂。在县东城外。万历三十六年建。

通济庵。在县南八十里庄家渡。宋成淳间僧刘宗成就庄氏之地创建，先是宗成募缘建济石桥跨渡之上，陆仁水记，故庵因桥名。后毁于劫火。洪武五年，僧无量重修，正统间乡人鼎建。正德改元，宗成之后，刘佐等再建。庵西有书舍，后山巅抚松阴为讲堂。

湖光庵。宋僧琮师孙氏禅练创建。元至大间孙裕等塑佛像三尊，孙圭等舍田为供。洪武间知县张昭命老人彭九思等重建。孙希武为记，详见湖光岩。其田二十五石，税三十二亩，坐落通明、旧县、草洋三处。

徐闻县寺观

圆通寺。在县东澄清坊。宋绍定间僧■四舍地创立，岁久倾圮。洪武二十年，主簿彭用干为多火灾，伐石砌塔七层于寺，以镇之。永乐间梁传教重修。⓪

广德寺。在县东二十八都。元至正甲午，僧德璁重建，王景贤记。平章开里吉思扁曰"广德寺"。元末倾圮，田为民间陈氏所佃。

崇贞观。在县西登云坊。宋景定间创。洪武二十三年，知县蒋生雄重建，正德庚午知县汪泽重建。

上元庵。在县东十六都白石村。庵废址尚存。

和福庵。在县东南二十里和福村。岁久倾圮。址存。

化成庵。在县东开外。冲州僧晓真万历二十三年从琼募化旃檀佛一尊，结草庵以居之，仍就路上施茶，以饮往来渴者。知县张大猷因捐俸造庵五楹，名曰"化成"。四十年同知曹行健、知县孙世芳至庵，添建前殿，左右两厢门楼。净堂外甍并建碑。名曰官，以广其惠，往来此者皆赖之。

名　僧

琼师，遂溪人，姓孙氏。居湖光岩，灌拔流俗，足不入城市。闻丞相李纲至，稍一谒之。时官僚欲见琼，长往而去。李纲以诗及布赠焉。备载湖光岩记。纲复退居天台，琼往寻之，竟圆寂于彼。

妙应，海康人。居报恩寺。宋嘉定间率其徒五十余人，广募得钱一百余万。鸠工代石，修筑百丈桥。至今行者颂其津梁之德不置。

德璁，姓杨氏，号石心。师居天宁寺三十余年。至元间重修寺宇，徙居徐闻广德寺。年逾七十，童颜不衰。缘化募工凿渠，设闸，垦田二十余顷，以供寺中香火。

①　■，原文如此。

怪　异^附

九耳犬。^{见雷庙}_{记.}

石人。旧州治前立石人十二，持牙旗两旁，即今卫治是也。忽一夜，守宿军闻人赌钱争声，趋而视之，乃石人得钱数千。次早闻于郡守，阅视库藏锁钥如故，而所失钱如所得数。郡守将石人分置城隍岳庙等处，其怪遂止。

九座佛。在第六都香坑村。昔水潭一木于香坑溪，逆流而上，落于田中，乡人弃去复返，如是者数，因擘之，刻为九座佛，旱涝祷之，应如影响。今佛犹存。

石龟。二座，当雷庙前百步内小埠上，石琢成龟形。盖古墓盖也，其一雷击裂开，不相联属，木草生其间。天顺间，开处犹能容擘，弘治后开处渐合，至今坚实，遂如瘗癖而已。

鲨鱼化虎。海中有鱼长四五尺，首脊皆有骨刺，其斑如虎，能食人，暮春时化。

羊肝鱼化为蛇。其鱼形班，头大，尾有足，老则化蛇。

石牛。在遂溪县第三都英灵下村。昔有土地堂，陈时有客驱牛过堂前，悉化为石。石皆牛形。客因家于此，即雷种之祖地也。后人因立石牛庙。

白牛。详见陷溺注。

金牛。在遂溪县第八都枝郎村。唐开元中，见一牛色如金，与常牛异，众逐急，牛跪地而没，掘六尺余，止见尾五寸许，卸人破取之，乃金也。因创庵穴处，名金牛庵，凡风雨夜半，牛常出庵外，遂印于地。

讨网村。村前有海屿三墩，上有古树怪生，号龙王庙。海中有淡井，号龙泉。天旱，祈雨，取此勺水，其霖立至。

何家滩。在徐闻东九十里十七都。滩高二丈，内硎硐宽三丈，故老相传，古有仙人围棋其中，天将雨，滩声彻三四里地外。

论曰：

老佛之徒，乱吾道者。辟之恐不严，况引而进之至于怪，尤圣人所不语。第柱下西方，其来已久。玄修丹鼎，学长生者，逊心焉。菩提上乘世之好异者，未有不咀英猎华。若阳弃而阴窃，在标门阐教者，犹有所不免也。何者？其说新奇隐僻，譬之幽林密箐，入者必迷，惟上智则不迷焉。彼二氏大旨，终不离吾圣人心性中耳。宇内黄冠缁衣，离父母，事簪剃，雷独一二寺僧削发耳，余皆抱妻育子，茹荤饮醇，满目是道，在家皆禅。爱河欲海，牵缠胶葛。而云脱离生死，不净不垢，是何说也？他处僧道之伪，伪于行，尤袭于迹。雷则并其形色像貌而并悖之。二氏门中，一怪征已。每逢祈祭，僧道两者杂沓无辨，可骇可哂。稽其来历，无非藉此躲避民役，僧纲道纪，贪者且得以行其科索，今不若择性行敦洁者，簪剃入山，朝夕焚修，给以度牒。其不愿离家簪剃者，尽驱还民差。若有坐家称僧称道者，处以重典，庶二氏异教，无致浸淫。而雷地邪风巫俗，不必效西门之投，而自当变易矣。若夫六合内外，靡所不有，有常则有怪，何必侈言，亦何必讳言也。然而反常即为怪，君子惟道其常耳。

附录　万历《雷州府志》作者和刻工考略

刘世杰

一　雷州府志编纂人员的组成

万历《雷州府志》是一部明代的府志。国内失藏，原刻本现藏日本尊经阁。1990年书目文献出版社出版了《日本藏中国罕见地方志丛刊》，其中便有这部万历《雷州府志》——该志也因而得以重新流传于世，这是不幸中的大幸。这部府志不仅仅是现存明代的最早的唯一的《雷州府志》，而且是一部记载翔实、文献意义和文学意义都很高的府志。但是作者们仅有姓名，而负责刊刻的刻工们，连一个完整的名字也没留下，未免遗憾。本文试就作者和刻工这两个问题，做一下梳理。

二十二卷的万历《雷州府志》，在董肇胤《雷州府志序》和韩上桂《志叙》之间，刻有参与编纂该志的人员姓名，照录如下：

"《雷州府志纂修姓氏》：

雷州府推官豫章欧阳保纂，南海孝廉韩上桂、生员邓桢辑，府学教授徐应乾、训导秦家栋编，海康县学训导黄焕阳、化州生员董奇猷次校，府学生员冼元佐、陈栋、冯宗伊、王用誉、莫瑜、孙振英、劳有功．施惟惠、县学生员吴启聪、陈瑾、陈建阳、詹廷瑞、陈槐、宿玉庭同次，本府知府洛阳牛从极、同知金溪徐日光同修。海康知县郭之象、徐闻知县赵一鹤同订。"

这二十五人组成的修志姓氏名单，实际上相当于现在的市志编辑委员会。我们大致知道，欧阳保是总负责人，韩上桂和邓桢负责编辑修改，徐应乾和秦家栋是主要编写者，黄焕阳、董奇猷和其他人是负责编校者，牛从极知府、徐日光同知是挂名的同修者，郭之象和赵一鹤二位知县是挂名的同订者。

二　欧阳保

第一，欧阳保的大致情况。

欧阳保，据清嘉庆《雷州府志》卷十《名宦》记载："欧阳保，新建人，举人。任推官，庭无冤狱。署县厘剔积弊，革罢浮耗，卓有治声。上台疑狱积牍付之，无不剖决。海康民林君宁等谋死蔡政等三命，十五年沉冤，赖以昭雪，人以为神。以府治平阳无秀峰，于南门外巽方，鸠诸府县捐助，鼎建秀塔以助形势云。"

据翰林修撰黄士俊（广东顺德人，明万历三十五年丁未科状元）①《鼎建城南九级启秀塔记》说：欧"公名保，号存赤，江西新建人"。② 又据雷州府同知曹行健诗序称："壬子元宵，同刘云池、欧阳存赤二寅丈饮西湖。"③ 可知，这里的欧阳存赤就是欧阳保。因为曹行健是同知，刘怀民是通判，欧阳保是推官。同知曹行健："当涂人，岁贡。万历三十九年升任。性简易，喜吟韵以代。觐行，升德府左长史。"通判刘怀民："六安州人，选贡，万历三十九年任，丁内艰去。"欧阳保："江西新建人，举人，万历三十九年任。"④ 三人都是万历三十九年来这里当官，壬子是万历四十年。他们三人来此不久，在壬子元宵夜，曹行健与二同寅来到西湖上喝酒赋诗。这里，还为我们提供了刘怀民的字：云池。

欧阳保，号存赤，江西新建人，举人，万历三十九年任雷州府推官。到了万历四十年升任而去。

第二，欧阳保的实绩。

欧阳保在雷州前后达六个年头，为雷州干了不少的好事。其中之一就是纂写了一部二十二卷的《雷州府志》。有此一部府志，欧阳保足称不朽。

---

① 朱宝炯、谢沛霖：《明清进士题名碑录索引》，上海古籍出版社 1979 年版，第 1552 页。
② 黄士俊：《鼎建城南九级启秀塔记》，见陈昌齐等，嘉庆《雷州府志》。
③ 欧阳保等：万历《雷州府志》卷三《地理志一》。
④ 欧阳保等：万历《雷州府志》卷六《秩官志》。

又修建了雷州的九级文塔，至今仍是雷州的旅游景点，也成为欧阳保的纪念塔。在雷期间，兢兢业业干事，处处为朝廷计，处处为百姓计。是一个会干事、能干事、干成事的推官。

欧阳保万历三十九年任雷州推官，首先，改建了理刑衙厅，改善了办公条件。移建了照磨所，改建了龙亭库等一些建筑。

公署"理刑厅衙在正堂西，旧制厅事浅隘。三十九年辛亥，推官欧阳保拓而建之"。夹注说："正堂三间，川堂一间，门二座，屏枋一座，客厅一间，书房二间，堂宇高朗。"接着说，"保自为《记》"。《拓建理刑衙厅记》中说，"夫人身家念重，以官署为传舍，则以地方为秦越。高者漫无休戚，卑者蝇营朘削，几幸旦夕迁去，地方亦过客之耳。余惟以官舍为家，则以地方利害为家人疴痒，其不敢膜外之而虐房之也明矣。况余方粲新，倘无他谬阙以见摈于上，例得受事数载，其间愉懊于民最切，于时最久，非止一宿再宿如传舍已者，顾可以过客视乎？尝读《易·系辞》曰：'安土敦乎人，故能爱。'夫刑者，肃杀之事，其德义，其情严而非爱。然刑而谓之理，则以虚明公正之意，精察于低昂出入之间。诖误开其面网，沉冤照其覆盆。往往肉人于白骨，而续脉于一线。是肃杀中有无限生意也……经始于辛亥八月，告成于壬子三月"。[1] "三十九年，推官欧阳保又移照磨所于仪门迎宾馆之东。"[2] "万历四十年，推官欧阳保改龙亭库。"[3] "帅正敷宽"夹注说"府治前。万历辛亥，知府陈献策、推官欧阳保修改"。[4] 在"龙亭凤仗"夹注说"在府治前。万历壬子夏，推官欧阳保改建龙亭库，新创"。[5]

其次，欧阳保改建递铺，设立墟长，并铺归营等都是为了剔除弊窦，为了稳定一方百姓，为了为国家节省钱财。

"南渡铺"夹注说"在县南十里。旧无铺，系居民包充。万历壬子署

---

① 欧阳保等：万历《雷州府志》卷八《建置志》。
② 同上。
③ 同上。
④ 同上。
⑤ 同上。

府事推官欧阳保贸买公馆西边民地一块，建铺房三间，门厨全，募兵居住。额设四名，今裁其一。工食并给哨官止募三名传递，东至锦囊所一百里"。① 对于墟市，欧阳保认为："抑墟者，虚也。朝集暮散，四方无赖惯盗，往往于墟纠合嫠妇奸民，以酒肉趁墟，甘心为主。虽有败露，谴责不及，墟诚盗薮矣。余谓止盗之法，不若罢墟立市。店有定所，犹得以稽察，而督责乎万一。墟不可罢，设墟长不以持税，而专以查盗。亦庶几不至害良而数盗也。"② "万历四十年，并铺归营议节略。"③ "兵哨每岁费饷银近千，倘如往例，更替有扣，包充有冒，吏胥招捕有索，则千金之饷，直为二三干没地。"④

再次，鼎建雷州九级文塔，鼓励士子，振兴学风，也为雷州增添了一道壮观的风景。

"余尝默察郡脉，东入西卸，至天宁寺一带，突拥高阜，势如覆釜，气聚局正。左臂耸护如勒马，右臂环绕如拱如揖。众水萦会，拥卫完固。乾风不扫，诸秀咸收。真旺气攸锺，吉人所止。乃委弃城壕，堑以深壑。譬之养生，刍豢不食，惟啖草荴。欲求壮盛，何可得也？秀塔之建，正为东隅平旷，以此补巽峰之缺。若能乘旺建置，就美避恶，山川形胜，赫然改观。而人文财力，不日加隆茂，吾不信矣。余理雷数载，久慨于中，缘系旁局，难以虑始。兹记形胜，不忍雷人士之懵懵。骈语于此，以待后之晓者。遂、徐目力未至，姑不置喙。"⑤

《雷州府志》卷八《建置志·塔宇》："九级文塔一座。"夹注说："雷地向无笔锋，且郡城左方空旷，久议建塔以补风水未果。至是，万历壬子冬，诸学生员具呈道府鼎建。推陈瑾、陈栋二生为首，人皆难之。推官欧阳保，嘉其志，力任其责。相地得城东南角。谋于知府牛从极，择吉启土，因得三元吉兆。请于分守海南北参议蒋公光彦。公曰：'善。'遂鸠匠

① 欧阳保等：万历《雷州府志》卷八《建置志》。
② 欧阳保等：万历《雷州府志》卷四《地理志二》。
③ 欧阳保等：万历《雷州府志》卷八《建置志》。
④ 同上。
⑤ 欧阳保等：万历《雷州府志》卷三《地理志一》。

建窑课程。以海康县县丞项世聪掌出纳，仓大使锺鸣珂董工作，诸乡老分任干办，保总其成。道府捐助佐费，各官士民喜助。至乙卯四月，九级完成。文笔挺然特秀，一郡风水增盛概云。建置钱银地基，保另纪碑。""新开塔路一条。""新建塔坊一座。""塔边公馆一所。"而对委管者，欧阳保也记上一笔，如雷州府广积仓大使钟鸣珂："浙江新城人。万历四十一年到任。委管文塔，廉勤有成。"① 遂溪"起秀书院"，夹注说"本府推官欧阳保见而嘉之。题'起秀书院'，取《文赋》'起（应为'启'。）夕秀于未振'之意，以劝多士"。②

最后，欧阳保是雷州推官，主要负责审理案件。从记载和他的一些言行看，欧阳保善于找准自己的位置，善于调查研究，也善于听取各方面意见，为政清廉，秉公而断，是一位清官。

欧阳保说："大都中人为多焉。中人在位，不自为地损，实不能为地益，何哉？彼其循途守辙，闷闷淳淳，一己之守有余，若锄桑廑，驱害马，塞蚁穴，负千钧，非识暗则力绵，果何所赖藉于地方也。盖时不古，而今矣民俗日偷，吏弊日滋。太史公曰：'奉职徇理，足以为治。'倘执此之道，御今之时，恐政宽民慢，法疏而吏玩。固不若廉干强察者，又足以镇嚣为静，而塞邪归正也。愚无智识，窃谓宦辙所至，兴一利不若除一害。一己之害犹小，而众人之害甚大。其权愈要，则其提防讥察尤宜谨也。不然，帏墙之外，有不闻也。几席之外，有不见也。彼猴而冠者，狐而假者，孰非磨牙吮髓，借势行私？闾阎愁苦叹息，而莫可控诉，而谓一己谨守无过，便侈然塞责已乎？是故堂上之欲，与堂下之欲异，卑僚之志与大僚异。彼利在宽，而此利在严。彼以得民财为快，而此以失民财为快也。左右肥而闾阎瘠，一家笑而万姓啼。然则阘茸混尘，猫鼠共席，固龌龊不足道。即姑息示恩，宽慈博誉，将所损于地方亦不小已。丈夫处世立身居官，有人作之，无人亦作。不以地方之犷悍也而生怖心，不以地方之淳庞也而生狃心。如是，外不愧人，内不愧心，在位泰然乐也。即归休林

① 欧阳保等：万历《雷州府志》卷六《秩官志》。
② 欧阳保等：万历《雷州府志》卷十《学校志》。

泉，寻思宦迹，亦畅畅乎有余适矣。窃禄尸位之诮，不庶几可免哉！"①
"何、戴二公，附河渠不朽。余虽华衮斧钺，实迹杳渺。可璧可石，可千
钧，亦可铢两，则人心闷闷不传之过也。夫郡邑吏无大小，皆得造地方疾
苦。倘漫漫无传，为善者懈，为恶者肆矣。"②

欧阳保论太守、丞倅、司平的关系，认为"三局之中，司平为甚。奔
走稽察，审雪厘剔，无一非为民事。日阴被而莫知其赐，心日倍劳而莫有
其功，名尤难也。要之丰城之剑，光烛斗牛；明月之珠，辉腾川泽。士君
子患无可名耳，不忧无名也。愚尝论之：官不论要散，局不论偏全，秩不
论崇卑，地不论浓淡，惟廉能者名焉。虎不字羊，狸不哺鸡。廉故生爱
也。龙有欲，则不神；镜无尘，斯能照。廉故能生威也。士一廉而根本植
矣。然徒廉无能，将空柯不斫，坚瓠不浮。明知有利而不能兴，明知有害
而莫能去。因循惰窳，虎鼠纵横，弊与不廉等。"③

"余叨理局讼狱，其所有事，素秉刚肠。干牍请托，绝不至庭。浸润
属员，绝不至耳。且不敢拘成案，必取前后文卷，虚心熟阅，令此中透彻
了了；又不敢执己见，必听两造中曲折辨析，令其输泄殆尽。然后下笔判
决，觉民心服，己心亦自畅快。稍有未确，则以一日决一事，不厌其滞。
虽退食后，行住坐卧，未尝置念。即至再至三，不厌其烦，务求至当而后
已。此在民，虽不敢必其无冤，而不欲冤民之心，庶几无余憾矣。"④

欧阳保刚任推官不久，万历四十年代摄海康，就办理了一件十五年的
积案。"壬子冬，代庖海康，部民林君宁等谋死蔡政等三命，十五年沉冤
未发。余廉得其状，呼各犯至县，不加刑拷，一质而服。"⑤ 这个案件的详
细经过是这样的：

"牛判银"条下记载："如万历二十五年秋八月十八日，飓风大作。潮
溢，有水牛一头，飘至渡南村。村虎林连津鼓众宰之。时牛禁方严。有十

---

① 欧阳保等：万历《雷州府志》卷十五《名宦志》。
② 欧阳保等：万历《雷州府志》卷六《秩官志》。
③ 欧阳保等：万历《雷州府志》卷十五《名宦志》。
④ 同上。
⑤ 同上。

九都民蔡政仆进财，偕五都民邓伴上府城纳较，行至南岸，水涨难度渡，投宿于本村谢朝用家。见津等方宰牛，遂夺其牛脚，吓以举首。津等惧罪，许银三两求释，政伴未之允。津忿甚，谋于众曰：'首则害吾辈，赂之又无厌。孰若杀之，可以灭口？'众唯唯。乃命游廷显携酒，甜延至昏黑。津与其党林君宁、倪正纲、符邦任、符琼兰等，齐至朝用家，擒三人杀之，乘飓丢尸水中。通村密之，十五年无知者。冤能为厉，四十年尝夜号村间曰：'缚汝等至雷祠偿命！'一党尽惊，诵经超度，许下雷愿，五月三日以龙舟竞南渡还愿。朝用子君惠溺焉。惠母陈氏哭之哀，怨众杀人，子独受阴祸，吐其事于婿游孟达，然犹未敢发也。时推官欧阳保摄海康，廉知之，呼陈氏及孟诸人至庭，一讯恶党，相顾失色，直输真情。首恶林连津已故。下手倪正纲、林君宁、符邦任三人抵辜。十五年沉冤，于是得泄。乡村顽暴，因一私宰之故，构此凶孽，卒以自偿其命。则杀牛者杀其躯，天报不爽。牛也能为祟哉！"[1]

第三，欧阳保的作品。

整部万历《雷州府志》都是经过欧阳保的精心纂写的。无论是"按"、"论"、"总论"，还是夹注。这些长短不齐的文字，除了表现出欧阳保的写作水平和文学表达能力很高之外，也表现出欧阳保提出问题、分析问题和解决问题的能力，还可以看出欧阳保的政治眼光和爱憎分明的精神。这些，无疑给这部府志增色不少。

还有署名欧阳保写的几篇，如出现在本志中的就有：欧阳保《龙亭库记》[2]、《拓建理刑衙厅记》[3]、《革牙禁款碑》[4]。还有收录在陈昌齐等的嘉庆《雷州府志》中的《三元塔碑记》、《雷州府志序》等[5]。《三元塔碑记》写好时，也许当时府志已经完成，刻板时已经无法收录在《雷州府志》中；而这篇序文为何没有收录在万历《雷州府志》中，同样是这样一个情

---

①　欧阳保等：万历《雷州府志》卷九《食货志》。
②　欧阳保等：万历《雷州府志》卷八《建置志》
③　同上。
④　欧阳保等：万历《雷州府志》卷九《食货志》。
⑤　陈昌齐等：嘉庆《雷州府志》。

况，这不能不说是一个遗憾。

三　韩上桂和邓桢

韩上桂的记载比较多，其好友番禺生员邓桢无考。关于韩上桂，我曾为《中国文学大辞典》撰稿，其中"韩上桂"条，我是这样写的："韩上桂（1575—1644），明戏曲作家，字孟郁，一字芬南，号月峰、天游子。番禺人（一说南海人）。少攻骚赋，惊才风逸。万历二十二年（1594）举人。后任南京国子监博士，长于古诗歌行。晚年好填南词，酒间曼声唱歌，多操粤音。钱谦益《列朝诗集小传》评其为'万历间岭南第一才子'。著有《朵云山房诗文稿》、传奇《相如记》、《凌云记》。生平事迹见《列朝诗集小传》丁集、庄一拂《古典戏曲存目汇考》卷九。"①

这里有几个问题需辨明。一是其生年，郭英德先生认为"生于明隆庆六年（1572）"②，因为韩上桂"弱冠举万历二十二年乡试"③，那就是 20 岁中举。上推可知，韩上桂生于万历三年（1575）。

二是其戏曲《相如记》、《凌云记》和《青莲记》。这些戏曲作品皆佚。前两部作品有人认为是同一部而异名，此处不论。叶德钧先生认为，"一九五二年发现之明祁彪佳《曲品》手稿，内'能品'有韩上柱（应作'桂'）《凌云记》一种，'为司马长卿作北曲'即此剧，盖谓相如有凌云之志，故以为名也"。④ 韩上桂写的是南词，南词者，南曲南戏也。叶先生认为是北曲杂剧，恐非准确。香港大学中文系教授罗忼烈藏有民国二十一年《凌云记》，《古本戏曲丛刊五集》据之影印。郭英德先生认为："此剧作期约在万历二十六年至三十三年（1598—1605）之间。《广东通志》卷 16 本传云：'戊戌（万历二十六年）再不第，遂放怀诗酒，游咏胜地，兼喜填词度曲。著有《凌云记》填词、《蓬芦稿》、《鸡肋篇》、《城坳集》、《四衍

---

①　钱仲联、傅璇琮等：《中国文学大辞典》，上海辞书出版社 1997 年版，第 892 页。

②　郭英德：《明清传奇综录》，河北教育出版社 1997 年版，第 227 页。

③　同治《番禺县志》卷四十一。

④　叶德钧：《戏曲小说丛考》，《曲目钩沉录》《相如记》"补记"，中华书局 1979 年版，第 78 页。

詹言》。'《番禺县志》卷 41 本传云：'屡试不第，归益肆情于诗酒……所著有《凌云记》填词、《蓬芦稿》、《鸡肋篇》、《城坳集》、《四衍詹言》。'二书均以此剧为第二次进士落第后作，而序次又同先于他书。万历三十三年后，韩上桂三十四年公车推准，三十五年复赴春官，则不遑作剧（参见罗忼烈《明孤本传奇凌云记·校订弁言》，香港书业公司 1975 年版）。"①

其一，事实上，韩上桂的著作，是并列关系，《凌云记》排在第一，并不能证明是早年所作。如果说"二书均以此剧为第二次进士落第后作，而序次又同先于他书"，就说是早年所作，理由也欠妥。因为"二书"有先后关系，志书一般是后者晚出，照抄前书理所当然。其二，既然"次序又同于他书"，就是早年所作，那么其他几种著作是否也是"万历二十六年至万历三十三年之间"所作？其三，说"万历三十三年后，韩上桂三十四年公车推准，三十五年复赴春官，则不遑作剧"的推想也不能成立。韩上桂"天启二年赴春官……崇正改元，起南国子博士，改助教，历监丞，摄如皋篆，有政，升永平通判……擢建宁同知，仍留饷边。上桂扼腕时事，郁郁无所试，酒酣，拔剑起舞，慷慨悲歌，或至堕泪"。② 这恰恰说明，韩上桂在二十几岁前"不遑作剧"，而至少应在天启二年（1622）以后，甚至更晚些时候，才扼腕时事，感叹人生，作《凌云记》以抒发自己的郁郁情怀，钱谦益也说他，"晚年好填南词"。其四，从黄宗羲《思旧录》记载说"韩上桂，字郁孟……在旧院演所作《相如记》，女优傅灵修为《文君取酒》一折，便赍百金"③ 的记载来看，也应该是韩上桂的新作在北京演出，而不可能几十年前的少作。黄宗羲生于 1609 年，记录此事至少得二十岁以后，那就是 1629 年以后。如果是韩上桂"万历二十六年至万历三十三年之间"所作的《凌云记》，而且是北曲，那么，韩上桂那个时候还只是一个二三十岁的青年人，名气不大，北曲名优傅寿愿意演出吗？再说韩上桂当时主要精力是考进士，反而不可能也没有时间来写二十

---

①　郭英德：《明清传奇综录》，河北教育出版社 1997 年版，第 227 页。

②　钱谦益：《列朝诗集小传》丁集下，上海古籍出版社 1983 年版，第 587 页。

③　叶德钧：《戏曲小说丛考》，《曲目钩沉录》《相如记》"补记"，中华书局 1979 年版，第 78 页。

出的《凌云记》。其五，如果韩上桂在万历四十一之前就创作过戏曲，欧阳保写《雷州府志序》的时候，为什么没有流露出一点信息？总之，综上所论，《凌云记》至少是崇祯改元（1628）以后所写成的。

三是韩上桂的其他著作。韩上桂万历"三十七年，丁外艰，四十四年，复登乙榜，以母老署定州学正，著《定州志略》"。① 还有一部万历《雷州府志》。

万历四十一年"癸丑夏，奉委羊城，闻番禺韩孝廉上桂博雅甚，余币延至雷，偕其友人邓生桢与俱。二君出胸中武库，探讨证向，删烦汰秽，越数月而稿成"。②

韩上桂，"字孟郁，号月峰，番禺人。诞之夕，其父梦美丈夫持青莲拜呼天人，遂生。幼颖异绝（幼下疑脱一字），日诵万言如宿记。好读书，家贫不能给，常借人二十一史阅览，一月即默视人物、地名。万历甲午举于乡，公车抵京师。一夕梦在场屋得题为'晋元帝恭默思道破易水生夺去'。是科，果出'司马牛问仁'一章。二场以'韩范招讨'一表，内有'碎首玉阶'四字，及揭榜，会元乃汤宾尹也。上桂既下第，遂怡情诗酒，与同里陈子壮、韩日缵、李孙宸、李待问、李云龙等为声气交。每泛舟珠江，步浮丘陟东西二樵，题咏遍胜地，而岭外名公皆为之延誉。所著有《凌云记》填词、《蓬芦稿》、《鸡肋篇》、《城坳集》、《四衍詹言》。以亲老求仕，初授国子监丞。未几，转永平通判。时宇内多边患，边方用兵，军储孔亟，南北飞辇，时有告匮。上桂下车，设法精画，计漕之多寡，所载几何，上下大小画如龟形，中以十字，归百艘如一，不错斗石，下半月完运，边军赖以济。巡抚方一藻才之，大为荐赏。上桂夙传博学，而犹精星纬，预识崇祯甲申之变，夜观天象，泣谓其子骐超与侄公跃曰：'帝星失耀，京师且不测，汝二人速归事亲，吾死官守耳。'其叔玉海不愿归，语上桂曰：'离家万里，同死何恨？昨梦秋荷堕手，恐非佳兆。'上桂颔之。甲申三月，京师报至，郁郁抱病数日卒。巡抚方一藻、总兵祖大寿等经纪

---

① 同治《番禺县志》卷四十一。
② 欧阳保：《雷州府志序》，见陈昌齐等，嘉庆《雷州府志·古叙》。

其丧。次子骏超奉灵辆归"。①

"字芬男，一字孟郁。父禹梁，娴吟诗，家贫授徒，三子皆自教之……年十六为诸生，闻土默特结连西部，数为边患，慨然有投笔志。于是学击剑驰马，天官、兵法、壬遁之书，靡不研究。弱冠举万历二十二年乡试。先是倭陷朝鲜，求援于朝，师出，久无功，遂议封贡，公车抵京，诣阙上书，请以奇兵出海道，扼而歼之……三十七年，丁外艰。四十四年，复登乙榜，以母老署定州学正，著《定州志略》。逾年，奔母丧归。作《五惜》以自责。服阙，补易州学正。天启二年赴春官，会讨山东白莲贼，贼方炽，廷议欲得儒生知兵者，往觇其势，上桂奋袂请行，首辅叶向高壮之，加国子博士，参谋戎师事，忌者中以蜚语，遂不果。请假归里，以魏阉党乱政，不仕。崇正改元，起南国子博士，改助教，历监丞，摄如皋篆，有政，升永平通判……擢建宁同知，仍留饷边。上桂扼腕时事，郁郁无所试，酒酣，拔剑起舞，慷慨悲歌，或至堕泪……甲申三月，流贼陷京师，报至，痛苦不食，卒于宁远城，完节日，镇抚经纪其丧，次子骏奉灵辆。乾隆四十一年，赐谥节愍，祀郡邑忠义祠。"②

"《云朵山房稿》十二卷、《蓬芦稿》、《鸡肋篇》、《城坳集》、《四衍詹言》、《凌云记》填词。"③

"《凌云志传奇》，家藏抄本，凡例：'此编全谱司马相如出处，故特举凌云以见其概，腔调字悉以中州韵，入声尽押平上去三声内，止注平声叶。余鹰犬坊使之类，虽为近幸，实非内官，勿误。'谨按《任志》韩上桂传末有论云：'韩孟郁得名最先，黎遂球、梁朝钟辈皆以文人行待之。岭南故未有以填词度曲为传奇者，惟明季韩孟郁与东莞邓云霄元度、南海陈乔生子升俱能词曲，而工声律，宏博风雅，可分元人一席云。'"④

钱谦益《列朝诗集小传》丁集下《韩国博上桂》："上桂，字孟郁，南海人。少攻骚赋，惊才风逸。天官、兵法、壬遁之书，无不通晓。风仪萧

---

① 《康熙广东通志》卷十六。《道光大清一统志·广州府》略同此。
② 同治《番禺县志》卷四十一。
③ 同治《番禺县志》卷二十七。
④ 民国《番禺续志》卷三十二。

散，悠悠忽忽，如山麋野鹿；与之游处，敦笃友谊，聚首摩腹，霭如也。万历甲午，举于乡，倭人蹦朝鲜，诣阙上疏，请以奇兵出海道，系关白之颈。数举不第。天启初，以学官上公车。莲贼方炽，朝议欲得儒生知兵者，往觇形势。孟郁奋袂请行。福清在政地，颇壮之，而不能用也。稍迁南京国子博士，扼腕东事，愤盈无所试，而年也稍长矣。留都旧京，宾朋翕集，户屦填咽，诗酒淋漓，所得俸钱尽付取酒；不给，则点衣勾贷，以相娱乐。酒间慷慨歌老骥伏枥之诗，至于泣下，盖其中有不自得者，而坐客莫能知也，亦竟用是以死。孟郁为诗赋，多倚待急就，方与人纵谈大噱，呼号饮博，探题次韵，纸上飒飒然如蚕之食叶，俄而笔腾墨饱，斐然可观。顾不能为深沉之思，烂漫放笔，不自顾惜，稿成随手散去，常问其所就与于。于曰：'孟郁才气可方吾乡桑民怿，要是万历间岭南第一才子。'李长蘅叹之，以为知言。孟郁之才，长于古歌行，于今体殊不经意。晚年好填南词，酒间曼声长歌，多操粤音。今其刻本亦不传。"①

四　徐应乾和秦家栋

雷州府学教授徐应乾和府学训导秦家栋，材料不多。徐应乾，遂昌人，由恩贡任府学教授。万历四十年正在雷州府学任上。徐应乾著有《士林正鹄》、《读书正旨》，学问做得也不错。欧阳保抽调他负责《雷阳学博传》，草就之后不久，就被降级使用了。

《雷州府志》卷六《秩官志》中，"徐应乾，遂昌人，恩贡。有传"之后，紧接着是两位府学教授：韦可观"宜山人。贡"。邱建业"乳源人。贡"。②"徐应乾，浙江人，由岁贡。万历四十年任府学教授，端庄儒雅，绰有师范。前训英德，著有《士林正鹄》、《读书正旨》诸书，颇见大意。委汇集《雷州志草》，编摩就绪，其劳足嘉。未及一载，竟循例劣转，公论惜之。"③

徐应乾编写的《雷阳学博传》，欧阳保不很满意。欧阳保在《名宦志》

---

①　钱谦益：《列朝诗集小传》丁集下，上海古籍出版社1983年版，第587页。
②　欧阳保等：万历《雷州府志》卷六《秩官志》。
③　欧阳保等：万历《雷州府志》卷十五《名宦志》。

说："余观徐广文汇《雷阳学博传》，无虑三十余人，何其多贤也。比按之，类皆醇谨无过者耳。乃不曰'师道自任'，则曰'学问优长'，不曰'教条严明'，则曰'言规行矩'，此等誉词，奕奕可听，按之，曾有一毫实际者？以是而概列名宦，垂之竹帛，正所谓梁父桔梗，岂胜载哉？"①

可见，徐应乾是一位忠厚长者，其著作失传；而他为什么得到劣转，劣转到什么地方，也就很难查到下落了。

雷州府学训导秦家栋："临桂人，恩贡。新依礼乐书，申请道府制文庙乐，舞生七十人，以光俎豆。又买铺屋二间，以助诸生课榜纸费。万历四十二年冬，升富川教谕。"②

《雷州府志》卷十《学校志》中，"乐器"部分的记载，很有文艺音乐学的价值。有些乐器我们还可以了解其形状和音乐功能，有些就失传了。这部分材料，也是很可贵的。铜编钟、石编磬、琴、瑟、柷、敔、楹鼓、抟拊鼓、麾籏、编钟磬簨簴，欧阳保夹注说，"以上俱训导秦家栋重整"。祝板、木豆、帛匣、凤箫、箫、箎、篴、笙、埙、引节、籥、翟，欧阳保夹注说，"以上俱训导秦家栋新制"。而"乐舞生"是"新设乐生四十名，舞生四十名。该本学训导秦家栋遵照礼乐书载议设"。③ 这些记载，既是雷州音乐文化的重要文献，也可补岭南音乐文化之不足。

五 黄焕阳、董肇胤、陈瑾、陈栋、莫瑜、劳有功、吴启聪、陈槐、牛从极、徐日光、郭之象、赵一鹤

热心教育的海康训导黄焕阳，在任上建了魁星亭、修复明伦堂，也参与了《雷州府志》的撰写工作。万历四十二年升任广西灌阳县教谕。黄焕阳，"河池人，贡。万历四十二年冬，升广西灌阳县教谕"。④ 万历"三十九年，知县张和、训导黄焕阳建魁星亭于启圣祠前"。夹注说，"焕阳又置题名二匾于明伦堂侧"。⑤

---

① 欧阳保等：万历《雷州府志》卷十五《名宦志》。
② 欧阳保等：万历《雷州府志》卷六《秩官志》。
③ 欧阳保等：万历《雷州府志》卷十《学校志》。
④ 欧阳保等：万历《雷州府志》卷六《秩官志》。
⑤ 欧阳保等：万历《雷州府志》卷十《学校志》。

为万历《雷州府志》写序的海北巡道董肇胤，"江宁人，进士。参政兼佥事，万历三十六年任，升本省按察使。有传"。① 紧接着是孙学易，"楚雄人，进士，副使。万历四十一年任。次年以外艰归"。② 可知，董肇胤是在万历四十二年离任，提拔为广东按察使的。"董肇胤，江宁人，进士。素有令望。涖政精详博大。严缉禁池，珠房缤纷，若有去珠复还之风。兼管守道，水陆营寨，加意清刷，兵无虚惰。海氛清息，渡海校士，得人颇多。居雷数月，厘奸剔蠹，风俗一变。吏称良怀，两郡赖之。"③

陈瑾、陈栋二人曾为首建议修建文塔。陈瑾万历"丙午，新城复坏，生员陈瑾等呈修，同知张应中、知县鲍际明申葺有记"。④ 鲍际明《记》中说，"日久，飓风淫雨，城之东南西北崩塌数十余丈。生员陈瑾等呈称，槟榔蒌叶税原为造新城而设，因城成，将税报入章程。今城崩坏，乞转详，动支税银修理"。⑤ "雷地向无笔锋，且郡城左方空旷，久议建塔以补风水未果。至是，万历壬子冬，诸学生员具呈道府鼎建。推陈瑾、陈栋二生为首，人皆难之。推官欧阳保，嘉其志，力任其责。"⑥

"生员吴启聪、陈槐置帛盒六，粗具祭事。"⑦ 府学的海康人陈栋、莫瑜、劳有功和海康县学的陈槐被推举为岁贡生。⑧

雷州知府牛从极，"河南洛阳人，举人，万历四十年以刑部郎中升任"。⑨

雷州同知徐日光，"金溪人，举人，万历四十一年由本省东安知县升任"。⑩

海康知县郭之象，"潜江人，举人，（万历）四十二年任"。⑪

---

① 欧阳保等：万历《雷州府志》卷六《秩官志》。
② 同上。
③ 欧阳保等：万历《雷州府志》卷十五《名宦志》。
④ 欧阳保等：万历《雷州府志》卷八《建置志》。
⑤ 同上。
⑥ 欧阳保等：万历《雷州府志》卷十《学校志》。
⑦ 同上。
⑧ 郑俊等，康熙：《海康县志》下卷《选举志》。
⑨ 欧阳保等：万历《雷州府志》卷六《秩官志》。
⑩ 同上。
⑪ 同上。

徐闻知县赵一鹤，"吴县人，举人，（万历）四十一年十二月任"。①

六　无考者

南海学生员马元震，书法很好，董肇胤的《雷州府志序》就是马元震书写的。化州生员董奇猷，雷州府学生员冼元佐、冯宗伊、王用誉、孙振英，县学生员陈建阳、詹廷瑞、宿玉庭共八人，无考。

七　万历《雷州府志》刻工考

万历《雷州府志》的刻工，很值得考证一番。但是这些刻工在当时，并非是为了显姓扬名，而是为了计算自己刻的字数，以便得到报酬，以养家糊口。他们在书页右下方，刻上多少字；在书页左下方，刻上一个字或两个字，作为记号，来计算字数多少，也以示负责。现在还隐约可见。这就使得很多刻工没有留下完整的姓名。除了很明显的梁耀文在刻写序言后留下了完整的姓名外，其他刻工的名字都不是很完整。

根据我的细心比对和精心考证，万历《雷州府志》的刻工共有六人。这些人的名字是：梁耀文，简记为："耀文"、"文"。梁公亮，简记为："公亮"、"公"、"亮"。李子仁，简记为："李"、"李子"、"李仁"、"子仁"、"仁"、"子"。徐善元，简记为："徐元"、"善元"、"元"。冯吾美，简记为："冯公"、"吾美"、"吾"、"美"。黄金，简记为："黄金"、"金"。他们六位刻工，从万历"甲寅冬，集匠绣梓……刻板三百三十有六，缄藏左库，俟后之君子。万历四十三年乙卯孟冬"② 可以知道，梁耀文等六个刻工，从万历甲寅冬到万历乙卯孟冬，耗时一年，刻板三百三十六块，完成了《雷州府志》的刻板工作。那么府志真正印刷的时间，要在万历四十四年以后了。

---

① 欧阳保等：万历《雷州府志》卷六《秩官志》。
② 欧阳保：《雷州府志序》，见陈昌齐等，嘉庆《雷州府志·古叙》。